21世纪高职高专新概念（财经类）系列教材

总主编　王宗湖

U0964167

国际贸易地理

（第三版）

李先维　沈　宁　主编

对外经济贸易大学出版社
中国·北京

图书在版编目（CIP）数据

国际贸易地理／李先维，沈宁主编．—3版．—北京：对外经济贸易大学出版社，2015（2022.4重印）
21世纪高职高专新概念（财经类）系列教材
ISBN 978-7-5663-1261-7

Ⅰ．①国… Ⅱ．①李… ②沈… Ⅲ．①国际贸易-商业地理-高等职业教育-教材 Ⅳ．①F742

中国版本图书馆CIP数据核字（2015）第000891号

国际贸易地理（第三版）

李先维 沈 宁 **主编**
责任编辑：史伟明 李 雪

对外经济贸易大学出版社
北京市朝阳区惠新东街10号 邮政编码：100029
邮购电话：010-64492338 发行部电话：010-64492342
网址：http://www.uibep.com E-mail：uibep@126.com

三河市少明印务有限公司印装 新华书店经销
成品尺寸：185mm×260mm 19.25印张 481千字
2015年2月北京第3版 2022年4月第8次印刷

ISBN 978-7-5663-1261-7
印数：24 001-25 000册 定价：38.00元

21 世纪高职高专新概念（财经类）系列教材编委会

总　　序

改革开放以来第三次全国职业教育工作会议于2014年6月23至24日在北京召开。习近平总书记就加快发展职业教育做出重要指示，李克强总理接见与会全体代表并讲话。会议召开前，国务院印发了《关于加快发展现代职业教育的决定》，全面部署加快发展现代职业教育，明确了今后一个时期加快发展现代职业教育的指导思想、目标任务，对如何提高职业教育质量提出具体要求，即要求通过深化产教融合、校企合作、工学结合，推动专业设置与产业需求对接、课程内容与职业标准对接、教学过程与生产过程对接、毕业证书与职业资格证书对接、职业教育与终身学习对接，提高人才培养质量。

为了认真贯彻此次全国职业教育会议精神，进一步推进职业院校教学改革，我们组织相关教师对原部分教材进行了修订，使之更适应高职院校教学的需要。本次修订主要呈现以下特点：

1. 内容新颖，紧跟时代

在教材内容的选择上，我们在保留传统教材的基本原理和精华部分的基础上，更注重吐故纳新，尽可能反映时代精神，体现相关领域的新成果和新发展；在教材结构安排上，我们按学生必备的知识能力重组知识模块，使教学内容的设置更科学、合理；在知识传授上，我们不仅要求学生掌握现行业务规范的技能和方法，而且更注重培养他们对技能和方法的灵活运用。

2. 注重实用，突出实训

高职财经类专业主要培养社会需要的高技能、应用型人才，而理论联系实际、突出实用的教材就是培养此类人才的最佳蓝本。据此，在编写时我们力求做到：(1) 贴近业务实际，突出实用性、针对性和可操作性。(2) 以“实际、实用、实践”为原则，加大实践、实训材料的编写比例，力争给师生提供一个良好的实践教学平台。通过引导学生训练和模拟，强化学生对知识掌握的牢固程度，提高他们运用知识解决实际问题的技能。

3. 体例独特，着意创新

本系列教材编写均采用任务驱动、流程导向、项目模块，具体的要根据不同科目来选择，但一般课后都附有个案分析、关键名词和讨论与思考等题型。这种编写结构及体例，借鉴了国内工商管理专业的教材编写方式，其原理是先提出研究的课题让学生思考，然后通过教学活动将一本教材中的相关知识切块“溶解”，最后再串联、归纳、提炼。这符合人的思维特点，有利于启发学生的学习思路，培养良好的学习习惯，使他们在思考中学习，在学习中思考，真正体现教材即“教程”的特点。

我们的目标是求真务实，通过不间断地研讨教材内容和教学方法，定期对本丛书进行修订和补充，使之体系完整、特色鲜明、定位准确，适合高职教育的教学要求。

在本丛书的编写中，我们学习和参考了大量的相关著作、教材和文献，在此谨向有关作者深表谢意。同时，由于作者理论水平和实际工作经验所限，书中疏漏之处在所难免，敬请专家和读者批评指正。

21世纪高职高专新概念（财经类）系列教材编委会

2014年7月

再版前言

自2004年编写第一版《国际贸易地理》，迄今已经整整十年。这十年来，无数莘莘学子以此学习国际贸易地理的相关知识，并且给我们提出了许多宝贵的建议；许多同行在使用过程中，也反馈了他们富有创造性的想法。尽管在2009年，我们曾经做过相关修订工作，但是上次修订主要是针对本书的一些书写、表达和数据等显而易见的错误，对全书的结构篇章并没有做太大的调整。

此次，在接到再版通知以后，我们并没有急于动手、马上行动。相反，我们先思索该如何完成本次的编写任务。在前期的准备工作中，我们不约而同地想到了一个字“变”。这个变不仅仅是章节名称的改变，也不是数据、标点的变化；而是整本教材从立旨、体例到整体布局都进行较大的调整。这个调整在全国同类教材中尚属少见。我们在求“变”的同时还要求“新”。这个“新”不仅是与我国这十年来国际贸易的飞速发展相适应，与我国成为国际贸易第一大国的地位相适应，也与国际科学技术飞速发展带来国际贸易状况日新月异相适应。在编写过程中，我们摒弃过去以大洲为面，以国家为点，逐洲逐国家、地区的传统编写和排布方式。我们采取以中国为中心，以我国对外贸易关系为线，以国际贸易依存度为髓，从而延展到各个不同国家和地区。众所周知，国际贸易关系在每个月、每一年都会发生变化；而且国际贸易关系受到政治、经济、文化等各种因素的多重影响，因而在着重介绍与我国有重要经济关系的国家、地区的同时，也介绍了与我国国际贸易关系具有发展潜力的国家和地区。对于在我国对外经济贸易关系中地位不断下降的国家，篇幅进行了一定的删节。在这一编写立旨的指导下，我们调整了全书篇章结构，对欧盟、俄罗斯、东盟、非洲等国家的内容进行了补充和添加，并调整了它们的篇章位置。

在对国家和地区进行调整的同时，我们也对上篇的理论知识部分进行了修正。如果说国际贸易关系变化是受国家之间的政治、文化等各种因素的影响，那么自然地理环境、资源分布状况就是造成这种变化的隐形手，随之带动相关的交通和运输的变化。在这一部分的编写过程中，我们依然把中国作为中心点，强调我国在整个自然环境中的地位、水平，以我国资源现状为基础，以我国经济发展所需为视角，突出“为我所用，为我能用”的特点。可以说，纵贯全书，中国无处不在，但是又无所显在。

国际贸易地理是一门综合性的学科，它不是一门单纯的自然地理科学，也不是纯粹的经济学。作为一门交叉性质的科学，我们希望能将这两门学科有机地结合起来，“以经济的眼光看地理，以地理的角度看经济”。

国际贸易地理是一个动态学科，这个动态变化更显著地体现在数据的实时变化中。为了采用最新数据，我们直到付梓前依然在做某些调整。我们尽可能引用了最新的数字、数据、事件和权威意见。对于大部分案例，我们也进行了撤换。

为了保证所有资料来源的权威性，在进行资料甄别时，选用的是官方发布和官方网站的数据，其中部分资料是自行翻译的。

本书从酝酿到成稿，得到了各界人士的鼎力支持和帮助。感谢刘晔、龚凤娥教授从始至终对本书的重视，提出了许多纲领性的指导意见，为本书的写作定下基调。感谢王玲雪、刘劲睿教授帮助我们进行资料搜集和甄选，为我们提供了最新和最全面的数据和案例。感谢付晶莹、齐秀玉两位专业人士对本书所有数据的统计和校正。感谢刘志民教授对本书进行的最终审核和定夺稿。感谢刘劲涛先生对本书涉及的宗教问题的意见和把握。感谢闫淑琴同志对本书文字方面提供的支持。感谢 Donald Smith 先生、冯雨欣女士为本书进行的外文翻译工作。要感谢的人很多，在此不能一一谢尽，但我们会铭记在心。再次谢谢各界人士给予的无私援助和支持。

半年多来，我们一直沉浸在《国际贸易地理》的编写过程中，几度斟酌，几经易稿。对于这次编写，我们有完成的喜悦，也有对尝试、探索的惶恐，我们期待着各界朋友的指正，各位同学的建议和要求，这对我们是无比珍贵的礼物。在我们祝愿我国对外经济贸易继续蓬勃发展的同时，也希望这本教材能为我国的对外贸易发展添砖加瓦。

谢谢！

李先维　沈　宁

2014 年 6 月 26 日

目 录

上篇 综 述

下篇　分国（地区）贸易地理

上篇　综　　述

国际贸易地理是一个理论与实践紧密结合，同时结合自然地理和国际贸易等多专业内容的交叉学科。在这一篇里，我们着重介绍国际贸易地理的相关理论知识，即国际贸易地理的历史发展与现状、国际贸易中心与转移以及国际运输等。尽管国际贸易本身的发展是日新月异的，但是作为当今国际贸易地理的理论基石则相对保持稳定和发展的连贯性。从这个角度上来说，了解基本的国际贸易地理的理论知识是非常重要的。

这一篇的学习重点是清楚了解国际贸易地理的基本发展历史和现状，以及国际贸易地理研究的基本原则与方法，更重要的是化理论为实践，在实际工作中灵活运用和分析。

任务一

国际贸易地理的学科综述

【目标要求】

通过对本部分内容的学习，学生将了解国际贸易地理的概念、性质和特点，掌握国际贸易地理的研究的对象、内容与任务，熟悉国际贸易地理的学科属性与研究方法，清楚了解国际贸易地理与国际贸易格局的动态联系。

【关键技术】

1. 概念、性质和特点；
2. 研究对象及内容和任务；
3. 国际贸易地理的研究方法。

【学习内容】

项目一　国际贸易地理的研究对象

一、国际贸易地理的研究对象

国际贸易是人类经济活动发展到一定阶段的必然产物和重要组成部分；是当今世界各国（地区）经济增长的最主要手段之一；也是当今世界各国（地区）紧密联系的有效途径。它属于经济运行过程中流通领域中的现象，即指世界各国之间进行的有形和无形商品与服务的买卖活动。

国际间商品交换，必然建立在商品生产的基础上。商品生产与商品交换，都需要在一定的空间与地域上进行，并始终保持空间与时间的统一，并以一定的具体形式表现出来。因此，国际贸易地理就是建立在各个国家（含国家集团）、各地区，在地域分工基础上，以商品生产为前提，以商品交换为手段，以国家盈利为目的，研究世界各国与各地区的地理分布与地理格局特征、市场基本条件和特点，以及它们在国际贸易结构中所占地位和发展水平；同时，研究各个不同国家和地区的市场供求状况、流通情况及其他相关因素变化、现状和发展趋势的学科。

国际间商品生产和交换是生产力发展水平的客观反映，同时也表明了各国家、地区在全球劳动地域分工（国际分工）中的特点、性质和地位。随着科技进步和生产力的发展与壮大，生产要素不断国际化和现代化，国际分工不断加深、加细、加快，从而导致国际间交换活动日益扩大和频繁，反过来它又促使各国生产力进一步获得发展动力。国际贸易地理首先就是要研究生产和交换活动的空间特点和条件，探寻这些特点形成的原因，分析各种条件特别是人文地理与自然地理条件所起的作用及其影响。这是国际贸易地理不同于国际贸易和世界经济等学科所独有的优势和特殊的研究对象。

商品交换的空间形式和物质内容，即商品的流向、流量及其结构的变化，反映出生产力在世界上的分布状况与发展水平，具有明显的地区特点和地区差异。世界各地区对外贸易的实力对比及其相互关系，形成了一种相对稳定的国际贸易结构和战略态势。同时它也是国际贸易地理格局不断发生动态变化的内在动力。国际贸易的地理分布和与之相适应的地理格局的形成，是国际贸易地理研究的核心与重点。

国际贸易的地区分布与时间因素密不可分，即时间与空间是相统一的。不同历史时期，商品交换的地域分布特点、范围、格局及其商品结构都显示出不同特色。但是不管时间如何变化，国际贸易与地区分布总是具有必然的联系，因而需要从时间与空间相统一的关系中研究国际贸易的地理问题。例如在商品交换的初期阶段，因为生产力水平低下，商品生产与交换都不发达，地区间贸易分布零散、狭小，各地贸易关系松散；而随着科学技术的进步和世界生产力的跃进，特别是 20 世纪初世界市场的形成，国际间商品贸易得到空前的发展，贸易地域不断扩大；而在当代，国际贸易正向多级化、多元化方向蓬勃发展，其地理分布更加复杂，出现了前所未有新格局和新趋势。21 世纪后，国际贸易联系越发紧密，此消彼长的转换更加迅速，同时也越发难以预测，风险在不断加大。

商品生产和商品交换的地域分工不是一成不变的，它是处于动态的发展变化之中的。然而，这种变化与发展不是难以捉摸的，而是有规律可循的。这种规律表现在：（1）商品生产的地域分工过程是由初级到高级，逐步强化、加深、加细的发展；（2）商品交换的地理模式遵循分散—集中—分散的演进过程；（3）国际间商品生产和交换的消长和地区结构变化，与各国家、各地区科技进步、内部及外部政治经济环境紧密相关。国际贸易及其地理分布，是按照社会经济规律变化发展的，而我们是可以认识、掌握这种规律的。

虽然国际贸易地理主要研究国际间商品流通交换领域的地理问题，但同时也需要了解国际上商品生产和消费问题。生产是为了消费，消费可以促进生产；流通离不开生产与消费，流通的目的是为生产和消费服务的。因此，要注意从生产、交换、分配和消费的统一的经济过程中研究国际贸易地理。

二、国际贸易地理的学科属性

国际贸易地理是国际经济贸易科学的分支学科，同时又是地理学（特别是经济地理学）的重要分支。它一方面遵循社会经济规律，同时又不能脱离地理学科的基本原则和规律。因此，它是属于社会经济科学范畴的、介于国际贸易学与地理学之间的边缘科学。

国际贸易地理既然属于边缘学科，必然兼收并蓄，吸收了其他学科的研究成果，使它的内容带有综合性和交叉性特点。又由于它属于研究“空间”的学科，所以地域性是它的另一大特征。同时，它与许多学科有着密切的联系。

首先，同经济学的关系最密切。不管是理论经济学、宏观经济学、区域经济学、产业经济学等的形成发展，都离不开对商品生产、交换、分配和消费的研究；经济学中大量理论、概念和知识，都可以在国际贸易地理中都得到应用和体现，在分析相关问题时有必要与经济学相联系。由于国际贸易地理实际上是研究国际贸易的空间形式（地域分布）、地区结构及其形成、发展规律，所以研究国际贸易地理学科，一刻也离不开对相关地理学知识的应用。国际贸易学说中的国际分工理论、市场布局理论等为国际贸易地理的研究方向、方法提供了依据和理论基础。而国际贸易地理在商品、贸易空间上的动态变化和分布格局，成为国际经济贸易的最好实践佐证。

其次，国际贸易地理是地理学的分支，因而同地理学及其某些分支学科，如经济地理学、世界经济地理、国别地理、人口地理、运输地理以及自然地理等的联系也非常紧密。经济地理学中的区位理论、生产布局原理、劳动地域分工理论等是国际贸易地理的重要理论基础；世界经济地理和国别地理中，对全球与国家（地区）生产力演变过程、分布现状及产业结构、分配结构、交换结构、消费结构等的研究，为国际贸易提供了地理线索和素材；掌握自然地理环境科学知识，也对国际经贸活动产生直接或间接的影响。

此外，由于国际贸易地理是一门区域性和综合性较强的学科，还和不少其他人文学科有着密切联系，如社会学、宗教学、历史学、统计学、系统科学、国际关系学和国际政治学等。地图学是研究国际贸易地理的必备工具性学科，许多经贸地理问题都要借助普通或专门地图（集）。

国际经贸活动的地域分布及其格局的形成、变化和发展，是一种复杂的社会经济现象，不仅涉及政治、社会、经济、技术、自然等诸多因素，而且这些因素还是相互联系、相互制约、相互促进的。当其中某一因素发生变化时，就会影响到整个国际贸易的内容、结构、分布和发展方向。因此，在研究国际贸易活动时，要以辩证唯物主义和历史唯物主义作为国际贸易地理研究的方法论基础。国际贸易地理是用发展的观点，事物矛盾对立统一与相互联系、相互制约的观点，去分析国际贸易的变化、分布和格局形成的内在规律，用发展的观点对过去和现在的国际贸易进行比较研究和评价，对未来趋势进行合理的分析与预测。

项目二　国际贸易地理的研究内容与任务

一、国际贸易地理的主要研究内容

（一）对影响国际经贸关系的因素的研究

国际经济贸易是一种复杂的社会经济现象，它必然受到许多因素的影响与制约。纵观世界各国家、各地区经济贸易发展的历史状况，可以概括为五个主要影响因素：（1）各国家、各地区自然条件和自然资源状况；（2）地理位置与交通、信息条件；（3）在自然地理条件中，区位的相对优势和劣势；（4）人口及劳动力条件；（5）社会经济基础，其中政治经济制度、生产力发展水平、经济结构、发展政策、社会结构与贸易习惯、历史基础、国际政治经济关系状况等起着尤为重要的作用。

对于一个国家而言，生产力水平及国家对外贸易政策起着主要的甚至是关键性的决定作用。一个国家或地区，生产力发展程度愈高，商品经济愈发达，经济与对外贸易则愈活跃；各个国家的贸易政策是鼓励型还是限制型，开放型还是封闭型，对经济贸易活动的影响也非常显著。

一般而言，以上五种因素对国际经贸和一个国家（或地区）的对外贸易的发展和分布起着重要作用，即综合产生影响。然而，对于不同国家、地区及其不同发展阶段来说，经济贸易发展状况，存在主导影响因素和非主导影响因素，因而在对外贸易的能力、进出口商品结构、对外贸易范围等方面表现出差异。但随着经济的进一步发展，主导条件可能会发生转化，非主导因素上升为主导因素，主导因素变为非主导因素。例如有的国家原先以资源输出为主，后来因自身资源量减少而技术经济水平提高，加工业的发展使出口商品结构变为以工业制成品为主，这就表明原主导因素自然条件与自然资源因素被人口劳动力素质提高的因素所取代。

【知识链接】

荷兰病
(The Dutch Disease)

荷兰病是指因某一初级产品产业异常繁荣而导致其他产业部门衰落的现象。

20 世纪 50 年代，荷兰大力发展石油、天然气业，导致出口剧增，国际收支顺差，石油经济一片繁荣。但是这却严重打击了荷兰传统的农业和其他工业，削弱了其他产业的国际竞争力。到 20 世纪 80 年代初期，荷兰遭受通货膨胀，出口下降，失业率增加，财政赤字加大，最终导致国内经济恶化。这一现象在国际上被称为“荷兰病”。

（根据百科全书等资料整理）

（二）对进出口商品结构的研究

进出口商品是对外贸易的物质基础，其结构特点反映了国际间劳动地域分工和国际市场供需关系；也是各国家、各地区经济实力、技术水平和商品竞争力大小的标志。对国际贸易中商品种类、流量、流向的地理研究，是国际贸易地理的主要内容之一。了解、认识不同地域商品生产特征和在国际分工中的地位，对掌握国际经贸动态趋势和各国家、各地区商品在国际市场竞争中的力量消长具有重要意义。

（三）对国际贸易地区分布、地区差异和地区格局的研究

世界各国家、各地区对外贸易在本国（或地区）国民经济与世界贸易中的地位、进出口水平、结构存在很大差异。研究地区分布、地区差异和全球格局是国际贸易地理的核心与重点内容。这是由本学科基本属性之一——地域性所决定的。

对区域特点和差异性的研究是地理学的传统研究方向，也是国际贸易地理的主要研究内容。具体来说，国际贸易地理主要是研究各大洲、各地区、各国家或国家集团经济与对外贸易的形成发展条件、历史过程、现状特点等，从而揭示区域之间的差异及其内部、外部原因，探讨发展变化的规律，预测未来趋势。例如对日本、欧盟、北美等发达地区的研究，对亚洲的韩国、中国台湾地区和东盟国家的研究，对发展中国家原料输出国组织的研究等，都是从区域特点和差异分析入手，揭示国际经济贸易的空间分布和格局特征，这是国际贸易地理研究最重要、最核心的问题。

进行国际经贸地理研究，根本目的在于为我国经济与对外贸易的发展提供理论依据和经验例证，以达到学习、参考、借鉴的目的，从而真正为我国对外贸易事业发展做出积极而有效的贡献。

二、基本任务

研究国际贸易地理主要有三大任务：文化教育任务、理论研究任务和实践应用任务。

我国目前正在加大改革开放步伐，发展外向型经济，同国际上的经济贸易往来日益密切。这就需要培养造就大批通晓世界经济和国际贸易的专门人才。从这种认识出发，国际贸易地理的主要任务之一，就是进行专业文化素质教育。通过国际贸易地理教育，使学习者建立国际贸易的空间（地域）概念和意识，了解地区特点、差异及全球格局，有利于开展工作、研究问题。

国际贸易地理在我国尚属新兴学科，20 世纪 80 年代中期以来才受到重视，因而理论及实践经验的研究还处于不完善、不成熟的阶段。多数理论和观点尚未跳出“世界经济地理”的框架和思考模式，在实践中遇到的许多问题有待进一步研究和解决。而且，鉴于国际经济活动总是处于动态变化之中，不断出现的新情况、新问题需要及时的研究、归纳和总结。从这种意义上讲，理论研究任务是本学科的主要任务之一。

项目三　国际贸易地理的研究方法

任何一门学科都有自己的研究方法，它是学科理论的主要组成部分。国际贸易地理作为边缘性学科，国际贸易学和地理学的基本方法均适用于国际贸易地理。除辩证唯物主义和历史唯物主义这一适用于一切科学的基本方法外，研究国际贸易地理问题通常采取传统方法和现代方法。

传统方法主要包括统计法、图表法、文献资料法、相关分析和类比法及地图法等。现代方法主要是数理方法、系统方法、信息技术方法等。这些方法已被广泛用于经济、贸易等人文科学的研究。

但是作为一门与贸易实践紧密联系的交叉学科，更重要的是以动态的学习方法，理论联系实际，不断在实际工作中发展和完善相关理论，摈弃不合时宜的陈旧理念和观点，与时俱进，以科学发展观来开展国际贸易地理的研究与学习。

【案例分析】

追源晋商

山西商人，尤其是首创中国历史上票号的山西票号商人，曾在中国历史上显赫一时。山西商人的活跃，古代文献多有记载，到明代已在全国闻名。最辉煌时山西商人垄断了中国北方贸易和资金调度，而且插足于整个亚洲地区，甚至把触角伸向欧洲市场。在莫斯科、彼得堡等十多个俄国城市，都有过山西人开办的商号或分号。在朝鲜、日本，山西商人的贸易也很活跃，榆次常家从中国输出夏布，从朝鲜输入人参，被称作“人参财主”；介休范家，几乎垄断了对日本的生铜进口和百货输出。究其原因，明长城以西、以北地区的鞑靼、瓦剌、海西女真等游牧民族，人不耕种，地无他产，“衣皮毛，食肉酪”，因而，日用的缎布、茶叶、米盐、铁器以及针线等，一向依赖汉族地区供给。他们用马匹或采集、狩猎得到的人参、貂皮等特产与汉族交换铁锅、农具、耕牛、盐、布等生活用品，以维持再生产。俄国当时的生产力也不发达，缎布、茶叶、盐等也是靠贸易换取，以维持经济正常发展。

明清时期，正是我国商品经济出现并迅速发展的时期，山西的手工业商品的生产，特别是盐、铁、潞绸、煤炭业等均有一定发展。在盐池生产技术上，明代比前代有所进步，如：以池旁耕地为畦陇，“引清水入所耕畦中，忌浊水渗入，淤定盐脉。凡引水种盐，春间即为之，久则水成赤色，待夏秋之交，南风大起，则一宵结成，名曰颗盐，则古老所谓大盐也。”这就是所谓的制解盐法。明万历时，盐引达 1 440 700 道，反映了明代池盐生产的增长趋势。天顺年间（1457—1464 年），阳城“每年课铁不下五六十万斤”。按上述明代铁课“每三十分取其二”的税率计算，则阳城县年产铁 750~900 万斤，如再加上其他县的民营铁冶产量，则山西民营铁冶产量在当时应列“世界第一”。山西潞安府在明清时期是北方丝绸业中心，这里出产的潞绸，以质地精美闻名于世，成为全国及边贸中的畅销品。由此可见，边外民族和国家的生活必需品稀缺，而边内中原地区由于商品经济发达，而具备了多种物产的供给能力，这种经济上的互补性，恰是游牧民族单一经济与农耕民族商品经济的互补。因而，明清时期对蒙、俄边贸迅速发展。此外，汉族地区所需牛马（特别是军马）及皮毛，也一向依赖边外地区民族供给。地区之间物质生产的差异所形成的经济联系，是社会经济发展的客观规律。因此，明清晋商对外贸易伙伴的选择也就不以人们的意志为转移地偏向西北边塞地区，从而为晋商的发展奠定了良好的基础和发展的空间。

（根据百科全书等资料整理）

【思考练习】

1. 国际贸易地理的研究对象是什么？
2. 国际贸易地理的学科属性是什么？
3. 国际贸易地理的主要研究内容是什么？
4. 研究国际贸易地理的主要任务和主要方法是什么？

任务二

影响国际贸易发展的地理环境因素

【目标要求】

通过对本部分内容的学习，学生将了解影响国际贸易发展的自然地理环境和社会文化环境的各项因素，重点掌握自然地理环境的构成要素和社会文化环境的构成要素及其对国际贸易发展的影响。

【关键技术】

1. 自然地理环境因素对国际贸易的影响；

2. 社会文化环境因素，尤其是人口与劳动力、社会经济和技术、政治、法律、文化、宗教等因素对国际贸易的影响。

【学习内容】

国际贸易活动是离不开一定的地理环境的，地理环境对国际贸易有明显的影响。在科学技术发展日新月异、国际地域分工日益广泛和深化、国际间竞争愈益激烈的今天，地理环境各因素对国际经贸活动的影响比过去任何时候都更加激烈和深刻。

积极开展地理环境对国际经贸活动的影响及其规律性的探索研究，对预测国际经济社会的发展趋势、国际贸易变化和做好对外经贸援助等，均有重要的理论和现实意义。

项目一　自然地理环境因素

地理环境分为自然地理环境和人文地理环境两大部分，前者包括地理位置、地质地貌、气候条件和自然资源等方面，它们是国际贸易的自然地理基础。

一、地理位置

地理位置对国际贸易的影响，可以从经纬度位置、海陆位置、交通位置和区位位置等方面反映出来。

地球表面的热量、降水量等的分布是不平衡的，南北半球中纬度地区因其位置居中，而四季分明，气候温和，降水适中，对人类的生产、生活和贸易等活动都较适宜，是人们生存、发展和交往的理想环境。举世瞩目的世界四大文明古国——古中国、古印度、古埃及和古巴比伦，大部分疆域都位于北半球中纬度的温带和亚热带范围。它们是古代文化、经济和贸易等发展最早与最繁荣的古国。我国早在汉代就开拓了沟通欧、亚、非三洲的“丝绸之路”，这是世界上最早的国际贸易通道。同样，从世界地图上我们可以清楚看出，当今地球上社会经济最繁荣、交往最密切、经贸活动最活跃的几个区域，也基本位于北半球中纬度的北美洲五大湖区与大西洋沿岸区域，西欧地区和亚洲日本的“三湾一海”地区以及中国的东部沿海地区等世界重要经贸区域，上述地区其土地面积只占世界陆地面积的10%，而工农业总产值和进出口贸易总额却分别约占世界的80%和70%。

与上述情况相反，国土辽阔的俄罗斯，虽然是世界上土地资源最丰富的国家，但是由于其国土的大部分处在高、中纬度，相当部分的疆域，特别是广阔的东北部地区，自然条件严酷，冬季漫长，寒冷干燥，夏季短促，永久冰土带广布。以农业综合自然条件分析，远不如同纬度的西欧诸国和北美洲的美国、加拿大等国，故其农业土地的生物潜力可能性要比美国低57%，比法国低53%，比德国和英国分别低38%和32%，不仅严重影响种植业的发展，而且给工业生产和城市建设以及交通运输与经贸活动等都带来不少困难。至于南极洲以及亚洲、欧洲和北美洲那些伸入北极圈的地区，由于位处高纬度，气候严酷，对社会经济的制约作用更大，故至今仍然是地球上经济、贸易活动最不发达地区。

濒临海洋或是深居内陆的位置，对于一个国家或地区的生产发展和贸易交往等亦会产生重要影响。沿海地区（尤其是开放地区）与内陆地区（特别是边远偏僻山区）相比，因为环境、交通和出海口等条件大不一样，其经贸状况会形成明显的差异。一般说来前者发展较快，成为发达地区；而后者则发展较慢，往往是比较闭塞和落后的地区。例如，我国东部沿海一带，因为紧临太平洋，海运地理优势突出，加之沿海都市经济发达，交通便利，科技先进，实力雄厚（总人口不足全国的8%，工业产值却占全国的25%左右，高等学校也占全国的17%多），又临近港澳地区和国际市场，侨商、侨眷众多，实行改革开放政策之后，先后开放了五个特区（深圳、珠海、汕头、厦门和海南）、14个沿海港口城市（大连、秦皇岛、天津、烟台、青岛、连云港、南通、上海、宁波、温州、福州、广州、湛江和北海）和长江三角洲、珠江三角洲、福建和广西沿海、辽宁半岛、山东半岛等经济开放区，形成了由南向北的沿海开放前沿地带，与世界170多个国家、地区建立了经济贸易往来，已成为我国经济腾飞的前沿阵地。相比之下，西部内陆地区则较为闭塞落后，与东部沿海地区存在很大差距。

地球上有48个内陆国家，除欧洲的8个属于发达国家外，其余都是发展中国家。在12个人类发展指数最低的国家中有9个是内陆国。

位处欧洲的内陆国家之所以会比较发达，这与该地区欧洲资本主义发展历史较早，现代化铁路、内河航运与航空运输等交通较方便以及地理位置、气候条件等较好紧密相关。其他广大内陆国家之所以较贫困，经贸活动不够发达，有其经济、政治、文化和历史等复杂原因，而距离海洋较遥远，没有方便的出海口这一重要地理环境因素，是严重影响他们经贸发展的根本性的共同原因。众所周知，海运是当今国际间经济贸易活动联系的主要手段，内陆国家只有取得通畅的出海口才有发展经济、繁荣贸易的现实可能，而要做到这点，首先必须与邻近的海运便利、经济又较发达的国家建立良好的双边关系。由于历史的原因，南美洲的玻利维亚 100 多年来一直是借道智利的港口进行对外贸易活动。又如非洲的赞比亚，其传统的出海口在南非德班，由于南非曾推行种族主义政策，赞比亚被迫通过坦赞公路连接坦桑尼亚达累斯萨拉姆港，这才保证了其最重要的外贸物资——铜矿的正常外运出口，使开展经贸活动的愿望变成现实。近年来，因为这两个港口严重拥堵，赞比亚希望恢复通过拥堵不太严重的肯尼亚的蒙巴萨港来出口这些矿石。

当然，具体问题要作具体分析。俄罗斯虽然为北冰洋、大西洋和太平洋所包围，但是，由于北冰洋长年封冻，成为天然障碍，太平洋岸仅有的港口距西部经贸重心地区遥远，交通很是不便，西部出海口被土耳其海峡所扼，北冰洋西部的摩尔曼斯克港，虽为不冻港，但航线需经北大西洋公约组织控制的挪威海峡，因政治原因，进出口甚为不便。所以俄罗斯虽濒临三大洋，但却酷似内陆国家，一定程度上制约着它的对外贸易的发展。

交通地理位置对国家和地区的经济和对外贸易的影响亦是很大的。这是因为交通运输条件既是生产力布局的重要内容与条件之一，又是经济发展的基础条件。美国是地跨太平洋与大西洋的“两洋国家”，在世界以北大西洋为经济贸易重心区的 100 多年时间里，它利用便捷的北大西洋航线开展对欧洲的经贸活动，使其东北部和东部大西洋沿岸地区经济获得迅速发展，形成了世界上最大的北美东部大西洋沿岸和五大湖地区经济贸易重心区。而今，美国又乘日本、澳大利亚和中国等太平洋西部国家的迅猛崛起，世界经济重心呈现从大西洋地区向亚太地区转移趋势的契机，利用其便利而发达的太平洋航运，促使西部和南部“阳光地带”的经济繁荣发展起来，率先抢占了太平洋地区的市场。统计资料表明，2013 年美国与亚洲的商品贸易进出口总额已超过 14 000 多亿美元（据美国人口调查局）。这对缓解美国的经济矛盾和稳定国内政局等方面都起了积极作用，充分显示了美国濒临世界两大海洋的交通地理位置优势。至于跨越亚非两大洲的埃及，自沟通地中海与红海，扼亚、非、欧三大洲的交通要冲——苏伊士运河开通后，每年获得 10 多亿美元的运河船只通行费，极大地促进了其经济、交通和贸易的发展。此外，新加坡、巴拿马等国家，亦因位处沟通两大海洋的重要通道和国际航线的要冲等优越交通地理位置，大量船舶在此过往、停靠及供养补给、维修保养，而成为周围地区与国家的物资转运点或集散中心，繁荣了该地区的经济和贸易活动。

除此以外，因为临近或者毗连一些经济发达、经贸活动频繁的国家与地区，也会使一些国家、地区得益，促进经济贸易的发展。

二、自然条件

一个国家和地区的地形、气候、水文等自然条件也影响着它的国际贸易。如全球性气候变化，往往给国际经济、贸易以直接冲击，因为气候可以影响农产品尤其是粮食的产量，由此而产生的价格波动直接影响了世界粮食市场的交易情况。世界各海域的不同气候类型与国际贸易中的商品运输息息相关。如世界各国的港口有的可全年通航，有的则冬季封冻，船舶不能停靠。在签订业务合同决定装运期时，要根据商品的性质选择适当季节，如雨季不宜装运易潮、易霉变的商品；夏季不宜装运易融化的物品，如沥青、浸酸羊皮等，否则会给国家造成不应有的损失。

地形对于经济和贸易活动的影响是多方面的。现将中国和美国的相关方面列表作以下比较，见表2-1。

表2-1　　中国和美国有关情况对比表

	中国	美国
面积	960万平方公里	936万平方公里（不含水域）
地形	丘陵、山地和崎岖高原占2/3	平原面积占2/3
耕地	15亿亩左右	28亿亩左右
垦殖指数	10.35%	22%
牧场利用率	63%（其中50%尚未改造好）	81%

从表2-1可以清楚地看出，地形差异是造成以后各项指标差异的“主导”因素。美国由于平原广布，所占比例颇高，使发展农牧业有了良好基础，为其成为世界上规模最大的农业国家创造了条件。因而，美国农牧业生产发达，农产品不仅能满足本国需要，还可以有1/3~2/5的农产品用于出口。即使在2008—2011年美国经济衰退期间，农业出口总额占美国出口的比率也占10%左右。大量农产品的出口，不仅创造了占该国外汇总收入20%的外汇，而且在繁荣国际贸易、改善国际收支和外贸平衡等方面起了很大作用。美国农业部长汤姆·威尔萨克（Tom Vilsack）称，美国农业已经成为经济衰退时期美国经济中的亮点，并成为美国出口增长、就业创造和国家竞争力背后的原动力。反之，如果地形破碎，沙漠戈壁遍地，崇山峻岭，或险恶地形直逼沿海，则必然对其经济的发展，尤其是农业生产产生严重影响，难以展开对外贸易。世界最大沙漠——撒哈拉大沙漠横亘于非洲偏北部的广大地区，使这里的阿尔及利亚、利比亚、苏丹、埃及等国家，经济发展和贸易活动深受影响。可见，地形条件对社会经济发展，特别是农牧业生产的制约作用是很大的，乃至影响整个国家与地区的经贸发展。

一般情况下，气候变化的规律性是很明显的。春夏秋冬，四季更迭，这是一种表现形式。从赤道向南北两极延伸，气候带排列有序，分别为热带、温带和寒带，纬度地带性清楚，这又是一种表现形式。这种气候的节律性和地带性，对生产事业，尤其是农业生产有着深刻影响，进而制约着经贸活动。例如，温带地区适宜农作物的生长，所以作为人类衣食主要来源的棉花和粮食，主要产于温带地区，以1989年为例，世界粮食总产量约为18亿吨，其中70%左右产于温带和亚热带地区。同样，目前世界上谷物的主要出口国是位于温带的美国、法国、加拿大、澳大利亚、阿根廷和巴西等国家。而作为工业原料的橡胶、剑麻、椰子、丁香以及咖啡、可可等饮料作物则完全产于热带地区。气候条件也会对国际贸易活动直接产生影响。北半球的欧洲、亚洲和北美洲的部分地带已经伸入寒冷的北极圈范围内，因此，太平洋和北大西洋沿岸的一些地处高纬度的港口，气温太低，秋冬季节洋面封冰，致使不少港口一年中有半年因航船无法运行而被迫停用，国际贸易近乎瘫痪或停顿。自20世纪80年代以来，全球气候明显变暖，1990年地球上出现了创纪录的高温，对国际贸易也产生了影响。由于近几年持续暖冬，我国销往加拿大和北欧等国家的滑雪手套等很不景气，客户纷纷减少定货量乃至解除合同，贸易量大减，造成我方货物积压，经济受损。灾害性天气（如寒潮、霜冻、风暴、干旱、洪涝、冰雹等），对于生产活动、经济发展和贸易往来等产生的破坏性影响更为直接和严重。例如，一些外贸船只往往因风暴袭击而被迫停航，如果不掌握气象资料，贸然远航，外贸船舶很可能会被风浪浸没，造成惨重的损失。2005 年 2 月，由于西班牙甜椒市场的主要供货商欧盟国家遭受严重的霜冻，使得中国获得以较高的价格向西班牙出口甜椒的机会。

气候变化多端，可谓“天有不测风云”。因种种原因造成的全球性或区域性气候异常，经常干扰正常的工农业生产和经贸活动。1972 年，由于气候异常，南美秘鲁沙丁鱼的捕获量减少 2/3，致使当做饲料的鱼粉锐减。与此同时，印度和西非的花生，苏联的向日葵等，也因天旱而大量减产，致使能当饲料的大豆价格成倍上涨，由此引起了世界饲料与谷物市场的供求矛盾和国际贸易活动范围的扩大。

日本的丸红商社曾根据天气预报：该国关东地区梅雨结束时间将比往常推迟，以及世界范围将是个凉夏，作出消暑饮料的销售量会有所减少，并由此引发饮料罐的马口铁销售量下降和价格下滑的预测。事实果真如此，1981 年和 1982 年其马口铁的出口量分别减少 13 万吨和 6 万吨之巨，美洲的墨西哥亦因此取消了与它签订的进口合同。气候条件的变化直接和马口铁生产与国际贸易挂上了钩。1989 年，美国发生了近百年少有的干旱，玉米、小麦等谷物产量减少 1/3 左右，这不仅使农场主和农业工人在经济上蒙受了巨大损失，而且使美国与全球的粮食出口量大为减少，加剧了世界市场上粮食贸易的紧张状态。可见，气候异常将直接影响工农业生产和贸易活动。

重视气候现象和气候条件的观测与分析，特别是较大范围的气候异常的观测研究，了解气候变化态势，熟悉气候条件对国际贸易的影响，从中掌握世界市场动向，以便主动地采取措施，搞好进出口贸易，已成为世界各国、各地区政府和经贸界人士的一项基础工作。

三、自然资源

所谓资源，内涵广泛，这里着重论述矿产资源对经贸活动的影响。

矿产资源是宝贵的物质财富，也是一个国家和地区发展生产、繁荣经济和活跃贸易的最基本的物质基础之一。它是非再生性资源，且随着社会进步和经济发展，其消耗量与日俱增。因此，矿产资源的赋存储量、规格品种、组合结构、品位状况、地理分布以及新矿产、新矿点的发现等，不仅严重影响着一个国家与地区的经贸活动，而且强烈地影响着整个世界的国际分工、商品交往、货物流向、贸易格局和贸易运输等。

20 世纪 50 年代，广大西亚地区还被列为世界最贫困地区之一，经济相当落后，在国际贸易中的地位更是微不足道；进入 20 世纪 60 年代之后，西方垄断资本集团进入该地区进行大规模石油地质勘探，找到了丰富的石油资源，并陆续进行大规模开采，西亚已经成为世界上石油储量、产量和出口量最多的地区，是名副其实的“世界油极”。大量外汇财源滚滚而来，带动和促进了该地区民族工业的蓬勃发展，对外贸易突飞猛进，人民生活水平迅速提高，昔日的贫困地区，当今已跨入人均产值最高行列，成了世界上重要的资金、劳务和消费市场之一。

历史上，将美国和苏联这两个世界经济发达大国的矿产资源进行分析研究，很能说明问题。从总体讲，两国的矿产资源均较丰富，但相比之下，苏联更为富足些，很多种矿产的储量都列世界前茅，而且品种齐全，不但为其发展基础工业，以及形成完整的工业体系奠定了很好的物质基础，而且每年有 20~30 种矿产品供出口换汇；美国则不然，为了满足现代科技、军事工业和经济发展的需要，每年要从国外进口 40~50 种矿产品，形成了美苏在初级产品进出口贸易结构上的明显差异。

第二次世界大战以后，进入 20 世纪 60 年代中期，石油取代了煤炭，成为主要能源，世界进入“石油时代”。在以西亚为代表的广大亚非拉发展中国家和苏联以及西北欧一些国家，一大批大油田相继发现，大力开采使世界石油产量迅速增加。20 世纪 70 年代中期，北海海域发现油气田。至 20 世纪 80 年代初，荷兰的天然气、英国和挪威等国的石油产量除满足本国需要外，还有相当部分出口欧洲其他国家，促进了其经济发展，而且使西北欧部分国家的进出口商品格局和贸易格局产生了明显变化。另外，苏联、中国、墨西哥以及东南亚一些国家新油田的不断发现和开采，也使世界石油储藏的地理分布、生产格局和贸易格局出现了新的态势。

至于世界铁矿石新矿点的发现、生产的地区布局变化和生产量的增减等，与世界石油的情况相似，均对世界和各国的经贸活动产生重要影响。可见，矿产资源对国家、地区的经贸发展和世界初级产品市场格局等，必然产生深远的影响。

项目二　社会文化环境因素

人文地理环境对国际经贸活动的影响，如同自然地理环境一样，也是明显而深刻的，是国际贸易的社会地理基础。人口民族、科学技术、环境质量、政治因素和生产力状况等，均属人文地理环境范畴，下面分别叙述它们对国际经贸活动的影响。

一、人口和劳动力

人类是社会物质财富的创造者（即生产者），又是社会生产资料和生活资料的消耗者（即消费者），两者是辩证地统一在人类的生产过程中。经贸活动，特别是国际贸易活动，更是社会生产和国际地域分工发展到一定水平的产物，人类则是其主宰者。人类对于经贸活动的影响，既有积极的一面，也有消极的一面。

从世界人口地图上清楚地看到，人口的分布状况是与经济发展及国际贸易紧密相关的。世界人口分布稠密地区，一般是世界经济、贸易的发达地区。地球上，北纬 20°~60°范围的，据测算大约居住着全世界总人口的 80%，而且几乎聚集着世界上大多数拥有 100 万人口以上的大城市以及世界全部大港和绝大部分中型港口，这些地带成了当今世界主要货流的起讫地点和各类商品的集散地区。受经济发展的吸引和影响，世界人口集聚程度有增无减，往往使相邻近的一些城市集聚，乃至连接起来，形成规模宏大的城市群或城市带，如美国东北部五大湖地区和沿着大西洋岸向南延伸的都市带，日本沿太平洋岸的城市带及中国东南部沿海的城市群等。

众所周知，人口较多、密度颇高的国家或地区，对各种原材料、燃料和消费品等的需求量就大，必然导致经贸活动的活跃与繁荣。例如亚洲，地域广大，人口较为密集，居住着全世界大约 60% 的人口，粮食消费量巨大，虽然本洲生产的粮食是各大洲中最多的，但每年仍然得从其他各洲进口数量可观的粮食，其总量要占全世界粮食总贸易量的一半左右。同样，一个国家或地区生产水平与生活水平的高低，从某种角度看，受制于该国家或地区的人口数量和商品需要量等诸因素。

除此以外，人口素质高低、年龄结构以及人口增长的速度等，也将影响一个国家或地区乃至国际间的经贸活动。

世界上的许多民族，由于长期生活在特定的自然地理环境和人文地理环境之中，各自形成了较为独特的生活习惯、风土人情和宗教信仰等，在生产、生活和消费等诸方面有其特殊的要求，这些会直接或间接地影响着生产活动和贸易活动。如，我国出口的圣诞树等圣诞节用品，以及伊斯兰国家妇女所穿着的头纱等。

世界各国、各地区因所处的地理环境和社会历史发展过程不同，民族、居民有别，因此，他们都有自己的传统特点和风土人情。认真地研究、了解、熟悉各个国家与地区人民和民族的兴趣爱好、风土人情、传统特点，乃至宗教信仰等，有的放矢地做好外贸商品的供应以及商标、包装等的设计工作，对于开拓对外贸易市场，做好外贸生意等，是必要的。

二、社会经济和科技发展水平

科学技术是生产力，而且是第一生产力，是推动社会经济发展的动力，这一理论日益为社会经济和生产力不断发展的实践所证实，也愈来愈被广大公众所认可。资本主义社会之所以能战胜封建社会，最根本的原因在于它靠着科学技术的迅速进步，创造了更发达的社会生产力。我们非常清楚地认识到，不同历史阶段生产力的差异，实际上是人们掌握科学技术多少的差异，生产力的不发达，就是科学技术的不发达。随着时间的推移，社会的前进，科学技术在社会经济进步、生产力发展和国际经贸活动中的作用将愈趋重要。例如，1976—1989年，上海工业企业的技术进步贡献率仅为26.92%，工业产值的增长有73%是靠劳动力和资金的投入取得的。而发达国家早在20世纪50—70年代，技术进步贡献率已达50%~70%，最近10年又上升到80%左右。在上海实施“科教兴市”战略后，2001年科技创新对经济增长的贡献率已达到51%，当年高新技术成果转化成产业的产值达1 660多亿元。由此可见，科学技术在经贸活动中的巨大增值作用和日益增大之势。

科学技术的进步促进了生产力的发展和社会经济的不断增长，国内市场狭小的资本主义国家，只得以抢占国外市场，大力发展国际贸易的办法寻找出路。据测算，第二次世界大战后，大部分资本主义国家约有1/3的产品要依赖国际市场；发展中国家在国际贸易市场上的影响和经营范围亦有所扩大，竞争能力得到加强，国际贸易发展速度加快。全世界进出口贸易总额增长达到惊人程度。1952年，全球国际贸易总值是600余亿美元，1975年飞速增长到9 000亿美元，激增13倍多。1991年世界国际贸易总额高达3.5万亿美元，2012年，全球货物和服务贸易总额22.5万亿美元。不仅如此，国际贸易的商品种类、货物结构、贸易方式和地域范围以及各个国家、地区在世界进出口贸易中的地位作用等都有较大的变化和发展。

科学技术的日新月异不仅使社会经济进步，国际贸易获得发展，而且使国际竞争日趋复杂和激烈，特别是电脑等电子信息技术普遍应用与推广，交通运输愈趋现代化，致使发达国家的生产成本有所下降，而发展中国家的廉价劳动力优势逐步消失，加上新原料、新材料的不断开发，促使天然原材料和农副产品的需求量逐渐减少，随之而来的是国际市场上的初级产品价格下跌，而工业品的价格则上扬，使发展中国家处于甚为不利的竞争地位，他们所占的国际市场份额逐渐被发达国家抢占。例如我国香港地区与内地毗连，其市场上的水果、蔬菜等新鲜的物品，历来由内地供应，而近些年来，远隔重洋的美国等国家，则利用其先进的速冻、压缩、仓储和保鲜等新技术，以及快速、发达的通信和交通优势，将蔬菜、水果等食品运送到香港市场进行倾销，一度挤抢了内地对香港的果蔬市场。足见，科学技术既是经贸发展的强大动力与后劲，亦是增强国际竞争能力的至关重要的“武器”。

20 世纪 50 年代以来，国际贸易已从单纯的有形贸易，逐步发展扩大到无形贸易这一重要领域，科学技术即是这一领域里的重要“成员”，它虽然是一支新军，但其前景广阔，意义深远。二战后的日本，即是通过国际技术贸易这一重要内容与渠道，把国际上先进的科学技术购买回国，经过吸收、消化，加速本国经济的发展，这就是所谓的“日本国吸收性战略”。据了解，1950—1975 年，日本大约用 80 亿美元的巨资引进了国外近 3 万项先进的科学技术。在 1950—1970 年的 20 年时间里，日本获得了世界上几乎半个世纪来开发的全部先进科学技术，从而大大促进、加速了日本的经济和贸易发展，其产生的直接经济效益，据有关方面估算，约达 1 800~2 000 亿美元。这一成功做法与经验，已为世界上许多国家和地区所认识与效法。

1978 年以来，我国实行改革开放政策，加强与国际社会的交往，积极吸取国外先进的管理经验和科学技术，有力地促进了社会经济发展。与此同时，通过引进新型的、先进的科学技术及对老企业的设备与工艺等的更新和改造，大大提高了企业的生产能力和产品档次，新产品也不断涌现，使我国对外贸易事业在开拓国际市场、增加出口商品的品种与数量、提高产品质量和增强创汇能力等方面，展现了新的前景，贸易范围和贸易金额更是与日俱增。1978 年，我国货物进出口总额只有 206 亿美元，在世界货物贸易中排名第 32 位；2010 年，则为 29 740 亿美元，比 1978 年增长了 143 倍，年均增长 16.8%，成为世界货物贸易第一大出口国和第二大进口国。

三、政治、法律、文化

地理环境的各个组成要素会对国际贸易活动从不同角度全方位多层次地产生影响，而涉及面更为广泛、影响程度更加深刻的则数政治因素。局势是否稳定，有否全球或局部战争，国家（或地区）执行什么样的方针、政策和奉行何种外交路线，参加政治、经济联盟与否，属于何种社会经济制度，哪个政党、集团执政等，均会非常明显地影响社会、经济和贸易。

第二次世界大战以后，全世界出现了和平环境，这就为世界各国、各地区的经济贸易的发展创造了良好条件，一些国家和地区的国民生产总值增长速度迅猛，有的甚至超过 10%，成为世界国民经济增长速度最快的时期，国际贸易也突飞猛进，出现了空前繁荣局面。

地区经济一体化是二战后经济发展的重要特征之一。西欧国家为了抗衡美国和苏联，于 1958 年成立了欧洲经济共同体，加强了相互间的专业化和合作化建设，协调了其间的内部贸易关系，并实施关税同盟和共同的农业政策、对外贸易政策，使他们之间的贸易比重直线上升，而对美国的贸易日益减少，开始摆脱对美国经济的依赖。20 世纪 70 年代末至 80 年代初，世界性经济危机袭来，全球经济形势严峻，为了摆脱困境，欧洲共同体采取了一系列灵活政策，如扩大阵营，不断扩大与发展中国家的贸易往来等，到 80 年代中后期，欧洲共同体的国际贸易额超过了美国，跃居世界首位，使世界范围内的国际贸易格局发生了根本性的变化。此外，东南亚国家于 1967 年成立了区域性合作组织——东南亚国家联盟（简称“东盟”），政治上坚持相互协调，经济上加强联系协作，使各国经济和贸易，获得了较快的发展。世界许多重要石油生产国家，为了将石油生产与销售的命运掌握在自己手中，确保石油利益，发起成立了石油输出国组织——欧佩克，逐步统一石油生产数量、销售数量和出口价格等，不仅实现了他们的初衷，而且为稳定世界石油市场起了积极作用。这些都清楚地表明，地区经济组织对发展各国、各地区经济，促进对外贸易，改变进出口贸易结构等，都有重要影响。

无论是地区性的战争，还是全球范围的大战，对世界经济均会产生严重影响。西亚地区的伊朗和伊拉克，爆发了历时 8 年有余的“两伊战争”，由于战事的严重摧残，两国经济都遭到严重破坏，不仅使两国间的贸易活动中止和石油出口剧减，而且导致国力衰败，资金短缺，进口商品大减，国际间的贸易，无形中也受到很大冲击。海湾战争以来，伊拉克受到世界大部分国家的禁运与经济封锁，油井遭到严重破坏，整个国家的经济濒于崩溃边缘，石油生产陷于瘫痪，从西亚地区仅次于沙特阿拉伯的最重要的石油生产国与出口国，一下子变成“无油国”。

四、意外事件

这里我们所说的意外事件是指突然发生在一国的政治、自然和社会方面的不可预料的事件。这些事件一般具有突然性、不可控性，并且影响较广，常常造成民众心理阴影和情绪障碍。一般说来，意外事件主要影响的是服务贸易和货物贸易。2012—2014 年受韩日外交矛盾升级影响，赴韩国旅游的日本人数不断减少，2013 年同比减少 22. 4%。2012 年 8 月，受日本收购钓鱼岛一事的影响，丰田（TOYOTA）8 月份的销售同比减少了 15%，而德国和美国的汽车各自增加了 26. 5% 和 19. 9%。

此外，一些体育、文化、艺术活动也会成为影响国际贸易的重要因素。2010 年世界杯足球赛在南非的约翰内斯堡举行。比赛所用的“普天同庆”球、“呜呜祖啦”小喇叭、球迷围巾、球迷假发、场馆座椅、赛场空调等几乎都是来自我国。据义乌海关统计，受南非世界杯赛的影响，当地体育用品的月度出口额连续半年超过 1 000 万美元。2014 年在巴西世界杯足球赛的赛场上，球迷们响起的“卡西罗拉”，超过 90% 也是由中国制造的。

【案例分析】

案例一

某年夏季，我国某公司出口一批沥青运往西非，租用外国船，沥青包装采用 5 层牛皮纸袋。商船通过亚丁湾、曼德海峡进入红海。红海位于干燥炎热的亚热带地区，降水稀少，蒸发强烈，周围是干旱的荒漠，没有大河流入，主要靠从曼德海峡流经印度洋的海水补给，因此，海水的温度很高，表层海水的最高温度可达 32 度是世界上水温最高的内海之一。因气温高，沥青融化，透过纸袋粘在货仓地板上。商船穿过苏伊士运河入地中海、大西洋时，沿途气温有所下降，使粘在货仓地板上的沥青又凝固起来，到目的港后，卸货十分困难，清理打扫船舱更困难，最后结算，卖沥青赚来的外汇用于洗舱费还不够。

（摘自《中学地理教学参考》1999 年第 9 期，作者为彭觉行等）

为什么我国某公司得不偿失？从这个案例我们受到了什么启发？

案例二

瑙鲁的烦恼

瑙鲁共和国（the Republic of Nauru）位于南太平洋中西部的密克罗尼亚西群岛中，有“天堂岛”之称的最小的岛国。从占地面积来说，在所有独立的共和国中，瑙鲁是最小的，然而它的人均国民收入却很高，国民的福利待遇较西方国家毫不逊色。全国实行住房、电灯、电话、医疗等免费服务。瑙鲁曾经是太平洋岛国首富，千万年来，有数不清的海鸟来到这个小岛上栖息，在岛上留下了大量的鸟粪，经年累月，鸟粪起了化学变化，成为一层厚达 10 米的优质肥料，人们称之为“磷酸盐矿”。这个国家 80% 的土地富含这种矿藏，瑙鲁人就靠磷酸盐矿成了“富翁”，人年均收入 8 500 美元。二十世纪七八十年代，其磷酸盐年出口量约为 100 万至 150 万吨，并且主要是向澳大利亚、新西兰出口。自二十世纪九十年代始，产量逐年下降。2002 年降至约 20 万吨，2003 年不到 10 万吨。2004 年产量仅约 4 万吨。目前，磷酸盐储量所剩无几，且品位不断下降。这让瑙鲁的国民目前经济、财政形势极度困难，严重依赖外援和举债。瑙鲁人现在最关心的是到哪里找那么多的鸟粪呢？

（根据百科全书等资料整理）

【思考练习】

1. 自然地理环境包括哪些要素？
2. 社会文化环境要素有哪些？
3. 地理位置、自然资源分别如何影响国际贸易？
4. 对国际贸易产生影响的因素包括哪几方面？分别都有什么影响？

任务三

世界生产力的发展演变与国际贸易中心地区的形成和转移趋势

【目标要求】

通过对本部分内容的学习，学生将认识和了解世界生产力的演变与发展的历史过程，以及世界生产力发展和分布的新特点，重点掌握国际贸易中心地区的形成和转移的发展趋势。

【关键技术】

1. 世界生产力的发展过程；
2. 国际贸易中心地区形成及转移。

【学习内容】

项目一　世界生产力的历史演变与发展

一、世界生产力的发展过程

“生产劳动是人的生命活动”（马克思），经济活动是尤为重要的生产活动。生产力是推动社会进步的主要动力，是世界各国家、各地区经济发展和经济联系的基础。纵观世界生产力的演变和地区分布的变化历史，可以清楚地看出生产力在发展进程中具有明显的阶段性特征，这些特征主要表现在生产工具由低级到高级，生产工艺由简单到复杂，生产分布由分散到集中，又由集中逐步趋向分散的复杂过程。当今世界生产力发展状况和分布格局，是长期历史演变的产物。

（一）资本主义萌芽时期

在资本主义生产方式确立以前的漫长历史阶段，人类社会经历了原始公社、奴隶社会和封建社会的历史变革，生产力虽然在缓慢地向前发展，但总是处于以自然经济为基本特征的农业社会。

封建社会后期，旧大陆内和旧大陆之间的商业贸易随着生产力的发展有了明显扩大，形成了著名的“丝绸之路”（陆路贸易）和“香料之路”（海上贸易），成为沟通亚、欧、非三洲的贸易通道。现今的小亚细亚半岛地区成为当时东西方贸易的桥梁，地中海沿岸和古代商业大道上形成许多著名的商业城市。与此同时，我国同旧大陆的经济贸易联系也比较密切，主要表现在汉朝张骞通使西域，马可·波罗于1275年来中国之后写成《马可·波罗游记》；15世纪初明代航海家郑和七下西洋，遍访亚非30余个国家，最后到达非洲东岸，进行生产技术、文化等方面的交流。

【知识拓展】

丝绸之路

“丝绸之路”是历史上横贯欧亚大陆的贸易通道。它以西汉张骞出使西域的起点洛阳为开端，经河西走廊，向西延伸到罗马。因为中国是丝绸的故乡，丝绸又是这条贸易线路的主要代表性商品，因而德国地理学家李希霍芬称之为“丝绸之路”，并沿用至今。

历史上的丝绸之路也不是一成不变的，随着地理环境的变化，以及政治、宗教等形势的演变，道路的走向也有所变化。宋代以后，从我国广州、泉州、杭州等地出发的海上航路日益发达，逐渐从南洋发展到阿拉伯海和非洲东海岸。人们又把这些海上贸易往来航线，称之为“海上丝绸之路”。一般说来，“丝绸之路”是指陆上丝绸之路。

（根据百科全书等资料整理）

但是，封建社会生产力发展依然十分缓慢，它是一种自给自足的自然经济，商品经济仍然很薄弱，经济贸易比较发达的地域仍然集中于南欧、西北欧、西亚部分地区、南亚、东亚及北美洲南部和南美洲西部等地区。

资本主义萌芽时期采用原始生产工具进行生产活动，产业部门主要是农业，即称之为农业社会。其特点概括为：一是自然经济为主，产业部门分工不发达，商品经济薄弱，地区之间经贸联系不很密切；二是生产力发展缓慢，水平低下，以分散落后农业占绝对优势，手工业处于从属地位，城市不发达；三是生产结构简单，自然条件因素对产业分布起决定作用，产业分布具有明显的分散性。

（二）资本主义时期

1. 地理大发现对世界生产力发展和国际经贸联系的影响

（1）地理大发现

封建社会末期，随着手工业、商业的发展，首先在南欧地区以及西欧，出现了资本主义萌芽。资本主义工业的发展和资本主义生产方式的建立必须满足两大条件：一是拥有大量自由劳动力，二是必要的货币资本。这是资本主义原始积累的主要内容。14—15世纪，一些南欧和西欧商人渴望向海外扩充市场，急于去东方掠取更多金、银、珠宝等财物，然而，从15世纪中叶起，当时的奥斯曼土耳其帝国以君士坦丁堡（现今伊斯坦布尔）为中心，占据着东地中海和黑海周围地区，切断了欧洲通往东方的道路，因而，他们急需绕道寻找通往东方的航路。由此，地理大发现便揭开了序幕。

所谓地理大发现，就是指以下地理事件：① 1487—1488 年，葡萄牙人巴托罗缪·迪亚士沿非洲西海岸到达非洲南端的好望角，成为寻找新航路的第一次重要突破。② 葡萄牙贵族瓦哥斯·达伽马奉葡王之命于 1497 年 7 月 8 日从里斯本出发，绕过好望角，再沿东非海岸北上，穿越印度洋，于 1498 年 5 月 20 日到达印度的成功尝试，被称为“新航路的发现”。③ 意大利人里克斯多佛·哥伦布，于 1492 年 8 月 3 日奉西班牙国王之命率探险队西行，横过大西洋，最终到达南美洲的圣萨尔瓦多岛，古巴岛和海地岛。此后又三次西航，陆续抵达西印度群岛和中南美洲其他一些地区，被称为“新大陆的发现”。④ 葡萄牙航海家斐南多·麦哲伦奉西班牙国王之命，于 1519 年至 1522 年横渡大西洋，沿巴西海岸南下，绕过南美洲南端海峡（现麦哲伦海峡）进入太平洋，后到达菲律宾群岛，在岛上麦哲伦被当地人杀死，其同伴继续航行到“香料群岛”（今马鲁古群岛）中的哈马黑拉岛。之后经小巽他群岛，穿过印度洋，绕过好望角，沿非洲西岸返回西班牙本土，完成人类历史上第一次环球航行。

此后，荷、英、法、俄等欧洲国家也相继参与对海外的开拓和掠夺。

（2）地理大发现对世界生产力及国际贸易的影响

地理大发现对世界生产力的进步和分布的扩展具有十分重要的意义。

第一，地理大发现促进了资本主义原始积累过程，使欧洲获取发展资本主义工业所需的大量货币资本及生产原料。世界大量财富流入欧洲，为生产力的发展提供雄厚资金。

第二，地理大发现结束了新旧大陆相互隔绝和各自孤立发展的局面，扩大了世界经贸联系，推动了洲与洲之间的贸易，为世界统一市场的形成提供了条件。

第三，促进了新、旧大陆生产要素的相互流动。美洲原产的玉米、可可、番茄、向日葵、马铃薯、烟草、天然橡胶、木薯、火鸡等，逐渐引入旧大陆；旧大陆的传统农作物、牲畜、生产技术等也传入新大陆。同时，欧洲殖民者通过大量贩运非洲黑人去美洲，形成人员的交流。

第四，使世界贸易航线和贸易中心开始发生变化，主要商业中心从地中海沿岸转移到大西洋沿岸。意大利的商业地位逐渐被西班牙、葡萄牙和英国代替。1460 年安特卫普（比利时）成为欧洲第一个商业城市，16 世纪成为欧洲最繁荣的商业城市和世界贸易中心。

地理大发现的结果，使全球在地理学上成为了一个整体，从而为世界经济的整体发展开辟了道路。

【知识拓展】

商业革命

从十六世纪持续到十八世纪初期，由于新航线的发现，发现了美洲，欧洲新兴资产阶级的经营范围从地中海扩展到大西洋沿岸，甚至与东方建立了直接联系，从而使商品交换的规模不断扩大，贸易额和商品种类大大增加，进而引发金融、保险、投资方面的变革，并出现了新的经济理论，商品经济逐步取代自然经济。

商业革命不仅是欧洲工业革命的前奏，而且极大地促进了封建生产方式向资本主义生产方式过渡。

（根据百科全书等资料整理）

2. 产业革命对世界生产力发展的影响

到 18 世纪时，世界生产力有了进一步发展，生产力分布出现了新的变化。机器的使用在英国工业尤其是纺织业中已很普遍。但由于缺乏有效的动力，其进一步发展受到限制。瓦特发明的蒸汽机使这一局面迅速改观，威力愈来愈大的机器被应用于几乎所有的生产领域，生产力空前提高，工厂制度推广到欧洲各国。以大机器与蒸汽机的应用为标志的第一次工业革命，很快席卷了欧洲，美、法、德等先后完成了产业革命，成为第一批工业化国家。

产业革命是把先进的科学技术转化为生产力，大大促进了物质文明的进步，并且深刻影响到许多资本主义国家阶级、社会结构的变化，对世界生产力的发展产生了深刻的影响。

（1）大大提高了生产力。蒸汽机的出现使人力、畜力、风力等作为动力退出了生产过程，蒸汽机越来越多地集中在工厂之内，形成大机器工业部门。蒸气动力最先以棉纺工业为起点，逐步扩展到毛纺、呢绒制造、采煤、机械制造、交通运输等行业中，从而大大提高了劳动生产率。

（2）提供了以蒸气为动力的交通工具。1825 年，从曼彻斯特到利物浦的铁路建成并投入营运，其后铁路运输很快遍及欧洲与北美大陆。坚固而快速的轮船开始穿行于各大洋，原来使探险者九死一生的远洋航行已不那么令人生畏。19 世纪，横跨大西洋与太平洋的商船使得东西半球的联系更加密切，以至在文明人类的意识中不再有新旧大陆之分了。从欧洲开出的商船上满载着以金属、毛、麻为原料的工业制成品，它们被销往世界各国；而从亚洲、美洲返回的轮船上则装满了廉价的茶叶、橡胶、烟草、糖、蚕丝等。一个以欧洲为中心的世界市场已初具雏形，国际贸易的时代来临了。

（3）推动了世界范围内的第一次国际分工：工业化国家成了工业品的供应者，非工业化国家则是工业原料与食品的生产者。如马克思所指出的，“分工的规模已使大工业脱离了本国基地，完全依赖于世界市场、国际交换和国际分工”。大规模的工业化生产与原料供应相分离，这种二元化的世界经济格局成了近代工业生存基础。这一方面造成了宗主国对殖民地的奴役，同时也为世界经济的进一步发展开辟了道路。

3. 第二次科学技术革命对世界生产力发展的影响

产业革命又称第一次科学技术革命，它对世界生产力发展和国际间经济联系产生了巨大影响，但是，资本主义自由竞争时代好景不长，1873 年前后，发生了第一次世界性经济危机，同时这标志着资本主义开始向垄断阶段——帝国主义阶段过渡。然而，第二次科学技术革命又使世界生产力的发展出现新的转机。

（1）第二次科技革命最先产生于美国和德国，并从冶金和钢铁制造业开始。这次技术革命的主要标志是电和内燃机的发明、利用以及新炼钢技术的产生。其中发动机和电动机的发明，导致电气化的到来；内燃机的出现，促进了大量新兴工业部门的成长。

（2）第二次科技革命对世界生产力发展的影响。

① 大大促进生产力的发展。由于电气化时代的到来和钢铁制造技术的进步，使产业部门分化更加剧烈，新的工业部门大量涌现，如电力、电器、化学、石油、汽车、飞机和造船等工业获得良好的发展机会。继英国之后，美、法、德、日等先进国家都成为以重工业为主

导的工业化国家。与此同时，国际间的交通运输和经贸联系大大扩展，世界农业也相应有了较大发展，整个世界生产力跃上一个新台阶。

② 资本主义经济与政治的不平衡性加剧。新技术的应用，导致重工业比重上升，从而造成新的不平衡：农业落后于工业，轻工业落后于重工业，旧部门落后于新部门，老牌资本主义国家落后于后起资本主义国家。

③ 加速了资本主义从自由竞争向垄断的转变。由于电力进入工业生产，社会的生产面貌发生重大变化，形成大机器、大原料、大产品生产局面，企业已不单纯是生产组织，而变为从资本控制、加工制造至各级消费市场的组织，因而企业规模越来越大，不可避免地实行资本积聚和集中。当资本集中发展到一定程度，必然产生垄断。随着交通和信息条件的现代化，资本流动就要跨越国界，形成资本主义的国际化，而后，商品输出日益被资本输出和跨国经营取代。

④ 资本主义生产地域体系开始形成。到 20 世纪初，资本主义经济体系、国际地域分工体系和世界市场基本形成。但是，殖民地、半殖民地与宗主国之间的分工和交换关系，是建立在不平等基础之上的，前者以生产和输出工业原料和农产品为主；而宗主国主要生产和出口工业制成品，并不断向殖民地半殖民地“倾销”过剩产品，从而形成世界市场上商品流向的基本格局。

4. 第三次科技革命对世界生产力发展的影响

从第二次世界大战后至 20 世纪 70 年代中期，在世界主要工业发达国家中，发生了一次深刻的科学技术革命——第三次科技革命。

1945 年美国在日本抛下两枚原子弹，20 世纪 40 年代美国为计算火炮弹道而出现的电子计算机，50 年代苏联、美国人造地球卫星上天等，标志着以原子能、空间技术、电子计算机和石油的开发、利用等为代表的第三次科学技术革命的到来。

从 20 世纪 70 年代后期以来，席卷全球的新技术革命，其主要标志是以微电子技术（微电脑）为代表，包括生物工程、新型材料、宇宙及海洋开发、新能源等，出现了许多高新技术部门和产品，在众多领域得到利用。

科学技术水平的差距，进一步扩大了发达国家和发展中国家的经济差距，对世界生产力发展和各国经济结构有重大影响。与第一、二次科技革命不同，第三次科技革命造成第一产业、第二产业在国民经济中的比重下降，而第三产业的比重上升；这些技术延伸了人类的大脑，为提高劳动生产率，改变生产结构、劳动和生产方式起了重大作用。这次科技革命不仅极大推动了经济、政治、文化领域的变革，也影响了人们的思维方式和生活方式。它还标志着从产业革命以来的人类工业社会的结束，信息社会的到来。

第三次科技革命对世界生产力发展产生了巨大推动作用，主要表现在许多新兴部门如高分子合成、原子能工业、计算机工业、半导体工业、宇宙工业、生物工程技术、激光、光导纤维等新型材料和新能源的出现。

新技术革命使国际地域分工和国际贸易出现了一些新的特点：（1）生产力的发展，促进生产、资本、人才、资源等国际化。出现大批跨国公司，使区域间的经贸联系更加紧密。（2）社会主义国家、发展中国家和新兴工业化国家的兴起、发展，使国际地域分工和国际经济秩序发生很大变化。（3）使国际贸易商品结构由传统产品、初级产品等有形商品占优势，逐渐向工业制成品、高新技术产品和无形商品如技术、劳务、旅游等转化。而国际贸易在向多样化国际经济合作多边化方向发展。同时，世界市场上的垄断、竞争也更加激烈。（4）商品结构出现较大的变化，更新更快、新产品更多，新技术革命成果转化为商品的速度越来越快。

二、世界生产力发展和分布的新特点

由于第三次和新的科学技术革命的深刻影响，全球经济得到空前发展，生产力分布也发生了重大变化，其主要特点是：

（一）产业部门结构在发展中不断调整

科学技术的进步，使产业部门不断分化，新部门大量出现，分工日益深化。随着生产力水平的提高和国际市场供求关系的变化，产业和部门结构不断得到调整。

1. 第三产业在国民经济中的地位不断提高

无论从产业构成还是从就业构成上来看，第一产业（农业）的比重在普遍下降；第二产业（工业、建筑业）的比重，发展中国家处于上升趋势，发达国家处于下降趋势，表明发达国家创造实物财富的劳动生产率水平已相当高；第三产业（广义的服务业）比重明显提高，在发达国家一般占国民生产总值的50%~60%，甚至更多（见表3-1）。

表3-1　主要国际组织对2012年和2013年世界货物和服务贸易量增长率的预测　单位:%

	国际货币基金组织		世界银行		联合国	
	2012	2013	2012	2013	2012	2013
世界	3.2	4.5	5.3	7.0	4.1	5.5
出口			5.3	7.0	3.9	5.5
发达国家	2.2	3.6	4.8	6.5	2.7	4.7
发展中国家	4.0	5.7	6.8	8.4	5.6	6.7
进口			5.2	7.3	4.2	5.5
发达国家	1.7	3.3	4.0	6.6	2.1	3.8
发展中国家	7.0	6.6	8.1	8.8	6.8	8.0

资料来源：国际货币基金组织《世界经济展望》更新版，2013年1月；世界银行《世界经济展望》，2013年1月；联合国《世界经济形势与展望》，2013年1月。

2. 产业内部结构也在不断调整优化

第一产业中种植业和畜牧业在农业总产值中的比重，前者逐步下降，后者逐步上升，在发达国家畜牧业产值占农业总产值的50%以上；第二产业内部结构，由劳动力密集型和资源密集型向资本密集型和知识、技术密集型转化；第三产业内部结构的调整，主要表现于传统商业、运输业和邮电业比重在下降，而信息、金融、保险、不动产和各种服务行业的比重越来越大。目前，发达国家第三产业无论产值还是从业人口，在国民经济中都上升到第一位。发达国家服务业产值占GDP一般在60%以上，而发展中国家目前情况不一，有的在接近发达国家水平，有的则仍以传统的第一产业为主，或第二产业已占重要地位。

（二）生产力地区分布由集中向分散方向发展

整个农业社会生产力的地域分布以分散为特征。以产业革命为开端的工业社会，由于生产的不断大型化、连续化，使生产力配置不断集中，世界主要发达国家均形成工业高密度区域或工业地带。然而，随着新技术的发展，出现了集中向分散发展的趋势。这是因为：第一，高新技术的出现，使产品“薄、小、轻、短”，这是建立在节约能源、原材料基础上的，与产业革命后出现的大机器、大原料、大能源、大产品的生产情况不同，为产业自由布局提供了可能性；第二，世界经济向多极化、多元化方向发展，使后起的资本主义国家如加拿大、澳大利亚以及大批发展中国家和地区生产力发展水平迅速提高，不断改变着高度集中于美国、西欧、日本等主要发达国家的局面；第三，发达国家出于本身利益考虑，通过跨国公司以资本输出或“援助”的名义利用第三世界的资源、廉价劳动力和市场，把劳动力密集型、资源密集型和污染严重的产业，转嫁到那里去，客观上促进了世界生产力的分散化和地域扩大化，增加了世界各国的经济联系的紧密度。

（三）生产力的地域分布出现新的不平衡

世界生产力分布是国家、地区经济发展的空间表现形式。生产力分布不平衡是一种绝对规律，平衡仅是相对的，只能是动态的平衡。第二次世界大战后，世界政治经济形势发生巨大变化，社会主义国家的涌现，亚、非、拉和大洋洲岛国的纷纷独立，世界经济和科学技术的发展，使得生产力的地域分布出现了一些新的特点：

1. 发达国家之间出现新的不平衡

20 世纪 50 年代以前，美国经济地位占绝对优势。但 20 世纪 60 年代至 80 年代，由于日本、欧共体国家的崛起和其他各国的发展，使北美与西欧、北欧、大洋洲和日本的差距缩小。

2. 发展中国家与发达国家的差距拉大

随着新技术的发展，发达国家同大多数发展中国家经济技术水平拉大。以前两类国家的国际分工是原料生产与制造业之间的分工，现在这种分工已转变为原料生产国与资本密集、知识和技术密集型工业之间的分工，这种垂直分工的差距明显加大，表明生产力发展水平差距的扩大。

3. 发展中国家之间不平衡日益突出

战后发展中国家生产力发展和财富的聚集大体出现两种类型，从而造成国家之间、地区之间的不平衡。首先是亚洲和拉丁美洲新兴工业国家和地区的迅速崛起，其制造业有了较大的发展，不仅依靠出口加工打进国际市场，取得外汇收益，而且通过不断调整产业政策，使产品升级、转型，由劳动密集型向资本和技术密集型转化，大大提高了经济实力，从而导致与其他发展中国家和地区生产力水平差异日趋突出。亚洲“四小龙”和巴西尤为明显。这些国家制造业在工业产值中一般占 70% 以上比重，而亚洲和非洲不少发展中国家和地区却相形见绌。其次，石油生产国和输出国以石油为基础，使大量石油美元不断流入聚集，成为最富有的国家。如波斯湾和北非石油出口国，因原油产量占世界总产量的 35% 左右，成为世界上富有的国家。

项目二　国际贸易中心地区的形成和转移

国际贸易是在一定社会历史条件下产生的，随着社会生产力的发展和社会分工的扩大及国际间经贸联系的增强而不断深化。因此，国际贸易中心地区的形成、发展、转移和商品结构的变化等，都表现出时代的特征和阶段性。

一、国际贸易中心地区的形成

在古代，两河流域的古巴比伦（今伊拉克境内）、欧洲的爱琴海地区、北非尼罗河下游的古埃及都是世界古代文明发祥地，均位于地中海沿岸。人类社会生产力的发展，离不开对海洋的依赖，尤其海洋作为交通通道，地中海对沿岸地区经济发展和商品交换起了桥梁和纽带的作用。特别是古希腊、古罗马城邦制的出现，在欧洲较早地实行了奴隶占有制经济。当时古希腊、古罗马，不仅达到了较高的发展水平，而且形成的若干城邦制国家，不断开始向地中海沿岸拓殖，增强对外政治、经济联系。在这个时期，地中海沿岸许多国家、地区的灌溉农业、手工业，尤其纺织业、金属制品、陶瓷业、酒类酿造等均具相当规模。手工业的快速发展，促进了商品交换的频繁进行，商业贸易的内容和地域范围不断扩大，并且在国家经济中所占的比重也逐渐加大。据估计，雅典在公元前 4 世纪时累积的财富，有近一半来自贸易。

古罗马著名的政治学家提出高贵的罗马人可以从事对国家有利的，将各种各样的外国财富大量输入国内的大商业。这一时期地中海沿岸陆上和海上经济联系特别是对外贸易十分活跃，并初步形成地域分工。如古罗马首都与其各行省之间，以纳贡的形式加强了经济联系和贸易往来。叙利亚供给贵重的纺织品、玻璃、珠宝首饰；埃及供给亚麻织物和谷物；北非其他地区提供小麦、黄金、象牙和古竞技场的野兽；西班牙供应金、银、锡、铜和葡萄酒；高卢（今法国境内）主要提供葡萄酒、陶器和亚麻织物；达尔马提亚提供建筑材料等。后来的罗马帝国到公元一世纪疆域扩展到亚、非、欧广大地区，地中海沿岸成为联系各方的中心，地位显得更加重要。到了封建社会，东罗马帝国（拜占庭）及奥斯曼土耳其帝国长期盘踞这里，这里成为沟通东西方商业贸易的桥梁。当时来自东方的丝绸、瓷器、香料、茶叶等经陆路或海路，从拜占庭或阿拉伯半岛转运北非或欧洲；非洲出产的象牙、珠宝、首饰和欧洲生产的玻璃、呢绒等转运东方，使东西方商品的交换日益活跃。

随着东西方贸易的发展，地中海沿岸及丝绸之路、香料之路等商业大道上不断出现商业城市，成为贸易中心。意大利的威尼斯、热那亚、米兰、佛罗伦萨，法国的马赛，西班牙的巴赛罗那，奥斯曼帝国首都君士坦丁堡（伊斯坦布尔），北非的亚历山大，阿拉伯半岛的亚丁等，都是当时著名的商业中心。

由于地中海地区经济贸易繁荣，加上风景优美，从 11 世纪起便开始了旅游业的发展，到文艺复兴时期，始终作为旅游胜地闻名于世，吸引了不少中欧、西欧腰缠万贯的商人来此游玩，他们通过阿尔卑斯山一些隘口来到南欧，进一步促进了本地区的发展。

二、国际贸易中心地区的转移

国际贸易中心地区的扩展和转移，与地理大发现、欧洲文艺复兴和现代科学技术发展与资本主义生产方式的建立息息相关，并与资本原始积累过程是一致的。其转移方向是从地中海地区到大西洋地区。

新航路、新大陆的发现和绕地球航行的实现，开始使世界贸易航线和贸易中心发生重大变化，大西洋沿岸地区逐步成为海上运输、经济和贸易发展的热点区域。当时欧洲列强通过激烈角逐，逐渐使北大西洋沿岸繁荣起来，其发展过程大体经历以下四个阶段：

（一）西班牙、葡萄牙对海外的掠夺

自新航路开辟以后，葡萄牙人成为最早的海外殖民者，从15世纪中叶到16世纪初，先后在西非、南非和东非沿海建立了若干据点，在美洲占领巴西；16世纪又在亚洲侵占若干地区（包括我国澳门）。葡萄牙垄断这些地区的贸易并强迫当地纳贡，以极低价格收购东方的香料、蔗糖、稻米、茶叶、兰靛、丝绸、宝石和手工艺品，然后通过海路运往欧洲市场销售。在非洲，葡萄牙人大量掠夺黄金、象牙，并最先开始从事贩卖黑人的奴隶贸易。

西班牙殖民者对外扩张，掠夺的对象主要是美洲。15世纪末到16世纪上半叶，先后占领了海地、古巴、墨西哥、秘鲁、智利、巴拉圭等地，以后又扩展到除巴西以外的中南美洲广大地区，并占领北美洲的佛罗里达、得克萨斯、新墨西哥和加利福尼亚等地。以各种残酷手段掠夺当地金银财宝，屠杀大批印第安人。后因美洲缺乏劳动力，便开始大量贩运非洲黑人到美洲充当奴隶。

残暴的殖民性掠夺，使西班牙于16世纪成为西欧经济、贸易最繁荣的国家，世界贸易航线和贸易中心开始转向大西洋沿岸，葡萄牙的里斯本、西班牙的塞维利亚等城市得到蓬勃发展，里斯本代替了威尼斯成为国际贸易中心。

（二）荷兰商业资本殖民时期

荷兰是在葡萄牙和西班牙衰落之后，代之而起的又一个西欧殖民强国。新航路发现以后，地处大西洋航路与北欧航路交叉点上的尼德兰（今荷兰、比利时、卢森堡一带），经济发展加快。16世纪上半叶北部诸省（现今荷兰）的商业、手工业发展迅速，实力较强。1579年从西班牙统治下独立后，便开始向海外殖民和掠夺。除了通常的暴力劫掠和强制勒索外，先后建立起具有国家职能的特殊商业公司，其中著名的就是“东印度公司”和“西印度公司”。它们对东南亚和北美进行贸易垄断；同时，凭借海上运输的绝对优势，不仅聚集了世界绝大部分商业资本，而且控制了欧洲大部分地区的对外贸易，掌握着世界贸易的领导权。继里斯本之后，安特卫普成为世界贸易中心。

（三）英、法的海外扩张

英国在16世纪末17世纪初，法国在17世纪中叶先后在北美、西印度群岛、印度等地建立了第一批殖民地。英国于1588年打败西班牙“无敌舰队”，17世纪资产阶级革命的胜利和17世纪末通过三次英荷战争打败荷兰，取得海上贸易和殖民地扩张优势，18世纪中叶

英国在北美和印度又驱逐了法国势力。这样英国便逐步确立了海上霸主地位，随后加紧了对海外扩张，成为世界最大的殖民帝国。18 世纪中叶，英国率先进入产业革命时期，经济实力大大增强。国际贸易中心又一次从安特卫普转移到伦敦。继英国之后，法国也进入产业革命阶段，对海外掠夺与扩张仅次于英国。

（四）美国的崛起增强了大西洋的经济贸易地位

从 19 世纪 80 年代到 20 世纪初，英国先后被美国和德国超过，丧失了工业在世界上的垄断地位。第一次世界大战后，英国开始衰落，政治、经济、贸易、金融及海上霸权地位逐步为美国所取代。

1776 年独立后的美国紧跟欧洲完成了工业革命，并率先进入了第二次工业革命。19 世纪 90 年代初，美国工业已跃居世界第一位。19 世纪末，美国国内贸易大约等于对外贸易的 20 倍，甚至超过了世界各国对外贸易的综合。1894 年工业总产值已经跃居世界首位。相当于英国的两倍、法国的三倍。19 世纪末至 20 世纪初，先于其他国家完成向帝国主义的过渡；两次世界大战又因远离战场，获得渔人之利。1914 年至 1918 年的第一次世界大战中，利用欧洲各国交战机会，加紧争夺国外市场。第二次世界大战中，美国又大发战争横财，至第二次世界大战结束的 1945 年，美国工业占资本主义世界总产值的 53. 4%，对外贸易总额的1/3 及黄金储备的 3/4，成为最大的资本输出国、金元帝国和债权国。但从 20 世纪 50 年代开始，美国从发展的顶峰上逐步下滑。

综观大西洋沿岸主要资本主义国家的兴衰，说明从 16 世纪以后至第二世界大战前后，大西洋沿岸在 300 多年的历史当中，逐步成为世界最主要的国际贸易中心地区：它拥有世界 3/4 的港口，2/3 的货运周转量和 3/5 的货物吞吐量（包括地中海和黑海），其贸易额占世界贸易总额的 60%。尤其是大西洋航线，沟通着西欧和北美这些经济最发达的地区，堪称世界航运最繁忙的海域。世界上大的港口不少集中于北大西洋沿岸，如西欧的鹿特丹、安特卫普、马赛、勒阿弗尔、伦敦、汉堡、热那亚、圣彼得堡、敖德萨；北美的纽约、新奥尔良、休斯敦、巴谷鲁日、巴尔的摩、费城、诺福克和坦帕等；南大西洋也拥有圣多斯（圣保罗的外港）、里约热内卢和布宜诺斯艾利斯等著名大港口。

三、正在兴起的世界经济贸易中心地区
——亚太地区

当代世界政治、经济在向多极化、多元化方向发展，世界经济贸易在地区分布上又出现许多新情况，其中尤以亚太地区最令人瞩目。

亚太地区（Asia-Pacific）作为一个地理概念，横跨亚、美、大洋洲。美国亚洲问题专家斯卡拉皮诺 1975 年在《亚洲及其前途》一书中，将亚太划分为太平洋地区、东北亚、大陆中心地区、东南亚和南亚五部分；美国前国防部长温伯格在《1985 年财政年度国防报告》中提出，亚太应包括东北亚、东南亚和大洋洲各国。通常来说是指环太平洋地区的国家，包括日本、韩国、东盟诸国、中国、澳大利亚、新西兰、美国、加拿大、墨西哥、智利等国家以及我国的台湾、香港、澳门地区。其面积占世界总面积的 20%，人口约 48 亿人（数据来自联合国亚洲及太平洋经济社会委员会发布的《2008 年亚太地区统计年鉴》）。这一区域既

有世界上最大的发达国家，也有最大的发展中国家。

这一区域之所以得以快速发展，从自然条件来说：

一是地域范围广大，自然条件较为优越，拥有丰富的自然资源：（1）拥有多种多样的海洋动物资源。太平洋一向盛产鲱、鳕、鲳、鲑、鲭、鲐、金枪鱼及蟹类，捕鱼量占世界的1/2以上，是世界渔业中心。太平洋浅海大陆架面积大，浅海渔场面积占世界海洋渔场总面积的一半，日本北海道、朝鲜半岛、中国舟山群岛等都是世界著名大渔场。此外，海豹、海象、海獭、鲸等海洋动物的拥有量及捕获量均占世界重要地位。（2）拥有多种具有战略意义的矿产资源。太平洋近海大陆架石油、天然气资源相当丰富，探明储量占世界1/3。深海盆地中还有大量锰结核矿，所含锰、镍、钴、铜储量估计为世界陆地上百倍以上。其次还有锡、金红石、钛、锆、铁、海底煤矿及铂金砂矿等战略资源。再则，太平洋沿岸亚洲和大洋洲各国陆上资源也很丰富，特别是铀、锡、天然橡胶，更具有突出的战略意义。在世界陆上矿产资源已接近枯竭的今天，亚太地区尤其太平洋这个资源宝库，越来越成为人类关注的热点地区。

二是拥有丰富的劳动力资源。全世界人口最多的国家有25个，其中10个在亚太地区，包括世界上人口最多的两个大国：中国和印度。仅这两个国家的人口就超过世界人口总数的三分之一。

三是拥有重要和优越的地理交通位置。优越的地理位置是现代经济、贸易发展的重要条件。太平洋是世界第一大洋，并与其他大洋有海域、海峡相通。亚洲陆地面积为各洲之首，而且除南极洲之外同各洲毗邻。太平洋作为海上和空中运输的重要通道，它沟通亚洲与大洋洲与南、北美洲的联系。太平洋的许多岛屿如夏威夷群岛、中途岛、关岛、萨摩亚群岛、斐济群岛等是航线上的中继站；白令海峡、巽他海峡、麦哲伦海峡、马六甲海峡等是太平洋沿岸国家和地区同其他大洲、大洋进行海上往来的捷径，优越的海、陆、空位置条件，是亚太地区进一步振兴发展的重要基础。

从经济条件来说：二战后年代发达国家产业结构调整和资本、技术的输出以及贸易自由化，为亚太地区各国发展带来契机。20世纪60—70年代日本经济高速增长。20世纪70年代至80年代，亚太特别是西太平洋沿岸的新加坡、韩国、我国台湾和香港地区按照日本发展模式，于20世纪70年代以来得到迅速发展；东南亚的泰国、马来西亚、印度尼西亚等发展中国家经济也正在上升；中国改革开放政策获得了巨大成功，经济实力和综合国力日益提高，令全世界刮目相看。同时亚洲太平洋地区拥有世界1/6的港口，3/10的货运周转量，2005年亚太地区港口集装箱吞吐量占世界港口集装箱吞吐量的60%以上。2013年全球10大集装箱港口依次为上海港、新加坡港、深圳港、香港港、釜山港、宁波—舟山港、青岛港、广州港、迪拜港和天津港。日本神户、千叶、横滨、川崎、名古屋、大阪、北九州等都是外贸吞吐量在7 000万吨以上的大港；在太平洋彼岸的美国还有洛杉矶和西雅图等大港。其他国家的大中型港口也都开始参与世界经济联系。可以说，亚太地区现已具备较好的基础和条件。

从国际背景来看，亚太各国都采取对外开放、鼓励出口的外向型经济政策；美国也把经济贸易发展的重点逐渐从大西洋沿岸转向亚洲市场；非洲、南美洲、大洋洲与亚洲的联系和贸易往来日渐频繁和重要。

从经济和对外贸易发展情况看，亚太地区已经成为21世纪世界经济贸易中心地区。

（1）二战后经济增长速度高于其他地区。20世纪的70年代至80年代，主要发达国家经济增长趋缓，80年代广大发展中国家经济平均增长率也较低。然而亚洲“四小龙”、东盟国家、中国经济增长速度大大高于其他地区，日本的增长速度也高于欧美发达地区。例如20世纪60年代、70年代和1986到1988年，亚洲“四小龙”增长率分别为10%、8%和8.4%，居世界各地区的首位；东盟国家经济增长率平均也在7%以上；日本为9.8%、4.8%和4.4%；中国的经济增长率平均也在10%以上。从1999年到2008年，亚太地区的经济增长率平均达到7%，经济总量增长了1倍。亚太地区地区的经济增长率和贸易增长率均高于世界上其他任何一个地区。以美元现价计算，2007年亚太地区国民生产总值为11.1万亿美元，占全球国民生产总值的20.5%。以购买力平价计算，亚太地区国民生产总值占全球国民生产总值的28%。2006年亚太地区吸引外商直接投资额超过1.2万亿美元，占全球总额的10%。2013年，全球外国直接投资（FDI）达1.45万亿美元，其中亚太地区吸引投资1 846.7亿美元，占全球总额的12.74%。

（2）进出口贸易获得巨大发展。世界贸易的大部分（进出口的60%以上）是在亚太地区进行的，这就显示出本地区经贸活动异常活跃。同时，随着亚太地区产业结构调整，出口商品结构也在发生变化。电器、电子、精密机械、运输设备等高新技术产品出口比重不断提高，且有进一步扩大的发展趋势，说明技术水平在不断提高，增强了发展与竞争潜力。

（3）亚太地区新技术革命在蓬勃兴起，产业及产品结构不断升级，尖端技术产品贸易、技术转让贸易日益增加，使亚太地区成为世界新技术革命和技术贸易发展最快的地区。这必将大大促进该地区在世界上的经济、技术、贸易地位不断提高。

【案例分析】

亚太地区迫需“绿色经济增长”

在最近20年中，亚太地区一直是世界上最具活力的地区。在1993年，该地区的国内生产总值已达116 500亿美元，占世界的50%；国际货物贸易额33 821亿美元，占世界的45%；而其中的60%又是在该地区内部成员之间进行的。

但是2006年4月28日，联合国亚太经社会发布《亚太地区环境状况2005年报告》中称亚太地区各经济体必须继续发展，减少贫困，但快速的经济增长正对有限的环境资源施加更大的压力。尽管亚太各国改善污染控制的努力取得了进展，但仅仅这些行动还远远不够。环境的永续发展需要在污染控制之外寻找新的途径。报告称，亚太地区经济增长不能继续走“先增长后治理”的道路，而必须转变为环境可持续发展的模式或“绿色增长”。报告分析，快速发展的发展中国家正在承担着更大的地区和全球环境重负，快速增长正发生在那些自然资源人均拥有量比其他地区低的地区。能源、原材料、水的需求上升和利用率低，带来经济、社会和环境代价的增加。

（摘自人民网《亚太地区迫需“绿色经济增长”》，作者罗钦文等）

【思考练习】

1. 何谓地理大发现？地理大发现的地理意义是什么？
2. 简述国际贸易中心地区的形成和转移。
3. 亚太地区的范围包括哪些？
4. 亚太地区发展条件与潜力是什么？
5. 为什么说亚太地区是为21世纪世界经济贸易中心？

任务四

国际贸易的地理格局

【目标要求】

通过对本部分内容的学习，学生将了解和掌握国际贸易的变化趋势和特点，以及国际贸易新格局区域集团化形成的原因及现状，了解目前国际贸易大宗产品的产销格局，分析和预测我国在国际贸易中的地位和发展趋势。

【关键技术】

1. 国际贸易的趋势和特点；
2. 区域集团化的背景和现状；
3. 当今国际贸易大宗商品产销格局。

【学习内容】

项目一　当代国际贸易的主要趋势和特点

一、当今国际贸易发展的不平衡现状

国际贸易发展不平衡是世界经济的基本现象。这里，“不平衡”不仅是指发展速度上的差距，更是指世界各国的经济发展水平、经济实力的差距。这个不平衡既有发达国家之间的不平衡，也有发展中国家之间的不平衡，以及发达国家和发展中国家之间的不平衡。

目前世界经济发展不平衡主要表现在以下几个方面：

第一，世界各个国家经济发展呈现出动态不平衡的态势，世界经济呈现多极化发展态势。

20 世纪中叶，美国在第二次世界大战中逐步确立了全球经济霸主的地位，建立以美元为中心的国际货币体系。1944 年确立了以美元为主导的布雷顿森林体系。1947 年，通过签订《关税及贸易总协定》，帮助美国在经济领域谋取全球霸权，同时客观上也为资本主义世

界经济贸易创造了一个自由贸易环境，推动了战后国际贸易和世界经济的发展。1948 年，美国的工业生产总值占西方资本主义国家的一半以上，达到 56.6%，出口贸易占到 32.5%，黄金储备占 74.6%，纽约成为当时世界上唯一的金融中心。此后，美国通过“马歇尔计划”、“道奇路线”和“技术援助落后地区计划”，并在国际贸易领域积极提倡和推动国际贸易自由化，从而确立了其经济霸权地位。

20 世纪 60 年代末到 70 年代初，世界政治、经济发生了巨大变化，美国逐渐丧失了经济霸主地位，全球经济开始向多极化方向发展。1971 年 12 月和 1973 年 3 月美国政府两次宣布美元贬值，实行浮动汇率制，标志“布雷顿森林体系”彻底瓦解。与此同时，西欧和日本的经济重新崛起，并成为资本主义世界的经济中心之一；而美国逐渐陷入增长缓慢、通货膨胀、失业严重的经济低潮时期，世界经济形成了美国、欧共体（欧盟的前身）和日本三足鼎立的局面。世界经济开始向多极化方向演变。另一方面，苏联在 20 世纪 60 年代以后，经济的总体发展速度高于其他发达资本主义国家和发展中国家，到 70 年代末，苏联的经济实力跃居世界第二，仅次于美国。不仅如此，发展中国家和地区利用发达国家经济战略调整和经济发展周期变化的历史机遇，实施“进口替代”、“出口导向”等战略，发展壮大了自身经济实力，逐渐提高了本国在国际经济中的地位，成为世界经济中不可忽视的新生力量。以韩国、新加坡等为代表的“亚洲四小龙”，拉丁美洲的巴西、阿根廷、墨西哥等是其中重要代表。进入 20 世纪 90 年代以后，随着科学技术和信息产业的飞速发展，各国又重新在世界经济各个领域展开了新一轮的较量和竞争，各个国家和地区的综合国力及其各项竞争力要素的排名不断发生变化。尤其是进入 21 世纪后，经济全球化持续深入发展，各国经济依存度不断上升。全球资本与生产技术要素的全球化重新配置，带来全球政治、经济格局重大而深刻的变化。世界经济迅速增长，2013 年全球经济增长 3.0%。美国、欧元区国家、日本等发达国家经济持续发展，发展中国家经济呈相互带动、梯次发展态势。美国经济稳中有落，2006 年美出口额被德国超越。欧亚大陆成为世界经济的主舞台。据世界银行统计数据显示，目前欧亚大陆经济总量占全球的 62%，累积财富总量是美国的一倍，2006 年“新欧洲”国家国内生产总值较 2003 年增加近一倍。同时，占世界人口 80% 的广大发展中国家经济进入较快增长期，在国际贸易、国际投资和国际分工体系中地位得到加强，对世界经济影响力进一步增大，改变了世界经济的增长格局。发展中国家经济总量占全球的 20% 左右，对世界经济增长的贡献率上升到 30%。

另一个值得注意的就是中国经济发展异常迅猛，带动世界经济的发展。2009 年我国 GDP 居世界的位次由 2005 年的第四位上升到第三位，占世界经济总量的比重达到 8.5%，比 2005 年上升 3.6 个百分点。2009 年，我国外贸进出口总额为 22 072.7 亿美元，是 2005 年的 1.5 倍，世界排位从 2005 年的第三位上升到第二位，其中出口额从第三位上升到第一位。2008 年中国对世界经济的增长贡献率是 23%，2009 年达到 40% 左右，2012 年，占当年全球净增量的 60.9%。这意味着中国经济当之无愧地成为带动全球经济复苏的火车头。

第二，发展中国家与发达国家之间、发达国家、发展中国家内部之间的经济发展不平衡。

半个多世纪以来，尽管非洲取得了显著的成绩，但是连续的经济危机、粮食危机、国际收支危机、债务危机和过快的人口增长、不稳定的政治局势和不稳定的经济政策，使非洲在经历了 20 世纪 60 年代到 70 年代的经济蓬勃发展之后，经济发展速度再次回落。1960 年发达国家的人均收入是发展中国家的 30 倍，1990 年这一差距扩大到 60 倍。2010 年全球最富有的国家是卡塔尔，人均国内生产总值 90 149 美元，而最贫穷的 10 个国家全部分布在非洲，倒数第一的刚果，在 2010 年人均 GDP 仅 342 美元。经济合作与发展组织（OECD）报告显示，金融危机后，2014 年最富有的国家是瑞士，人均 GDP 高达 648 241 美元；最穷的国家是津巴布韦，人均 GDP 低至 0.1 美元，国民贫富差距达到 30 年来最高水平，南北差距进一步拉大。

二战后美国、欧盟和日本形成的三足鼎立局面，加剧了西方国家之间争夺销售市场、投资场所、科技领先等方面的经济竞争和摩擦。20 世纪 90 年代以后，美国经济进入了以高经济增长率、低通货膨胀率和低失业率为表现的新经济时代。2001 年到 2003 年下半年，美国经济在经历垄断经济低迷时期以后，再次表现出良好的强劲发展势头。从 2006 年春季开始显现次贷危机，并于次年席卷美国、欧盟和日本等世界主要金融市场。美国政府为保护自身利益，转嫁经济危机，实行贸易保护主义的同时，采取宽松的货币政策和弱势美元的汇率政策，加剧了美国同其他国家和地区的矛盾。

发展中国家作为一个整体，不仅在经济总量上缩小了与发达国家的差距，在人口基数增加的前提下，人均国内生产总值也缩小了与发达国家之间的鸿沟。进入 21 世纪，发展中国家的国内生产总值和人均国内生产总值的增速，都继续保持高于发达国家的势头。亚洲和拉美的发展中国家和地区迅速崛起，不断提升自身的发展实力和速度，成为国家贸易中的新生力量。近几年亚洲经济在全球经济发展疲软的大环境中，成为全球经济的亮点。2007 年，143 个发展中国家中，只有 10 个国家的人均实际收入有所减少。2003 至 2007 年，发展中国家人均 GDP 增长了近 30%，同期，以七国集团为代表的工业化国家人均国内生产总值仅增长 10%。尤其是东亚经济的增长率在发展中国家中遥遥领先，创造了经济高速增长的“东亚经济奇迹”。一些石油输出国依靠石油出口，获取了大量外汇，成为世界上较为富有的国家和地区，如沙特阿拉伯、伊朗、阿曼等。拉丁美洲自 2003 年起，连续 5 年保持 5% 的经济快速增长势头，其对外贸易、外债负担、财政状况、就业形势等都发生了明显的变化，尤其是经常项目从长期逆差转为持续顺差。2003 到 2007 年，非洲经济增长率分别为 4.1%、5.2%、5.4%、5.8% 和 5.9%。随后尽管受全球经济放缓和地区局势动荡影响，非洲经济的增长速度有所放缓，但是其经济增长率依然令人瞩目：2012 年非洲经济增长 6.6%，相当于 2011 年 3.5% 的 1 倍。2013 年，非洲经济增速超过 4%，是全球平均增长率的 2 倍。对从 20 世纪 90 年代以来世界经济的增长，发展中国家的贡献率达到 70% 左右，这将有利于改善南北不平衡发展的局势。美、日、欧为争夺世界市场掀起新贸易保护主义，西西矛盾激化；发展中国家分化，对南南合作产生不利影响；新兴工业化国家在成功地缩小与先进国家的差距的同时，面临更加激烈的市场竞争和规则之争；最不发达国家和地区的长期贫困，阻碍了世界经济的整体繁荣，消除贫困是国际社会面临的艰巨而迫切的任务。由此可见，地区之间和国家之间不平衡的加剧，是 21 世纪世界经济发展中所必须重视的问题。

【知识链接】

金砖国家

金砖国家的称呼来自“金砖四国”（BRIC）。由巴西（Brazil）、俄罗斯（Russia）、印度（India）和中国（China）四国的英文名称首字母组合而成“BRIC”。由于该词与英语单词的砖（Brick）类似，因此被称为“金砖四国”。南非加入后，其英文单词变为“BRICS”，并改称为“金砖国家”。

新钻十一国

2006年，美国高盛公司创造“新钻十一国”概念，这一概念是根据劳动力成长、资本存量与技术成长三项指标推估出的GDP增长率，认为墨西哥、印度尼西亚、尼日利亚、韩国、越南、土耳其、菲律宾、埃及、巴基斯坦、伊朗和孟加拉11个国家，在经济发展潜力上仅次于“金砖国家”（即中国、印度、巴西、俄罗斯、南非）。

（根据时事新闻整理）

二、国际贸易中的商品结构发生明显变化，科技含量高的新技术产品的贸易量呈现上升的趋势

对外贸易商品结构是指一定时期内一国进出口贸易中各种商品的构成，即某大类或某种商品进出口贸易与整个进出口贸易额之比，以份额表示。国际贸易商品结构是指一定时期内各大类商品或某种商品在整个国际贸易中的构成，即各大类商品或某种商品贸易额与整个世界出口贸易额相比，以比重表示。一国对外贸易商品结构可以反映出该国的经济发展水平、产业结构状况、科技发展水平等。国际贸易商品结构可以反映出整个世界的经济发展水平、产业结构状况和科技发展水平。

新技术革命使全球进入了知识经济时代，从而导致了世界范围内产业结构的智能化升级。传统的劳动力密集型产品、资本密集型产品以及一般技术密集型产品将让位于“高技术密集型产品”，高技术密集型产品将成为世界产品市场的主体。所谓的“高技术密集型产品”是指应用高、新技术成果的产品，这些产品一般说来类型多样、实用性强、操作使用方便、价格相对便宜，具有许多传统商品不可比拟的优点。“高技术密集型产品”贸易急剧增长，使国际贸易的商品结构发生了巨大变化。以我国出口商品为例，1980年出口总额中初级产品所占比重为50.3%，2012年下降到4.9%，工业制成品比重则由49.7%上升到95.1%。机电产品、高新技术产品占出口比重分别达到57.6%和29.3%，尤其是高新技术产品出口比重比2007年提高了0.7个百分点。而矿物燃料、有色金属、非金属矿、钢铁及化工等5大类共39种“两高一资”产品占出口比重为5.2%，比2007年下降2.1个百分点。加工贸易产业结构从劳动密集型为主转变为劳动密集和技术、资金密集型并重，加工制造程度逐步加深；产品结构不断改善，产业链不断延伸，机电和高新技术产品在加工贸易中的占比大幅度提高。2013年，我国机电产品进出口额达2.1万亿美元，出口前十类机电产品中，通信设备、仪器仪表等高技术、高附加值产品占比达76.6%。

【知识链接】

1980—2010 年中国出口商品结构

	1980		1990		2000		2010	
	金额（亿美元）	比重（%）	金额（亿美元）	比重（%）	金额（亿美元）	比重（%）	金额（亿美元）	比重（%）
出口商品总额	181.2	100.0	620.9	100.0	2 492.1	100.0	15 777.5	100.0
初级产品	91.1	50.3	158.9	25.6	254.6	10.2	817.2	5.2
工业制成品	90.1	49.7	461.8	74.4	2 237.5	89.8	14 962.2	94.8
化学品及有关产品	11.2	6.2	37.3	6.0	121.0	4.9	875.9	5.6
按原料分类制成品	40.0	22.1	125.8	20.3	425.5	17.1	2 491.5	15.8
机械及运输设备	8.4	4.7	55.9	9.0	826.0	33.1	7 803.3	49.5
杂项制品	28.4	15.7	126.9	20.4	862.8	34.6	3 776.8	23.9
未分类的其他商品	2.1	1.2	116.3	18.7	2.2	0.1	14.7	0.1
机电产品 *	13.9	7.7	110.9	17.9	1 053.1	42.3	9 334.3	59.2
高新技术产品	—	—	—	—	370.4	14.9	4 924.1	31.2

* 注：机电产品和高新技术产品中包含部分相互重叠的商品。

资料来源：中国海关统计。

（摘自《对外贸易白皮书》）

三、服务贸易在全球范围内得到迅猛发展，但发达国家与发展中国家之间差距巨大

高技术密集型产品所包含的物质要素越来越少，所包含的知识（技术）成分却越来越多。它突破了传统工业经济时代对物质资源的使用，产品中使用的原材料不再是少数几种被认为“有用的东西”。物质资源的稀缺不再是知识经济时代的主要问题，而知识的占有量、积累量的多少，创新能力的高低直接成为各国经济发展的制约因素。因此，各国在大力投资高技术产业的同时，也必须从国际市场上引进吸收高技术。这样，一方面将促进高技术贸易的迅速发展，另一方面，使得金融、法律、教育、信息技术咨询等与高技术相适应的新型服务贸易项目的发展速度超过传统的服务贸易项目。此外，高级人才、高素质的劳务人员的跨国流动也成为主流。发达国家中服务业产值占 GDP 比重普遍达到 60%～80%，发展中国家一般为 45%～55%。

20 世纪 80 年代后，服务贸易始终以高于商品贸易的速度增长，而国际服务贸易额却增长 3%。在国际服务贸易构成中，运输和旅游服务贸易所占的比重相对下降，通信、保险、广告、技术、租赁、管理等服务贸易所占的比重在不断提高，尤其是高技术产品中的附加值不断增加，其商品也越来越趋向于服务密集型。目前，全球服务贸易量最大的行业集中于金融、保险、咨询等技术密集和知识密集行业。2013 年美国服务贸易额为 11 323.1 亿美元，

而我国仅为 5 396.4 亿美元，尚不足美国的一半。美国是世界上最大的服务业市场，也是全球服务业进出口的领头羊。2008 年美国持续在世界上保持着最大的服务贸易顺差，达到 1 614 亿美元。其中，美国基础设施服务业竞争优势明显，占据服务贸易的较大比重，这些产业包括银行、电力、保险、零售、证券以及电信，分别占美国跨境服务出口的 27% 和进口的 39%。

四、国际贸易方式正处在变革中，电子商务成为国际贸易方式中的有机组成部分，尤其是无纸贸易方兴未艾

随着互联网（Internet）的迅速发展，全世界进入了信息技术革命时代。以数字化革命为特点的现代高新技术成果，使国家与国家、人与人之间的关系发生了重大变化。1998 年 7 月 1 日，时任美国总统克林顿提出《全球电子商务发展纲要》（又称为“全球电子商务框架”文件），此文件将全世界电子商务的发展推向新的高潮。1997 年，欧盟发布了欧洲电子商务协议，1997 年 12 月欧盟与美国发表了有关电子商务的联合宣言，就跨国电子商务的有关原则达成了一致意见，1998 年底，全球电子商务交易额达到 70 亿美元。世界主要国家和地区的电子商务市场保持了高速增长态势。以美国为首的发达国家，仍然是世界电子商务的主力军；而中国等发展中国家电子商务异军突起，正成为国际电子商务市场的重要力量。尤其是无纸贸易为特征的跨境交易在国际贸易中得以广泛应用。

无纸贸易（简称 EDI），是利用电子数据交换代替传统的纸面单据进行贸易活动，将标准的经济信息通过通讯网络，在商业伙伴的计算机之间进行传输和处理，以实现买卖双方交易的目的。在国际贸易活动中利用 EDI，可以大量减少甚至消除在传统贸易过程中的各种纸面文件和单据，避免数据的重复输入，简化工作程序，这不仅能加快信息的反馈速度，可及时得到大量的商业信息，减少差错，降低成本，提高效率，便于管理，还可在激烈的市场竞争中提供更有利于企业的贸易机会和条件。

2001 年，西欧电子商务市场交易额达到 300 亿美元，2000 年全世界电子商务市场交易额达到 4 500~6 000 亿美元。

2012 年，世界网络零售电子商务交易额达到 1.09 万亿美元，较 2011 年增长 21.1%。2013 年，全球网上零售总交易额为 13 630 亿美元，同比增长 18.8%，约占全球社会零售总额的 4.2%。

2011 年，中国跨境电商交易额达到 1.6 万亿元人民币；2012 年是 2 万亿元人民币；2013 年约 3.1 万亿元人民币，年均增额约为 30%。

由于 EDI 技术的广泛应用，许多贸易磋商通过电脑网络进行联系，大大地简化了贸易中间环节，降低贸易成本，增加贸易机会，从而提高企业的国际竞争力。尤其是全球网络通讯技术的发展，使得 B2B、B2C 的发展可以跨越国家界限，使得自由全球贸易成为可能。近几年来，海外代购的兴起和发展，就是典型例证。

五、自由贸易和新贸易保护主义同时存在，管理贸易发展迅速

第二次世界大战以后，随着资本主义世界经济的恢复和迅速发展，从 20 世纪 50 年到

70 年代初，贸易自由化得到充分发展。在关税与贸易总协定的主持下，通过八轮多边贸易谈判，各缔约国的平均进口关税从 50% 下降到 5% 左右。同时，发达资本主义国家不同程度上放宽了进口数量限制，增加了自由进口商品；放宽或取消了外汇管制，实行了货币自由化兑换。

20 世纪 70 年代初开始，贸易保护主义再次影响到国际贸易交往。首先美国、西欧和日本以及其他发达国家和发展中国家之间，贸易摩擦数量不断增加。贸易摩擦的内容主要表现为保护本国市场，同时也迫使其他国家开发市场。贸易摩擦所涉及的商品由传统产品、农产品转向高级工业品和劳务部门。其次，非关税壁垒作用显著增加。从数量、价格和技术标准、卫生检疫、农药残留量、金属含量、商品包装和标签规定等各种措施上严格限制外国商品的进口。

20 世纪 90 年代管理贸易得到迅速发展。管理贸易是指一国政府从国家的宏观经济利益和国内外政策需要出发，对外贸活动进行的行政管理和干预。对国际经济组织来讲就是对国际经济的协调管理。

进入 20 世纪 90 年代后，由于国际市场竞争激烈，工业国家争夺市场份额的斗争越来越尖锐，对资本主义世界经济体系形成强烈的冲击，有关国家出于经济利益的相关性，认识到加强国际经济协调十分必要。发展中国家和地区通过产业结构和经济结构的调整，以及实施改革开放政策，有力地促进经济的发展，韩国、新加坡、中国香港和中国台湾等新兴工业化国家和地区的汽车、家电、服装、电子等商品，已开始与发达国家争夺国际市场份额，发达国家为了保护传统产业的发展，采取了不少的管理贸易措施。随着世界经济区域集团化趋势的进一步加强，各区域经济集团为了保护区内市场，在逐步拆除妨碍商品和生产要素自由流动的各种障碍的同时，对外实行保护，使新贸易保护主义抬头，各集团之间的非公平垄断竞争和矛盾加剧，非成员国也感到自己的贸易空间在不断缩小，为了扩大出口，保护市场，需要加强对贸易的单边管理和与集团之间的贸易协调管理；随着生产国际化的新发展，跨国公司既需要采取自由贸易，消除对外经济扩张的一切限制，同时也需要借助国家干预外贸来提高竞争力，以保护某些产业免遭外国垄断组织的侵害。2006 年由美国始，逐渐席卷全球的金融危机导致以美国为首的西方发达国家为维护自身利益，纷纷采取贸易保护主义政策。它们以反倾销、反补贴、保障措施及“特保”措施等贸易救济案，采取必要措施维护国家利益的最大化，国际贸易领域摩擦和争端不断增多，金融危机之后，美国为了解决就业问题，提出“再工业化”口号，美国提出制造业每年增长 4%，德、英等国也加大了高端制造业的发展力度。这种形势的变化，压缩了中国等发展中国家出口的空间，出口贸易遭到关税、技术、环保、卫生等方面的贸易壁垒，引起了频繁的贸易摩擦，如美国的轮胎特保案，欧盟的皮鞋倾销调查等。

六、商品贸易与投资、经济技术合作等密切结合，国际分工日益呈现由垂直型向水平型、混合型发展的态势

垂直型国际分工主要指发达国家与发展中国家制造业、矿业的分工，它是经济发展水平不同的国家之间的纵向分工，形成于 19 世纪。第二次世界大战以后，随着发展中国家和地区的经济发展，垂直性分工有所减弱，但仍然是发达国家新兴工业化以外的发展中国家和地

区之间的一种主要的分工类型。

水平型国际分工是指经济发展水平基本相同的国家之间的横向分工，主要指发达国家之间在工业部门上的分工。第二次世界大战以后，由于科技进步与产业经济的迅速发展，水平型分工进一步发展，从发达国家延伸到发达国家与部分发展中国家和地区之间。

混合型分工是指垂直型与水平型混合起来的国际分工。第二次世界大战后，科技进步和产业分工的发展促进了世界产业内部分工的深入发展，使水平型分工成为主要的国际分工形式。

如今，传统的国际分工状态逐步有所变化：（1）世界城市与世界农村的分工日益被世界工业分工为主导形式的国际分工所取代。（2）以自然资源为基础的分工逐步发展为以现代技术、工艺为基础的分工。工业国与工业国之间的分工属于主导地位，工业国与农业国、矿业国之间的分工逐步削弱。（3）各产业部门间的分工发展为产业部门内的分工，各产业部门内部的分工加强。（4）由市场力量主导型分工过渡到由跨国公司协调的企业内部的分工。（5）水平型国际分工已开始逐渐多于垂直型国际分工。（6）发达国家与发展中国家之间的工业分工有所发展。国际分工由有形商品领域向服务业领域扩展。（7）跨国公司的作用加强，出现了有组织的“协议式”的国际分工。区域性经贸集团成员国之间的分工关系加强。

七、经济全球化成为当代国际贸易的显著特征

第二次世界大战后，新科技革命的特点是科技成果迅速转化为直接生产力。新科技革命提高了劳动生产力，加深了各国经济的国际化，促进了世界贸易的发展，加强了各国经济的相互依赖，导致地区经济集团的建立和壮大，加速了世界经济全球化的发展。

经济全球化趋势加速发展，这是当今世界经济的一个重要趋势。其突出表现为：第一，国际贸易已成为世界经济发展中不可缺少的组成部分，是国际交往中最活跃的一环。第二，国际投资，特别是发达国家间的相互投资越来越频繁，资本流动已经国际化。第三，国际金融活动规模空前，大大超过了全世界生产和商品交易。第四，跨国公司遍布全球，产品的国际化水平越来越高。第五，全球贸易规则日趋统一。

经济全球化对世界经济的积极作用是：第一，在全球化条件下，生产要素得以在全球范围内优化配置。作为世界经济组成部分的各个国家和地区，可在世界经济的密切交往中实现优势互补，提高经济效益。第二，在全球化条件下，各国和地区都面向统一的全球大市场，根据世界市场竞争的要求，改进企业经营，降低生产成本，提高生产效率，从而促进全球产业结构的新一轮调整。第三，有利于科技成果在全球范围内快速传播。第四，经济全球化为各个国家和地区提供了发展经济的新机遇。特别是当今世界为数众多的发展中国家和地区，可望在全球化过程中引进资金和先进技术、开拓国际市场，发挥“后发优势”。

但是，经济全球化是一把“双刃剑”，对世界经济的消极作用是：第一，经济全球化加剧了世界资源配置和经济发展的不平衡，使南北发展差距继续扩大，贫富分化加剧。第二，参与经济全球化对发展中国家和地区的经济发展形成了巨大的压力和挑战。经济全球化是不可抗拒的潮流，参与国际经济合作是一个必然趋势。但在如何参与问题上，发展中国家和地区陷入两难境地。发展中国家和地区的经济不走向世界是没有出路的。然而，在当今世界经

济中，发达国家掌握着国际经济组织以及国际经济规则的主导权。如果不赋予经济全球化以互利合作的内涵，而是像某些西方大国要求的那样，不公正合理地实行贸易、金融自由化，那些发展中国家和地区不仅不能加快工业化进程，反而会受到更严重的掠夺。第三，由于经济全球化，各国经济相互依赖，一国的经济尤其是大国的经济波动和震荡会很快波及其他国家乃至全世界。第四，经济全球化对世界政治、文化等方面已经产生十分巨大的影响。经济全球化的迅猛发展，不仅导致了各国市场的整合，而且导致了不同经济制度和不同文明的碰撞、主权的侵蚀、民族利益的调整。面对经济全球化趋势带来的双重影响，各国还必须积极促进有效而公正地配置世界资源，促进全球多边贸易体制和公正合理的国际经济新秩序的建立。国际社会必须加强对经济全球化进程的引导，趋利避害，促使它成为世界各国平等、互惠、共赢、共存的经济全球化，使各国特别是发展中国家在经济全球化中受益。

值得注意的是，在全球化经济经过 20 年的发展后，全球化进程遭遇了全球市场壁垒的挑战。过去二十年间，全球化的成功和顺利发展，得益于技术的发展和应用。经济的全球化是贸易全球化、投资全球化、金融全球化和跨国公司生产经营全球化。在这个大背景下，次贷危机爆发后，发达国家普通民众发现全球化并未为其带来实质性的好处。相反，失业率高升、个人消费能力下降等损失太大。这给发达国家的执政者实施贸易保护主义和经济壁垒政策提供了借口和实施可能性。同时，全球巨额国际资本的无序流动和投机，不仅给发展中国家经济造成很大损害，发达国家也难独善其身。发达国家的金融资产占国民生产总值的比重目前已平均跃升至 330%。“金融全球化”趋势一方面促进了全球资源有效配置，另一方面也增加了全球经济的不稳定性、投机性和风险性。从实践效果来看，并未尽如人愿。从总体上看，经济全球化希望通过国际贸易、投资金融市场的自由化，促使生产要素流动在全球范围内实现“最佳配置”。但是全球化的收益分配和社会成本分布严重失衡，穷国与富国的差距在扩大，两极分化加剧。资本回报连创新高，劳动回报则越来越低，导致国家间不平等。除了中国和印度这样少数几个发展中国家能够充分吸引外资流入，国内经济得到迅猛发展以外，其他发展中国家，如南美国家阿根廷和智利等，并未得到充足的资金，经济的发展甚至出现倒退。相比之下，发展中国家人口占世界 3/4，经济总量只占 1/4。因此经济全球化也受到越来越多的发展国家的质疑和抵制。

项目二　国际贸易的新格局
——区域经济集团化

一、区域经济集团的含义

区域经济集团化迅速扩展是当今经济全球化的主要特征之一，它是指在某一地理区域或区域之间，为了实现彼此之间在货物、服务和经济要素之间的自由流动，实现经济发展过程中各种要素的合理配置，通过签订条约或协议，建立相应的超国家的组织机构，协调产业、财政和货币政策的过程。主要表现在五种区域经济集团组织（自由贸易区、关税同盟、共同市场、经济同盟、完全的政治经济一体化）的建立和发展上。这些组织通过制定严格的条约法规和相应的执行机构，彼此自愿约束经济主权，甚至让渡一部分经济主权，共同规范生产要素在成员国之间的自由流通条件，其目的就是为了实现成员国间的资源优化配置，经济上互补、互利、互惠，共同促进经济增长。

对区域经济集团化的主要称呼有：（1）联盟。如欧洲联盟（European Union，EU）、东南亚国家联盟（Association of South-East Asian Nations，ASEAN）。（2）自由贸易区。如北美自由贸易区（North American Free Trade Area，NAFTA）。（3）共同体。如独立国家共同体（Commonwealth of Independent States，CIS）。（4）协定。如曼谷协定（Bankok Agreement）。其他称呼还有：协会（如欧洲自由贸易协会 European Free Trade Association，EFTA）、集团（如安第斯集团 Andes Group）、共同市场（如中美洲共同市场 Central American Common Market，CACM）、经济同盟（如中非关税和经济同盟 Customs and Economic Union of Central African，CEUCA）、理事会（如海湾合作理事会 Gulf Cooperation Council，GCC）、组织（如东加勒比国家组织 Organization of Eastern Caribbean States，OECS）。

二、世界主要区域经济集团

二战后最早出现的区域经济集团化组织是 1949 年成立的欧洲经济互助委员会。20 世纪 50 年代建立了欧洲煤钢共同体、原子能共同体和经济共同体。20 世纪 60 年代和 70 年代发展中国家也建立了一系列区域经济集团和组织，其内容涉及国际贸易、资本、技术、劳务等方面的合作和协调。进入 20 世纪 80 年代后，三大区域经济集团的发展成为世界经济多极格局的重要表现。

（一）欧盟

欧洲联盟（European Union，EU）简称欧盟，是一个集政治实体和经济实体于一身、在世界上具有重要影响的区域一体化组织。截至 2014 年，欧盟共有 28 个成员国。其前身是 1951 年建立的欧洲共同体。1985 年欧洲共同体提出并着手建立共同体单一内部市场。1991 年 12 月，欧共体成员国签署了《欧洲联盟条约》（又名《马斯特里赫特条约》），正式确立了欧洲经济货币联盟和政治联盟的目标。1993 年 11 月 1 日，该条约获得所有成员国批准生效，欧洲联盟正式成立，实现商品、劳务、人员、资本四大流通。2002 年 1 月，欧元在 12 个国家正式流通，几乎成为与美元并驾齐驱的世界货币。2009 年 12 月 1 日《里斯本条约》生效，它将取代 2005 年在荷兰和法国全民公决中遭否决的《欧盟宪法条约》。2010 年 6 月 17 日，欧洲“2020 战略”在欧盟峰会上通过，以期引领欧盟经济走出债务危机，增强竞争力。

【知识链接】

关于欧盟的几个小知识

欧盟的主要出版物：《欧洲联盟公报》、《欧洲联盟月报》、《欧洲文献》、《欧洲新闻—对外关系》和《欧洲经济》等。

欧盟的会旗：1986 年 5 月 29 日正式悬挂，会旗为天蓝色底，上面有 12 颗金黄色的星，表示欧洲联盟 12 个成员国。制作会旗的目的是表示要建立一个统一的欧洲，增强人们对欧洲联盟和欧洲统一性的印象。

欧盟的会徽：1988 年 1 月开始使用，会徽的底呈蓝色，上面 12 颗星围成一个圆圈，象征着欧共体 12 个成员国，圆圈中间为各成员国国名。

欧盟的统一货币为欧元（Euro），1999 年 1 月 1 日正式启用。2002 年 1 月 1 日零时，欧元正式流通。

欧盟的盟歌为贝多芬第九交响曲中的《欢乐颂》。

欧盟的铭言为“多元一体”，5 月 9 日为“欧洲日”。

（根据百科全书等资料整理）

（二）北美自由贸易区（North American Free Trade Area，NAFTA）

1989 年 1 月 1 日美国和加拿大共同签署《美加自由贸易协定》，1992 年 8 月，美国、加拿大和墨西哥三国首脑签署《北美自由贸易协定》，1994 年 1 月 1 日正式生效。

北美自由贸易区是一个拥有 4.2 亿人口、2 130 万平方公里面积和国民生产总值达 11.4 万亿美元，年出口总额近 6 000 亿美元，进口总额约 7 000 亿美元的世界最大自由贸易集团。近几年，北美自由贸易区无论是在商品进口总额还是在出口总额方面都保持国际贸易地区份额的首位，远高于排名第二的欧盟国家的相应总额，已经占世界进出口总额的 1/4 左右。它是世界上第一个由发达国家和发展中国家组成的经济集团，是典型的南北双方为共同发展与繁荣而组建的区域经济一体化组织。美国的经济运行在区域内占据主导和支配地位。根据协议，美国、加拿大和墨西哥在 15 年内逐步取消货物与服务进出口关税及投资障碍，实现商品、劳务、资本的自由流通和更高级的知识产权保护。

（三）亚太经济合作组织

亚太经济合作组织（Asia-Pacific Economic Cooperation，APEC）是亚太地区重要的经济论坛和经济磋商机构。1989 年 11 月，澳大利亚、美国、加拿大、日本、韩国、新西兰和东盟 6 国在澳大利亚首都堪培拉召开了亚太经济合作会议首届部长级会议，标志着亚太经济合作会议的成立。1991 年中国政府以主权国家身份正式加入。1993 年 6 月，更名为亚太经济合作组织。1994 年 11 月 15 日，设立“茂物目标”：发达成员在 2010 年前、发展中成员在 2020 年前，实现亚太地区自由与开放的贸易及投资。亚太经济合作组织的宗旨和目标是相互依存、共同利益，坚持开放性多边贸易体制和减少区域间贸易壁垒。截至 2014 年 11 月，亚太经合组织共有 21 个成员，人口达到 25 亿，约占全球人口总数的 40%，贸易额约占世界总量的 48%，国内生产总值之和超过 19 万亿美元，约占世界的 56%，中国对外贸易的 70%、吸引外国直接投资的 70% 以上来自该组织成员。东盟秘书处、太平洋经济合作理事会和太平洋岛国论坛为该组织观察员，可参加亚太经合组织部长级及其以下各层次的会议和活动。每年召开一次的领导人非正式会议是亚太经合组织最高级别的会议。

（四）东盟

东盟（Association of South-East Asian Nations，ASEAN）全称“东南亚国家联盟”，成立于 1967 年 8 月 8 日，现有印度尼西亚、新加坡、泰国、菲律宾、马来西亚、文莱、缅甸、越南、老挝、柬埔寨10个成员国，观察员国是巴布亚新几内亚。总面积约450万平方公里，人口约5.12亿，是东南亚地区以经济合作为基础的政治、经济、安全一体化合作组织。东盟秘书处设在印度尼西亚首都雅加达。东盟的宗旨和目标是本着平等与合作精神，共同促进本地区的经济增长、社会进步和文化发展，为建立一个繁荣、和平的东南亚国家共同体奠定基础，以促进本地区的和平与稳定。2003年，中国与东盟的关系发展到战略协作伙伴关系，中国成为第一个加入《东南亚友好合作条约》的非东盟国家。东盟自由贸易区于2002年1月1日正式启动。自由贸易区的目标是实现区域内贸易的零关税。文莱、印度尼西亚、马来西亚、菲律宾、新加坡和泰国6国已于2002年将绝大多数产品的关税降至0~5%。中国—东盟自贸区在2010年建成。中国—东盟自贸区是中国对外商谈的第一个自贸区，也是东盟作为整体对外商谈的第一个自贸区。

【知识拓展】

什么是东盟“10+3”和“10+1”

东盟“10+3”和“10+1”指的是东盟10国（文莱、印度尼西亚、马来西亚、菲律宾、新加坡、泰国、越南、老挝、缅甸、柬埔寨）和中、日、韩3国以及东盟10国分别与中、日、韩3国（即3个“10+1”）合作机制的简称。

20世纪90年代后期，在经济全球化浪潮的冲击下，东盟国家逐步认识到启动新的合作层次、构筑全方位合作关系的重要性，并决定开展“外向型”经济合作。“10+3”和“10+1”合作机制应运而生。“10+3”和“10+1”已发展成为东亚合作的主要渠道，被认为是亚洲地区的发展方向和振兴的重要标志。

目前“10+3”、“10+1”合作机制以经济合作为重点，逐渐向政治、安全、文化等领域拓展，已经形成了多层次、宽领域、全方位的良好局面，并在“10+3”框架内逐步开展了中、日、韩三边合作。“10+3”确定了八个重点合作领域，为此已经建立了八个部长会议机制，包括外交、经济、财政、农业、劳动、旅游、环境和卫生部长会议。“10+1”确定了五大重点合作领域，即农业、信息通信、人力资源开发、相互投资和湄公河流域开发。中、日、韩合作也确定了五大领域，包括经贸、信息产业、环保、人力资源开发和文化合作，并建立了六个部长会议机制。

中国为“10+3”和“10+1”合作机制的发展作出了重要贡献。在1997年举行的领导人非正式会议上，中国与东盟领导人发表的《联合宣言》，确定了睦邻互信伙伴关系。2002年，中国与东盟签署了《全面经济合作框架协议》，确定了2010年建立自由贸易区的目标。2010年该自贸区如期建成。

（根据时事新闻整理）

三、世界经济贸易区域集团化形成的主要影响

区域经济集团化对世界经济的发展具有多方面的影响。从积极方面来说，第一，区域经济集团化有助于生产要素的自由流通，使包括资金、技术、资源、劳动力在内的各种生产要素得到合理配置，有助于市场的迅速扩大，发挥规模经济效应，促进区域经济增长。第二，

由于集团内部废除区域内关税和非关税壁垒，区域经济集团化产生的贸易创造效应和贸易转换效应，大大促进了区内国际贸易和区外的国际贸易，有利推动世界贸易自由化的进程。第三，随着区域集团和组织的建立，区域内经济实力的加强，各区域经济集团采取内外有别的政策，从而使经济集团和组织之间的经济竞争更加激烈、更加尖锐，区域经济集团之间的竞争规模和层次空前提高。第四，区域经济集团化有利于世界经济向多极化发展。从消极方面来看，由于贸易保护主义的抬头，国家贸易壁垒转向区域贸易壁垒，被保护的商品从传统农业产品转向高级工业品，贸易保护措施多样化。并且在区域经济集团内部，利益分配并不均匀，发达国家取得的利益要大于发展中国家。而集团内发展中国家的依赖性进一步加深，集团外的则更加孤立和困难。更加让人忧虑的是，任何加入区域经济集团组织，都必须以民族主权的部分让渡为代价。

四、经济全球化和区域经济的关系

世界经济全球化和区域经济集团化是矛盾的统一体。一方面，区域经济集团和组织具有排他性，集团内外存在差别待遇。这虽然有利于经济集团内的贸易自由化以及成员国经济的加速发展，但就整个世界而言，仍是带有浓厚集团色彩的贸易保护主义。世界经济的正常联系在某种程度上被人为割裂了。另一方面，经济集团具有开放性。任何一个区域经济都是世界经济不可分割的一部分，在世界经济走向全球化、一体化的今天，区域集团的产品、技术、原料、能源不同程度地有赖于区域外的经济技术交往。各区域经济集团间事实上是你中有我，我中有你。因此，从长远和总体来看，区域经济集团化不仅不可能阻止世界经济全球化的发展，相反区域集团化趋势是经济全球化的必要途径和步骤，二者并行不悖。区域经济合作的广泛开展必将进一步推动和促进经济全球化进程，而经济全球化正是经济区域集团化的发展归宿和最后结果。

当今区域经济集团化的主要特点：经济集团化从西欧向其他地区延伸，但是发展中国家进展缓慢，环太平洋地区经济集团发展迅速，出现欧、美、亚三大贸易集团共同鼎立的局面。目前大部分经济集团还处于低水平发展阶段，基本上停留在自由贸易区阶段。经济集团组织相互交织，成员国身份相互重叠。

项目三 国际贸易大宗商品的产销格局

一、有形商品贸易的地理格局

（一）能源贸易

能源在现代经济发展中具有举足轻重的地位，而能源资源的分布和加工，在世界范围存在空间差异，因此能源贸易在世界有形商品贸易中占有重要地位。

1. 石油

20 世纪 20—40 年代，主要是西半球的石油输往东半球，50 年代开始，美国成为石油净进口国，大量从拉美的委内瑞拉和墨西哥进口原油。与此同时中东发现石油，石油产量逐渐增加。20 世纪 60—70 年代以后，中东、北非、东南亚陆续成为世界主要石油出口地区。美国、日本、西欧是世界主要石油进口地区，他们的年石油进口量占到世界总量的 66% 以上。美国的石油主要来自中东和非洲，日本石油的 70% 来自中东，其他来自东南亚和中国。西欧的石油主要来自中东、非洲和前苏联地区。进入 21 世纪后，出口国与消费国出现主动权转移。美国成为油气产量增加最快的国家，2008 年美国石油产量达到 1. 67 亿吨。根据国际能源署 2008 年的报告，沙特阿拉伯仍是全球原油生产和出口第一大国，日产量达 884 万桶，其次分别为美国（日产量 808 万桶）、俄罗斯（日产量 702 万桶）、伊朗、墨西哥、挪威、中国、委内瑞拉、加拿大和阿联酋（日产量 255 万桶）。与此同时，全球能源需求有所下降，油气供给相对宽松。

2. 煤炭

煤炭在世界能源中的地位仅次于石油。由于其价格便宜，运输方便和使用技术的提高，煤炭的消费总量在经过一段时期的下降以后，又有一定的回升。中国和印度两个国家的煤炭消费增长量约占世界总预测煤炭消费增长的 92%。世界煤炭资源的地理分布，以两条巨大的聚煤带最为突出，一条横亘欧亚大陆，西起英国，向东经德国、波兰、苏联，直到我国的华北地区；另一条呈东西向绵延于北美洲的中部，包括美国和加拿大的煤田。南半球的煤炭资源也主要分布在温带地区，比较丰富的有澳大利亚、南非和博茨瓦纳。

美国是世界主要的煤炭生产国和出口国，出口量占到世界煤炭总出口量的 1/3，其他的煤炭出口国家是澳大利亚、波兰、南非、中国、印度尼西亚等。世界煤炭的主要进口国是日本和西欧，其次为东欧和北美地区。国际煤炭市场大致可分为亚太市场和欧美大西洋市场。亚太煤炭市场的煤炭出口国家及地区主要有：澳大利亚、印度尼西亚、中国、俄罗斯、越南、朝鲜等；亚太煤炭市场的煤炭进口国家及地区有：日本、韩国、印度、中国台湾、中国香港、菲律宾、马来西亚等。欧美煤炭市场的煤炭出口国家及地区主要有：澳大利亚、南非、俄罗斯、波兰、美国、加拿大、哥伦比亚、委内瑞拉等；欧美煤炭市场的煤炭进口国家及地区主要有：英国、法国、德国、意大利、荷兰、比利时、丹麦、希腊等。

【知识链接】

2012 年世界十大煤炭生产国（或地区） 单位：百万吨

中国	美国	印度	欧盟	澳大利亚	印度尼西亚	俄罗斯	南非	德国	波兰	哈萨克斯坦
3 650. 0	922. 1	605. 3	580. 7	431. 2	386. 0	354. 8	260. 0	196. 2	144. 1	116. 4

2012 年世界十大煤炭消费国 单位：百万吨

中国	美国	印度	日本	俄罗斯	南非	韩国	德国	波兰	印度尼西亚
1 873. 3	437. 8	298. 3	124. 4	93. 9	89. 8	81. 8	79. 2	54. 0	50. 4

（编自 BP《世界能源统计报告 2009》）

3. 天然气

由于受到天然气本身性质的限制，天然气贸易在世界能源中不占主要地位，目前仅占24%的能源消费量。但是天然气作为一种优质、清洁能源已成为世界工业生产和发电的主要能源，全球对天然气的需求以每年1.6%的速度递增。目前世界天然气线路的分布主要是：(1) 乌克兰—捷克斯洛伐克—德国—奥地利—意大利—匈牙利；(2) 俄罗斯—芬兰；(3) 伊朗—阿塞拜疆—高加索；(4) 阿富汗—俄罗斯等。2001年由伊朗、俄罗斯和卡塔尔发起建立天然气出口国论坛，秘书处总部设在卡塔尔首都多哈，成员国有11个，为阿尔及利亚、玻利维亚、埃及、赤道几内亚、伊朗、利比亚、尼日利亚、卡塔尔、俄罗斯、特立尼达和多巴哥、委内瑞拉。挪威和哈萨克斯坦是观察员国。该论坛成员国的天然气储量和产量分别占世界总量的73%和42%，其中仅俄罗斯、伊朗和卡塔尔三国就拥有全世界天然气储量的60%。

（二）农产品贸易

农产品贸易主要包括粮食、经济作物、水果和畜产品等。1990—2010年，全球主要农产品产量增长基本满足了消费增长，但供求处于紧平衡状态，主要农产品的价格波动加剧。产品供给始终存在结构性和区域性短缺。据FAO统计，目前全球共有70个低收入缺粮国家，其中非洲39个、亚洲22个。亚洲和非洲饥饿人口数量分别为5.78亿和2.39亿，占全球饥饿人口总数的62.5%和25.8%。全球2/3的饥饿人口集中在孟加拉国、中国、刚果(金)、埃塞俄比亚、印度、印度尼西亚和巴基斯坦7国。2002—2009年，农产品贸易持续快速增长，贸易额从5 800万美元增至1.2万亿美元，年均增长率为12.2%。美欧等发达国家在世界农产品贸易中处于支配地位。发达国家在谷物、肉类和乳品贸易中占主导地位，发展中国家在棉花、油籽和食糖贸易中的地位越来越重要。

世界主要产粮区在北美洲、大洋洲和南美洲，四大主要产粮国是美国、加拿大、阿根廷和澳大利亚。粮食作物以谷物（小麦、玉米、稻米、高粱、大麦、黑麦）为主，其中玉米几乎占到半数。小麦和玉米的出口国主要是美国、加拿大、澳大利亚和俄罗斯四国，其中美国最多。粮食主要进口国是俄罗斯、日本、中国、德国、英国、墨西哥和巴西以及非洲国家。小麦和玉米的进口国或地区较为分散，2009年全球有170多个国家或地区进口小麦和玉米，但进口量都相对较小。小麦进口国主要是阿尔及利亚、日本、伊朗和巴西等国，玉米进口国主要是日本、韩国、墨西哥、中国和伊朗等国。大米出口国主要是泰国、美国、越南、巴基斯坦、印度，进口国（地区）主要是欧盟、菲律宾、沙特阿拉伯、科特迪瓦和马来西亚。

天然橡胶主要生产国是马来西亚、印度尼西亚、泰国、中国、斯里兰卡、印度、利比里亚和巴西等，除中国外，其他都是天然橡胶的出口国。

咖啡主要生产地区是拉丁美洲，巴西、哥伦比亚、科特迪瓦、印度尼西亚等国家产量较大，主要进口国是美国、德国、意大利、日本等。可可的主要生产国、出口国是科特迪瓦、尼日利亚、加纳、巴西、马来西亚，主要进口国是美国、荷兰、德国、日本等。茶的生产国和出口国是印度、斯里兰卡和中国，主要进口国是英国、巴基斯坦、美国、埃及、加拿大等。

糖料的主要生产国是古巴、巴西、毛里求斯、泰国、菲律宾、印度、阿根廷等国家。蔗糖的进口国主要集中在亚洲和北美，包括美国、中国、日本、英国、加拿大、印度、韩国、马来西亚、孟加拉国、尼日利亚、埃及、墨西哥和阿尔及利亚等。

天然纤维中棉的主要生产国和出口国是美国、俄罗斯、巴基斯坦、埃及、墨西哥等，主要进口国是日本、韩国、意大利、德国、法国。中国和印度既是主要产棉国又为棉花输入国。2009 年全球前二十大棉花出口国中除美国、澳大利亚和希腊外，其余全部是发展中国家，如印度、巴西、乌兹别克斯坦、土库曼斯坦、布基纳法索、津巴布韦等。印度棉花出口量仅次于美国，是第二大棉花出口国。麻类及其制品主要输往西欧和北美。羊毛主要产于澳大利亚和新西兰，其中 70% 销往西欧和日本。进口国（地区）主要是中国、东盟、土耳其、巴基斯坦、墨西哥、孟加拉国等。

世界油料作物主要包括大豆、花生、油菜籽、芝麻、油茶、油桐、油橄榄、油棕、椰子、腰果等。美国和巴西是大豆的最大输出国，欧盟国家和日本为主要输入国。马来西亚是世界最大棕油生产国和出口国。菲律宾是世界上椰子的最大生产国。

（三）矿产品贸易

尽管金属和非金属矿产品在世界市场上的交易品种多达 80 多种，但是铁、铜、铝、锌、镍、铬、锰和磷灰石等占交易的主要地位。

（1）铁矿。铁矿是仅次于石油的大宗贸易商品。世界主要生产国和出口国有加拿大、独联体地区、巴西、智利、澳大利亚和印度等。世界主要铁矿石进口国是工业发达国家以及工业发展迅速的发展中国家。进口量最大的国家是日本，铁矿石主要来自澳大利亚，其他进口国为美国、德国、英国、法国、比利时、中国、韩国等。

（2）铜矿。铜矿主要分布在美国、智利、俄罗斯、秘鲁、加拿大、赞比亚、扎伊尔、南非、纳米比亚等国家。主要出口国是智利、赞比亚、加拿大。铜矿的主要进口国是西欧（法国、德国、意大利等）、美国。

（3）铝土矿以及其他矿产。铝土矿的主要出口国是几内亚、澳大利亚、加拿大墨西哥等，主要进口国是美国、日本、德国、独联体地区等。

镍矿主要生产于加拿大、澳大利亚等，产品主要输往日本、美国和西欧。

磷灰石的主要生产国和出口国是美国、独联体地区、摩洛哥、突尼斯、约旦、多哥，主要进口地区为西欧。

二、无形商品贸易的发展

无形商品贸易是指国际劳务，又称国际服务贸易。目前世界各国对劳务贸易的定义、范围和分类尚无统一的定义，但一般是指下列项目的出口服务活动：运输、通讯、金融、保险、旅游和技术贸易。

（一）技术贸易

技术贸易是劳务贸易的一种形式，它是通过技术转让形式进行的商品交换活动。当前技术贸易的主要内容是各种技术及其产品包括成套设备和器材的交换，即硬件和软件。随着高新技术革命的发展，软件贸易增长更加迅速。技术贸易内容已经涉及设计研究、配方制造、操作工艺、安装测试、保管维修、成品检验等许多部门和生产环节。国际技术贸易额增长速度因科技革命的迅猛发展而大大加快。随着科学技术向深度、广度发展，技术寿命周期的缩短，科技领域的竞争将日益激烈，科研成果形成的费用也越来越高。信息技术已成为经济发展的主要手段和工具，在全球 GDP 中，已有 2/3 以上的产值与信息行业有关。目前世界上主要的输出国是美国、日本、西欧发达国家；主要输入国是发展中国家。

（二）国际旅游

旅游业在国民经济中占有重要地位，对于增加收入和创汇，弥补外贸赤字，推动其他部门的发展和促进地区以及国际交流都起到了重要作用。目前世界旅游总收入已经超过钢铁工业，在世界贸易总额中仅次于石油。1978—1984 年，国际旅游总收入占全球商品出口贸易额的比例，始终稳定在 5%~5.5%的水平。1985—1992 年，全球国际旅游收入相对于全球的商品出口贸易额的比重增幅达到 2.19%。美国 1996 年旅游人次占全球的 7.56%，旅游外汇收入 643.73 亿美元，占世界的 15.22% ，居世界第一位。2007 年世界旅游收入为 8 560 亿美元。2013 年国际旅游人次达到 10.87 亿，比 2012 年同期增长 5%，国际旅游收入达到 11 590 亿美元。

（1）旅游业的特点。旅游业收入和支出最高的国家是发达国家。由于发达国家在旅游交通、设施、服务方面水平较高，吸引了大量游客，如美国、意大利、法国、西班牙、英国、瑞士、德国、希腊、澳大利亚等。同时由于发达国家经济实力雄厚，人均收入较高，旅游人数和旅游支出较多，如德国、美国、法国、日本、荷兰、瑞典等。

（2）世界主要旅游区域。根据世界旅游组织的划分，全世界共有六大旅游区域：欧洲地区、美洲地区、亚太地区、南亚地区、中东地区、非洲地区。

欧洲地区是国际旅游业最发达的地区。西班牙、法国、意大利、英国是著名的旅游大国。西班牙被誉为“旅游王国”，旅游外汇收入占到国民生产总值的 10%。到 2020 年，欧洲旅游在世界市场所占份额为 45.9%，仍将继续保持世界最大旅游目的地的地位。

美洲地区的重要旅游国家是美国，其次为加拿大和墨西哥。

亚太地区是新兴的旅游区域。2005 年亚太地区国际旅游总收入为 1 410 亿美元，占全球国际旅游总收入的 21%。以当年货币计算，扣除价格变化因素，比上年增长 4%。2012 年亚太地区国际旅游人次超过 2.48 亿人次，旅游总收入达到 3 590 亿美元。中国已经成为亚洲领先的旅游目的地，也是世界第四大旅游目的地。印度利用得天独厚的历史文化和遗产资源，大力发展旅游业，发展速度和潜力十分巨大。其他为新加坡、泰国等国。

项目四　我国对外贸易发展现状和格局

一、我国对外贸易的现状和在国际贸易中的地位

（一）我国对外贸易的主要进出口交易产品

进口的主要产品包括：初级产品和工业制成品两大类。初级产品进口比重较大的是食品及活动物、燃料除外的非食用原料；工业制成品主要包括化学成品及有关产品、按原料分类

的制成品、机械及运输设备，其中机电产品和高新技术所占比重较大，消费品、部分资源产品等进口增长较快（见表4-1）。

2013年1—12月我国进出口商品构成统计 单位：千美元

商品构成（按SITC分类）	出口		进口		累计比上年同期±%	
	12月	1—12月	12月	1—12月	出口	进口
一、初级产品	11 009 068	107 283 266	64 977 796	657 601 236	6.7	3.6
0类食品及活动物	5 797 842	55 729 010	4 232 068	41 698 857	7.0	18.3
1类饮料及烟类	374 823	2 608 370	561 735	4 510 392	0.7	2.4
2类非食用原料（燃料除外）	1 440 090	14 570 096	27 278 868	286 142 873	1.6	6.1
3类矿物燃料、润滑油及有关原料	3 343 462	33 791 962	31 956 678	314 906 202	9.0	0.6
32章煤、焦炭及煤砖	255 746	2 196 281	2 983 816	29 019 432	8.0	1.0
33章石油、石油产品及有关原料	2 503 172	27 988 571	25 679 112	260 834 996	8.9	-1.1
34章天然气及人造气	496 152	2 212 763	3 257 356	24 656 629	8.7	22.0
35章电流	88 391	1 394 346	36 394	395 145	13.1	12.4
4类动植物油、脂及蜡	52 851	583 828	948 447	10 342 913	7.2	-17.4
二、工业制品	196 733 355	2 102 735 823	117 123 777	1 292 687 464	7.9	9.2
6类按原料分类的制成品	33 547 690	360 653 414	14 103 032	148 292 270	8.3	1.6
7类机械及运输设备	96 048 089	1 039 245 511	64 287 571	710 349 644	7.8	8.8
71章动力机械及设备	3 104 215	33 830 878	2 148 020	23 453 290	5.5	-4.0
72章特种工业专用机械	3 421 013	36 333 645	3 160 123	35 196 614	5.4	-3.3
73章金工机械	653 732	6 913 993	924 266	13 806 983	0.1	-24.0
74章通用工业机械设备及零件	8 550 235	93 977 234	4 381 397	49 765 434	8.7	2.9
75章办公用机械及自动数据处理设备	22 049 871	218 928 351	5 423 899	57 047 914	-1.4	-10.5
76章电信及声音的录制和重放装置设备	25 023 683	257 797 393	7 622 802	74 044 324	9.5	17.4
77章电力机械、器具及其电气零件	24 501 168	292 598 994	30 248 341	356 841 746	21.8	15.9
78章陆路车辆（包括气垫式）	6 003 469	64 794 411	7 235 154	73 970 896	4.6	5.1
79章其他运输设备	2 740 703	34 070 612	3 143 567	26 222 443	-24.0	27.5
8类杂项制品	56 281 211	581 448 118	12 431 077	139 011 468	8.5	1.8
9类未分类的商品	126 217	1 729 307	8 818 577	104 736 406	22.1	52.3

注：自2012年起第九类商品统计范围有所调整，详见编制说明。

（摘编自《海关统计》2013年第12期，有删节）

我国对外出口的主要商品包括初级产品和工业制成品，20 世纪 80 年代，出口结构实现战略上的转移，我国从主要以农副产品和农副产品加工为主转向以工矿产品为主，见表 4-2、4-3。

表 4-2　　1953—2012 年我国出口商品结构变化　　单位:%

	1953	1965	1980	1990	1999	2004	2012
初级产品	79.4	51.2	50.3	25.6	10.2	6.8	4.9
工业制成品	20.6	48.8	49.7	74.6	89.8	93.2	95.1

表 4-3　　2003—2012 年我国出口商品结构　　单位：亿美元

	2003	2006	2007	2008	2009	2010	2011	2012
总值	4 382.28	9 689.78	12 204.56	14 306.93	12 016.12	15 777.54	18 986.00	20 498.3
初级产品	348.10	529.25	615.47	778.48	630.99	817.17	1 005.52	1 005.45
食品及活动物	175.33	257.22	307.51	327.64	326.03	411.53	504.97	520.24
饮料及烟类	10.19	11.93	13.96	15.30	16.41	19.06	22.76	25.92
非食用原料	50.33	78.62	91.54	113.46	81.56	116.02	149.78	143.42
矿物燃料、润滑油及有关原料	111.10	177.76	199.44	316.35	203.83	267.00	322.76	310.47
动、植物油脂及蜡	1.15	3.73	3.03	5.74	3.16	3.56	5.26	5.4
工业制成品	4 035.60	9 161.47	11 564.68	13 506.98	11 385.64	14 962.16	17 980.48	19 495.64
化学品及有关产品	195.86	445.31	603.56	793.09	620.48	875.87	1 147.87	1 136.96
按原料分类的制成品	690.30	1 748.36	2 198.94	2 617.43	1 847.75	2 491.51	3 196.00	3 333.13
机械及运输设备	1 878.88	4 563.64	5 771.89	6 733.25	5 904.27	7 803.30	9 019.12	9 651.62
杂项制品	1 261.01	2 380.29	2 968.53	3 346.06	2 996.70	3 776.80	4 594.10	5 359.57
未分类的其他商品	9.56	23.88	21.76	17.15	16.45	14.68	23.39	141.69

虽然目前我国机电产品和高新技术是出口商品中的最大出口商品类别，但是我国出口的大部分商品仍然是以劳动密集型为特征的粗加工的半成品和原料性工业制成品，商品“批量大、档次低、价格低、效益低”，因而我国出口商品还是面临商品结构的调整与优化，应实现从粗放型向精细加工和最终制成品转变，由传统商品向附加值高、科技含量大的产品转变。

（二）我国对外贸易的主要贸易伙伴

我国的出口贸易国家和地区在不断扩大，货物贸易方向以发达国家为主。2001 年出口贸易额超过 1 亿美元的国家和地区已达到 86 个。2001 年发达国家在我国出口市场所占的比重达到 56.6%。2002 年我国内地对美国、中国香港、日本、韩国、欧盟、东盟的出口总额已占到出口总额的 82.2%。在发达国家中，美国、加拿大和欧盟呈现上升的趋势，对日本的贸易总额有所下降。在货物出口中，我国对石油输出国、拉美、非洲、西亚和其他亚洲国家的变化都不大。2013 年，欧盟、美国、东盟、中国香港和日本为我国前五大贸易伙伴。

货物贸易进口从发达国家转向发展中国家和地区，发达国家的进口在我国进口总额中的比重从 1980 年的 73.7%，下降到 2000 年的 38.0%，而发展中国家却上升到 53.1%。具体到国家和地区，则美国、加拿大、日本、欧盟比重下降，东盟、石油输出国组织、非洲、西亚、南亚等国家和地区比重上升较快，见表 4-4、4-5。

表 4-4　　2006—2012 年我国对外贸易主要进口总值　　单位：亿美元

	2006	2007	2008	2009	2010	2011	2012
日本	1 157.20	1 339.5	1 506.5	1 309.4	1 767.1	1 945.9	1 778.3
韩国	897.8	1 037.6	1 121.6	1 025.5	1 384	1 627	1 687.4
中国台湾	871.10	1 010.2	1 033.4	857.2	1 156.9	1 249.2	1 322.0
美国	592.10	693.8	814.4	774.4	1 020.4	1 226.1	1 329.0
澳大利亚	193.20	258.5	374.2	394.4	608.7	827.2	846.2
马来西亚	235.7	287.1	320.9	323.3	504.1	621.4	583.1
进口总值	7 916.1	9 558.2	11 330.9	10 055.6	13 948.3	17 434.7	18 184.1

表 4-5　　2006—2012 年我国对外贸易主要出口总值　　单位：亿美元

	2006	2007	2008	2009	2010	2011	2012
出口总值	9 690.8	12 180.2	14 285.5	12 016.6	15 779.3	18 986	20 487.1
美国	2 034.7	2 327	2 523	2 208.2	2 833	3 244.9	3 517.8
中国香港	1 553.9	1 844.3	1 907.4	1 662.3	2 183.2	2 680.3	3 234.3
日本	916.4	1 020.7	1 161.3	979.1	1 210.6	1 483	1 516.2
韩国	445.3	561.4	739.5	536.8	687.7	829.2	876.8
德国	403.2	487.2	591.7	499.2	680.5	764.3	692.1
荷兰	308.6	414.1	459.1	366.8	497.1	595	589.0
英国	241.6	316.6	360.7	312.8	387.7	441.3	463.0

二、我国对外贸易发展趋势预测

从 20 世纪 90 年代开始，国际贸易发生了一些新的变化，发展的总趋势对我国出口贸易的发展是机遇和挑战并存，风险与利益共存。

机遇主要是：（1）有利于扩大出口。国际贸易的持续增长，标志着国际市场需求的稳步扩大，为我国出口贸易的发展，提供一个比较有利的国际环境，有利于扩大出口。（2）有利于调整出口商品结构。在国际贸易中，制成品特别是资本货物（电器、非电气的机械及运输设备等）和高新技术、信息、智能等“软件贸易”占的比重将不断上升，这有利于我国调整出口商品结构，加快发展制成品的出口。

挑战主要是：（1）增加了我国出口贸易的障碍，而且出口的劳动密集型产品，将面临着更激烈的国际市场竞争。（2）增加了我国引进外资和先进技术的难度，独联体和东欧国家在不久的将来可能成为我国的竞争对手。（3）国际市场风险加大。尤其是在2008年以美国为首的主要西方国家遭受金融危机后，给我国对外贸易较大冲击，以前所固有的矛盾进一步激化，若干新问题也浮出水面，形成了诸多问题交织在一起的局面。

为使机遇变成现实，充分利用国际环境中的有利因素，我国应采取下列措施：

（1）实行全球性的信息战略。建立健全全球性行销网络。在世界各地寻求市场机遇，推动外贸活动的开展。

（2）根据国际市场需求，调整产业结构。特别要对无污染、附加值高、轻型化、多功能等市场发展潜力大的产品加以扶植，并作为经济发展的策略工业对待。

（3）积极开展跨国经营。我国企业应跳出传统行业的单一产品生产框架，积极涉足其他新的领域，开展多种经营，积极参与跨行业的竞争。企业在开拓国际市场时，为了绕过对方的贸易壁垒，可以输出劳务，承包工程，以资本输出代替商品输出，开展跨国、跨地区经营，采取在东道国（地区）投资建厂、合资办厂、收买股份、兼并等手段，就地生产，就地销售。要鼓励有条件的大型企业发展跨国战略联盟。

（4）进一步扩大市场开放度，加强法制，改善投资环境。

（5）创新对外贸易发展思路，积极拓展多种交易方式，多渠道、多层次开展对外贸易，鼓励中国商人海外经营，并为他们提供各项保障措施。

（6）加快、加大对国际外贸市场的研究，对国际市场的方向和变化早分析、准预测，减轻目前在外贸市场中的被动局面，有序、稳妥地开展我国的对外贸易。

【案例分析】

从中美轮胎特保案看如何应对国际贸易摩擦

2013年9月5日，世界贸易组织上诉机构在日内瓦发布关于中美轮胎贸易纠纷案的裁决结果，判定美国对中国输美轮胎征收惩罚性关税符合世贸规则，维持美轮胎特保措施。这意味着，历时两年的中美轮胎特保案在穷尽了所有的法律程序之后，最终以中方的败诉而告终。

这起案件被视为奥巴马时代中美贸易摩擦第一案，摩擦伊始不仅引发了中国强大的异议，在美国国内也充满了诸多的争议。这起在金融危机的关键时刻，由美国钢铁工人联合会提出的贸易争端，一直被认为政治意图大于经济意义，是金融危机的特殊情况下贸易保护主义的体现。2009年4月20日，美国钢铁工人联合会向美国国际贸易委员会提出申请，依据美国1974年贸易法第421条款，要求美政府对中国出口的用于客车、轻型卡车、迷你面包车和运动型汽车的2 100万个轮胎实施进口配额限制，对中国产乘用车轮胎发起特保调查。其在诉状中声称，从中国大量进口轮胎损害了当地轮胎工业的利益；若不对中国轮胎采取措施，到2009年年底还会有三千名美国工人失去工作。2009年6月29日美国国际贸易委员会（ITC）以中国轮胎扰乱美国市场为由，建议美国将在现行进口关税（3.4%~4.0%）的基础上，对中国输美乘用车与轻型卡车轮胎连续三年分别加征55%、45%和35%的从价特别关税。根据美国调查程序，在 8 月 7 日的听证会后，美国总统奥巴马在北京时间 2009 年 9 月 12 日宣布，对从中国进口的所有小轿车和轻型卡车轮胎实施为期三年的惩罚性关税。白宫发言人罗伯特吉布斯说，对从中国进口轮胎实施的惩罚性关税税率第一年为 35%，第二年为 30%，第三年为 25%。

中华人民共和国商务部 2009 年 9 月 13 日毅然做出决定，对美国部分进口汽车产品和肉鸡产品启动反倾销和反补贴立案审查程序。中国政府 2009 年 9 月 14 日正式就美国限制中国轮胎进口的特殊保障措施启动了世界贸易组织争端解决程序。

在美国决定对从中国进口的轮胎实施特保措施的消息传出后，轮胎上市企业股票价格齐刷刷下跌。投资者大量结清天然橡胶市场多头头寸，引发全球橡胶期货价格暴跌。

中国政府坚决反对美方采取特保措施，这是严重的贸易保护主义行为，不但违反 WTO 规则，而且违背了美国政府在 G20 金融峰会上的承诺，是对特保条款的滥用，向世界发出了一个错误的信号。中国政府将坚定维护国内产业的正当权益，保留做出进一步反应和采取相应措施的权力。商务部提起对部分汽车和肉鸡两种产品的“双反”调查具有针对性，特别是对美国汽车业。

《华尔街日报》、《华盛顿邮报》等美国国内媒体和经济学家纷纷撰文指出，美国政府贸易保护已经到了疯狂的程度，不仅违背美国有关自由贸易的承诺，还为其他经济体做出了坏榜样，有可能引发保护主义的恶性循环，重蹈 20 世纪 30 年代大萧条的覆辙。

历经两年多的中美轮胎特保案历经起起伏伏，终于在 2011 年 9 月 5 日走完了 WTO 争端解决程序。WTO 上诉机构最终驳回了中国的上诉。这样一个结论多少让人感到遗憾，但中国政府在这个纠纷解决过程中的理性应对，不无可圈可点之处，现在关键是如何应对由此引发的后续问题。

现在看来，中美轮胎特保案是在打着保护美国国内相关产业的幌子下，典型的损人不利己的国际贸易争端案例。美国对中国的轮胎产业征收惩罚性的关税，首先损害的是其相关产业和美国国内消费者的利益：以保护就业为名的特保案并没有解决美国的就业问题，相反，在此案之后美轮胎产业的就业率不升反降。其次，特保案使得美国消费者的支出增加，根据美国内一些机构的数据显示，美国轮胎的平均价格已经上涨 10% 到 20%，对中国的产品加征惩罚性关税被视为轮胎涨价的重要原因。第三，在实施特保措施以后，美国轮胎的进口不降反升。2010 年，美国从中国进口的轮胎比 2009 年下降了 23.6%，2011 年上半年又进一步下降 6%，然而，2010 年美国进口的轮胎总数比 2009 年增加了 20.2%，2011 年上半年又增 9%。第四，目前美国在华有 4 家轮胎生产企业，所生产的产品占中国对美轮胎出口的三分之二，限制中国轮胎产品进口将给这些美资企业带来直接损失，而中国受影响的就业人数将近 10 万人。

面对中美两国之间的贸易战一触即发，美方漫天要价的情况下，中方拒绝了美方的无理要求，迅速将美方措施诉诸 WTO 争端解决机制，并依法对美国肉鸡和部分汽车产品发起“双反”调查。中国政府代表所有受到伤害的中国企业，向 WTO 争端解决机制寻求救济。中国政府的行为向世人展示了：中国是一个负责任的国家，既然中国选择了 WTO，就会坚定地依照 WTO 规则行事，中国期待一个公正、合理和法制化的国际贸易环境。在整个纠纷解决过程中，中国不失时机地运用了 WTO 规则所提供的所有平台，充分进行了有理、有利、有节的抗争，无论是程序还是实体，均无可挑剔。

中国商务部在对裁决结果表示遗憾的同时，对美国提出了尽快终止特保措施的严正要求，继续积极寻求解决之道，这说明，中国在解决国际贸易争端方面日渐成熟。对于中国的轮胎行业而言，美国的特保措施直接造成12%的轮胎产能过剩，使得产能一直就过剩的轮胎行业雪上加霜，依赖出口的发展策略急需转型和调整，在中国已经成为全球汽车第一生产大国的有利背景下，要由出口主导型转向内需拉动型，将主动权掌握在自己手里面，避免成为国际贸易摩擦的牺牲品。

此案给中方提供了更多的经验和教训：在国际贸易摩擦中，我们不能乖乖挨宰，坐等别国的伤害。相反应该拿起相关的武器，理直气壮地维护自身的权益和地位。此后成功应对欧盟对华冷轧不锈钢薄板和镀锌板反倾销案，保住了宝钢、鞍钢等大型国有企业对欧出口市场；以及加拿大防水胶鞋案、俄罗斯彩涂板案、巴西自行车轮胎反倾销案、印度热轧钢反倾销案、热轧钢保障措施和汽车动力转向系统反倾销案、美对华紧固件双反案、美对华金属丝网托盘双反案、镁碳砖双反案、加拿大对华复合木地板双反案等。连续在三氯蔗糖、覆铜板等美国对华337调查案件中取得胜诉。

（摘自《中国商界》2009年第12期，作者袁媛等）

【思考练习】

1. 简要分析当今世界经济发展的总体现状和成因。
2. 什么是世界经济发展的不平衡？主要表现在几个方面？
3. 简要介绍世界主要区域经济集团。
4. 世界有形商品和无形商品的基本流动方向的特征是什么？
5. 我国面对世界经济发展格局和趋势，应采取什么对策？

任务五

世界经济性特区

【目标要求】

通过对本部分内容的学习，学生将了解世界经济性特区的含义和类型，区位特点及主要经济特区的地区分布，了解经济性特区对各国经济贸易的影响，介绍世界经济性特区建立的实例；掌握我国经济特区发展的基本特点和取得的主要成绩。

【关键技术】

1. 世界经济性特区的含义和类型；
2. 世界主要经济性特区区位特点和地区分布；
3. 我国经济性特区的基本特点。

【学习内容】

项目一　世界经济性特区概述

一、经济性特区的形成与发展

在世界许多国家和地区，我们都可以看到一些被称之为“经济性特区”的区域。所谓经济性特区（Economic Zone），是指一个国家或地区在其国境以内，划出一定的区域范围，在对外经济贸易活动中采取诸如减免关税、工商所得税，廉价提供土地、厂房等优惠政策，吸引外国的资金、技术和设备，以达到促进对外贸易发展，鼓励转口贸易和出口加工贸易，增加财政和外汇收入，增加就业，繁荣本国经济的目的。

世界上各国的经济特区各有不同的名称，其内容、性质、规模虽不同，但其最终目的和基本特征是完全一致的。经济特区按功能分为：自由港、自由贸易区、出口加工区、科学工业园和多元化综合性经济性特区。

世界经济性特区是随着商品经济和国际贸易的发展，以及科学技术的进步而产生和发展起来的。从有历史记载的世界第一个自由港建立至今，世界经济性特区的发展已经走过了

460 多年的历史。有史可查的，被正式定名的世界第一个自由港是建于 1547 年的意大利南部海港里窝那港。

进入 17、18 世纪后，欧洲资本主义进入早期发展阶段，商品经济迅速发展，许多发展起来的欧洲国家为了借助一些城市或港口的优越地理位置和发展国际贸易的有利条件，通过免除进出口关税，达到吸引外国商船、扩大转口贸易、发挥商品集散中心的作用，促进当地经济的发展，纷纷建立了自由港和自由贸易区。比如意大利的威尼斯（1661 年）、里雅斯特、热那亚、法国的马赛（1669 年）、德国的汉堡和不来梅、丹麦的哥本哈根、葡萄牙的波尔多等。其中，德国汉堡于 1888 年建立了世界上第一个自由贸易区，第一次将经营范围由单纯的贸易扩展到工业领域。

18 至 19 世纪后期，随着航海事业的进步和国际贸易的发展，特别是随着欧洲殖民主义的扩张，殖民者为了便于对殖民地进行掠夺和开展转口贸易，纷纷在殖民地或附属国开辟自由港和自由贸易区。比如，1704 年英国把直布罗陀辟为自由港，开展转口贸易；19 世纪中叶，英、法帝国主义侵占了亚非国家，先后将中国香港以及新加坡、槟城、亚丁、吉布提等港口辟为自由港。第一次世界大战以后，在拉丁美洲、非洲和中东地区相继建立了自由港和自由贸易区，如 1923 年墨西哥在蒂华纳设立的卡拉自由贸易区，这是美洲大陆最早的经济性特区。进入 20 世纪，在美国才出现自由贸易区。第二次世界大战前，有 26 个国家（地区）设立了 75 个自由区，但发展较为缓慢，地域分布也不广，主要还限于货物转运和对外贸易等经济活动。

从 16 世纪中叶—20 世纪 50 年代，这一时期被称为商业性自由贸易区。以发展商业性的自由贸易和转口贸易为主，其主要特点是发展缓慢、功能单一。

20 世纪 50 年代末到 60 年代初，在第三次科技革命的推动下，西方主要发达资本主义国家的经济得到快速发展，国际贸易也随之迅速扩大。但随着各国经济和国际贸易的迅速发展，国际间的竞争日趋激烈，国内的劳动力成本迅速上升，环境保护的压力不断加剧，迫使西方发达国家于 20 世纪 50 年代中后期纷纷调整产业结构，依靠自身的科技优势发展知识和技术密集型的产业，同时通过资本转移的方式，将淘汰的劳动密集型和资源密集型产业转移到发展中国家去，开拓海外市场，索取最大的经济利益。

二战后亚非拉发展中国家纷纷独立，积极发展民族经济。但由于长期战乱和殖民统治，这些国家经济基础非常薄弱，经济结构失调，资金、技术和人才严重匮乏。为了发展出口替代工业，加速工业化进程，这些国家在国内划出一定区域，用减免关税，提供廉价土地等优惠措施，吸引西方投资建立出口加工生产基地。由此出现了一批新型的经济性特区——出口加工区。

世界上第一个出口加工区是 1959 年建于爱尔兰西部小镇香农的香农出口加工区。随后 20 世纪 60 年代至 70 年代出口加工区在亚洲、非洲、拉丁美洲的广大发展中国家和地区得到蓬勃发展。可以说 20 世纪 70 年代是世界出口加工区发展的黄金时代。尤其以马来西亚、新加坡、菲律宾、韩国和我国台湾建立的出口加工区的效益最为显著。据统计，到 1980 年全世界已有 40 多个国家建立了 100 多个出口加工区。出口加工区的建立，极大地促进了设区国出口加工工业的建立与发展，尤其是带动了一批新兴工业国经济水平的迅速提升。

从 20 世纪 50—70 年代，这一时期被称为工贸行出口加工区时期。这一阶段以劳动密集型产品的出口加工业为特征，尤其在发展中国家得到长足发展。

20 世纪 70 年代后在新技术革命的推动下，全世界引发了新一轮经济结构的调整浪潮。西方发达资本主义国家为了提高本国产品的竞争力，抢占经济制高点，充分利用本国资金、技术和高科技人才优势，积极发展技术含量大、附加价值高的技术和知识密集型产业，发展高科技产品，促进了以研究、开发、生产高科技产品为主要目的的科技型经济特区——科学工业园区的产生和发展。世界上第一个科学工业园区，是 1951 年正式创立于美国西海岸加利福尼亚州旧金山市南郊圣克拉拉县的“斯坦福科研工业区”（硅谷）。同时，20 世纪 70 年代以后一些发展中国家，尤其是新兴工业化国家和地区，为了适应国内经济结构由劳动密集型产业向技术密集型产业转化的需要，开始模仿发达国家的做法，在出口加工区取得成就的基础上，开始有步骤地建立科学工业园区。如新加坡的肯特岗科学工业园区和我国台湾的新竹科学园区。据不完全统计，目前世界已建立的各类科学园区达 300 多个，主要分布在欧美和亚洲一些国家和地区。其中美国最多，有 150 多个。从 20 世纪 70 年代开始，进入科技、综合型工业园时期。以技术型产品的加工业为特征。

纵观世界经济性特区的发展，其特点为：（1）数量由少到多，发展速度快，设区国扩展迅速。截至 20 世纪 90 年代初，全世界设立的各类经济性特区总数达到 1 000 多个，涉及 100 多个国家。（2）功能由单纯贸易型到工贸结合型并向综合型发展。设区形态由初级向高级发展。（3）其产业结构由劳动密集型逐步向技术和知识密集型发展。（4）经济性特区在世界贸易中的地位越来越重要。据统计，全世界各类经济特区的贸易额占世界贸易总额的比重，1979 年为 7.7%，1985 年为 20%，1990 年上升为 33%，1994 年达到 35%，2010 年则接近 60%。总之，经济性特区已经成为许多国家和地区为发展国际经济贸易合作，吸引外资和先进技术，促进本国经济快速发展的重要形式。当代经济特区已经进入了多功能、全方位、大规模发展的新阶段。

二、经济性特区的主要类型

（一）自由港（Free Port）

又称自由口岸，是指全部或绝大部分外国商品可以豁免关税进出口的港口。外国商品还可以在港区内进行加工、改装、分拣、储存和销售等业务。当这些商品进入本国海关管辖区时才要缴纳关税。自由港大部分设在海港城市，有些也设在航空港。设立自由港的主要目的是充分利用海港或空港优越的地理位置和便利的交通条件，吸引外国商品，扩大直接贸易或转口贸易。在自由港内，享有贸易自由、金融自由、投资自由和运输自由。

根据开放程度，自由港分成完全自由港和有限自由港两种类型。完全自由港是指进入该港的所有商品均享有豁免关税的待遇，而且人员进出也完全自由，不受海关监督。有限自由港是指对部分指定商品征收关税或实施不同程度的贸易管制，大部分商品享有免税待遇。目前世界上完全自由港很少，绝大多数属于有限自由港。比较典型的有我国香港、新加坡、汉堡等。自由港以欧洲国家居多。我国香港是世界最大的自由港。

（二）自由贸易区（Free Trade Zone）

自由贸易区是指两个或两个以上的国家（包括独立关税地区）根据世界贸易组织的相

关规则，为实现相互之间的贸易自由化所进行的地区性贸易安排的缔约方所形成的区域。它是以贸易为主，工商业兼营的多功能经济性特区。它是在自由港的基础上演化而来的，其设区目的和功能与自由港基本相似。主要区别在于：（1）自由贸易区布局不仅仅设在海港或空港内，往往延伸到自由港的临近地区或城市的某一地区。（2）相对于自由港，自由贸易区的自由度较低。另外，自由贸易区对所有进口消费品都实行征税和贸易管制。（3）自由贸易区功能较自由港有所扩大，由单纯的贸易扩展到工业领域，吸引外资设厂发展简单的出口加工工业。

虽说自由贸易区与自由港有一定的区别，但本质上两者均属贸易型经济特区。目前世界主要的自由贸易区有：德国的汉堡自由贸易区、巴拿马科隆自由贸易区、墨西哥的边境自由贸易区等。2013 年 9 月 29 日我国上海自贸区建立。

（三）保税区（Bonded Area）和保税仓库（Bonded Warehouse）

是指由海关设置或由海关批准设置，受海关监管的特定地区和仓库。外国商品可以免税进入该区域，并可以在区内进行储存、改装、分拣、展览、加工、制造、贸易等活动。有些保税区还允许在区内经营金融、保险、房地产、旅游等业务。保税区的功能定位为“保税仓储、出口加工、转口贸易”三大功能。但商品若进入本国关境以内地区，则必须办理报关手续，缴纳关税。保税区和保税仓库一般设在没有建立自由港或自由贸易区的国家或地区，比如日本和荷兰等国家。保税区和保税仓库的作用和功能基本上和自由港、自由贸易区相同，只是区域范围较小。目前世界上著名的保税区或保税仓库有：荷兰的鹿特丹保税仓库，瑞士巴塞尔，苏黎世保税仓库等。截至目前，我国共批准设立 16 个保税区，其中包括上海浦东新区的外高桥保税区、天津港保税区、深圳沙头保税区、深圳福田保税区、大连保税区、广州保税区、张家港保税区、海口保税区、厦门象屿保税区、福州保税区、宁波保税区、青岛保税区、汕头保税区、深圳盐田港保税区、珠海保税区、重庆寸滩保税区。其中上海外高桥保税区是我国最开放，实施最优惠政策的保税区。

（四）过境区（Transit Zone）

又称转口区或中转贸易区。顾名思义，该区是指某些沿海国家或地区为方便内陆邻国的进出口货物运输，根据双边协定，开辟某些港口或边境城市作为过境货物的自由通道（中转区），简化海关手续，免征关税或只征收小额的过境费。过境区与自由港的主要区别在于，过境货物在区内只可短期储存或重新包装，不允许加工制造。为了扩大转口贸易，过境区一般都设立保税仓库。比较典型的过境区有阿根廷的布宜诺斯艾利斯、泰国的曼谷、坦桑尼亚的达累斯萨拉姆等。

（五）出口加工区（Export Processing Zone）

是指一个国家或地区在其港口、空港及其附近交通便利的地方划出一定的区域，建设道路、通讯、厂房等基础设施，对进口原料、设备和产品实行减免关税、降低国内税，提供廉价土地等优惠经济政策，吸引外商来区内投资设厂，生产以出口为主的制成品。出口加工区的主要特点是面向出口加工企业。设区的主要目的是为了吸引外资，引进先进技术和设备，调整产业结构，扩大出口，增加外汇收入，促进本地区外向型经济的发展。出口加工区一般设在经济相对发达、交通运输便利、劳动力资源丰富、城市发展基础较好的地区，多设于沿海港口或国家边境附近。1959 年爱尔兰设立了世界上第一个出口加工区——香农出口加工区。

依据其功能出口加工区分成综合型和专业型两种类型。目前世界上绝大多数为综合型出口加工区，可在区内经营多种出口加工工业。比如，新加坡的裕廊，我国台湾的高雄、楠梓、台中，韩国的马山等。专业型出口加工区是指，在区内只准设立某种特定的出口加工产品，其产品全部出口。如印度孟买的圣克鲁斯电子工业出口加工区。

（六）边境贸易区（Free Perimeter）

也称自由边境区，是指一国设在边境省、市地区或边境地带的某一地段，按照自由贸易区或出口加工区的优惠政策，对区内使用的生产设备、原材料和消费品实行减免关税进口，吸引投资的区域。边境贸易区与自由贸易区和出口加工区的主要区别在于：（1）区内加工的产品大多数用于区内使用，只有少数用于出口，并且对优惠待遇规定期限，一旦当地经济发展后，就逐步取消对某些商品的优惠，直至取消边境贸易区。（2）设区目的在于利用外国投资、技术和设备发展边境地区的经济。目前世界上这类特区主要集中于拉丁美洲的少数国家，如墨西哥的美墨边境自由贸易区和南部边境自由贸易区最为典型。

（七）科学工业园区（Science-based Industrial Park）

又称科技工业园、高新技术产业园、工业科技园、硅谷等，是一种科技型经济特区。这种特区是通过各种优惠政策和方便条件，将人才、技术和资金高度集中用于高新技术的研发、试验和生产，以加速新技术研制及其成果应用，服务于本国或本地区工业现代化，开拓国际市场。目前主要有两种类型：自主型和引进型。前者主要靠自有先进技术、充裕资金和高级技术人才来促进本国高新技术的发展，发达国家的科学工业园大部分属于此类。后者是采用引进外资、技术、信息和人才的办法进行合作研究和开发，发展中国家和地区的科学工业园多为此类型。

科学工业园区的主要特点为：（1）产、学、研三结合。区内有大型生产企业群、充足的教育设施和研究开发机构，共同组成从人才培养、产品研究到生产的系统。（2）区内设施先进，资金雄厚，技术密集程度高，政策优惠，信息通畅以及生活工作环境良好。（3）设立科学工业园的主要目的是扩大科技产品的出口和扶持本国技术的发展。（4）其功能主要是新技术产业的开发、尖端技术和产品的研发。（5）科学工业园一般设立在邻近大学或科研机构密集分布区。最早的科学工业园是美国在 20 世纪 50 年代设立的“斯坦福科学工业园”。世界上较有影响的科学园区有美国加利福尼亚的硅谷，苏联的新西伯利亚科学城，法国的索菲亚·安蒂斯科学公园，英国的剑桥科学公园，美国的 128 号公路工业区，日本的筑波科学城，新加坡的肯特岗科学工业园，我国台湾新竹科学工业园等。

（八）综合型经济特区

综合型经济特区是一种多功能、多行业的特殊经济特区，是指一个国家或地区在其特定地区，划出一定范围的土地，提供基础设施和优惠政策，吸引外资发展各种产业。20 世纪 70 年代以后，一些发展中国家为了加强地区经济发展，进一步扩大对外贸易，充分发挥经济特区的综合经济效益，在原有贸易型和工业型经济特区基础上，发展出一种新型的经济特区——综合经济特区。它的主要特征是规模大、经营范围广、功能多、行业之间可提供更多的服务。这种特区对外商投资的产业部门不加限制，无论工业、农业、贸易、金融、保险、运输、仓储、旅游、房地产，甚至文化和教育领域均可进入，以充分发挥特区的多种功能，全面促进地区乃至全国经济发展。比如我国1980年建立的深圳、珠海、厦门、汕头和海南省经济特区，巴西的马瑙斯自由贸易区均属于此类经济特区。其中世界最大的经济特区是巴西马瑙斯自由贸易区。

三、经济性特区的区位特点

由于设立经济特区的主要目的是为了招商引资，发展外向型经济，扩大对外贸易，带动当地经济发展。因此，建立经济特区不仅要有优惠的经济政策，还要有优越的地理条件。根据生产力布局学的基本原理和特区的功能，一般来讲，建立特区要具备以下几方面的条件：

一是发达的交通条件，这是建立特区的关键性因素。由于经济性特区发展的是外向型经济，资金、技术、设备主要来源于国际市场，而其产品大部分用于出口。因此，便利的交通条件成为影响特区经济效益的直接因素。特区基本上都建立在交通枢纽附近。

二是有充足的劳动力供应。外资之所以投资于特区主要是寻求经济效益的最大化，尤其是工业性的经济特区更是要充分利用当地的资源优势。而劳动力是生产成本中重要的组成部分，发展中国家的经济特区大部分是利用当地大量廉价劳动力作为引资的重要条件之一。一些以高新技术为主要内容的经济特区，对人才的要求就更高，一般设立在便于吸引优质人才的地区或邻近高等院校、科研机构。

三是接近原料产地或销售市场。这样可以节省运输费用，降低生产成本，提高经济效益。

四是具有完善的社会基础设施。社会基础设施包括运输、通信、厂房、水电气热供应、住宅等设施。在经济特区建立初期，会投入大量资金用于基础设施的建设。如果能利用已有的设施就可以节省一定的资金。因此，许多国家和地区为了吸引投资会将特区设在城市附近或先期进行一定的基础设施建设。

五是土地价格便宜。

根据上述建区基本条件，经济特区大部分会布局在以下几类地区：

1. 靠近国际性海港的地区

这种布局是经济特区中最普遍的。尤其是早期的自由港和自由贸易区，基本都布局于海港附近，甚至有的就在港区内。如德国的汉堡和不来梅的自由贸易区，我国珠海、厦门经济特区，韩国的马山出口加工区，我国台湾高雄出口加工区等。

2. 国际机场附近

随着航空运输在国际贸易运输中的作用越来越大，国际货运机场附近成为建立经济特区的又一热点地区。比如爱尔兰的香农出口加工区就设在香农空港。

3. 交通便利的大城市郊区

大城市一般具有经济发达、社会基础设施完备、交通条件优良、信息通畅、高素质人才聚集等优势。因此，把经济性特区设在大城市附近，可以充分利用现有的条件，大大降低特区开发建设成本，加强对当地经济的辐射作用。一般内陆国家或地区往往将特区选择设在此类地区。如巴西的玛瑙斯自由贸易区就是在大城市设区的典型例子。

4. 环境优良的地区

对于高科技工业园区来讲，环境优美，污染少是设区重要条件。一是优美的环境可以为特区的工作人员提供良好的居住条件，利于吸引高素质人才来特区工作。二是空气清洁，水质优良，少污染有利于那些对环境污染标准要求严格，精密度极高的高新技术产品的研制和生产。比如美国的硅谷就设在旧金山附近的一条山谷中。法国的索菲亚—安第波利斯科技园位于的著名城市尼斯附近，这里背靠阿尔卑斯山，面向地中海，环境极为优美。

四、世界经济性特区分布

从意大利里窝那建立的第一个自由港至今，经济特区的发展已走过了400多年的历史。目前已建成的各种类型的经济性特区有900多个，遍及世界各大洲的100多个国家和地区。

（一）欧洲的经济性特区

欧洲是经济性特区的发源地，世界上第一个自由港、第一个自由贸易区和第一个出口加工区均出自于此地。目前约有130多个各种类型的经济性特区，主要分布在德国、荷兰、英国、俄罗斯等国。欧洲经济性特区的特点为：

（1）以自由港和自由贸易区为主，扩大国际贸易是设区的主要目的。

（2）特区一般都设在重要港口、航运通道或国际机场附近，充分发挥商品集散地的作用，发展转口贸易。

（3）近年来欧洲的自由贸易区除经营转口贸易外，还积极引进外资发展加工制造业。

欧洲比较典型的经济性特区有：德国汉堡港的自由贸易区，爱尔兰香农出口加工区，荷兰阿姆斯特丹的保税仓库，俄罗斯圣彼得堡自由经济区和远东那霍德卡的自由经济区等。

（二）北美洲的经济性特区

北美洲有130多个经济性特区，大部分设在美国，而且以对外贸易区为主，其主要特点为：

（1）建区时间较晚，但发展迅速。美国的特区最早建于1936年的纽约布鲁克林，大部分是二战后建立起来的。尽管建设较晚，但发展迅速，目前已成为世界上经济特区最多的国家，成立的对外贸易区已遍布美国的30个州，几乎遍及美国所有的港口城市。

（2）美国对外贸易区内加工的制成品2/3销往国内市场，1/3输往国外，这与世界各国、各地区自由贸易区、出口加工区的货物大部分输往国外的情况不同。另外，美国外贸区实际承担着转运的任务。由于远东、西欧和东欧有很多国家和地区直航拉美的港口的船只很少，而且路途远、时间长，因此，利用美国外贸区作为向拉美出口的转运站，不但运费较低，而且交货快。

（3）因为美国出口和转口市场以拉美国家为主，所以大部分外贸区建在大西洋沿岸地区和与拉美市场较近的墨西哥湾地区，靠近港口、机场和河流入海处。

（4）随着美国经济结构的调整，科学工业园迅速发展壮大起来。美国是世界科学工业园的发源地，也是世界上高科技园区最多的国家。除著名的“硅谷”外，还有洛杉矶的奥兰治县、波士顿的“128”号公路科技园、达拉斯—沃斯堡的“硅高原”和大西洋沿岸的“硅三角”等。

（三）亚洲的经济性特区

亚洲是继欧洲之后第二个较早建立经济性特区的地区。目前已建成的特区有 170 多个，主要分布于韩国、新加坡、马来西亚、泰国、菲律宾、印度尼西亚、印度、巴基斯坦和我国台湾等国家和地区。亚洲经济性特区以出口加工区的发展最为典型，速度最快，其突出特点为：

（1）建立较早，发展迅速，且最为完善。亚洲的出口加工区始建于 20 世纪 60 年代，目前整个亚洲出口加工区的数量占到世界出口加工区总数的一半左右，是世界上出口加工区最多的一个洲。亚洲出口加工区不仅发展速度快，而且发展得最为完善，尤其是马来西亚、韩国和我国台湾的出口加工区成为世界出口加工区的典范。

（2）出口加工区以电子工业为主。

（3）对美国、日本和欧盟的依赖性较强。因为亚洲出口加工区的主要投资国是日本、美国和欧洲国家，而加工的产品销售市场也主要是美国、日本和欧盟。

（4）扩大就业，增加出口的作用明显。亚洲出口加工区中的就业人数，是世界各地出口加工区就业人数最多的地区。世界出口加工区就业总人数中，亚洲就占 70% 以上，而且是以雇佣当地劳动力为主。这充分显示了亚洲利用劳动力资源的优势，通过建立出口加工区为设区国和地区创造就业机会，增加出口的目标。

（5）随着亚洲新兴工业国经济结构的升级，出口加工区引进工业的类型正在由劳动密集型转向技术和资本密集型。随着就业率的增加和工业基础的稳固，新加坡、我国香港和台湾地区的出口加工区正开始有意识地限制引进劳动密集型工业，而鼓励引进技术和资本密集型工业。

（四）非洲和中东的经济性特区

非洲和中东地区的经济性特区以出口加工区为主。多数集中于地中海、红海、几内亚湾和东非沿海地区。著名的有：埃及的塞得港自由贸易区、亚历山大港自由工业区、开罗出口加工区和苏伊士出口加工区。非洲和中东地区经济性特区的特点有：

（1）建区较晚，但发展潜力大。非洲和中东地区的经济性特区除少数几个自由港外，绝大部分的出口加工区是在 20 世纪 70 年代以后设立的。虽然建区时间较晚，但由于该地区地理位置极为重要，是连接亚、欧、非三大洲和印度洋、大西洋的交通要道，交通便利，距离欧洲和北美两大市场距离相对较近，当地又有充足的廉价劳动力和原料，因此对国际资本有相当大的吸引力，特区尤其是出口加工区的发展潜力很大。

（2）吸引外资的条件特别优惠。该地区对外商投资给予在其他国家得不到的优惠条件。比如毛里求斯规定出口加工区企业可享受 10～20 年的豁免公司税；埃及自由工业区规定，投资加工区内的企业可无限期地免交关税和所得税，而且加工商品增值在 40% 以上，允许在埃及市场销售，并减免一半关税等。

（3）特区发展很不平衡，但发展潜力巨大。大多数经济特区位于欧、亚、非三大洲的交接处，又有重要的苏伊士运河，加之资源丰富、劳动力成本低廉，因而具有较大的发展潜力。

（五）拉丁美洲的经济性特区

拉丁美洲目前设有 70 多个自由贸易区和 19 个出口加工区，其中最著名的有巴拿马科隆自由贸易区、巴西玛瑙斯出口加工区、墨西哥的蒂华纳和莫西卡利自由边境区。由于历史和地理等原因，美国是拉美经济性特区的主要投资者和主要商品销售市场。因此拉美经济性特区与美国的关系密切，这是拉美经济性特区的主要特征。另外，墨西哥、巴西、中美洲和加勒比海等国家和地区经济发展较快，又处于交通要道，经济性特区的发展也比较活跃，发展潜力巨大。但其他地区发展非常迟缓。

五、经济性特区对各国经济贸易的影响

经济性特区的建立推动了资本和技术在国际上流动和推广，深化了国际间经济合作，促进了世界经济和国际贸易发展。同时经济性特区的建立给设区国和地区的经贸发展带来巨大的影响。

（一）充分利用外资，缓解了设区国经济建设资金短缺的问题

二战后经济建设资金短缺是影响许多国家经济发展的重要问题，特别是刚刚独立的发展中国家，更是困扰国家发展的首要问题。通过建立经济性特区，可以大量引进外国资金，弥补了国内资金的不足，促进经济恢复和发展。据世界 70 多个出口加工区统计，外商仅用于生产机器设备的直接投资，即约达 50 亿美元。我国台湾的三个出口加工区，1978 年外商独资经营企业占了企业总数的 62%，投资额达到投资总额的 80%。

（二）有利于引进先进技术和科学管理方法，促进设区国和地区经济结构的调整和产品的升级换代

一般来讲，资本的流动都会带来技术、设备和管理方法的转移。虽说这些技术和设备对于投资国来讲，可能已经是被淘汰的技术和设备，但对于那些经济落后的发展中国家却是先进的。通过这种技术、设备和管理方法的转移，可以促进当地产业结构的调整和产品的升级换代。例如，印度的圣克鲁斯出口加工区，通过专门引进生产电子产品的外资企业，促进了本区生产技术水平的提高，加速了产品的升级换代。我国在改革开放初期在深圳等经济开发区引进了多条彩电生产线，其结果使我国电视工业从无到有，从小到大，现在我国已成为世界最大的电视生产国和出口国。

（三）增加出口，促进对外贸易的发展

大多数投资于特区的厂商不仅资金雄厚，技术先进，管理科学，而且具有开拓国际市场的经验和销售渠道，这为设区国和地区扩大国际市场提供了便利条件。另外，经济特区充分利用当地廉价劳动力和原料，其产品往往有较强的竞争力，也易于占领国际市场。不少国家

就是通过建立经济性特区，扩大了国际市场份额。如我国的深圳经济特区 1985 年已有出口企业 147 家，200 多种商品进入国际市场，推动了我国对外贸易的发展。我国台湾在建立高雄、楠梓和台中三个出口加工区以前，产品仅销往 10 多个国家和地区。特区建立后，1980 年出口国家和地区猛增到 140 多个。

（四）扩大就业，提高人民生活水平

发展中国家和地区经济特区建立初期，基本上都是引进如服装、纺织、食品、玩具、制鞋等劳动密集型的产业，这必然要吸纳大量的劳动力。据世界银行的不完全统计，20 世纪 80 年代中期，仅发展中国家和地区直接在各种特区中就业的人数就达到 100 万~120 万。随着劳动力大量就业和经济特区经济发展，当地的人均国民生产总值和人民生活水平也得到了极大地提高。例如新加坡，1987 年的人均国民生产总值即达到 7 600 美元，成为仅次于日本的亚洲第二高收入国家。我国深圳市 1985 年的人均国民生产总值也迅速上升到 4 060 元，成为当时中国收入最高的城市。截至 2009 年，我国四个老经济特区已提供 2 500 万工作岗位。

项目二　世界经济性特区实例

一、中国香港自由港

被世人称之为“东方之珠”的中国香港，是著名的世界三大金融中心之一、国际贸易中心和最大的集装箱港口，是举世闻名的自由港。

（一）中国香港自由港发展概况

中国香港由香港岛、九龙半岛和新界三部分组成，总面积为 1 071 平方公里。1841 年鸦片战争后，被英国占领，1841 年 6 月英国政府正式宣布香港为自由港。到 20 世纪 50 年代以前，香港一直是一个单纯转口港，经济十分落后。20 世纪 50 年代后，利用世界经济进入高速发展时期、国际市场需求旺盛的时机，香港开始发展制造业。20 世纪 60 年代后香港又利用发达国家调整产业结构的机会，充分发挥自由港的优势，大力吸引外资发展以服装、玩具、制鞋等轻工业为主的劳动密集型产业，使香港经济进入了“腾飞”期。到 1970 年，工业出口占总出口的 81%，标志着香港已从单纯的转口港转变为工业化城市。20 世纪 70 年代后香港推行经济多元化方针，大力发展银行、保险、证券等金融业；利用自由港的地位和天然良港的优势，扩建港口、码头、仓库和机场，充分发挥香港转口贸易优势；积极调整产业结构，发展高档时装、微型电脑、音响设备等高新技术产业，使香港成为世界金融、贸易、航运中心。据统计在全球 100 家最大的银行中，目前有 87 家在香港开设分行。到 2001 年底，中国香港已有持牌银行 251 家，其中外资银行 114 家，持有海外资产 4 195 亿美元。以对外银行交易量计算，中国香港是世界第 15 大银行中心。以成交额计算，中国香港是世界第六大外汇交易市场。以市值计算，中国香港股票市场是亚洲第二大市场。其进出口贸易总

额从 1947 年的不足 20 亿港元增加到 2002 年的 31 799 亿港元，增长千余倍，在世界贸易排名中从第 23 名上升到第 8 名。

（二）中国香港自由港的主要特点

1. 具有优惠的经济贸易政策

《世界经济自由度：2003 年周年报告》第七次将中国香港评为全球最自由的经济体系。中国香港经济的“自由”主要体现在三个方面：

（1）贸易自由化。中国香港一贯坚持自由贸易政策，积极支持国际贸易自由化，反对贸易保护主义，对进出口贸易基本上没有管制，对本地厂商出口商品，不提供任何优惠和特权，对进口商品也不设关税壁垒，对进出口的一般商品不收关税，转口商品可以免税。进出口贸易手续简便，费用低廉。人员、船舶也可以自由进出。

（2）企业经营自由。中国香港强调“自由竞争、适者生存”的原则，除港口、机场、邮政、过海隧道及工业村等关系民生的部门由政府直接经营外，其他所有行业和部门均允许私人经营。企业经营的内容和发展方向，除违禁品和厌恶性行业外，完全由企业主自由决定，所需要的劳动力和生产资料等，完全由他们自由选择。除对少数公用事业公司的收费标准和劳务费用进行必要的监督外，对市场上一般商品价格和劳务费用的变动不加干预，商品的销售价格完全受市场供求关系调节。企业的资金、资源以及劳动力的供应和分配，完全在自由竞争的条件下，通过价格变动自发调节。中国香港实行低税制，对外来的投资没有什么限制，本地和外来资本在管理和税收方面一视同仁。

（3）汇兑自由。中国香港的金融市场完全开放，金融企业开办和经营自由，本地银行享受完全平等的待遇。港币和外币可以自由兑换，黄金可以自由买卖和进出。

2. 走综合化和国际化的发展道路

从 20 世纪 60 年代开始香港始终坚持发展多元化经济，目前制造业、对外贸易、金融业、旅游业和房地产业成为香港经济的五大支柱。经济的多元化夯实了经济基础，增强了经济实力，使香港迈入经济发达地区的行列。至 2009 年 1 月中国香港外汇储备达到 1 817 亿美元，排在世界第 8 位，人均 GDP 为 2.9 万美元，列全球第 28 位。2013 年 12 月底的官方外汇储备资产为 3 112 亿美元。

同时中国香港利用自己优越的地理条件，宽松的投资环境，完善的社会基础设施吸引外资，走国际化发展道路。一方面吸引世界许多大的跨国公司、金融机构来中国香港设立分支机构和办事处，使中国香港的经济活动与国际市场紧密相连，成为世界经济的“晴雨表”。据统计，在港设立地区总部的外资公司到 2003 年 6 月 2 日达到 966 家，在港设立办事处的有 2 241 家。另一方面，中国香港已成为世界各国进行政治活动重要场所，许多国家在此设立领事、外交等政治机构。

3. 优越的地理位置条件

香港位于我国华南沿海，珠江口外东侧，背靠亚洲大陆，面向东南亚，正处于太平洋到印度洋、亚洲大陆到东南亚、大洋洲海空交通枢纽地带。而位于九龙半岛和香港岛之间的维多利亚港，是世界著名的深水良港。借此优越的地理位置条件，中国香港成为国际航运中心，自由港的优势得以充分发挥，转口港的功能突出。在海运方面，有 80 家国际集装航运公司，每周提供 400 条航线，开往全球 500 多个港口，2002 年全年有 40 多万艘船只抵港，2013 年全年货物吞吐量达 2.76 亿吨，2010 年香港国际机场旅客吞吐量突破5 000 万人次。目前，中国香港拥有全球最繁忙的集装箱码头，年吞吐量达到 2 228.8 万箱，位列世界第四（截至 2013 年底）。空运方面，香港国际机场一直是全球最繁忙的国际航空货运机场。2010 年，机场的货运量共 410 万公吨，其货物总值占中国香港外贸总值的 35.8%，达到 22 930 亿港元。

4. 背靠内地，拥有广阔的经济腹地

自新中国建立以来，中央政府始终在政治、经济方面给予香港大力支持，始终将香港作为我国经济乃至政治上对外交流的重要“窗口”。1997 年中国恢复对香港行使主权后，更是将保持香港的稳定和发展作为既定国策。同时进一步加强了经济贸易往来。2001 年香港成为内地第四大贸易伙伴和最大的出口市场。1997—2001 年底内地与香港进出口贸易总额达到 2 498 亿美元，2004 年内地与香港的进出口贸易额达 1 126.7 亿美元，2010 年 1—12 月香港累计进口金额为 4 420.35 亿美元。在当前世界贸易低迷的情况下，内地与香港间的贸易继续保持高速增长，对于保持香港的经济活力与市场繁荣起到了积极的作用。特别是 2003 年 6 月 29 日在香港达成《内地与香港关于建立更紧密经贸关系的安排》（CEPA）被认为是振兴香港经济的强大“助推器”，13 亿人口的内地市场成了港商大展宏图的舞台。

二、香农出口加工区

（一）香农出口加工区发展概况

香农出口加工区始建于 1959 年，这是世界上第一个出口加工区。位于爱尔兰西部的香农河北岸的香农镇。这里原是一个小小村庄，现已发展成为人口约 9 000 人的新兴城市。

由于香农是北美飞越大西洋到欧洲的必经之地，20 世纪 30 年代末期爱尔兰在此地建立了国际机场，为跨越大西洋的旅行和运输提供中转和飞机加油服务。喷气式飞机问世之后，续航能力增加，跨大西洋航线上的班机不再需要在香农停机加油，可以直接从北美飞到欧洲其他国家，香农机场的作用日渐萎缩。为了发展香农机场的客货运业务，使香农机场继续保持其重要的国际地位，为本地区创造更多的就业机会，爱尔兰政府制订了围绕机场全面开发香农地区的计划，于 1959 年成立了香农自由空港开发有限责任公司，简称香农开发公司。

香农开发公司充分利用香农机场独特的地理优势，积极吸引外资，开办了世界上第一家机场免税商店。之后在机场周围地区设立了世界上第一个免税工业区。免税工业区（出口加工业区）以其免税优惠和低成本优势吸引了大批外国企业，其中飞机维修业在国际上享有盛名。

20 世纪 70 年代随着世界知识经济的发展，为提高香农地区的经济水平，1984 年香农开发公司依托利默里克大学的人才优势，在利默里克市附近投资建立了爱尔兰第一个国家科技园区——利默里克国家科技园（National Technology Park Limerick），由此带动整个开发区产业结构向技术和知识密集型方面发展。20 世纪 90 年代，该公司再次调整香农开发区发展方向，逐步使开发区转为以服务业为主。20 世纪 90 年代后期，开发区向知识经济型转变。除建立了利默里克国家技术园外，还建立了凯里技术园、提珀雷里技术园和恩尼斯信息时代园和博尔技术中心。2001 年，开发区与欧洲、北美实现了宽带网络连接，建立起了电子商务环境，为爱尔兰成为世界第一大软件出口国发挥了重要作用。

目前，香农开发区跨越爱尔兰中西部的五个郡，即利默里克郡（Limerick）、克莱尔郡（Clare）、奥菲莱郡（Offaly）南部地区、提帕拉里郡（Tipperary）北部地区和凯里郡（Kerry）北部地区。总面积 1 万平方公里，人口约 41 万。区内约有 120 家外商投资制造业企业及国际服务业企业，雇员总数约 8 000 人。2006 年香农开发区区内企业销售额达 44 亿欧元，出口达 40 多亿欧元，接待国内外游客达 170 万人。香农开发区作为世界上最早、也是最成功的经济开发区之一，现已成为欧洲最具吸引力的国际商业区之一。

（二）香农出口加工区的主要特点

香农开发区之所以取得较好的经济效益，发展势头良好，原因在于：

（1）具有优越的地理位置条件，与欧美之间有着天然的联系。香农地区地处香农河流域，既是爱尔兰最繁忙的内河运输终点站，又是西部主要的海港，同时又位于北美到欧洲中轴线上，与十多个国家的 28 个城市有空中联系，交通方便，便于发展现代经济和加强对外经济联系。同时，爱尔兰作为欧盟成员国、欧元区国，以欧洲大市场为依托，成为很多欧美公司优先考虑的投资对象，据统计，香农自由贸易区的外国投资 94% 来自欧美国家，其中美国投资占 57%。

（2）拥有高素质的人力资源优势。爱尔兰是一个重视教育的国家，国民平均文化素质较高，又普遍会讲英语，学有专长，尤其擅长技术和商业工作。而且在建立开发区之初就非常重视人才的培养，目前在加工区就业的人员中，绝大多数具有大学或专科学历，而且年轻人居多，这既对外商有吸引力，又利于香农出口加工区的发展。同时通过与高等院校密切合作，充分发挥其知识资源和科研设施方面的优势。利默里克国家科技园是由香农开发公司和利默里克大学共同建立和管理；凯里科技园于 2001 年建立，由香农开发公司和垂利理工学院共同管理；提帕拉里科技园建立于 2000 年 10 月，依托提帕拉里学院；波尔科技园成立于 2003 年 5 月，利用阿斯隆理工学院的人才和设施优势。

（3）建设良好的投资环境和生活环境。香农出口加工区为吸收外资下大力气优化投资环境，采取了许多优惠经济措施：① 免征关税和各种捐税，在开发区投资的公司享受较低的公司税，即 12.5%，这较欧盟大部分国家 30%～50% 不等的公司税要优惠得多，是欧盟内公司税最低及 OECD 内最低的几个地区之一；② 可以申请免除出口收益税及一部分固定资产税；③ 由政府提供建厂补助资金，这种补助资金可达外资企业初期资本额的 34.7%，仅次于意大利南部的自由贸易区，居世界第二位（意大利该项金额补助达 46%）；④ 投资手续简便。香农发展公司负责全面安排，投资者不需与政府各有关部门进行多头联系。在一定条件下保证借贷，并在投资项目中认购股份。

为外商提供完善的社会基础设施：① 香农机场有铁路和良好的公路通往首都都柏林和利默里克及科克等港口，这些港口与英国、欧洲大陆和北美各港口都有定期航线。此港和大西洋两岸之间有十余家航空公司的定期航班飞行，从香农机场起飞，在几个小时之内就可以把货物空运到欧洲和北美的主要城市。② 厂房、仓库租金低廉，5 年以内租金可予优惠，但减让不超过 50%。③ 向投资者出售或出租土地建造厂房和办公室，水、电等能源供应充足。④光纤通信与宽带网络连接欧、美等国家和主要大城市。除此之外还向投资者提供良好的生活条件，建立完善的生活设施，如住宅、学校、商店和服务中心等，美化环境，将开发区建设得像一座美丽的公园，绿草如茵，树木成林，这里成为全欧洲风景最优美的地区之一。

总之，优越的地理环境、优惠的投资政策、完善的设施、高素质的劳动力和优美的环境是香农出口加工区成功的重要因素。香农出口加工区成为世界经济特区的典范。

三、玛瑙斯自由贸易区

巴西的玛瑙斯自由贸易区位于亚马逊森林腹地，亚马逊河与黑河的交汇口。到首都巴西利亚直线距离 2 200 公里，到圣保罗直线距离 2 700 公里，没有陆地交通与国内外相通，只有通过亚马逊河水运和航空运输与外界相连。玛瑙斯自由贸易区是综合性的经济特区，是内陆地区建立自由贸易区的典范。

玛瑙斯自由贸易区建于 1967 年，当时是为了促进北部地区特别是亚马逊地区的经济发展，同时为了保障国家的领土完整，保护资源而建立的。最初是以玛瑙斯市为核心，面积约为 1 万平方公里。玛瑙斯自由贸易区的突出特点是递进式的发展模式，在发展商业的基础上，带动工业和农业的振兴，逐步发展成为综合性的经济特区。玛瑙斯自由贸易区在功能上分成三个区域：

（一）免税商业中心

位于玛瑙斯市的市区，1968—1977 年为其高速发展期，是专门经营各种免税的进口商品的商业区。免税商业中心的发展同时带动了旅游业和服务业的发展，为开发区的进一步建设积累了资金。

（二）工业区

位于距玛瑙斯市中心 5 公里的地区，占地 660 公顷。在商业区发展的基础上从 1971 年开始建设。主要以电子电器、钟表、摩托车、自行车、纺织、制衣等轻工业为主。

（三）农牧区

位于距市中心 50 公里的地区，占地 60 万公顷，建于 1975 年。主要是为了满足迅速扩大的玛瑙斯市民对农副产品的需要。

玛瑙斯自由贸易区的建立极大地促进了当地经济的发展，使一个落后、封闭的地区成为欣欣向荣的繁荣地区。据统计，1970 年亚马逊州的国内生产总值为 3.46 亿美元，1997 年达 95 亿美元，1979 年亚马逊全州上缴联邦财政 1 930 万美元，占全国联邦财政收入的 0.7%，1997 年增加到 12 亿美元，占全国联邦财政收入的 1.1%。2005 年，马瑙斯自由贸易区工业区创多项历史纪录。工业区企业总营业额达 189.6 亿美元，进口原材料 47.6 亿美元，出口总值达 20.2 亿美元，税收 93 亿雷亚尔，约计 40 亿美元。直接就业人数达 10.04 万。另外，工业区产品 2005 年的国产化率超过 50%。目前玛瑙斯自由贸易区已扩展到整个西亚马逊地区，面积扩大到 221 万平方公里，占全国总面积的 26%，是世界上最大的经济特区。

四、索菲亚·安蒂波利斯科技园

索菲亚·安蒂波利斯科技园位于法国南部地中海沿岸尼斯和戛纳之间、著名旅游城市尼斯以西 15 公里的地方。园区建于 1969 年，占地 2 300 公顷。截至 2014 年园区拥有 1 400 余家高科技机构和研发型企业、来自 70 多个国家的 30 000 多名科研工作者和 5 000 多名学生。遵循环保理念，园区产品以技术和设计为主，完全无污染，在通信、数学、癌症及心脏医学等领域的研究世界领先。目前已发展成为欧洲最大的高科技园区。区内主要业务涉及微电子技术、新型材料、精细化工、遥感技术、生物工程、信息和通信新技术、生命医疗科学等高新技术领域，是法国发展水平最高的科学工业园区。

该科技园的突出特点，一是国际化，园区的科研人员来自于法、英、美、日等 30 多个国家。二是环境优美，交通方便。尼斯市依山傍水，气候宜人，是法国著名的旅游、度假胜地。同时尼斯有发达的交通网络与外界联系。尼斯机场是仅次于巴黎和马赛的法国第三大机场，每天都有 80 个航班通向世界 45 个国家和地区，是整个南欧的航空交通枢纽，被誉为欧洲的南大门。另有铁路与欧洲各地相连，交通极为便利。尼斯港港面宽阔，主要为其进出口运输服务。三是索菲亚科技园建立在企业、研究机构、大学和培训机构，让人们相互合作，实施交叉培养和交叉培育的方式。四是为了促进创新活力，索菲亚基金创建了第一个早期的阶段性基金，一个孵化器和一个俱乐部，以及其他创业产业的俱乐部。

项目三　我国的经济性特区

一、我国经济性特区的发展概况

我国经济性特区的建设是在“十一届三中”全会后，为了适应我国改革开放和经济建设的需要而建立起来的。在发展过程中采取了由个别经济特区到沿海开放城市，再扩展到沿海经济开放区和中西部地区，由“点”到“线”再到“面”，由沿海到内陆逐步推进的策略，经济性特区的形式也逐步趋于专业化和多样化。30 多年来，我国经济性特区的发展大致经历了 5 个阶段。

第一阶段：1980 年中央批准在广东省的深圳、珠海、汕头，福建省的厦门试办经济特区。

第二阶段：1984 年在总结上述四个经济特区经验的基础上，进一步开放了大连、秦皇岛、天津、烟台、青岛、连云港、南通、上海、宁波、温州、福州、广州、湛江、北海 14 个沿海城市。

第三阶段：1985 年又进一步将长江、珠江两个三角洲和闽南三角地带确定为经济开放区。同时，国务院还先后批准一些沿海开放城市建立经济技术开发区，如：将上海市的闵行、虹桥新区作为经济技术开发区，批准在营口、温州、威海等市设立经济技术开发区，批准了江苏的昆山经济技术开发区。1985 年 3 月，国务院批准营口市享受沿海开放城市的某些权限和政策。1987 年 9 月，国务院批准威海市享受沿海开放城市的待遇。1988 年 4 月 13 日，第七届全国人民代表大会第一次会议作出了关于设立海南经济特区的决议，划定海南省作为全国最大经济特区。从此，自东北的大连到海南岛，形成了由 21 座开放城市组成的中国沿海经济开放带。

第四阶段：从 1992 年开始，中国开放区域向全国更大范围内扩展。开放了 13 个内陆边境城市，建立了 14 个边境经济合作区，加强与周边国家的经贸合作。此后又逐渐开放了一大批内陆县市。同时，我国其他类型的经济性特区也纷纷建立，如 1988 年国家为实施“火炬计划”创办了北京中关村高科技园区。1990 年以来，中国政府先后批准建立了 15 个保税区。

第五阶段：1992 年邓小平南巡讲话后，进一步开放了上海浦东，在浦东实行了某些比其他特区更加开放的政策。比如允许外商参与或经营合资外贸企业。2010 年 5 月正式设立新疆喀什经济特区。经过 30 多年的快速发展，目前经国务院批准设立的经济性特区有：6 个经济特区，54 个经济技术开发区，15 个国家级保税区，53 个国家级高新技术产业开发区和 62 个出口加工区，9 个保税物流园区、13 个保税港区和 9 个综合保税区。成为世界上建立经济性特区较多的国家之一。

二、我国经济性特区的基本特点

我国经济性特区与其他国家的经济性特区有许多共性，但同其他国家经济性特区相比，在法律、法规、政策、措施、经营范围和方式上又存在着许多不同之处：

（一）我国经济性特区规模大，功能综合性强

我国对经济性特区的理解为：在中国境内划出一定的地域范围，依托内地的经济与技术力量，通过引进外资、先进技术和设备，发挥技术窗口、知识窗口、管理窗口和政策窗口作用，以及对内与对外辐射的枢纽作用的特别经济区。因此，与国外相比，我国经济性特区的设区面积一般比较大，功能上多以综合性特区为主（见表 5-1）。

表 5-1　　　　我国六大经济特区基本情况表

省市名称	总面积（平方千米）	人口（万人）	主要产业情况
深圳	395.81	846.43	工、商、农、牧、房地产、旅游、综合开发
珠海	1 952	123	工、商、农、牧、工贸结合、房地产、旅游业
汕头	2 064	539	工、农、商、贸、金融、交通运输、出口加工、旅游业、综合服务
厦门	1 565.09	44	机械、电子、化工、纺织、矿产、医药、食品、出口加工、旅游业
海南省	3.5 万	700	石油化工、矿产品加工、热带植物及其产品加工、轻纺、电子、机械、建材、食品、旅游业
喀什	11.2 万	100	水土光热、旅游、矿产、石油、天然气、农副产品

（二）更注重对邻近地区乃至全国经济的带动和示范作用

由于我国经济基础薄弱，地域差异较大，而且在社会主义制度下如何发展市场经济没有先例。因此，我国建立经济性特区不仅为了引进外资，扩大出口，更主要的通过引进外资和先进技术设备，发挥“知识窗口”、“技术窗口”、“管理窗口”和“政策窗口”的作用，向内地传播先进的生产技术和经营管理经验，进行市场经济改革的试验，带动周边地区乃至全国经济的发展。在“外引”的同时，特别强调“内联”。就是与内地企业在人才、技术、资金和资源等方面实行联合。经济特区是我国改革开放和现代化建设的窗口、排头兵和试验场。这既是对经济特区特殊政策、特殊体制、特殊发展道路的概括和总结，也是对经济特区承担的历史使命和实际作用的概括和总结。

（三）在社会主义条件下建立的经济特区

世界上其他经济特区几乎都是在资本主义条件下设立的，而中国的经济特区则是在社会主义条件下发展起来的。因此，我国的经济性特区实行国家指导下的市场经济体制和多种经济并存的所有制结构。

我国的经济性特区不是政治特区，中国政府允许在经济特区采取一些灵活和特殊的经济政策，但不允许有政治上的特殊之处。各级人民政府行使行政管辖权、司法权和领土主权。在特区内从事经营活动的人员必须遵守我国的法律、法令和法规。

（四）因地制宜建立不同层次各具特色的经济性特区

在建立经济性特区初期，为适应当时对外开放、经济改革试验和加快经济发展的需要，主要建立综合性经济特区，比如深圳、珠海、厦门、汕头经济特区均为综合性经济特区。20世纪80年代中后期，中国经济性特区逐步由综合性经济特区一种形式发展到出口加工区、经济技术开发区、保税区以及高科技园区，形成了不同层次各具特色经济特区并存的局面。特区的功能也随之更多地向利用外资，引进先进技术、设备和管理，扩大出口，促进产业升级和科技开发推广方向发展。

三、我国经济性特区取得的成就

建设经济性特区是中国实行对外开放的重要形式和重要布局，对于吸引利用外资，引进先进技术和科学管理，加速现代化建设，实施外向型发展战略，促进产业结构的升级产生了重大而深远的影响。三十多年来，经济性特区发展取得了辉煌的成绩（以五大经济特区为例）：

（一）特区经济实力显著增强

中国经济特区的创办与建设，虽然只有短短30年时间，但却创下了共和国历史上经济发展最快、城乡面貌变化最快、人民实惠得到最多的新纪录。1980年深圳、珠海等五大经济特区GDP总值为41.27亿元，占全国的0.91%，人均GDP 541元，高于全国平均水平81元，是全国平均水平的1.18倍，1989年五大经济特区的财政收入40多亿元。2000年GDP

总值上升为 3 493.08 亿元，占全国的近 4%，人均 GDP 为24 349 元，高于全国平均水平 17 271 元。2000 年五大经济特区的财政收入 384.36 亿元，是 1980 年的 79.3 倍。2009 年，实现本地生产总值 13 545 亿元，财政总收入 4 110 亿元，进出口总额 3 658 亿美元，创造了全国 4.04% 的 GDP、6.0% 的财政收入、16.57% 的进出口总额。深圳等经济特区的发展速度不仅超过西方国家任何一个历史阶段的发展速度，而且超过亚洲"四小龙"任何一个阶段的增长速度。

（二）特区产业结构不断优化升级

1980 年第一、二、三产业占特区 GDP 总值的比例为 28.9%、26%、45.1%，2000 年调整为 11.4%、45.8%、43.3%。特区第三产业的比重高于全国平均水平的 33.22%。

（三）外向型经济特色不断加强

首先，进出口贸易规模不断扩大。特区建立以来，不断扩大对外贸易和对外经济技术交流与合作，着重发展开放型经济。截至 2009 年底，深圳等五大经济特区累计实际利用外资 920 多亿美元，累计批准设立外商投资企业 6 万多家。特别是深圳，出口总额约占全国的 1/7，自 1992 年以来已连续 17 年位居全国大中城市榜首，成为我国经济外向性和开放度最高的城市之一。

（四）人民生活水平显著提高

2000 年，五大经济特区城镇居民人均纯收入达到 12 323 元，（同期全国水平为 6 280 元），比全国平均水平高出 6 043 元，是全国平均水平的 1.96 倍，是特区 1980 年平均水平的 35.3 倍。2009 年深圳居民人均可支配收入达到 29 245 元，比 2005 年增长了 36.1%，年均增长 8.0%，扣除价格因素，实际年均增长 5.8%。2009 年深圳居民人均消费支出为 21 526 元，比 2005 年名义增长 35.3%，年均增长 7.8%，扣除价格因素，实际年均增长 5.7%。总体呈现居民消费与收入同步增长的良好态势。

（五）进行了大规模的投资环境的建设

经济特区的建设不仅使一片片荒芜的土地、落后乡镇变成了一座座现代化的大城市，而且特区的水、电、交通、邮电、宾馆、学校等基础设施不断完善，为外商投资创设了一个良好的生产和生活环境。1980 年深圳、珠海、汕头、厦门四大经济特区和海南全社会固定资产投资仅为 8.76 亿元，仅占全国的固定资产总额的 0.96%。到 2000 年，五大经济特区的全社会固定资产投资高达 1 195.63，占全国的 3.63%。1980 年基本建设投资总额仅为 6.832 亿元，占全国的 1.22%，而到 2000 年，五大特区基本建设投资总额增加到 549.91 亿元，占全国的 4.10%，完成更新改造投资 77.91 亿元，是 1980 年的 137 倍。另外，随着经济特区的建设和发展，当地的社会精神文明和环境质量状况得到明显的改善。

总之，经过 30 多年的建设，中国的经济特区迅速崛起，从根本上实现了从传统的农业社会向工业化阶段的历史性跨越，以特区为龙头的各种开放模式逐步建立，对中国经济发展起到了示范、带动作用。

【案例分析】

中国经济特区的基本经验

中国建设和发展经济特区的基本经验主要有：① 完善投资环境，包括完善投资的物质环境和人际环境。前者为基础设施结构中以通电、通水、通路、通讯、通煤气、通排污、通排洪和平整土地为主体的“七通一平”等；后者包括政治条件（政治、社会、政策等的稳定和法制的健全）、管理水平（政府的效率等）、经营条件（货币和物价、外汇管制、金融、信息服务和自主权等状况）、人口素质和市场、政策优惠（税费等）等。② 外引内联有机结合，发挥特区的“四个窗口”（技术、知识、管理和对外政策）和两个扇面辐射（对内和对外）的“枢纽”作用。③ 努力探求建立一种灵活而有效地适应国际市场规律的特区经济体制模式。为此，需在计划管理体制、企业管理体制、基本建设管理体制、流通体制、价格体制、劳动人事制度和工资制度以及财政金融体制等方面进行一系列改革。

（摘自胡锦涛《在深圳经济特区建立30周年庆祝大会上的讲话》）

【思考练习】

1. 对比自由港、自由贸易区、保税区的异同。
2. 简述出口加工区的概念、特点及产生原因。
3. 简述经济特区的选址条件。
4. 简述经济特区对设区国和地区经贸发展的影响。
5. 分析香港经济迅速发展的原因。
6. 简述我国经济特区与其他国家经济特区的区别。

任务六

国际贸易运输

【目标要求】

通过对本部分内容的学习，学生将了解国际贸易货物运输方式的特点，重点掌握集装箱运输、大陆桥运输、国际海洋航线和海上运输的主要通道、重要港口以及中国到世界各地区的远洋航线、挂靠的主要港口、世界主要航空线和航空港等。

【关键技术】

1. 国际海上货物运输特点及航线、港口；
2. 国际陆上货物运输特点及干线；
3. 集装箱和大陆桥运输特点；
4. 国际航空运输特点和航空港。

【学习内容】

项目一　国际贸易运输概述

国际贸易的发展与交通运输业的发展紧密相连。随着社会经济发展和科技进步，各种交通运输工具不断得到改进，运输体系结构和经营管理工作也不断完善和日趋现代化，这对加强国际间经济联系，深化国际分工，促进国际贸易的发展，起着十分重要的作用。

国际贸易运输是指货物在两个或两个以上国家（地区）之间的移动，一般是按照国际公约与国际惯例，遵照有关国家的法律规定，由货方与承运方签订并履行运输合同，将商品从出口国运送到进口国的经济行为。国际贸易运输是现代物流的重要组成部分，是有效保证和完成国际贸易的关键，而且在交通运输中所占的地位越来越重要。国际贸易与交通运输是相互影响、相互促进的关系。

一、国际贸易运输的性质和作用

（一）国际贸易运输是国际贸易的重要组成部分

国际贸易由许多重要环节组成，如交易准备、磋商、达成交易、签订合同、制单结汇、备货出运、装船保险等等。如果没有国际贸易运输，就不能最终实现货物由卖方向买方的国际间移动，也就完成不了整个国际贸易的过程和目标。因此，国际贸易运输为国际贸易服务，并深刻影响到国际贸易进程，国际贸易依赖于国际贸易运输来最终完成贸易全过程。

（二）国际贸易运输是促进国际贸易发展的重要因素

国际贸易的产生和发展同国际贸易运输是紧密相连的，特别是与海上货物运输关系更为密切。由于科学技术的飞速发展，运输工具与设备的不断改进，以及运输管理的逐步科学化，国际货物运输体系日益成熟和完善。运输能力的提高，缩短了运输时间，加速了货物的周转速度，降低了货运成本，减少了货运损失，从而有效推动了国际贸易的发展。

（三）国际贸易运输促进了国家间的经济与文化交流

国际贸易运输的发展，促使国际间的商品交换日益频繁，从而把各国的经济紧密联系起来，并互相交往，互相渗透，互相促进，极大地推动了各国经济的发展。在经济贸易交往中，各国人们之间的交往也越来越频繁，增进了各国人民之间的相互了解、信任与友谊，推动了各国文化的交流和发展。

二、国际贸易运输的发展特征及趋势

国际贸易运输与国内贸易运输不同。一是国际贸易运输涉及各国政治、经济关系，具有极强的政策性。二是国际货物运输是一种复杂的多环节运输服务。无论距离远近，其中任何一个环节发生问题，都会影响整个运输过程。三是国际贸易运输是一项涉及面广、情况复杂多变、具有极大风险性的活动。在运输过程中，不仅涉及各个不同国家的政治、经济、法律情况，还受到自然条件、风俗习惯、动乱与海盗等因素的影响，因而风险极大。四是国际贸易运输时效性强，安全与速度并重。及时将标的物运至目的地，对履行进出口贸易合同，满足市场的需求，提高竞争能力，及时结汇、减少汇率变动风险都有着重大意义。特别是鲜活商品、季节性商品和敏感性商品，更要求迅速运输，才有利于提高出口商品的竞争能力，巩固和扩大销售市场。但是在运输的过程中，切不可为了贪图速度，不注重运输的质量和安全，否则同样会给运输带来巨大的损失。

当代世界科学技术突飞猛进，人类进入了原子、电子与宇航时代，导致经济贸易的进一步发展与运输体系结构的巨大变化。其主要表现为新运输工具的发明和使用，以及运输组织技术与经营管理的改进和提高。国际贸易运输呈现出大型化、高速化、自动化和专门化特征。特别是集装箱的使用以及多式联运，“门到门”运输取代了传统的“港到港”、“站到站”的运输，在运输单据与手续上也日趋统一和简化。

（一）集装箱运输（Container Transport）

集装箱运输是国际贸易货物运输最重要的运输方式，它是以集装箱作为运输单元，进行货物运输的一种现代化营运方式。集装箱运输便于使用大型装卸机械和大型载运车辆进行装卸、搬运和运输，有助于运输服务走向机械化、自动化和标准化。国际标准集装箱规格为宽 8 英尺，高 8 英尺，长则有 20 英尺、30 英尺、40 英尺几种。

这种营运方式于 20 世纪 60 年代末开始大规模使用，由于它能够连接各种运输方式，进行大量、高效、快速、廉价、安全的连贯运输，因而集装箱运输被称为“运输领域里的一次革命”。目前，集装箱运输在世界海运杂货运输上已占支配地位，全球有上百个国家和地区进入集装箱运输网，有集装箱港口 400 多个，泊位 1 万多个。

（二）多式联合运输

简称为多式联运，指的是按照国际多式联运合同，以至少两种不同的运输方式，由多式联运经营人把货物从一国境内接管货物的地点运至另一国境内指定交付地点的货物运输。它一般以集装箱为运输单元，把海上运输、铁路运输、公路运输、航空运输和内河运输等单一方式运输有机地结合成一体，构成一种连贯的过程，来完成国际间的运输。我国海商法规定，国际多式联运必须有一种是海上运输。

多式联运集中了各种运输方式的特点，将它们融为一体，组成连贯运输，达到扬长避短，简化货运环节，加速货运周转，减少货损和差错，降低运输成本的目的，是合理的营运方式。尤其是它可以把货物从发货仓库直运收货仓库，只需办理一次托运手续，一次支付全程运费，这是实现“门到门”运输的有效方式。国际上多式联运方式很多，可以是“门到门”、“门到港”、“港到门”、“中转站到港”、“港到中转站”、“中转站到中转站”等，其中，“门到门”的方式最受货主欢迎。

三、国际贸易运输方式

现代国际贸易运输与发达的全球交通运输网络融为一体。现代交通运输主要可以分为水上运输、铁路运输、公路运输、航空运输和管道运输这五种方式。各种运输方式都有自己的特点，它们之间相互联系、相互补充，组成一个国家或一个地区以至整个世界的统一的交通运输网络。

（一）水上运输

水运是以船舶为装载工具，利用水的浮力，借助于动力，在航道上航行的一种运输方式，以其历史悠久而有交通运输“祖先”之称。水运又可分为内河运输和海上运输。内河运输多数是在一国范围内进行的，只有少数内河航道是国际性的，如多瑙河、莱茵河等。海上运输则以国际间的运输为主，也是各国对外贸易的主要运输方式。当今世界上有 4/5 以上的国际贸易货物是通过海上运输来完成的。

水运具有运量大、投资少、运价低廉等优点，多用于运输大宗和笨重的非急需的货物。但是水运受天气条件的影响和季节变化的限制比较大，也受天然航道的多种限制，而且运输速度比较慢。

（二）铁路运输

铁路运输一种陆上运输方式，是装货车厢在机车牵引下，在特设的钢轨上行驶，使货物达到位置移动目的的一种运输方式。铁路运输的灵活性和速度都比水运要大；受自然条件影响少，一般可以终年全日运行；运输量比公路、航空运输要大得多；比公路、航空运输成本低；但铁路轨道建设要有巨大的投资，运量也不及水运，因此其运输成本要比水运高。在国际货物运输中，目前铁路运输居第二位，它是一国内陆及内陆邻国之间的主要运输方式；同时是世界上载客量最高的交通工具，希腊是第一个拥有路轨运输的国家。

（三）公路运输

公路运输是利用汽车或拖车为装载工具，在公路上行驶，以达到货物位移目的的一种运输方式。用汽车运输货物，具有高度的灵活性，周转速度快，装运方便，由发货仓库到收货仓库，实现从“门到门”的运输。但汽车运量小，单位运量耗能较多，因而运输成本较高，适于批量小的货物运输和短途运输。在一些没有铁路的国家和地区，公路运输是主要运输方式。发达国家公路运输完成的客货周转量占各种运输方式总周转量的90%左右。

（四）航空运输

航空运输是目前速度最快的运输工具，航空可利用天然的空中航道，在具有航空机场的条件下，利用飞机作为运输工具进行运输。但飞机造价昂贵，运量小，消耗大量能源，运价昂贵，只适于小批量、高时效、贵重货物的运输。目前，航空广泛用于国际间的旅客和邮件运输以及高时效的货物运输。航空运输更适宜长途运输，在短途运输中不具备优势。

（五）管道运输

管道运输的运载工具是管道，它固定不动，而是货物本身在管道内移动。这是运输工具和运输通道合二为一的一种专门运输方式。它是随着石油生产的发展而出现的一种运输方式。它的特点是运输量大，输送快，成本低，它广泛应用于天然气和石油运输，而且现在还可以输送矿砂、煤等固体颗粒物料。管道运输投资少、安全性高、密闭性好，在油气运输上，管道运输有其独特的优势，它平稳、全天候地输送可以更好地满足国民经济需要；同时具有极高的安全性、良好的保质性，油气运输过程中损耗少、运费低、占地少、污染低。缺点是灵活性差、专用性强（只适合运输诸如石油、天然气、化学品、碎煤浆等气体和液体货物）、专营性强。目前运输管道里程越来越长，有的长达数千千米，有的通过几个国家。

项目二　国际海上货物运输

一、海上运输概述

海上运输是以船舶为工具，以港口为基地，以海洋为行船载体来进行的。海洋运输不受道路、轨道的限制，通过能力较大。

国际贸易货物运输，绝大部分是通过海上运输，特别是远洋运输。根据有关统计，世界贸易货运总量的80%以上是通过海洋运输完成。因而海洋运输是国际贸易中最主要的运输方式，并在国际贸易货物运输中占有极其重要的地位。

众所周知，世界海洋面积占地球面积的71%，海洋不仅包围了大陆，而且把大陆隔成若干块，以致世界上的国家之间多数是远隔重洋。这种客观自然条件决定了海洋运输的重要地位。不仅如此，同其他运输方式相比，由于它独有的特点，海洋运输在国际贸易运输中独占鳌头。

海洋运输的特点有：

一是运量大。海洋通过能力大，船舶载重量大，其他任何运输方式都无法与之相比。这特别适合于国际贸易大宗商品的运输。如一般万吨轮的载重量都在万吨以上，超级大油轮能达55万吨级，其载重量相当于12 500个火车车皮。

二是运费低。由于海运量大，航程远，分摊于每吨的里程费用的成本就低。海运与其他运输方式相比，运费相对低廉，是铁路运费的1/5，公路运输费用的1/10，航空运费的1/30。这为低值大宗货物运输提供了便利条件。

三是对货物的适应性强。海运适合运输各种不同的货物，尤其是集装箱的使用，使得运输的货物既可以运输超重大货物，也可以运输小而零碎的小商品，其他运输方式无法装运的，船舶一般都可以装运。

四是海洋运输的通过能力很大，但是运输的速度很慢。海上运输不受火车、汽车受到轨道限制和道路的限制，可到达任何天然航道可通航的部分。若因政治、经济、军事和自然条件的变化，还可随时改变航线。但是由于船体体积庞大，受到河流速度、洋流速度与流向、风速与季风等多种自然因素的影响，货物的运输速度比其他运输方式慢。

【知识拓展】

“海里”、“节”

海里，符号为NM，是一个于航海使用的长度单位，通常相等于国际单位制1 852米。

节是也是海船的速度单位。16世纪时，尽管当时海上航行已相当发达，但是由于没有航程记录仪，很难确切判定船的航行速度。然而，一位聪明的水手想出一个妙法，他在船航行时向海面抛出拖有绳索的浮体，再根据一定时间里拉出的绳索长度来计船速。那时候，计时使用的还是流砂计时器。为了较准确地计算船速，有时放出的绳索很长，便在绳索的等距离打了许多结，如此整根计速绳上又分成若干节，只要测出相同的单位时间里，绳索被拉曳的节数，自然也就测得了相应的航速。从此“节”成了海船速度的计量单位；相应地，海水流速、海上风速、鱼雷等水中兵器的速度计量单位，国际上也通用“节”。

“节”的符号为“Kn”。航海上计量短距离的单位是“链”，符号是 Cab。

1 节 = 1 海里/小时

1 海里 = 1 825 米

1 链 = 0.1 海里

（根据百科全书等资料整理）

五是海洋运输风险较大。海洋运输受自然条件和季节的影响较大，环境多变，遇到狂风、巨浪、暴风、雷电、海啸等人力难以抗衡与预料的自然灾害的可能性较大，而海洋运输的抗风险能力又很弱。同时，战争、海盗、贸易禁运等社会因素更是不可预料。因而相对于其他运输方式来说，海洋运输的风险性更大，运输保险也更加重要。

六是海洋运输本身也是一种无形贸易。国际货物运输是一种国际贸易，只是交换的不是物质形态的商品，而是以货物位移的方式予以表达。

所以，海洋运输地位重要，通过国际航线和大洋航线联结世界各地的港口，其所形成的运输网络，对区域经济的世界化和世界范围内的经济联系发挥着极其重要的作用。

二、世界主要航运通道及主要航线

按地理环境结构，世界海运分为太平洋航区、大西洋航区、印度洋航区和北冰洋航区。

（一）太平洋航区

太平洋位于亚洲、美洲、大洋洲和南极洲之间，从白令海峡到南极洲的罗斯冰障，南北长约 15 900 公里，从巴拿马至中南半岛的克拉地峡，最大宽度约 19 900 公里，面积 17 968 万平方公里，占世界海洋总面积的 49.8%，是世界上最大的洋。太平洋东南部通过南美洲南端的麦哲伦海峡、德雷克海峡与大西洋相通，中美洲的巴拿马运河是沟通两洋的便捷通道；太平洋西部通过大洋洲与亚洲之间的海峡与内海，以及澳洲与南极洲之间的海域与印度洋相通，东南亚的马六甲海峡、龙目海峡是沟通两洋的重要水道。

太平洋是世界重要的海运大洋。随着东亚的发展以及美国、加拿大等国经济关系重心转向太平洋，世界航运中心正从大西洋移向太平洋。太平洋主要航线有：

1. 远东—北美西海岸航线

从中国、朝鲜、日本、俄罗斯太平洋沿岸港口横跨太平洋，到加拿大的温哥华，美国的西雅图、旧金山（又译“圣弗朗西斯科”、“三藩市”）、洛杉矶和圣迭戈，以及墨西哥的马萨特兰的航线。

2. 远东—巴拿马运河—加勒比、北美洲东岸航线

从远东各港口出发，经夏威夷，过巴拿马运河，到加勒比海沿岸港口，如科隆、哈瓦那及美国、加拿大的大西洋岸的各港口。

3. 远东—南美西海岸航线

从远东各港口出发，向东经过琉球群岛等，到南美洲西岸的瓦尔帕莱索等港口。

4. 远东—澳新航线

从中国北方各港口出发，经琉球群岛、加罗林群岛到澳大利亚的悉尼、墨尔本、新西兰的惠灵顿、奥克兰等港口。一般集装箱船多在香港中转或加载。去澳大利亚西岸的弗里曼特尔港，需经望加锡海峡，进入印度洋。

5. 远东—东南亚航线

该航线主要是指从中国、朝鲜、日本去东南亚各港口，或者经过马六甲海峡去印度洋、大西洋沿岸各港口的主要航线。东海、台湾海峡、巴士海峡、南海是该航线船只的必经之路，这条航路是繁忙的国际贸易航线。

6. 澳、新—北美洲西岸及巴拿马—北美洲东岸航线

从澳大利亚、新西兰东岸各港口出发，经苏瓦、火奴鲁鲁（旧译“檀香山”），至北美洲西岸或经巴拿马运河至北美洲东岸的航线。

（二）大西洋航区

大西洋位于欧洲、非洲、美洲和南极洲之间，面积 9 300 万平方公里，为世界第二大洋，西部通过巴拿马运河与太平洋沟通，东部经直布罗陀海峡、地中海、苏伊士运河、红海（印度洋属海）可进入印度洋，由东南绕好望角亦可进入印度洋。

大西洋航线连接着西欧、北美等世界上大部分发达国家，国家之间贸易往来频繁。同时大西洋联系着欧洲、美洲、非洲的沿岸国家，国际贸易量大，因而航运发达，是世界上海运量最大的洋，其中尤以北大西洋最为繁忙。主要航线有：

1. 北大西洋航线（西北欧—北美洲东岸及加勒比航线）

该航线是西欧和北美洲两个经济发达地区之间的原料、燃料和产品运输线，两岸拥有全世界 2/5 的港口，运输繁忙。但冬季风大浪高，多浓雾冰山，对船只航行不利。或从西北欧和北美洲东岸各港口出发，横跨或南下大西洋，经莫纳或向风海峡进入加勒比海沿岸各港，或过巴拿马运河至北美洲西岸各港口。

2. 西北欧、北美洲东岸—地中海、苏伊士运河至亚太地区航线

这是北大西洋东西两岸至亚太地区的海上运输捷径，是运输最繁忙的航线之一，中途经过亚速尔群岛和马德拉群岛。

3. 西北欧、地中海—南美洲东岸航线

该航线是指从西北欧和地中海沿岸各港，向南经加那利群岛、佛得角群岛跨大西洋到南美洲东岸的桑托斯、蒙得维的亚、布宜诺斯艾利斯等港口的航线。

4. 西北欧、北美洲东岸—好望角、远东航线

这是一条巨型油轮航行的路线。佛得角群岛、加拿利群岛这一航线中过往船只停靠的主要航站。

5. 南美洲东岸—好望角—远东航线

从南美洲东岸各港向东跨大西洋，经好望角到远东各港口的航线，主要运送燃料和矿石。

（三）印度洋航区

印度洋面积7 492 万平方公里，是世界第三大洋，由于它介于亚洲、非洲、大洋洲之间，距欧洲也只隔一个地中海，故印度洋在贯通世界东西交通方面占有重要地位，同时又是中东石油输出的主要路径，此外是大宗货物的过境运输航线。

石油运输线有三条：

1. 波斯湾—好望角—西欧、北美航线

这条航线主要是由超级油轮经营，是世界上最主要的海上石油运输线。

2. 波斯湾—东南亚—日本航线

这条航线经马六甲海峡或龙目、望加锡海峡至日本。

3. 波斯湾—苏伊士运河—地中海—西欧、北美航线

这条航线目前可通行载重量达到 30 万吨级的超级油轮。

（四）北冰洋航区

北冰洋大致以北极为中心，介于亚洲、欧洲和美洲之间，为三洲所环抱，在亚洲与北美洲之间有白令海峡通太平洋，在欧洲与北美洲之间以冰岛—法罗海槛和威维亚·汤姆逊海岭（冰岛与英国之间）与大西洋分界，有丹麦海峡及北美洲东北部的史密斯海峡与大西洋相通，面积 1 310 万平方公里，是世界四大洋中最小的洋。

北冰洋连接亚、欧、北美三大洲的顶点，有联系三大洲的最短大弧航线，但气候严酷，洋面大部分常年冰冻，故北冰洋的航运意义不大。但是随着全球气候变暖的影响，北冰洋航线逐渐呈现可通航的航道，未来发展潜力巨大。目前主要的航线有从摩尔曼斯克到符拉迪沃斯托克（海参崴）的北冰洋航线和从摩尔曼斯克直达斯瓦尔巴群岛、雷克雅未克和伦敦的航线。

三、世界主要港口

现今世界上有各类大小港口 3 000 多个，其中用于国际贸易的商港约有 2 300 多个，年吞吐量在 1 000 万吨以上的有 100 多个，4 000 万吨以上的 25 个左右，亿吨级的港口约 10 个。

太平洋沿岸的主要港口有：东京、横滨、川崎、名古屋、大阪、神户、符拉迪沃斯托克、东方港、纳霍德卡、清津、南浦、釜山、仁川、大连、秦皇岛、天津、青岛、连云港、上海、宁波、广州、湛江、香港、基隆、高雄、马尼拉、海防、胡志明市、曼谷、新加坡、巨港、苏腊巴亚、丹戎不碌、槟城、巴生港，大洋洲及太平洋岛屿的悉尼、纽卡斯尔、布里斯班、丹皮尔、黑德兰、奥克兰、惠灵顿、苏瓦、帕果帕果、火奴鲁鲁，美洲西海岸的温哥华、西雅图、波特兰、圣弗兰西斯科（旧金山）、洛杉矶、圣迭戈、马萨特兰、巴尔博亚、布埃纳文图拉、瓜亚基尔、卡亚俄、安托法加斯塔、瓦尔帕莱索等。

大西洋沿岸主要港口有：赫尔辛基、圣彼得堡、斯德哥尔摩、哥德堡、奥斯陆、哥本哈根、汉堡、不来梅、威廉港、阿姆斯特丹、鹿特丹、安特卫普、伦敦、利物浦、格拉斯哥、南安普敦、敦刻尔克、勒阿弗尔、里昂、南特、波尔多、马赛、巴塞罗那、毕尔巴鄂、里斯

本、热那亚、那不勒斯、卡塔尼亚、威尼斯、的里亚斯特、伊斯坦布尔、贝鲁特、特拉维夫、塞得港、亚历山大、的黎波里、突尼斯、阿尔及尔、达尔贝达、鲁瓦克肖特、达喀尔、科纳克里、蒙罗维亚、拉各斯、开普敦、魁北克、蒙特利尔、哈利法克斯、波士顿、纽约、费城、巴尔的摩、诺福克、迈阿密、新奥尔良、休斯敦、韦腊克鲁斯、科隆、马拉开波、拉瓜伊拉、哈瓦那、金斯敦、太子港、圣多明各、圣胡安、圣路易斯、里约热内卢、布宜诺斯艾利斯、蒙得维的亚等。

印度洋主要海港有：仰光、吉大港、加尔各答、马德拉斯、孟买、科隆坡、卡拉奇、阿巴丹、哈尔克岛、巴士拉、法奥、科威特港、艾哈迈迪港、达曼、拉斯坦努拉、吉达、多哈、乌姆赛义德、阿布扎比、迪拜、马斯喀特、亚丁、苏伊士、苏丹港、吉布提、摩加迪沙、蒙巴萨、达累斯萨拉姆、马普托、德班、伊丽莎白、珀斯、阿德莱德、墨尔本等。

项目三　国际陆上货物运输

一、铁路运输的特点

铁路运输是陆上运输的一种方式，是国际运输中仅次于海上运输的运输方式，尤其内陆邻国间的商品交换，更以铁路运输为主。铁路运输具有以下主要特点：

（一）运量大、速度快

普通内燃机车和电力机车最大牵引力可以达到 3 000 吨，虽然不如水运的运量大，但却是公路汽车运量的数百倍。一列货车可装 2 000~3 500 吨货物，重载列车可装 20 000 多吨货物；单线单向年最大货物运输能力达 1 800 万~4 000 万吨，复线达 5 500 万~1 亿吨；在各种运输方式中，火车的速度仅次于飞机，普通列车时速为 60~120 千米，高速列车时速可达 220~350 千米。

（二）连续性强，时间性强

铁路由于有固定的轨道，基本不受气候等自然因素的影响，只要有铁路的地方，全年沿线各地都可以通达。而且由于火车沿轨道运行，统一调度和管理，因此就保证了时间的准确性和客货的安全性。

（三）运费低

铁路由于运量大，单位运量的运输成本低，因此运价低于航空和公路运输，但高于水运和管道运输。

但是铁路运输也有其不足之处，就是铁路线的建设投资较大、工期长、占用土地多，需要消耗大量的金属材料。因而铁路适合内陆贸易中长距离、大运量，时间性强、可靠性要求高的一般货物和特种货物；从投资效果看，在运输量比较大的地区之间建设铁路比较合理。

二、世界铁路运输干线分布

目前，全球约有 150 多万公里的铁路里程，主要分布在世界大工业地带，其中北美铁路网长度近 40 万公里，西欧 19 万公里，中东欧与独联体 21 万余公里，日本 2.7 万公里。其他铁路较密集的地区主要有：中国东部、南亚次大陆、澳大利亚东南部、非洲南部、拉美的阿根廷潘帕斯地区、巴西东南部和墨西哥高原地区。铁路最长的国家分别为：美国、独联体、加拿大、印度、中国，这几个国家的铁路长度占世界总长度的 50%。世界铁路运输发展的基本趋势是运输设备现代化和运输管理自动化。世界各国电气化铁路逐年增加，总长度约 20 万公里，其中多数分布在欧洲。

具有国际贸易运输意义的国际铁路干线主要有以下几条：

（一）西伯利亚大铁路

该线东起俄罗斯远东的符拉迪沃斯托克（海参崴），途经哈巴罗夫斯克（伯力）、赤塔、伊尔库茨克、新西伯利亚、鄂木斯克、车里雅宾斯克、萨玛拉，至莫斯科。全长 9 300 多千米，是目前世界上最长的铁路。以后又延伸至纳霍德卡和东方港。该线东连朝鲜和中国，西接北欧、西欧、中欧各国，南由莫斯科往南可接外高加索诸国、伊朗，并且可以接中亚诸国。我国与俄罗斯、东欧国家及伊朗之间的贸易，主要经西伯利亚大铁路。

第二条西伯利亚大铁路东起苏维埃港，经共青城、新西伯利亚，与第一条西伯利亚大铁路接轨后至莫斯科。

西伯利亚大铁路主要运输石油、铜、铁、煤和木材等自然资源。这条干线的运载量占西欧到远东货物贸易的 15%。

（二）北美横贯大陆铁路干线

北美洲地区的铁路网较稠密，运输繁忙，穿越大陆的铁路干线有多条。

在美国境内连接东西两大洋的铁路有：

（1）西雅图—芝加哥—底特律（北太平洋铁路）。

（2）洛杉矶—休斯敦—新奥尔良（南太平洋铁路）。

（3）洛杉矶—堪萨斯—辛辛那提—华盛顿—巴尔的摩等。

（4）旧金山—奥马哈—芝加哥—匹兹堡—费城—纽约（联合太平洋铁路）。

加拿大连接东西两大洋的铁路有：由鲁珀特港和温哥华港—埃德蒙顿—温尼伯至魁北克和哈利法克斯港。

（三）中东—欧洲铁路

从伊拉克的巴士拉，向西经巴格达，经叙利亚、土耳其，过博斯普鲁斯大桥至伊斯坦布尔，接巴尔干铁路，向西经索非亚、贝尔格莱德、布达佩斯至维也纳，连接西欧铁路网。

（四）拉美和北美洲际干线

拉美和北美洲际干线主要有两支，一支自圣萨尔瓦多（萨尔瓦多）经萨卡帕（危地马拉）、墨西哥城、新拉雷多（墨西哥东北边境）、圣安东尼奥（美），北上可至堪萨斯城、圣保罗、直达温尼伯（加）；另一支自墨西哥城，经墨西卡利（墨西哥西北边境）、圣迭戈、洛杉矶、旧金山、西雅图至温哥华。两线把北美自由贸易区的主要工业区连接在一起。

（五）中国境内主要国际贸易铁路干线

在中国境内具有国际贸易运输意义的国际铁路干线，主要有：

（1）连云港—郑州—西安—兰州—乌鲁木齐—阿拉山口—俄罗斯/哈萨克斯坦—华沙—柏林——鹿特丹港（荷兰）。我方境内口岸是阿拉山口。这条干线也被称为新亚欧大陆桥。

（2）大连—哈尔滨—满洲里至俄罗斯与西伯利亚大铁路相接。我方边境口岸是满洲里。

（3）大连—哈尔滨—绥芬河与俄罗斯的格罗迭科沃相接—俄罗斯远东地区。我方边境口岸是绥芬河，俄方是格罗迭科沃。

（4）天津—北京—集宁—二连浩特—蒙古的乌兰巴托，在乌兰乌德与西伯利亚大铁路相接。我方边境口岸是二连浩特，蒙方是扎门乌德。

（5）重庆—乌鲁木齐—哈萨克斯坦—俄罗斯—白俄罗斯—波兰—杜伊斯堡（德国），全长 11 179 公里。2011 年 3 月 19 日开通，被称为“渝新欧”干线。

（6）昆明—越南—柬埔寨—泰国—马来西亚—新加坡。这条线路被称为泛亚高铁，于 2014 年 6 月开工兴建，连接中国，纵贯东南亚。

除以上主要的国际铁路干线外，在东南非洲还有一条丁字形的干线。这条干线东起坦桑尼亚的达累斯萨拉姆港，西经赞比亚到达安哥拉的本格拉港，在赞比亚境内往南经博茨瓦纳等国直至南非的开普敦。在南美大陆上有一条横贯线，连接着东海岸阿根廷的布宜诺斯艾利斯港和西海岸智利的瓦尔帕莱索港。

三、对外贸易公路运输

公路运输是陆上运输的基本方式之一，它是以公路为运输线，利用汽车、拖拉机、畜力车、人力车等陆路载运工具，完成货物或旅客的位移的运输方式。它是对外贸易运输和国内货物流程的主要方式之一。公路运输机动灵活，汽车运输的运送速度平均比铁路运输快 4～6 倍，比水路快 10 倍；周转迅速，公路运输的投资每年可以周转 1～3 次；适应性较强，既可以穿街巷、进山区、到工厂、下田间，直接把物资运到仓库、商店、工矿企业和乡村田头；又是港口、机场、铁路车站物资和人员集散的必要手段。同时驾驶技术容易掌握，适宜运输小量、快捷的运输要求。此外，在现代运输过程中可以广泛参与国际多式联运，是邻国边境贸易货物运输的主要方式。因此，二战后，公路运输在各种运输方式中所占比重越来越大，成为各国综合运输体系中的后起之秀。

随着全球汽车产量和拥有量不断增长，汽车化的逐步实现，各个国家在公路建设上大力投资，高速公路、快速公路、能供超重车辆行驶的公路等相继在发达国家和一些发展中国家（地区）出现。20 世纪 60 年代以来，公路运输的发展远远超过铁路，跃居各种运输方式的首位，成为一些国家客货运输的主力。公路运输也是许多发展中国家主要的现代化短途运输方式，在一些幅员较小的国家或铁路运输仍较落后的国家，甚至成为其综合交通运输网的主干线。

世界现有公路总长约 2 000 万公里，其中有高级路面约 450 万公里，高速公路 15 万多公里。世界公路分布很不均匀，主要集中在北美、西欧、南亚和东亚地区，其中美国、英国、德国、法国、意大利、日本、加拿大和澳大利亚这些主要经济发达国家公路里程约占世界公路总里程的 55%。以公路网密度论，西欧密度最高，其中英法两国每百平方公里土地上皆拥有 160 公里以上的公路，意大利和德国次之，每百平方公里土地上的公路长度分别为 100 公里和 62 公里。美国国土广大，但由于公路里程在全球最长，达 630 多万平方公里，其公路网密度仍达 67 公里/百平方公里。广袤的南亚地区公路网密度亦很高，其中印度达 65 公里/百平方公里。故北美（包括美国和加拿大南部）、西欧、南亚构成了全球的三大公路系统。

其他公路较密集的地区有：俄罗斯（欧洲部分）和东欧、东亚（其中日本公路网密度高达 300 公里/百平方公里）、澳大利亚东南部、巴西东南沿海和阿根廷潘帕斯平原。

受地理环境结构的影响，公路运输在国际贸易运输中的地位不及海运，也不及铁路运输，但在边境贸易中，公路运输占有重要地位，在国际公路干线网络密集的欧洲国家间，公路运输在国际贸易货运中的地位尤为突出。不足的是公路的载运量小，长距离运输费用昂贵，安全性较差，机动车运行会造成环境污染。

四、国际贸易管道运输

自 1861 年美国建成世界上第一条输油管道至今，管道运输业已有 130 多年历史。管道运输主要是用管道作为工具输送液体和气体物资的运输方式。一般来说，管道运输用于能源输送，普遍用于石油（大部分）、天然气（绝大部分），煤、磷灰石、铁矿石、铜矿石等固体散装物料的管道输送也正在被开发。在全球 180 多万公里管道中，输油管道占近 40%，输气管道占 50%，化工和其他管道约占 10%。

管道运输运量大，成本低，建设周期短，运价低，埋于地，不占农田，有利于战备，不受气候影响，一般一条 1 200 毫米直径的管道，一年可输油 4 000 多万吨；一条 720 毫米直径的管道，一年可输油 2 000 万吨或输煤 1 200 万吨。但管道运输局限性大，只能输送特定货物，与铁路公路相比，灵活性较差。

管道运输在世界各国各地区的油田、油港和炼油中心之间起着纽带作用，在原油和油品的进出口贸易中，是与油轮相辅相成的重要运输方式。世界管道运输网分布很不均匀，主要集中在北美和欧洲。现代管道运输起源于美国，美国、俄罗斯管道运输最为发达，世界管道技术以美国最先进，1977 年，在高纬严寒地区修建的横贯阿拉斯加的原油管道正式输油，最引世人注目。

除美国和独联体国家外，加拿大、西欧、中东等国家和地区管道网也较发达。加拿大输油管道 3.5 万公里，管道网把落基山东麓的产油区（草原诸省）与消费区（中央诸省和太平洋沿岸）联结起来，并和美国的管道网通连。西欧的北海油田近年新建了一批高压大口径的管道（直径 1 016 毫米），管道长度现已超过 1 万公里，成为世界上油气管道建设的热点地区之一。中东地区的输油管道最初主要为自伊拉克、沙特阿拉伯至叙利亚和黎巴嫩地中海港口的管线。另外，伊拉克于 1977 年建成了以土耳其杰伊汉港为终点的新管线，年输油量达 5 000 万吨，成为向西欧供应石油的中东战略原油管道；沙特也在 1981 年建成了自波斯湾横越国境中部至红海岸延布港的输油系统，年输油量达 9 000 多万吨。

我国管道事业自 20 世纪 50 年代开始发展，1959 年中国第一条长输油气管道——新疆克拉玛依油田至独山子炼油厂原油外输管道投产。经过 50 多年的发展，现东部地区输油管网已基本形成。截至 2008 年末，已建成投入运营长输油气管道 6 万多公里，可绕地球赤道 1 周半。其中，建成原油管道 1.7 万公里、成品油管道 1.2 万公里、天然气管道 3.3 万公里、海底管道 3 000 公里。我国西气东输工程于 2002 年 7 月 4 日开工建设，西起新疆轮南，经过戈壁沙漠、黄土高原、太行山脉，穿越黄河、淮河、长江，途经九个省、自治区、直辖市，最后到达上海，全长约 4 000 公里，2004 年 12 月 30 日全线供气。该工程是目前中国管径最大、管壁最厚、压力等级最高、技术难度最大的管道工程，创造了世界管道建设史上的高速度。它的建成和运营，开通了中国横贯东西的一条能源大动脉，标志着中国天然气管道建设整体水平上了一个新台阶，对于推进西部大开发、加快中西部地区发展具有重大作用。2009 年 12 月中国—中亚天然气管道初试运投产，B 线、C 线也正在建设中。项目全面竣工后，每年将从中亚地区向中国稳定输送约 300 亿立方米的天然气，相当于 2007 年我国国内天然气总产量的一半左右。中亚天然气管道与西气东输二线衔接后，总长度超过 1 万公里，是迄今为止世界上距离最长、等级最高的油气输送管道。这是继首条跨国原油管道——中哈石油管道之后，中国跨国油气管道建设的又一里程碑。同时我国还有中俄油气管道、中哈原油管道、中乌合建天然气运输管道等多条跨国管道的建设。

尽管我国管道建设已初具规模，但同发达国家相比，无论是管道数量还是管道技术，都还有较大差距。可以预见的是，随着区域性管网的进一步完善，管道技术的迅速发展和提高，我国的管道运输能力将会进一步提高，这对提高我国经济发展和环境保护、提高人民生活质量将产生更加积极的影响。

项目四　集装箱和大陆桥运输

一、集装箱运输

如前所述，集装箱运输现已成为世界国际贸易货物运输最重要的运输方式，它以集装箱为载体，将货物集合组装成单元，以便使用大型现代、自动化装卸机械和载运车辆完成装卸、搬运和运输任务，是有效实现“门到门”运输和国际多式联运的一种新型、高效、便捷的运输方式。世界主要航线上已实现了集装箱化，这与集装箱运输的巨大优越性分不开。

（一）集装箱运输的特点和作用

1. 装卸迅速，缩短装期

采用集装箱运输，港口作业便于机械化。船舶在港时间可大大缩短，一般装卸率每人可提高 48 倍。据统计，一个国际标准集装箱，每一循环的装卸时间约 3 分钟，每小时可装卸货物 400 吨左右，而一般货船如采用传统方式装卸，一个工班每小时装卸货物仅约 35 吨。一艘万吨轮船，过去装卸需在港口停泊 10 天左右，采用集装箱后，只需 1 天左右。所以，它可以大大提高装卸效率，加快船舶周转率，提高运输能力，扩大经济效益。

2. 节省费用，减少货损

集装箱运输能节省包装费用，并易于多次转运。由于集装箱包装材料坚固，转运卸货时，货物可以不受损失，并有利于不同交通线路和运载工具的衔接，开展门到门运输。简化包装，节约包装费用，实现杂货无包装。

3. 提高运输工具利用率

由于装卸效率提高，在港停留时间缩短，有效缩短航行时间和航次总时间的比值。

总之，集装箱运输是一种较理想的营运方式。当然，集装箱运输也有一些不足之处。如它对船舶、港口、堆场、货箱、装卸搬运等都要求有专门的设备，需要大量的基本建设投资等。但这并不能阻碍集装箱运输发展。

目前，在连结世界主要贸易区北美、西欧、远东和澳大利亚之间的航线上，端点和中继站多属于发达国家的地区，货运量大，消费水平高，适于集装箱运输的货物丰富，货源充足，因此这些航线已基本上实现了集装箱化。同时，近些年来发展中国家和地区的集装箱运输业务也有了较大的发展。2012 年全球集装箱吞吐总量达到 6 亿 TEU（国际标准箱单位）左右。

（二）海上集装箱运输

世界上较大的集装箱港口有：香港、基隆、高雄、新加坡、神户、横滨、汉堡、鹿特丹、安特卫普、纽约等。

由于集装箱船的运营仅是在世界主要港口，而主要港与其他数百个港口之间的货运，则主要采用支线运输方式解决，因此，国际上定期班轮航线的集装箱运输，主要是以这些地区的航线为中心发展起来的。现在，世界上主要的集装箱航线有以下几条：

1. 北太平洋航线

北太平洋航线由远东至北美东岸、北美西岸的航线组成。其中，远东（含东南亚）—北美西岸（太平洋沿岸）航线的主要干线有日本—加利福尼亚航线、日本—西雅图、温哥华航线。该航线是世界集装箱运输的主干线之一，除了承担太平洋沿岸附近地区货物运输外，还连接北美东岸（大西洋沿岸）、墨西哥湾各港口以及通往美国中西部的内陆联合运输。本航线广泛联系着北美太平洋沿岸的洛杉矶、长滩、西雅图、温哥华，亚洲太平洋沿岸的东京、名古屋、横滨、神户、釜山、仁川、香港、基隆、高雄等港口。

远东—北美大西洋集装箱航线上的主要干线是以日本—纽约航线为主。这条航线使东京、横滨、神户、大阪、名古屋、香港、台湾和澳大利亚各港同北美东岸的纽约、波士顿、费城等各港口相连。

由于世界经济活动重心日益转向亚洲太平洋区域，特别是随着这里的国际贸易和金融活动的空前活跃，北太平洋航线的集装箱运输出现大发展势头。由于这条航线联系着北美与亚洲两大经济发达区域，人口稠密，相互贸易量非常大。尤其是我国经济总量的稳定增长，在这条航线上的集装箱运量越来越大。目前，仅上海港在这条航线上往来于美国西海岸的班轮航线就多达四十几条。1987 年，香港的集装箱运载量由 1984 年占世界的第 3 位一跃首次超过鹿特丹，成为世界最大的集装箱港口和物资集散地。位于香港九龙半岛西北端的葵涌港，现在是世界首屈一指的集装箱终点站。我国台湾高雄港的集装箱运载量也由 1984 年占世界的第 5 位提高到第 3 位，甚至基隆港也已进入世界前 10 名的行列。新加坡港则从 1978 年占世界的第 6 位提高到世界第 4 位，超过了纽约港。目前，从包括我国台湾和日本在内的远东运往美国和加拿大的远东—北美太平洋航线，是世界上最繁忙的航线。2012 年全球集装箱吞吐量前 20 名港口中，2/3 位于这条航线上。总之，现在亚洲，特别是北太平洋西岸地区的物资流动的盛况，正在改变着世界的海运地图。

2. 北大西洋航线

北大西洋航线由欧洲、英国—北美东岸航线，地中海—北美东岸航线以及五大湖—欧洲航线 3 条主要干线组成。该航线以美国东海岸为中心，开展了对西北欧、地中海及澳大利亚地区的集装箱运输。欧洲航线 20 世纪 60 年代中期以后，随着北美大西洋沿岸—欧洲和欧洲—澳大利亚航线集装箱运输的开展，远东—欧洲航线也逐渐实现了集装箱化。这样一来，便把北美大西洋沿岸、加勒比海地区、地中海、南非、中东和远东等地区的各港口连接起来，这一航线的贸易货源充足，航线距离长，又适于采用大型高速的集装箱船只，因而发展很快。与此同时，促进了发达国家和发展中国家之间的相互联系。目前，行驶在远东、地中海、欧洲地区的船只，在欧洲靠挂的港口，主要有汉堡、不来梅港、鹿特丹、安特卫普等世界大集装箱港和勒阿弗尔、南安普敦等世界主要集装箱中转港口和集装箱港。

3. 远东—欧洲、地中海航线

这是世界上最古老的海运定期航线，也被称为欧洲航线。这条航线将中国、日本、韩国和东南亚的许多国家与欧洲联系起来，贸易量与货运量十分庞大。涉及的主要港口有荷兰的鹿特丹港、德国的汉堡港和不来梅港、比利时的安特卫普港、英国的费利克斯托港、西班牙的阿尔赫西拉斯港、意大利的焦亚陶罗港和马尔萨什洛克港等。

二、大陆桥运输

（一）大陆桥运输的概念和特点

所谓大陆桥运输，是指利用横贯大陆的铁路、公路干线作为中间“桥梁”，通过各种运输方式的相互衔接，把大陆两端的海洋运输连接起来的联合运输方式，即“海—陆—海”连贯的运输。这种运输犹如在茫茫大海中架起一座以大陆为桥梁的大桥，把大陆两端大洋的港口连接起来了，所以形象称之为“大陆桥”。

大陆桥运输诞生于 1967 年，当时因中东战争，苏伊士运河关闭，航运中断，而巴拿马运河又堵塞，远东至欧洲间的船舶只好绕航南非好望角或南美，造成航程距离增加，运输时间延长；加上当时油价飞涨，海运成本上升，又值集装箱运输兴起，于是大陆桥运输应运而生。1967 年底首次采用了从远东到欧洲的货物联运，使用了大陆桥运输方式，把原来的全程海运，改为海—陆—海运输方式，取得了较好的经济效果。

大陆桥运输有以下优点：

（1）缩短运输距离，节约运输时间，降低运输费用。

（2）安全可靠，运输质量好，可以进行“门到门”运输。

（3）全程由一个承运人或代理人负责，手续简便，一票到底。

（4）提前结汇，减少资金占用。

（二）世界主要大陆桥

目前世界上主要的大陆桥有如下三处：

1. 西伯利亚大陆桥

西伯利亚大陆桥，也被称为第一条亚欧大陆桥，东起纳霍德卡，西至荷兰鹿特丹，并可通向欧洲和西亚各地。是目前使用最频繁的大陆桥。这条大陆桥把太平洋远东地区、北亚、中亚地区与欧洲波罗的海、黑海沿岸及西欧大西洋沿岸联结起来，是世界最长的大陆桥。从西欧到远东，取道大陆桥约为 13 000 千米，比海上经好望角航线缩短 1/2 的路程，比经苏伊士运河缩短 1/3 的路程，同时，运费要节省 20%～25%，时间可节省 35 天左右。

目前经过西伯利亚往返于欧亚之间的大陆桥运输路线主要有三条。

铁—铁路线：由日本、中国香港等地用船把货箱运至俄罗斯的纳霍德卡，再用火车经西伯利亚铁路至俄罗斯西部边境站，继续运至欧洲和伊朗。

铁—海路线：由日本等地把货箱运至俄罗斯的纳霍德卡，然后经俄罗斯的铁路运至波罗的海沿岸的圣彼得堡、里加、塔林和黑海沿岸的港口，再装船至北欧、西欧、巴尔干地区的港口，最终运交收货人。

铁—卡路线：由日本等地把货箱装船运至俄罗斯的纳霍德卡，经西伯利亚铁路等运至白俄罗斯的布列斯特附近的维索科里多夫斯克，再用卡车把货箱运至波兰、德国、瑞士、奥地利等国。

中国从 1980 年开办大陆桥运输业务以来，以上 3 种路线都已采用，但主要还是选择铁—铁路线，即从中国各站把货物运至中俄边境满洲里—后贝加尔，进入俄罗斯，或运至中蒙边境站二连浩特—扎门乌德进入蒙古，经蒙俄边境站苏赫巴托尔—纳乌斯基进入俄罗斯，再经西伯利亚铁路运至俄罗斯西部边境站，转经欧洲铁路运至欧洲各地或从俄罗斯运至伊朗。

2. 新亚欧大陆桥

它是第二条亚欧大陆桥，随着我国北疆铁路与哈萨克斯坦土西铁路接轨通车和土库曼斯坦与伊朗铁路接轨通车，便形成了新亚欧大陆桥。它东起我国连云港，经陇海、兰新、北疆铁路，向西出阿拉山口，进入中亚后再分三路向西通往欧洲，最终可达鹿特丹。全长约 2 万千米，这条大陆桥与西伯利亚大陆桥相比，运输距离缩短 2 000~2 500 公里，减少运输时间 5 天，节约运费 10% 以上，同时沿线自然、经济条件比西伯利亚大陆桥优越。此条线路已于 1992 年 12 月正式开始国际集装箱营运。新亚欧大陆桥穿越西欧、中欧、南欧、西亚、中亚，进入中国后，横贯新、甘、陕、豫、苏 5 省区，在我国境内全长 4 100 多公里，是我国最长的国际陆上交通线。

新亚欧大陆桥西端的欧盟是世界三大经济重心区之一；中途所经原苏东国家及古丝绸之路所经之中亚经济区（伊斯兰经济圈），也是世界经济中颇具潜力的地区；东端的黄渤海经济圈，是我国通向世界经济又一重心区即最富增长活力的亚太地区的大门户、大通道。以新亚欧大陆桥形式复兴古“丝绸之路”，给沿桥地区经济贸易的发展带来了机遇和可能，使这条连接东亚与欧洲的著名商路在 2 000 余年后又重新焕发出勃勃生机。

3. 北美大陆桥

主要是由横穿美国、加拿大境内的各条东西向铁路构成。主要有美国境内的北太平洋铁路（自纽约至西雅图）；联合太平洋铁路（自纽约至旧金山）；圣菲铁路（自费城至洛杉矶）和南太平洋铁路（自新奥尔良至洛杉矶）。在加拿大境内有：加拿大太平洋大铁路（自圣约翰经温尼伯至温哥华）；加拿大国家铁路（自哈利法克斯经温尼伯至鲁珀特港）。

其中美国大陆桥是北美大陆桥的重要组成部分，是最早开辟的从远东至欧洲水陆联运线路中的第一条大陆桥，但后来因东部港口和铁路拥挤，货到达后往往很难及时卸装，抵销了大陆桥运输所节省的时间。目前，美国大陆桥运输基本上陷于停顿状态，但在大陆桥运输过程中又形成了小陆桥和微型陆桥的运输方式，这两种运输方式发展很快。

小陆桥运输成为海—陆或陆—海形式。如远东至美国东部大西洋沿岸或美国南部墨西哥湾沿岸的货运，可由远东装船运至美国西海岸，转装铁路（公路）专列运至东部大西洋或南部墨西哥湾沿岸，然后改装内陆运输运至目的地。中国前几年大部分货物用这种方式运到美国。

微型陆桥只用了部分陆桥，因此又称半陆桥运输。如远东至美国内陆城市的货物，改用微型陆桥运输，则货物装船运至美国西部太平洋岸，换装铁路（公路）集装箱专列可直接运至美国内陆城市。微型陆桥比小陆桥优越性更大，既缩短了时间，又节省了运费，因此近些年来发展迅速。

项目五　国际航空货物运输

一、航空运输的特点

航空运输是一种现代化的、先进的运输方式，它以航空飞行器运输货物，进行空间位移的活动。航空运输起步较晚，1909 年法国首先创办商业航空运输，接着德、英、美等国也相继开办航空运输。第二次世界大战以后，发达国家大力发展航空工业，开辟国际航线，形成全球性的航空运输网。但是随着飞机制造技术的进步和国际贸易的不断扩大，航空运输在世界范围内发展极为迅速，这与它的诸多优点是分不开的。

（一）速度快

现代喷气式运输机一般时速都在 900 英里左右，高者可达 1 350 英里，而且空中运输又是直线飞行，因此运程短，速度快。国际贸易竞争激烈，市场瞬息万变，必须争取时间，才能使鲜活、季节性强的产品提前应市，有利于提高商品的竞争能力。

（二）安全准确

航空运输管理严格，既可保证按时完成运输任务，又不易发生货物的损坏或差错，适合贵重物品的运输。

（三）节省包装、保险、利息和仓储费用，但运价较高

航空运输货损、货差少，货物包装较其他方式简化，包装与保险费也可以降低，可以节

省包装、保险、储存、利息等费用。但是航空运输货物量较小，运价较高。

二、世界主要航空港与航空线

航空运输已经成为各国之间交往的空中桥梁和国际商人和旅客往来的主要运输方式。目前世界各大洲不少国家的首都和重要城市都建有国际航空港。

（一）世界各大洲的主要航空港

亚洲：北京、上海、广州、东京、香港、新加坡、马尼拉、雅加达、仰光、曼谷、加尔各答、德里、孟买、卡拉奇、德黑兰、贝鲁特、吉达、迪拜、亚丁、科伦坡、巴格达、巴士拉等。

欧洲：伦敦、巴黎、柏林、法兰克福、苏黎世、罗马、维也纳、波恩、奥斯陆、雷克雅未克、哥本哈根、雅典、华沙、莫斯科、布加勒斯特等。

北美洲：纽约、华盛顿、芝加哥、亚特兰大、洛杉矶、旧金山、迈阿密、西雅图、达拉斯—沃斯堡、休斯敦、蒙特利尔、多伦多、温哥华等。

非洲：开罗、喀土穆、约翰内斯堡、卡诺、金沙萨、内罗毕、拉各斯、达喀尔、阿尔及尔、布拉柴维尔等。

拉丁美洲：墨西哥城、布宜诺斯艾利斯、里约热内卢、圣地亚哥等。

大洋洲：奥克兰、悉尼、墨尔本、火奴鲁鲁等。

美国是航空运输最先进的国家，客运最繁忙，其次是俄罗斯。英国、德国、法国、意大利和巴西等国航空运输在世界上也都具有重要地位。

现在世界上主要货运机场有法国的戴高乐机场、德国的法兰克福机场、英国的希思罗机场、美国的芝加哥机场、日本的成田机场、荷兰的希普霍尔机场等，它们都是现代化的大型国际空运枢纽。

（二）世界主要航空线

（1）西欧—北美间的北大西洋航空线。这是西欧的巴黎、伦敦、法兰克福等主要国际机场和北美的纽约、芝加哥、蒙特利尔等主要机场间的往来航线，是当今世界最繁忙的航空线之一。

（2）西欧—中东—远东航空线。这条航空线连接西欧各主要机场至远东的香港、北京、东京等各机场，是西欧与远东两个经济发达区的往返航空线，它途经的重要航空站有雅典、开罗、德黑兰、卡拉奇、新德里、曼谷或新加坡等。

（3）远东—北美间的北太平洋航空线。这是北京、香港、东京等主要国际机场经北太平洋上空至北美西岸的温哥华、西雅图，或圣弗朗西斯科、洛杉矶等国际机场，然后连接北美大陆东海岸的航空中心。太平洋中的火奴鲁鲁等国际机场是它们的重要中间加油站。

除以上三条最繁忙的国际航空线外，重要的航空线还有：北美—澳新航空线；西欧—东南亚—澳新航空线；远东—澳新航空线；北美—南美航空线；西欧—南美航空线等。

【案例分析】

海上生命线上的毒瘤——索马里海盗

由索马里和也门环抱的亚丁湾位于印度洋与红海之间，是从印度洋通过红海和苏伊士运河进入地中海及大西洋的海上咽喉，战略地位十分重要。亚丁湾东西长约 800 公里，南北宽约 250 公里，总面积约 20 万平方公里。据统计，每年通过苏伊士运河的船只约有 1.8 万艘，其中大多数都要经过亚丁湾。此外，还有大量不经过苏伊士运河的船只在这一海域航行。

随着 1991 年索马里内战的爆发，亚丁湾这一带海盗活动日趋频繁，曾多次发生劫持、暴力伤害船员事件。2006 年 10 月，美国政府支持埃塞俄比亚出兵入侵索马里，推翻了当时的索马里政权。在埃塞俄比亚军队的帮助下，在索马里组建了由美国支持的索马里过渡政府。但是，由于该政府能力有限，不能有效控制全国局势，仅能控制首都摩加迪沙，而全国大部分地区就陷入了无政府状态，形成武装割据，出现了几十支武装力量。一些海盗组织甚至得到了与临时政府有密切关系的军阀的支持，使得他们能成为“乱世枭雄”。索马里粮食价格飙升，过度的通货膨胀和干旱等自然灾害更加剧了国内危机。难民人数不断增加，难民数量庞大。许多普通贫民为了生计也沦为海盗，索马里安全形势进一步恶化，而索马里 2 880 公里的海岸线也成为海盗们劫持生财的好去处。相对应的是索马里混乱的局势为海盗提供了生存空间，使他们可以从容作案而不必担心受到任何惩罚。同时受到劫持的船只的船主为避免船员受到伤害，也助长了海盗的气焰。而许多海盗在成功作案后获得的“丰厚回报”，也使得更多穷困的索马里人加入海盗行列。因而索马里海盗打而不绝，愈发猖狂。

亚丁湾已成为当前最危险的海域之一。2008 年以来，平均每 4 天就有一艘船遭劫，海盗已猖獗到无以复加的地步。截至 2014 年 6 月，在亚丁湾共聚集了来自加拿大、丹麦、德国、西班牙、希腊、意大利、荷兰、土耳其、英国、美国、欧盟、俄罗斯、美国、中国、印度和马来西亚等多国军舰，在此区域实施海上护卫。

（根据时事新闻整理）

试分析索马里海盗对海上生命线的危害和后果。

【思考练习】

1. 假如一批货物要从上海出发，途经热那亚，最终到达英国伦敦，海上路线如何走？会经过哪些重要的海峡和运河？

2. 对照世界交通图，指出四大航区的主要路线和经过的海域、海峡、运河和港口。

3. 什么叫大陆桥运输？它有什么优越性？

4. 简述世界主要的航空港及航空线的分布。

任务七

国际经贸与环境保护

【目标要求】

通过对本部分内容的学习，学生将了解随着经济全球一体化的进程加快，许多发展中国家在发展外向型经济的同时，却面临着人口增长过快、自然资源日益枯竭、生态环境不断恶化、发达国家转嫁环境污染等环境危机和问题。如何正确理解和掌握经济、社会发展与环境保护的关系，是各国经济发展中必须合理解决的一项重要与紧迫的任务。

【关键技术】

1. 环境与主要环境问题；
2. 怎样加强国际贸易与环境保护。

【学习内容】

项目一　环境与环境问题

一、人类与环境的关系

环境是指某项中心事物的周围境况。本章所谈到的环境是指以人类为中心的环境，是以人类为主体的外部世界，即人类赖以生存和发展的物质条件的整体，包括自然环境与社会环境。人类与环境的关系主要是通过人类的生产和消费活动而表现出来的。人类的生产和消费活动也就是人类与环境之间的物质与能量的交换活动。

在人类与环境之间进行物质循环和能量交换的过程中，一方面是人类根据人口的增长和生活水平的不断提高，需要向自然界获取和排放日益增多的物质和能量；另一方面是自然界根据自身的客观规律，形成或转化一定的物质和能量。这两方面不是协调一致的，经常存在着矛盾，但是人类必须按照自然界的客观规律去利用自然和改造自然，以保证人类对自然界物质与能量的需求和保持适宜于人类生活的环境。否则就会出现物质和能量危机，甚至是枯竭，以及环境恶化等问题，从而影响到人类本身的生存和发展。这就是人类与环境之间对立统一的关系。

简言之，人类对物质和能量的需求与自然界的供给能力之间的矛盾是对立的；而人类的需求又必须适应于自然界所允许的范围，这就是它们之间的统一面。如果破坏了人类与环境间这种对立统一的规律，就会出现自然界与人类之间的失调，威胁人类自身的生存和发展。人类必须遵循环境的自然规律从事生产和活动，否则就会受到环境的报复和惩罚；当人类的行为遭到环境的报复而影响到人类本身的生存和发展时，人类就必须调整自身行为，以适应环境。人类既是环境的产物，在一定意义上讲也是环境的塑造者，这形象地说明了人类与环境之间对立统一的辩证关系。

正确认识与处理人类与环境的关系具有重要意义。人类与环境是通过人类活动联系在一起的。人类的主要活动就是生产活动与消费活动，人类与环境的对立统一关系也主要是通过生产与消费活动表现出来的。虽然地球上的环境资源是丰富的，环境容量是巨大的，但都是有限的，因此，盲目地发展生产和消费势将导致资源的枯竭和破坏以及环境的污染和退化，从而削弱人类未来生存条件的基础，损害环境质量和生活质量。由此可见，我们要获得良好的环境质量和生活质量，就必须对人类生产与消费活动进行调控，以求得人类与环境的协调和平衡的发展。

研究人类与环境对立统一关系的最终目的，就是要创造条件利用其有利的方面，改造其不利的方面，以便使人类与环境在相互促进中协调地向前发展。为此：（1）对环境要进行科学的利用和改造，以适应人类社会发展的要求。（2）对生产和消费活动这个联系人类与环境的中间环节，要进行科学的规划和设计，使其成为调控人类与环境关系的枢纽，以促其协调发展。

二、世界面临的主要环境问题

（一）环境问题的概念

环境问题是指由于人类活动影响环境而产生的反作用，有时会危害人体健康，破坏自然资源和生态平衡，以致影响人类生存。这些问题统称为环境问题。

（二）环境问题的产生及分类

人类的原始环境是自然环境。人类的祖先是在地表自然界发展到一定阶段，具备了一定的条件，通过自己同环境作斗争的辛勤劳动，才作为一个新物种，从其他动物中分化出来的。与此同时，地表自然界也就进入了一个在人类参与和干预下的发展新阶段——人类与环境对立统一的发展新阶段。

自然环境为人类提供了丰富多彩的物质基础和活动舞台。但人类在诞生以后的很长的岁月里，只是自然食物的采集者和捕食者。它主要是以生活活动和自己的生理代谢过程与环境进行物质和能量的交换；主要是利用环境而很少有意识地改造环境。这时人与环境的矛盾还不突出。

人类学会了培植植物和驯化动物，进入了农耕时代。随着农业和畜牧业的发展以及人口数量的大量增加，相应的环境问题也就陆续产生了。例如，由于森林和草原的破坏，往往引起严重的水土流失，使青山绿水变为穷山恶水，使草原变成荒漠。另外，随着水利事业的发展，也带来了一些土壤盐渍化、沼泽化以及血吸虫病的传播等问题。但是这一阶段的生产力水平还很低，对环境的破坏还不严重。

随着社会生产力的发展，人类进入了工业化时代。与大工业相伴而来的是都市化、交通运输和农业的现代化，以及对资源的破坏和对环境的严重污染。由于环境遭受污染，生态平衡遭到破坏，终于在20世纪50年代和60年代导致了人类与环境关系的失调，危及人类的生活和健康。人与环境的冲突也变得越来越尖锐。

严重的环境污染和生态危机也起到了教育和唤起人们警觉的作用。自此之后，逐渐普及了有关环境科学和环境保护的基本知识和技能，提高了人们对环境工程措施和环境规划方案的分析、评价能力，增加了对环境质量和生活质量变化的敏感性和警觉性，加强了对环境问题的责任感和迫切感，从而大大加速了环境问题的解决。

现在，人们已经逐渐认识到：环境问题的产生不是发展生产的必然结果，而可能主要是人类的认识和技术水平问题。因此，人类与环境之间的矛盾仍将主要靠发展生产力来解决。人们相信，到那时，人类将有可能更合理地组织自己的生产和消费活动，调控自己与环境之间的物质和能量的交换，妥善处理人类与环境之间的对立统一关系。

不同地区或国家的自然条件和社会条件不同。随着社会生产力和生产关系的发展，人类利用和改造自然的深度和广度也不相同，因而环境问题在不同地区或国家之间、在不同时期的表现也就不同。

某些环境问题情况严重，已经涉及全球，必须采取有效措施加以解决。当前人类主要面临的全球性环境问题有以下几个：

1. 自然资源的破坏与耗竭

（1）森林资源遭到严重破坏，导致水土流失加剧，大量动植物物种濒临灭绝。历史上地球表面森林面积曾达到76亿公顷，约占陆地表面积的一半，2009年全球森林面积约是38.69亿公顷，森林覆盖率由最初的1/2已降到现在的1/5左右。而且目前全世界森林面积仍以每年2 300万平方公里的速度在消失。发展中国家尤为严重，拉美地区每年毁林面积达5万平方公里；撒哈拉以南的非洲国家，森林面积已比过去减少了30%；亚洲的菲律宾过去有森林面积6 000万公顷，现在已剩下500万公顷。

森林面积大幅度的减少，使生态平衡遭到破坏，其直接造成的环境恶果是水土流失加剧、土壤沙漠化严重、风沙侵蚀加剧、动植物品种锐减、土壤蓄水能力下降、水旱灾害频繁发生。据联合国环境规划组织的统计，全球每年流失的肥沃表土约250亿吨，每年约有600万公顷的土地变为沙漠，有2 100万公顷的土地已接近丧失耕作能力，沙漠化土壤已占全球陆地面积的35%。由于水土流失和土壤沙漠化，全球粮食每年将减产1 500万吨，农牧业收入将减少260亿美元。这不仅会对亚、非、拉那些贫穷落后的发展中国家构成生存威胁，最终也会危及发达国家。

随着森林、草地面积的大量减少，动植物的生存环境遭到破坏，导致动植物品种锐减。据有关生物专家估计，世界上的动物、植物和微生物的品种，约有200万种。由于人类破坏林地、草地和过度的采摘、捕杀，自16世纪以来，世界上已灭绝的鸟类有150种，兽类95种，两栖爬行动物80种，如再加上鱼类和昆虫等无脊椎动物，濒临灭绝的动物将达6 000种。大量动植物品种的灭绝，破坏了“食物链”，一些尚存的动植物也面临灭绝的威胁，从而直接威胁人类自身生存的安全。

森林、草地的减少，导致土壤蓄水能力下降，从而使地球上的水旱灾害不断发生。统计资料表明，1991—1995 年，世界因水灾造成的直接损失高达 2 030 亿美元，约占自然灾害造成的损失的一半。

（2）水资源日益匮乏。在人类居住的地球表面的陆地上，约有 2 800 万立方千米的淡水，约占地球表面总水量的 2.7%。而陆地上的这些淡水，南极冰川占据了绝大部分，约 2 400 万立方千米，占世界淡水资源的 85%，目前人们还无法利用。其次为地下水，约占全部淡水资源的 1%，地下水的利用需要人力和资金的投入，否则也无法充分利用。而人们容易利用的河流、湖泊的淡水，不足全球淡水资源的 1%，而河流、湖泊的淡水在空间上又分布不均，像我国西北、华北等地淡水资源更为短缺。

随着世界人口的增长和生产的发展，人类对淡水的需求量猛增。进入 20 世纪以来，工业用水增长了 20 倍，农业用水增长了 7 倍，居民生活用水翻了两番。从而导致了人均拥有的淡水水量不断下降。资料表明，1950 年欧洲平均每人每年享有的水量为 5 900 方米，而到 2000 年每人每年只有 4 100 立方米；亚洲由 9 600 立方米下降到 3 300 立方米，非洲则由 9 600 立方米下降到 5 100 立方米。目前全世界约有 100 多个国家和地区缺水，其中 40 多个国家严重缺水，一些国家之间因争夺水资源而不断发生争端。据有关国际组织预测，到 2050 年，预测生活在缺水国家中的人口将增加到 10.6 亿和 24.3 亿之间，约占全球预测人口的 13%～20%。水资源的匮乏，一方面是人们无节制地使用而造成的浪费，另一方面也是水资源不断被污染的结果。

（3）矿产资源的储量急剧下降，有些矿产已接近枯竭状态。随着科学技术和生产力的发展，矿产资源消耗的速度越来越快。据统计，1961—1980 年的 20 年间，铁矿石的开采量增长了 80%，铝土矿增长了 1.9 倍，煤增长了 40%。由于对矿产资源过度的消耗，某些矿产的储量可以利用的年限急剧下降。专家估计，以目前储量和年开采量计算，世界上石油尚可开采 31 年，铁矿 240 年，锡 17 年，金 11 年，今后随着世界生产力的发展，尤其是发展中国家工业化进程的加快，这些矿石的使用量将进一步增加，如不能开发新的资源或替代物，矿产资源必将急剧减少。当前世界性的能源短缺，除资源的生产和消费在空间分布上不平衡这一因素外，对各种能源的过度消费也是一个重要的原因。

2. 环境污染日趋严重

（1）大气污染。现代工业的发展，使能源的消耗与日俱增，日积月累地向空中排放大量的二氧化碳、二氧化硫等有害气体和尘埃，因此造成了大气污染。据统计，自 19 世纪工业革命以来，大气中二氧化碳浓度持续增加。1860—1900 年，每年增长 0.15mL/L；1900—1940 年，每年增长 0.5mL/L；1940—1950 年，每年增长 1.0mL/L，到 1991 年，已经增至 355mL/L；从 1958—1985 年，大气中二氧化碳的浓度平均增高了 5%左右。而经过美国加利福尼亚大学圣迭戈分校的斯克里普海洋研究所的确认“在 2014 年 4 月的每一天，测出的二氧化碳平均浓度，都超过了 400ppm（1ppm 为百万分之一）。这是过去近 100 万年、甚至可能更长的时间里，都未曾发生过的事”。其他有害气体，如二氧化硫、氯、氟、氢等含量也不断增加。大气污染造成的环境恶果主要有：

① 温室效应。所谓温室效应，是指地球表面吸收了太阳短波辐射之后，又以长波辐射的方式向外发送热量，由于大气中二氧化碳、二氧化硫增多，有利于吸收来自地面的长波辐

射，使热量不能向外空扩散，而被大气吸收，导致气温增高的现象。据世界气象组织（WMO）研究表明，1998 年的气温比 1961—1990 年的平均气温高出 0.58℃。气温急剧上升的后果是加快了两极冰川的融化，如果气温持续升高，必然导致一些沿海地势低洼的地区的土地被淹没，使许多人丧失赖以生存的土地。

② 酸雨。排放到大气中的二氧化碳、二氧化硫等有害气体，与空气中的水汽、雨水相融合，可形成含有碳酸、硫酸的雨水。酸雨不但危害农作物和树木的生长，使农业减产，树木死亡，而且对建筑物和露天放置的设备也会造成极大的腐蚀作用。目前酸雨已在西欧、北欧、北美、日本和我国等地普遍存在。据德国 1984 年调查，740 万公顷的森林约有一半受到酸雨的危害。1982 年我国重庆地区发生的酸雨，曾使 2 万亩水稻枯萎。1998 年，全国 70% 以上的南方城市及北方城市中的西安、铜川、图们和青岛都下了酸雨。酸雨在我国的覆盖面积已占国土面积的 30% 以上。

③ 臭氧层出现空洞。臭氧层位于距离地球表面 15~50 公里的大气同温层中。臭氧能吸收 99% 的太阳紫外线，使地球表面生物免遭太阳紫外线的危害。但近年来由于人类大量使用含氟的制冷剂、推进剂，氯、氟、氢等有害气体的排放量每年达 130 万吨，它对臭氧有分解作用，因此使大气中臭氧的含量减少了 50%，使南极上空出现了大面积的臭氧层空洞。空洞的出现，使太阳紫外线可以直接照射到地球表面，破坏了人体的免疫力，从而导致了皮肤癌等疾病的发病率上升。

（2）水源和海洋的污染。主要是由于工业的发展，人们毫无节制地向河流、湖泊和海洋中排放废水、废液，倾倒垃圾等废物，海上采油和石油运输中泄露所造成的。据统计，全世界每年约有 4 200 亿立方米的污水排入到江河湖泊中，因水源污染造成的损失可达 800 亿美元。例如 1991 年海湾战争期间，约有 150 万吨原油泄入大海，使长达 48 公里、宽 12 公里的海洋被污染，导致附近海洋中的大量生物死亡。由于水源污染，全世界目前约有 1/4 居民缺乏安全饮用水，连美国也有大约 400 万人缺乏安全饮用水。

【案例分析】

墨西哥湾漏油事件

2010 年 4 月 20 日，英国石油公司所属一个名为“深水地平线”（Deepwater Horizon）的外海钻油平台发生故障并随之爆炸，从而导致 11 名工作人员死亡及 17 人受伤，同时每天平均有 12 000 到 100 000 桶原油漏到墨西哥湾，导致至少 2 500 平方公里的海水被石油覆盖着。这起事件被称为墨西哥湾外海油污外漏事件。

此次漏油导致了一场环境灾难。墨西哥湾漏油事故发生后，漏油事故附近大范围的水质受到污染，不少鱼类，鸟类，海洋生物以至植物都受到严重的影响。

路易斯安那州超过 160 公里的海岸受到泄漏原油的污染，污染范围超过密西西比州和阿拉巴马州海岸线的总长。墨西哥湾沿岸生态环境正在遭遇“灭顶之灾”，相关专家指出，污染可能导致墨西哥湾沿岸 1 000 英里长的湿地和海滩被毁，渔业受损，脆弱的物种灭绝。同年 11 月份的调查报告指出有 6 104 只鸟类，609 只海龟，100 只海豚在内的哺乳动物死亡。墨西哥湾在长达 10 年的时间里将成为一片废海，造成的经济损失将以数千亿美元计。

（根据时事新闻整理）

（3）放射性污染。二战后，随着核军备竞赛的加剧和核能被普遍利用，核废料的跨国界转移和向公海中倾倒，是造成放射性核污染的主要问题、大型核电站发生的核泄漏事故，如苏联切尔诺贝利核电站泄漏事故，2011 年 3 月 11 日日本福岛核电站发生爆炸和泄漏，更是造成了巨大环境灾害。因此，如何控制和减少核放射性污染，也是我们急需解决的环境问题。

3. 人口过快的增长，进一步加剧了环境的恶化

人口的数量急剧增长，对环境更有直接影响。人口数量过多，增长过快，必然对物质资源的需求增多，当需求超过自然环境的供给能力时，不可再生资源就会枯竭，可再生资源也会失掉再生能力，从而破坏了生态平衡。据统计，1800 年全世界的人口只有 10 亿，1960 年增长到 30 亿，1991 年为 54 亿，截至 2013 年 1 月 4 日，全世界有 70. 57 亿人。

人口过快的增长，必然导致人均耕地面积减少，粮食短缺。据有关部门统计，世界人均耕地面积以每年 19% 的速度在减少。耕地的减少必然使粮食的产量下降，20 世纪 80 年代初全世界有 51 个国家人均粮食的产量是不断下降的。目前全世界因缺乏食物而导致营养不良人数已达 5 亿人。许多发展中国家粮食不能自给。1969—1971 年，发展中国家只进口了 2 000 万吨粮食，而 1983—1985 年增长到 6 900 万吨，20 世纪末上升到 112 亿吨，世界有 69 个国家依赖进口粮食为生。

项目二　国际贸易与环境保护

一、发展外向型经济对环境的影响

（一）外向型经济

外向型经济是相对于“内向型经济”而言。内向型经济指实行“进口替代政策”国家的经济，即发展中国家优先发展本国制成品生产，用本国产品替代原进口商品以带动其他经济部门的发展。国家通过进口限额、提高关税来扶植本国新兴工业，摆脱对进口的依赖。另外，以国内市场需求为主的经济也称内向型经济。而外向型经济是指与国际市场紧密联系的某国或某地区的经济体系。外向型经济分广义和狭义两种。广义的外向型经济是指在世界范围内进行贸易、资本、技术、劳动力等方面的经济交流活动。狭义的外向型经济是指以国际市场为导向，以出口创汇为主要目标的经济活动。

外向型经济就是一国或地区为推动该国或地区的经济发展和增长，以国际市场需求为导向，以扩大出口为中心，根据比较利益原则，积极参与国际分工和国际竞争，所建立的经济结构、经济运行机制和经济运行体系。外向型经济模式是以开拓国际市场为着眼点的经济发展战略模式。其基本特点有：（1）积极参与国际分工，把重点放在发展出口产品的生产上；（2）以国际市场为目标，发挥自己的比较优势；（3）生产要素通过国际、国内的双向流动，达到优化组合，提高其使用效率；（4）对国际市场依赖性大，风险也大。

（二）发展外向型经济与国际贸易对环境的影响

发展外向型经济对环境有有利影响和不利影响：

1. 有利影响

（1）可以利用外资用于保护环境。发展中国家在实现现代化过程中，既要使经济得到增长，又要保护环境，却面临着资金短缺的困境，因此常常顾此失彼。通过利用外资，就能抽出更多的资金用于环境保护，从而缓解经济发展与环境保护争夺资金的矛盾。据统计，1998年我国用于污染治理的投资约7 218亿人民币，环保投入占国内生产总值的比重首次接近了1%。目前的投入水平远远不能控制环境的恶化，如果提高到1%~2%左右，环境污染才能进一步得到控制。面对我国资金尚不富裕的现状，在环保方面积极利用外资是一条重要途径。目前国家环保总局直接管理和实施的项目，获得国外赠款已达6 590万美元，引进外资1.72亿美元，对我国环保水平的提高，发挥了一定的促进作用。

（2）可以缓解资源短缺，保护环境。发展外向型经济，积极利用国际社会的某些资源，可以缓解国内一些重要资源短缺的矛盾，使国内的资源得到适当的保护和更新，有利于生态平衡。例如我国森林相对短缺，经过这么多年的保护天然林和植树造林，目前我国森林覆盖率也仅13.7%，远远低于世界平均水平。新中国成立后，随着我国经济的发展，木材的需求量日益增加，如果单纯砍伐我国森林，必然导致土壤流失加剧，生态环境进一步恶化。党和政府为了缓解砍伐与更新的矛盾，保护我国有限的森林资源，在对外贸易中就积极进口国外的木材、纸浆及其他木制品。这既满足了国内的需求，又保护了我国森林资源，最终对环境保护有利。

（3）可以引进技术，节省能源，保护环境。根据《世界资源：1988—1989》报告，在世界10个经济人口大国中，我国每生产1美元的国民生产总值，能源消耗是日本的6倍，印度的1.65倍。这么大的能源消耗，主要是我国技术设备和生产工艺落后所致。在发展外向型经济过程中，我们通过引进国外先进的技术设备和工艺，提高生产率和能源利用率，把生产过程中投入的物质尽可能多地转化为产品，既能提高我国的能源利用率，又能减少向环境中排放废物的数量，从而减轻污染。

（4）可以引进技术改善环保设施。在环境管理系统、监测系统和污染控制系统方面直接引进先进的技术、设备和方法，更能直接提高我国的环保水平。例如，天津市某污水处理厂，直接从国外引进一台先进的微孔曝气设备，不但使能源消耗降低了1/3，而且大大提高了污水净化的数量和质量，每日可为煤建部门提供300吨净化水，大大节约了饮用水。

（5）可以提高农业技术有利于环保。在农业生产中，国外的遗传工程、基因工程、细胞工程和发酵工程等先进技术的引进，有助于培养耐寒、抗旱、耐盐碱、抵御病虫害的新的动植物品种，提高农作物或牲畜的产量，并可以把更多的“废料”转化为肥料、燃料、饲料，有助于资源的再利用和生态平衡。例如我国江苏省吴县是传统的草席出口基地，后由于本地草种退化，草席质量下降，曾一度被迫退出国际市场。后从日本引进了优良草种——蔺草，使草的产量提高了三至四成，长度增加了40~50厘米，草席等级提高了1~2级，重新打开了国际市场。

2. 外向型经济对环境保护可能造成下列不利影响

（1）转嫁环境危机。发展中国家面临着发达国家通过对外贸易和经济合作等途径，向他国转嫁环境危机的危险。随着产业结构的调整和发达国家保护环境的立法日益完善，发达国家的一些跨国公司为了减少环保费用的支出、降低成本、提高产品的竞争能力，都力图把污染严重的产业由国内向国外转移，以转嫁危机。例如日本化学工业公司，1981 年因环境公害受到本国舆论谴责后，便将污染严重的重铬酸盐的工厂转移到韩国的蔚山。更加骇人听闻的是 1984 年在印度博帕尔发生的毒气泄露事件。该事件是美国的联合炭化物公司，把在国内受到限制的化工厂迁到印度博帕尔进行生产，结果造成毒气泄露，导致数千人死亡，20 万人遭到不同程度的毒害。令人不安的是，随着发达国家工业、生活垃圾的增多和处理费用的昂贵，发达国家就以微利为诱饵，企图向发展中国家倾倒垃圾。例如 1989 年 2 月，美国一家公司曾向上海某公司提议，愿意“无偿赠送”垃圾 72 万吨，由上海进行处理，而且每吨付 15 美元的处理费。由于遭到上海市民的强烈反对，此种图谋未能得逞。

（2）污染扩散危机。发展中国家自身由于工业化进程的加快和外向型经济的发展，也面临着污染扩散的危险。发展中国家沿海地区和中心城市，由于交通方便、基础设施完善、劳动力文化和技术水平较高，外向型经济发展尤为迅速，从而使产业结构调整加快，环境立法日益完善。其结果必然使消耗原材料多、污染重的劳动密集和资源密集型的产业，如小造纸、小化肥、小冶金等向内地或农村转移，造成了污染的扩散。

（3）资源枯竭生态环境恶化。发展中国家为了扩大出口解决资金短缺的困难，就过度开采矿产资源，砍伐森林，捕捞水产品，采摘珍稀植物和捕猎珍贵动物，从而导致本国资源的急剧枯竭和生态环境的恶化。例如巴西在工业化初期，为了扩大出口创汇，就曾大规模地砍伐热带森林，使热带森林的面积由原来占全国的 80%，降低到目前的 40%。大面积森林的消失，造成水土流失加剧，气候异常，水旱灾害严重。

（4）不利于经济的可持续发展。发展中国家在引进某些工程项目和技术设备时，往往只看重价格便宜或能解决经济发展中的某些燃眉之急，而对该工程可能造成的长期环境危害，论证不够，因此工程一旦建成或投产，其造成的环境危害绝不是眼前的盈利所能弥补的。最典型的案例是 20 世纪 60 年代埃及在尼罗河上建成的阿斯旺水坝。该水坝是 20 世纪 60 年代由苏联提供资金、设备建成的，具有航运、发电等综合效益，尤其解决了埃及独立后电力缺乏的困难。但由于阿斯旺水坝建成后改变了尼罗河定期泛滥的规律，不但造成了水库沿岸地区大范围的土壤盐碱化，而且对尼罗河三角洲地区农业生产造成了不利影响，使农业生产水平下降。

（5）交通事故造成环境污染。国际贸易运输中频繁发生的海上交通事故，常常造成石油等污染物质的泄露，大面积地污染海域及沿海地区，造成了大量海洋生物的死亡。例如 1989 年美国埃克卉・瓦尔德兹号油轮在阿拉斯加州威廉太子湾触礁，泄露出 5 000 万加仑原油，污染了 1 600 平方公里的海域，致使该海域数千只海獭、海马等海洋生物死亡。埃克森石油公司为清理污染就花费了 2 亿美元。2010 年 4 月，英国石油公司花费超过 400 亿美元处理墨西哥湾石油泄漏事故，相关产业经济损失超过数千亿美元，生态环境遭到严重破坏。

（6）出入境检疫不严格传入污染。发展中国家往往对出入境的动植物及其产品、出入境人员，缺乏严格、科学的动植物和卫生检疫，致使某些危害动植物生长和人体健康的病虫害和疾病得以扩散和蔓延。其结果不但会造成农业的减产、牲畜的死亡，甚至会危及人的生命。1996 年英国发生的“疯牛病”，不但给英国造成了巨大的损失，甚至传入到比利时、法国，乃至日本，损害无法估量。

二、环境对外向型经济的影响

由于人类生产活动本身就是利用自然，改造自然的过程，因此环境状况如何，必然对经济发展产生促进或阻碍作用。这些作用主要表现为：

（1）各环境要素，如气候、动植物资源等在空间分布上具有明显的地域性，为各国因地制宜地发展具有相对优势产品的出口创造了有利条件。例如橡胶、油棕、咖啡、可可、甘蔗等作物，适宜在热带气候条件下生长，因此马来西亚、巴西、印度尼西亚、加纳等国，就成为这些作物的主要生产国和出口国。而地中海沿岸各国，属于冬季温暖多雨，夏季炎热干燥的地中海式气候，适宜葡萄、柑橘、油橄榄、栓皮栎的生长，因此法国、意大利、西班牙就成为世界葡萄酒、橄榄油、软木的生产国和出口国。

（2）大气、水源、土壤、海洋污染的日益加剧，必然增加企业防污、治污的费用，一方面增加了产品的成本，另一方面降低了产品质量，从而削弱了产品在市场上的竞争能力，甚至由于质量的下降，导致买方的拒收或索赔。例如在国际市场上白坯布与色布的差价很大，而我国出口的多为白坯布，创汇能力低。其原因就是由于水源污染，使色布的着色度不牢，因此影响了色布的质量。而农业生产中由于大量使用农药，使农产品中农药的残留量超过卫生标准，导致国外拒收的事情，更是常有发生。

（3）近年来频繁发生的“厄尔尼诺”现象，使世界性的水旱灾害、森林火灾增多。许多受灾国农作物大幅减产，导致世界市场上农产品供应的数量和价格发生大幅度波动，影响了世界农产品的贸易。例如 1988 年美国发生了大面积的旱灾，有 1/3 的农田减产，从而引起了世界粮食价格的上涨。

（4）随着生产的发展、人民收入的增加，国际旅游已成为外向型经济中的一个重要产业部门。2012 年全球旅游总收入达 6. 6 万亿美元，2013 年全球国际游客超过 10 亿人次。旅游外汇收入达 44 474 亿美元，占全球经济总量的 9%。但是由于许多旅游景区忽视了环境保护，大气、噪音、粉尘污染加剧，破坏了景区的生态平衡，结果使观赏价值下降，许多游客往往乘兴而来，败兴而归，后来者望而却步，使旅游业收入下降。例如我国湖南省张家界，被联合国列为世界级的自然保护遗产，但近年来由于无节制地在景区内兴建各种楼宇等商业设施，破坏了自然景区的完整性、和谐性，导致污染严重，国外旅客人数下降，已被联合国处以“黄牌”警告。当地政府为拆迁楼宇、搬迁居民，花费 2 亿多人民币，无论对国家和人民都造成了不应有的损失。

（5）亚、非、拉的发展中国家，人口过快增长，一方面造成了环境的恶化，粮食的匮乏，成为世界主要的粮食进口国；另一方面众多的劳动力，也为这些国家发展劳动密集型产品的生产和出口，创造有利条件，同时这些国家也是世界重要的劳务出口国。

（6）环境污染的加剧，一方面使国际贸易“绿色壁垒”盛行，阻碍国际贸易的发展；例如，20 世纪 90 年代初，墨西哥向 WTO 的前身关贸总协定投诉，要求美国停止“进口捕捞金枪鱼禁令”，美国的理由是捕捞网在捕鱼的同时可能会网杀海豚。另一方面使那些“无毒、无害、无污染”的“绿色产品”，日益受到人们的青睐，因此未来的环保产品市场将是一个潜力巨大的市场。这种市场主要包括：净化水和绿色食品市场；农业生物技术市场；新能源市场。

三、保护环境将提高对外贸易的经济效益

（1）从环境与贸易的根本联系上看，环境是对外贸易的基础，使国际贸易得以存在并获得资源。无论是初级产品、中间产品还是制成品贸易，也无论是服务、技术、信息等各种贸易，都无不与环境质量紧密相关。阳光、土壤、空气、水的质量及动植物，除了直接影响人们的健康和生活方式、水准，直接影响农、林、牧、渔及旅游业、服务业外，也直接或间接地影响到出口工业。也就是说，保护环境就是保护人类自己。在1992年拉丁美洲因水质引发的流行性霍乱的头10个星期，就使拉美国家的农业和旅游业损失了10亿美元，相当于其整个20世纪80年代在供水和卫生项目上花费的三倍，这是环境对国际贸易造成损失的典型例子，所以，只有对环境进行保护，保证生态环境的平衡才是保证国际贸易正常运行的先决条件。优美的生态环境是加快经济发展的基础；而恶劣的生态环境，不但经济难以发展，即使发展了，也难以为继，后果不堪设想。

（2）随着人类对环境保护的重视，以及一些“绿色壁垒”的出现，对于发展中国家的经济发展来说既是挑战也是机遇。在对外贸易过程中，积极引进先进环保技术，大力发展环保产业，增强市场竞争力。可以在借助引进国外技术，加快国内调整产业产品结构的步伐，也就是说以环保产业来带动其他产业的发展，增加科技含量，提高在国际市场的竞争力，一方面提高了对外贸易的经济效益，另一方面也利于从源头上把住污染环境、破坏生态的关口。就中国来讲，应大力推进清洁生产、循环生产，发展无污染和少污染产品的产业，使环保指标和其他安全健康指标一起构成优质农产品的内涵，从而建立可持续发展的出口贸易商品结构。

（3）“环境的持续”与“经济的发展”本身就是矛盾对立的统一体。对于目前世界经济的发展，二者统一到可持续发展上来，就是要走经济发展与环境保护同步增长的道路。保护生态环境与发展经济相辅相成，互为因果。

【知识拓展】

绿色贸易壁垒

也被称为绿色壁垒（Green Barriers，简称GBs），或环境贸易壁垒（Environmental Trade Barriers，简称ETBs），是进口国以保护资源、环境和健康为名，通过制定一系列带有歧视性、针对性的技术、安全和卫生标准，限制或禁止外国商品的进口。这是一种隐形贸易壁垒政策，也是一种全新的非关税壁垒措施。绿色壁垒已成为各国国际贸易中最通用的有效手段。这一手段的使用，对世界各国特别是环保水平较低的发展中国家的产品和贸易出口，构成了天然屏障和壁垒。

2006年5月起，日本正式施行《食品中残留农业化学品肯定列表制度最终草案》，该草案明确设定了进口食品、农产品中可能出现的734种农药、兽药和饲料添加剂的近5万个暂定标准，大幅抬高了进口农产品、食品的准入门槛。2006年6月2日，中国出口日本的甜豌豆被日方要求收回，成为肯定列表制度实施后首件超标被查的农产品。此后，我国鳗鱼、干青梗菜、大粒花生、冷冻木耳、天然活泥鳅等产品被陆续查出药残超标。随后，我国对日

农产品出口大幅下降，当月出口额同比下降18%，其中水产品的对日出口基本停止增长。据专家保守估计，日本肯定列表的实施将对我国对日农产品出口总额的1/3产生致命影响。

面对越来越严苛的绿色贸易壁垒，我国的出口企业应该积极应对：① 提高对绿色贸易的认识，增强风险防范能力；② 实施全程质量控制技术，提高农产品、工业产品的竞争力，生产出符合国际标准的产品；③ 调整出口商品结构，大力发展环保产业。

（摘自《国际贸易与环境——绿色壁垒》，作者为杨小川、李伟聪等）

【案例分析】

1998年9月11日，美国农业部长签署一项新法令，要求所有来自中国的木质包装和木质铺垫材料须附有中国出入境检验检疫机关出具的证书，证明木质包装在进入美国前经过热处理、熏蒸处理或防腐处理，或者出口商出具无木质包装的证明，目的是防止一种叫做光肩星天牛的植物害虫传入美国。违规货物将整批禁止入境，或在美方认可的条件下，对木质包装进行拆除销毁处理。按照这一规定，自1999年1月7日起，离开中国港口运往美国的中国货物将按照新的检疫规定执行。据当时初步估计，这将使我1/3以上的对美出口受到影响。

欧盟一些国家实施纺织品环境标志（对棉花生产中农药的使用，对漂白剂、染色剂等提出较高环保要求）对我国纺织品出口产生严重影响。如厦门丝绸进出口公司出口到欧盟的丝绸由于此标志的实施而出口量大大下降。

乌拉圭回合谈判结束以后，关税进一步降低，传统的非关税壁垒逐步拆除，用关税和传统的非关税措施来限制进口的余地已经很小。与此同时，随着发达国家经济的发展和人民生活水平的提高，人们更加注重人体健康和周围环境的质量，所以更青睐于对环境较为有利的产品，而对有害于人体健康和生态环境的产品加以抵制。目前，发达国家对进口产品的安全、卫生和环保的要求越来越高，从而对发展中国家的出口贸易提出了新的挑战。

（根据时事新闻整理）

面对这样的挑战，你认为中国作为发展中国家应如何应对？

【思考练习】

1. 怎样认识人类与环境的关系？
2. 简述全球所面临的环境问题。
3. 试谈谈你所在家乡主要的环境问题，它对当地的经济发展有什么影响？

下篇　分国（地区）贸易地理

无论国际贸易地理的理论如何发展，最终还是要落实在各个国家（地区）具体的贸易条件和地理上。各个国家（地区）承担着主要或某一部分的国际贸易任务。每个国家（地区）都在其地理位置、自然条件和经济基础上，建立了各自具有特色的贸易地理形式。

在国际贸易上具有重要地位的国家（地区），是本篇的重点研究对象。着眼于发展我国“外向型”经济，尤其要注意研究与我国对外经济贸易有着紧密联系的国家（地区）。同时在我们研究分国（地区）贸易地理过程中，应该更加注意各个国家（地区）在我国对外贸易中的地位、现状以及发展趋势，了解不同国家（地区）的风俗习惯。

任务八

美国经济贸易地理

【目标要求】

通过对本部分内容的学习，学生将认识和了解美国是当今世界上第一经济大国，是全球政治、军事和科技大国，它在国际经济贸易中居重要地位。掌握美国的地理环境特征、经济的重要性及其对外贸易结构。

【关键技术】

1. 地理环境条件和经济特征；
2. 科学技术、工农业产品、交通运输、对外贸易。

【学习内容】

项目一　美国经济贸易地理概况

一、美国地理环境条件

（一）领土位置及行政区划

美利坚合众国（United States of America，简称 USA、US）简称美国，位于北美洲南部。面积 9 826 630 平方公里（含水域面积，统计截至 2008 年 9 月），海岸线长：19 924 公里，本土东西长 4 500 公里，南北宽 2 700 公里。

美国全国行政区划分为 50 个州和一个华盛顿哥伦比亚特区，本土有 48 个州。北面大致以北纬 49°线和五大湖与加拿大为邻，西南临墨西哥，东南临墨西哥湾，隔着海洋与西印度群岛相望，东临大西洋、西临太平洋。另外，有两个“海外州”：一是北美大陆西北端的阿拉斯加；一是太平洋中的夏威夷。二者原来都是美国的殖民地，1959 年被并入美国，成为第 49 和第 50 州。

由于美国大部分领土位于北纬 25 度至北纬 49 度之间，这样的地理位置对美国经济和社会发展起了极大的促进作用。第一，由于有东西两大洋的保护，使它远离两次世界大战的主战场——欧亚大陆，不但没有遭受地面战争破坏，而且还发了战争横财。第二，南北的邻国墨西哥和加拿大，综合国力均比美国弱小，美国在政治、军事上对它们无所畏惧，反而成为美国进行投资和商品输出的理想场所。这一切无疑有利于美国经济的发展。从纬度看美国大部分位于中纬度，阳光和热量充足，对农业生产非常有利。

（二）人口和民族

美国现有人口 3.16 亿（截至 2013 年 7 月 4 日），居世界第三位。其中白人占 63.0%，拉美裔占 16.9%，黑人占 13.1%，亚裔占 5.1%，印第安人及阿拉斯加人占 1.2%，夏威夷人及其他太平洋岛人占 0.2%（2012 年，人口统计）。美国人口密度较低，平均每平方千米约 34.2 人（2013 年），东部地区人口较为密集，西部地区较为稀少，50% 的人口分布在沿海和五大湖区。城镇人口占全国人口总数的 75%。美国现有人口超过百万以上城市 20 个。大城市主要集中在东北部，西部太平洋沿岸也有一些大城市，而南部地区较少。

400 多年前，印第安人是美洲大陆的主人，从 16 世纪起，欧洲人开始向北美移民，20 世纪初达到最高峰，1915 年美国已达 1 亿人。美国的移民，最初以英格兰人和爱尔兰人占绝大多数，从 19 世纪中叶起，日耳曼人和来自北欧各国的移民逐渐增加。19 世纪末移民大部分来自东欧和南欧。以后，非洲的黑人、中国人和日本人移入的也不少。

美国通用英语，居民主要信奉基督教新教，其次是天主教、犹太教、东正教等。信教者占总人口的 63.2%，货币为美元。

美国人随和友善，易于接近，讲礼貌而不拘于繁琐礼节。朋友之间见面时最常见的问候方式是喊一声 Hello 或 Hi。好友久别重逢也要握手。男女相见时，一般由女方先伸出手。男子若戴手套，要先摘下右手手套再握手，女子握手可不必脱手套。美国人称呼人时，常喜欢直呼其名，以表示亲近友好。一般很少用正式的头衔（如经理、局长等）来称呼别人。正式的头衔一般只用于法官、高级政府官员、军官、医生、教授和高级宗教人士等。

美国人的时间观念很强，与别人约会都得准时到达。若遇有特殊情况不能赴约，事前就要打电话告知对方，以便让对方另作安排。到别人家去拜访或做客，事先要预约。

在美国，烦劳别人时，习惯上均需付给小费。

在美国，有许多象征吉祥与忌讳的风俗。人们所喜爱的吉祥物有蜗牛、马蹄铁、四叶车轴等。美国人忌讳“13”这个数字。人们认为 13 不吉利，会给人带来灾难，因此，日常生活中，都要避开 13。如宴会上不能 13 人同坐一桌，也不能有 13 道菜。美国人对星期五也很忌讳，如果星期五这天又恰逢 13 号，是双倍的不吉利，人们更是小心谨慎，不敢轻举妄动。人们日常交谈，不喜欢涉及个人私事，有些问题甚至是忌谈的，如询问年龄、婚姻、收入、宗教信仰、选举中投谁的票等，都是非常冒昧和失礼的。

【知识拓展】

“山姆大叔”称呼的由来

众所周知，美国的绰号叫“山姆大叔”（Uncle Sam）。这个绰号来自于 1812 年英美战争期间，美国纽约特罗伊城里有一个名叫山姆·威尔逊的商人，他专门供应军队牛肉。美国政府在收购牛肉后，在肉桶上写有“U. S.”，表示这是美国的财产。这正好与山姆的昵称“山姆大叔”（“Uncle Sam”）的缩写（“U. S.”）相同，于是人们便开玩笑说这些带有“U. S.”标记的物资都是“山姆大叔”的。后来，“山姆大叔”就逐渐成了美国的绰号。19世纪30年代，美国的漫画家又将“山姆大叔”画成一个头戴星条高帽、蓄着山羊胡须的白发瘦高老人。1961年美国国会通过决议，正式承认“山姆大叔”为美国的象征。

（根据百科全书等资料整理）

（三）自然条件和资源

美国自然条件优越，海岸线长约19 924公里，并有许多优良的港湾，有利于海上运输的发展，全国有港口150多个，多为深水不冻港。

美国地形分为三部分，东部是阿巴拉契亚山脉和沿海平原。阿巴拉契亚山脉海拔在1 000米左右，山势破碎，对东西部交通往来无碍，山脉与沿海平原相接处，由于落差较大，河流形成一系列小瀑布，水力资源丰富。中部是广阔的密西西比平原，海拔在200米以下，地势平坦，土地肥沃，河流众多，灌溉发达，是美国重要的农业区。平原的西部海拔上升到500米以上，地势仍然平坦，牧草茂密，称为高平原或大草原。平原以西是科迪勒拉山系，分布着一系列的高原、山脉和盆地，主要山脉有落基山脉、海岸山脉、内华达山脉等。由于落基山脉海拔高，形成巨大的屏障作用，使西部内陆的高原和盆地的气候干燥，降水少，不适宜耕作的发展，山区森林茂密，有色金属和水力资源丰富。

美国本土位处北纬25度至49度之间，大部分属温带和亚热带。美国气候类型多种多样，东部属温带大陆性气候，南部墨西哥湾沿岸属于亚热带气候；西部高原山地气候干燥，太平洋沿岸的北部属温带海洋性气候，南部则属地中海型气候。国土内大部分地区雨量丰沛，500毫米的等降水线大致与西经100°经线相一致，以东降水在500毫米以上，东南部超过1 000毫米；以西在500毫米以下，高原内部则不足250毫米，但西北部沿海降水量可增至1 000毫米以上。就水热条件来说，美国大部分地区宜于农耕，利于栽培多种作物。由于地形南北开敞，北方冷空气可长驱南下，南方作物易受冻害。西部大面积的干旱农业区需要灌溉。

美国有庞大而完整的水系，河流主要有密西西比河、科罗拉多河、哥伦比亚河和圣劳伦斯河等。密西西比河全长6 000多公里，是世界第4大河。它纵贯大平原中部、同北部美加国界上的世界最大的淡水湖群——五大湖有运河相沟通，并可通过圣劳伦斯河—伊利运河和哈得孙河通往大西洋，形成联系全国主要地区的内陆水运网，众多的河流蕴藏有丰富的水力资源，西部高原潜在水能尤为巨大。

美国是一个资源大国，无论土地、森林、水力和矿产均很丰富。全国共有耕地达19 745万公顷，占世界耕地总面积（150 151万公顷）的13.15%，是世界上耕地面积最大的国家。美国人均耕地0.7公顷，是世界人均耕地（0.23公顷）的2.9倍。森林面积2.98亿公顷，居世界第4位，覆盖率为33%；森林蓄积量211亿立方米，年净生长量6亿多立方米。最大林区在西北部。美国拥有多种丰富的矿产资源，主要矿产有煤、铁、石油、天然气、铜、铅、锌等。美国重要的矿产储量为：原油305亿桶（2012年），煤炭262 700百万吨（2009年），天然气94 600亿立方米（2013年），铁矿石853百万吨（2009年），铜3 500万吨

（2014 年），钼 550 万吨（2012 年）等。其中，美国的煤炭、稀土、铁矿石、钼、铜、铅、锌、金、银、硼、硅藻土、天然碳酸钠、重晶石等矿产储量分别占世界总储量的 27.1%（煤炭）、14.8%（稀土）、4.3%（铁矿石）、31.4%（钼）、7.4%（铜）、12.1%（铅）、13.6%（锌）、6.4%（金）、9.3%（银）、23.5%（硼）、27.2%（硅藻土）、95.8%（天然碳酸钠）和 12.5%（重晶石）。分别列居世界第 1、3、7、2、2、3、3、5、6、2、1、1 和 3 位。此外，美国的石膏、滑石（和叶腊石）、高岭土、膨润土等矿产储量或资源量也在世界上处于领先位置。美国油气资源主要分布在全国 5 大油气区 30 多个油气盆地中。5 大油气区分别为：墨西哥湾含油气区、北美地台含油气区、加利福尼亚含油气区、落基山含油气区和阿拉斯加含油气区。美国虽然是资源大国，但它高度发达的经济消耗了太多的资源。2005 年，美国石油消费为每天 20 660 千桶，煤炭消费为 1 023.4 百万吨，天然气消费量为 219 780 亿立方英尺，分别占世界总消费量的 25.0%、19.6% 和 23.0%。2008 年后，美国次贷危机发生后，美国石油、煤炭的消费量有所下降。2013 年美国石油消费每天为 19 000 千桶，煤炭消费量为 835 百万吨。

二、经济发展过程

美国是一个移民国家，自 1776 年独立建国以来，经过 200 多年的经济发展，成为当今世界经济最发达的“超级大国”。

第二次世界大战前的美国经济发展大致经过了三个阶段：

（一）以农业为主的阶段

自 1620 年英国大批的清教徒移居北美洲，在美国南部种植棉花、烟草、兰靛等农作物，直到 1860 年以前，美国一直是以农业为主的国家。1776 年美国建国后，国会先后通过了“公有土地转让给农民的法令”、“垦殖权条例”等法令，大大刺激了农民的积极性，促进了农业的发展。据统计，1800 年美国全国农业总产值仅 2.2 亿美元，到了 1860 年已增长到 14.69 亿美元。

（二）实现工业化阶段

南北战争结束后，以纺织、钢铁工业为主的现代工业迅速发展起来。到 1860 年美国工业产值已超过农业产值，1890 年更超过英、法、德跃居世界第一位。1900 年钢产量已达 1 035 万吨，煤 2.45 亿吨，均居世界首位，实现了工业化。美国工业化快速发展有着其特殊的条件，一是农业发达，为工业发展提供了坚实的物质基础。二是从 1880 至 1890 年第二次科技革命的兴起。三是从 1850 到 1890 年美国大规模地修建铁路和公路，为工业发展提供了便利的运输条件。四是实行了严格的贸易保持主义，提高进口商品关税，保护本国新兴工业。五是美国资源丰实，为工业发展提供了丰富的原料和燃料。

随着美国现代化工业的发展，国家的工业重心区也由新英格兰地区移回五大湖沿岸的中央北部区。五大湖沿岸不但交通方便，且有丰富的煤、铁资源，同时又是谷物的重要产地，十分有利于工业的发展。汽车、钢铁、采煤等现代工业在这里发展起来。

（三）两次世界大战期间的美国经济

随着工业的发展，19 世纪到 20 世纪初美国已从自由资本主义过渡到垄断资本主义。1914—1919 年第一次世界大战期间，美国由于远离欧洲战场，经济的发展不但没有受到影响，反而通过为协约国生产军事补给，促进了经济的发展。据统计，1914 年美国国内生产总值为 386 亿美元，而到 1918 年已增长到 764 亿美元，几乎增长了一倍。

20 世纪 20 年代是美国经济高度繁荣时期，1929 年国民生产总值首次突破了 1 000 亿美元。但经济的发展并没有带来市场的繁荣，美国政府实行了高利润、低税率的政策，使社会财富都流入到少数垄断资本家手中，广大工人、农民的购买力反而日趋下降。生产发展的高速度和低购买力之间的矛盾，使生产相对过剩，终于导致了 20 世纪 30 年代初最严重的经济危机。1933 年罗斯福总统上台后，为挽救美国经济，开始实行“新政”，采取种种措施加强了政府对经济生活的调节和干预，如动用国家基金，建立“国有”经济；扩大政府支出刺激经济增长；利用财政和金融手段对宏观经济进行调节等等，使美国经济进入了国家垄断资本主义。

第二次世界大战的爆发，无疑给美国经济注射了一支强心剂。由于扩军备战，军需的生产以每年翻一番的速度增长，使国民生产总值大幅度上升，1944 年比 1940 年增长了一倍。战争不但使美国经济从危机中摆脱出来，而且使工业、农业和交通运输业也得到充分地发展，为战后经济发展打下了坚实基础。

第二次世界大战后的美国经济发展大致经过了三个阶段：

（一）二战后 25 年，称霸世界，达到发展的鼎盛时期

二战后，从政治上看，历任总统不同程度的继续推行罗斯福的新政政策，美国由海外扩张走向全球扩张，奉行对苏冷战和对华遏制政策，建立世界霸权，并利用原子能技术、宇航技术、电子计算机技术发展为标志的新科学技术革命机会，推动了美国经济高度现代化的发展。同时美国现代企业组织、国家和国际垄断组织以及跨国公司的迅速发展，使得美国成为高度现代化的超级大国，并开始向后工业社会和信息社会转化。20 世纪 70 年代后，美国继续保持保持全球超级大国地位，90 年代起美国成为全球唯一的超级大国，尽管其中经历经济滞胀和 1979—1982 年、1990—1992 年的数次经济危机，但从整体来说美国经济仍然保持良好的发展势头。

（二）20 世纪 90 年代后美国经济高速发展

从 1992 年后，美国经济进入了全面高速增长时期，这轮高增长时期长达 115 个月，创造了美国经济史上的增长神话，并且在此期间低失业率与低通货膨胀率同时并存，也打破了美国趋势经济增长率不超过 2. 5% 的公认准则。同期股票指数大幅攀升，房地产市场火热。

（三）21 世纪后美国经济发展速度放缓，面临一系列的严峻挑战

21 世纪后，美国遇到“911”恐怖袭击事件，美国政治、经济遇到了重大的挫折。“911”事件直接打击了美国航空、旅游和保险等产业，市场信心受到打击，造成直接经济损失超过 900 亿美元。美国从 2001 年有财政赤字开始，到 2005 年已达到 4 270 亿美元，占

GDP 的 3.5%。布什政府的财政赤字一定程度上刺激了居民消费，带动了美国经济的增长，但同时也使美国债台高筑，并且相当部分财政赤字需要通过外债弥补，这就增加了国际金融风险。同时，赤字财政拉动的内需部分也转化成贸易赤字。这一系列问题导致的结果就是美国的净外债达到 2.5 万亿美元，每个工作日必须吸引大约 40 亿美元的国外资本为经常项目逆差和美国本国的海外投资融资。为阻止经济陷入衰退，美国联邦储备委员会一度长期实行扩张的货币政策。货币的扩张和低利率的环境降低了借贷成本，促使普通民众纷纷进入房地产领域。对未来房价持续上升的乐观预期，又促使银行扩大向信用度极低的借款者推销住房贷款，也就是发放次级抵押贷款，以赚取更高的利率收入。因此，美国的次级抵押贷款市场迅速发展，规模不断扩大，房地产市场泡沫也日益膨胀。2006 年，美国房市泡沫开始破裂。房市大幅降温、房价下跌、购房者难以将房屋出售或者通过抵押获得融资。这种局面直接导致大批次级抵押贷款的借款人不能按期偿还贷款，次贷违约率不断上升。次贷危机开始显现，引发了美国股市剧烈动荡，并愈演愈烈，最终引发遍布全球的金融危机，致使全球经济面临巨大风险。大量房贷机构特别是与之相关的基金陷入困境或破产。据不完全统计，从 2006 年 11 月至 2007 年 8 月中旬，全美 80 多家次贷机构停业，其中 11 家破产，损失高达 1 000 亿美元。英国、德国、法国、瑞士、荷兰、日本、澳大利亚等国家的 50 多家银行、对冲基金等受到波及。全球银行业损失 3 000 亿美元到 4 000 亿美元。美国花旗银行、美国银行、JP 摩根大通银行及高盛公司等大型银行出现了亏损状况。国际金融市场的各领域都出现剧烈动荡，2007 年 10 月以来，全球股市出现暴跌，全球股票市值损失达 7.7 万亿美元。美国 GDP 增长率从 2006 年的 2.9%降到 2007 年的 2.2%，其中住宅投资萎缩使 GDP 增长下降近 1 个百分点。尽管美国在 2010 年开始，经济逐渐有所恢复，但是困难较多，恢复的步伐缓慢，要想再次回到以前的霸主地位受到了来自更多的其他国家的挑战和竞争。

三、美国经济发展特点及经济的一般特征

（一）经济实力最强

美国原是英国的殖民地。1776 年独立后，经过南北战争，经济发展迅速。早在 19 世纪末、20 世纪初，率先于其他西方国家，完成了向帝国主义过渡。二战后，美国的实力达到顶峰，急剧膨胀为一个凌驾于其他西方资本主义国家之上的“金元帝国”。

美国为什么比其他西方国家发展更为迅速，有其深刻的历史、经济和地理原因。

第一，美国是在资本主义上升时期，主要由英国移民建立起来的移民国家，经过同其他殖民主义国家的激烈争夺，英国最终取得了胜利，建立了优势，并带来当时最先进的资本主义制度，使资本主义得以在这块空地上毫无阻碍地建立和发展起来。另外，南北的统一，西部的开拓，大规模的铁路建设以及农业资本主义迅速发展等，都为美国资本主义创造了一个广阔而统一的国内市场。

第二，美国具有有利的地理位置，优越的自然条件和丰富的自然资源。

第三，美国工业化较晚，可充分利用欧洲各国现成的技术成就和资金、经验及移民中的大量熟练工人。

第四，美国在广阔肥沃的土地上，按美国方式，建立起强大的资本主义农业，使工业的

发展有着坚实的基础。

第五，两次大战中，美国本土没有受到战争的直接冲击，相反它利用战争发了横财。

纵观全球，美国是当今世界经济最发达的资本主义国家。其经济规模宏大，部门结构完整，生产力水平高，垄断程度高，国民经济军事化，是其他任何国家都不能比拟的。2013年美国进出口货物贸易总额为39 104.1亿美元，居世界第二位。

（二）资本高度集中

美国经济具有高度垄断性，生产和资本高度集中在极少数垄断资本集团手中。美国垄断组织的初级形式出现于19世纪60年代。1879年，第一个托拉斯——洛克菲勒家族的标准石油公司，控制了全国石油产量的90%。20世纪初，托拉斯已在全国经济中占有统治地位，1904年，工业中有318个托拉斯，各重要部门一般都有一两个或几个大托拉斯垄断。1913年，整个银行界被摩根家族和洛克菲勒家族的两大银行集团统治。金融寡头已控制着整个国家的经济和政治生活。两次世界大战中，生产和资本的集中程度进一步加剧，国家垄断资本主义得到很大发展，大大增强了大公司在国家经济中的地位。二战后，美国垄断资本的集中达到惊人的程度，国家垄断资本主义获得了空前的发展，垄断是构成美国经济的基础。摩根、洛克菲勒、加利福尼亚、第一花旗银行、芝加哥、波士顿、梅隆、得克萨斯、杜邦和克利夫兰十大财团，控制了国家的主要生产部门。美国工业生产的垄断程度之高，是世界各国中罕见的。三大汽车公司（通用、福特和克莱斯勒）的汽车产量即占全国的95%以上。美国农业生产也日趋集中，垄断资本对农业的控制日益加强。全国农场数已由19世纪30年代的600多万个减少到2010年的200万个左右。

（三）生产布局合理

美国国内各地经济发展相对均衡，生产布局相对合理。它大致可分为三大区域：东北区——是指位于落基山以东的东半部，这里是美国工业发展最早的地区，过去曾被称为美国的“制造业地带”、“经济心脏地带”；南部区——是指位于落基山以东的南半部；西部区——是指位于落基山以西的广大地区；南部和西部被称之为“阳光地带”，这里集中了美国高新技术工业的研究中心和企业群。

（四）国际地位下降

二战后，由于世界各国经济实力的增强，相对削弱了美国经济实力，使其在世界经济中的地位也相对下降。1950年，美国国民生产总值曾经占到世界总产值的1/3以上。到1999年已下降到22%左右，2012年美国国民生产总值为16.24万亿美元，约占世界的19%左右。美国经济实力下降主要表现在以下几方面：

第一，在金融方面，由世界最大的债权国沦为世界最大的债务国。

第二，工业竞争力下降。二战后，日本、西欧不仅在经济增长速度上超过了美国，在工业生产的工艺水平方面与美国的差距也在缩小。在汽车、家用电器、科研仪器等某些部门，美国甚至已经失去了领先地位。其结果使美国工业品在国内外市场的占有率大大下降。工业竞争力的削弱，直接导致了对外贸易的恶化。1971年美国外贸收支首次出现逆差，从此，外贸收支几乎连年逆差，且逆差不断扩大，而今成为世界上最大逆差国。美国的外贸额，尤其是出口贸易，在世界贸易中的比重也不断下降。

第三，美元霸权地位丧失。二战后资本主义世界建立了以美元为中心的货币体系，美元与黄金挂钩，资本主义各国确认美国规定的35美元等于1盎司黄金的官价，各国中央银行以此官价向美国兑换黄金；各国货币与美元挂钩，订出固定比价，不得随意变更。这种国际货币体系是在美国国际收支中保持大量顺差，黄金外汇储备充足，而其他国家普遍存在“美元荒”的情况下建立的。然而，从20世纪50年代起，美国经济实力开始下降，国际收支出现逆差，黄金不断流失，美元的国际地位随之动摇，终于于1960年爆发了二战后第一次美元危机。黄金价格猛涨，美元汇价急剧下降。而后，美元危机频频发生，美国几度宣布美元对黄金贬值。1973年，各国纷纷宣布取消本国货币与美元之间的固定比值，实行浮动汇率制。至此，以美元为中心的国际货币体制彻底瓦解。

项目二　美国主要产业部门及对外贸易

一、美国工业

美国具有完整的国民经济部门结构体系。二战后，随着科学技术的发展，美国的产业结构发生了根本变化。第一、二产业在国民经济中的地位不断下降，而第三产业的比重却迅速上升（见表8-1）。

表8-1　　1950—2005年美国国民生产总值的产业结构

	1950	1960	1970	1980	1990	2005
国民生产总值（亿美元）	2 862	5 060	9 824	26 317	54 651	124 900
各部门比重（%）	100.0	100.0	100.0	100.0	100.0	100.0
第一产业	10.5	6.7	4.7	6.7	3.3	1
第二产业	33.9	33.1	30.4	27.1	23.4	20.4
第三产业	55.6	60.2	64.9	66.2	73.3	78.6

美国的工业以技术先进，门类齐全，生产力雄厚，劳动生产率高而著称于世。二战后，美国一直是世界上最大的工业生产国，许多工业产品的产量均居世界前列。20世纪80年代以来，美国工业发展较快，但各部门的发展很不平衡，传统工业，如纺织、食品、钢铁、造船等行业，由于受到日本、西欧和新兴工业化国家的竞争而停滞下来；而与尖端技术有关的新兴工业部门，如电子、通讯、制药、核能、宇航等行业的发展很快。

美国工业在地区分布上很不平衡。主要集中在西起密西西比河，东至大西洋沿岸，南起俄亥俄河和波托马克河，北至五大湖沿岸及新英格兰组成的狭长地带。这一地带是美国著名的“制造业带”，这里集中了美国的主要制造业。二战期间及战后，在西部太平洋沿岸的加利福尼亚州，一些与军事有关的新兴工业部门如造船、飞机、导弹、电子等得到巨大发展。南部的得克萨斯州的产油区，已逐步成为重要的石油化工中心。20世纪70年代以来，南部和西部工业发展较快，其速度大大超过东北部地区。

（一）能源工业

美国的能源资源，包括煤炭、石油、天然气和水能蕴藏都很丰实。美国人口在世界上仅占6%，而能源消耗占世界能源的1/3，浪费极为严重。石油和天然气是动力工业的主要部分。2012年天然气产量为7 000亿立方米，继续保持全球最大天然气生产国的地位。2013年年产原油3.42亿吨，石油产量增长为美国历史之最。墨西哥湾沿岸的得克萨斯州、路易斯安那州、北达科他州、阿拉斯加州以及俄克拉荷马州是全国最大的油、气产区，约占全国原油产量的50%和天然气产量的80%；阿拉斯加州已发展成为第二大产油区，约占全国总产量的20%；列第三位的是加利福尼亚州，占全国产量的13%，全国石油公司有埃克森、德士古、美孚、海湾石油公司和西方石油公司等。

煤炭工业是美国最古老的工业部门之一，煤炭资源丰富，到2006年探明可采储量为2 466.43亿吨，占全球探明储量的27.1%，居世界第一位。美国煤炭工业在油、气工业兴起后长期停滞不前。由于“能源危机”的爆发，石油短缺，美国又开始重视煤炭资源，以减轻对进口石油的依赖，煤炭产量逐步回升。2013年煤炭产量达到9.96亿吨，仅次于中国，居世界第二位。

二战后美国电力工业发展很快。现火电占全部电力生产的80%；水电不到10%，主要分布在田纳西河、哥伦比亚河和科罗拉多河上。美国核电占电力生产的12.6%，居世界首位，大部分分布在北部。

（二）钢铁工业

钢铁、汽车和建筑业一起被称为美国经济的“三大支柱”。钢铁工业是美国经济的“晴雨表”，生产波动性很大。二战后产量徘徊不前，每年的钢产量一直在8 000万吨至1亿吨之间徘徊（2013年的产量为8 700万吨），排名被中日两国超过。美国钢铁无论技术还是产量，竞争力已大不如前，其原因主要是：（1）对钢铁的需求不振；（2）生产技术落后；（3）劳动力成本高昂。虽然美国政府采取了一系列保护措施，限制国外进口，但进口钢铁比重仍在逐年增加。2013年全行业增长率仅为-2%。

美国钢铁工业的分布高度集中在北部地区，尤其是五大湖以南。主要中心有芝加哥、底特律、克利夫兰、匹兹堡和大西洋沿岸的巴尔的摩、费城。南部有伯明翰和休斯敦两个较大的工业中心。钢铁工业生产具有高度的垄断性。

（三）汽车工业

汽车工业为美国经济的又一支柱，一直是最重要的基础工业部门。汽车工业分布特别集中，主要分布在以布法罗、辛辛那提和珍妮斯维尔为顶点的三角形地区内。底特律为全国最大中心，素有“汽车城”之称，但是由于多种原因，2013年7月18日，底特律已申请破产保护。全国年产量达1 000余万辆左右（2013年全年共生产汽车1 102万辆）。美国汽车工业的垄断程度很高。“通用”、“福特”、“克莱斯勒”三大公司的销售额就占全国80%以上。

（四）建筑工业

美国的建筑业是人数最多的一个综合性工业部门，从业人员达到300多万。作为经济的一个重要部门，它的现代化程度较高，技术和管理也较先进。美国的建筑业和许多部门的产品有着广泛联系，如水泥、玻璃、砖瓦、木材、钢材、油漆及各种涂料等。它有企业约40万个，承包住房、道路及工业、企业、学校、军事方面的各种建筑和设施，分布较为广泛。美国年完成新屋数量居世界第一，但增长率有所下降。

（五）机械工业

机械工业是美国最重要的工业部门之一。门类较齐全，包括机床、农机、电器设备、电机、动力设备、家用电器等，美国的机床产值名列世界前茅。辛辛那提是美国重要的机床工业中心，其次是芝加哥。电机与电器制造主要集中于芝加哥、纽约、费城和洛杉矶。农机制造以芝加哥为最大中心。造船工业能够生产最先进的核动力航空母舰和核潜艇等。但美国的商船生产不及日本和瑞典等国家。造船工业主要分布在沿海各港口。

（六）航空、航天工业

美国航空、航天工业在世界上处于领先地位。其产品不仅与民用航空有着密切联系，同时也是美国军事装备的重要生产部门。它包括民用和军用飞机、导弹、火箭及人造卫星等。美国航空工业中心主要在西部的西雅图、洛杉矶和圣迭戈，东部的巴尔的摩、纽约、布法罗以及中、南部的堪萨斯、达拉斯和沃斯堡。其中，西部的产量占总产量的一半以上，并以重型军用飞机和巨型喷气客机为主。美国的飞机制造高度集中在波音公司和洛克希德马丁公司（原麦道集团已被波音公司兼并）。其中最突出的是波音公司，是西方众多民用航空飞机制造公司中的佼佼者，产品质量和数量均居世界第一。

宇航工业是美国政府用大量投资发展起来的一个重要部门。它以最新科学技术为基础，主要为国防、军事服务，也有相当部分为民用事业效力。现有休斯公司等一批卫星制造骨干企业。另外，美国的军火工业自二战结束以来，产量、销售、出口量均居世界第一，它综合了机械工业、航空航天工业、高新技术工业的科研力量和尖端技术成果，为美国在世界上继续充当“国际宪兵”提供了相应保障。这些军火厂商中，较大部分是民营企业，拥有的技术力量和手段同国有企业相比毫不逊色。如大名鼎鼎的“战斧”式巡航导弹，就是民营军火企业“雷神”公司制造。

（七）高技术工业

美国的高技术工业包括微电子、软件、机器人、通信设备、光学纤维和生物工程等部门。该部门雇佣劳动力人数不到全部劳动力的5%，却能量极大。美国政府把它作为提高经济增长率，稳定物价，保证长期就业人员的数量和质量及军事工业发展的重要手段。目前美国的计算机技术、电子电信、生物工程等大多数高技术部门均居资本主义世界首位。只有机器人和金属合金等方面落后于日本。据统计，美国的高技术产业对经济增长的贡献度高达27%，这是十分罕见的。

电子工业是美国一个产品丰富、基础雄厚、技术最为先进、发展最快的工业部门。电子工业是世界上最大的电子产品制造国家，占世界总产量21%的份额；目前，美国已占据了世界电子计算机市场的60%，2006年美国电子工业总产值达2 938 亿美元。太平洋沿岸旧金山附近的“硅谷”是美国最大的电子工业基地。东部的纽约、伊利诺斯、马萨诸塞、佛罗里达等地分布也较为集中。主要电子计算机公司有国际商用机器公司（IBM）、苹果计算机公司、Intel公司、康柏公司、AMD公司等。软件生产的最大公司是赫赫有名的“微软”公司。

（八）非耐用品工业

美国的非耐用品工业包括基础化学、纺织、服装、食品、造纸印刷等工业部门。同其他工业部门相比，非耐用品工业部门近年来发展有些缓慢，如纺织品和服装业平均增长率只有1.5%。就业人数大为减少。

美国的棉毛和化纤纺织工业均居世界前列，棉花能全部自给，而毛纺原料需大量进口。合成纤维产量居世界前列。新英格兰是美国最老的纺织工业区，现已衰落，南部主要集中在南、北卡罗来纳州和佐治亚州。现在美国纺织品因生产成本高而受到进口纺织品的激烈竞争，美国政府虽然采取了贸易保持措施，但代价沉重，收效甚微。2005年1月1日始，根据世贸组织规定，纺织品服装配额如期取消，这意味着美国将敞开大门，迎接来自像中国这样的低成本生产商的纺织品服装的大量涌入。

美国服装工业主要集中在东北部大西洋沿岸，纽约为最大中心。食品工业发展较早，芝加哥为最大食品加工中心，西部的旧金山也具有相当规模。

基础化学工业部门齐全，产量很大。碳酸、烧碱产量均居世界第一。基础化学工业主要分布在大西洋和五大湖沿岸地区。

二、美国的农业

美国的农业在世界农业生产和农产品贸易中占有举足轻重的地位。谷物产量占世界总产量的1/4，谷物出口量占世界出口总量的一半。但是自2012年来受到旱灾的影响产量出现较大的波动。

农业是美国最早的经济部门之一。曾为美国吸引来大量的移民，积累了巨额的资金，开辟了广阔的国内市场，推动了美国工业化的进程。近年来，美国农业虽然在国民生产总值中不到3%，但是仍然是美国经济发展和全球扩张政策的重要物质基础。

美国农业的一般特点：

（一）规模大，科技水平高，垄断程度高

美国农业是世界上规模最大、用现代化最新科技装备起来的资本主义大农业，垄断程度较高，许多重要的农产品产量、出口量、机械化程度均居世界先进行列。据有关资料统计，美国的农业以家庭农场为主，约占各类农场总数的87 %，合伙农场占10 %，公司农场占3%（1987年）。美国每个农业劳动力平均负担可耕地93.1公顷，占世界第三位。生产谷物161 529公斤，肉类9 038公斤。劳动生产率水平之高为世人所瞩目，远远超过其他西方国家。由于生产和资本的日趋集中，垄断资本对农业的控制日益加强。据资料统计，数量只占

2.9%的6.5万个拥有2 000英亩以上耕地的农场，却占有47.4%的土地。

美国农业现代化程度很高。使用先进农业机械和农业技术提高农业劳动生产率。尽量投入机器设备，节约劳动力；技术现代化，通过采用化学的、生物的技术，改善与增加农作物品种，提高单产水平；管理现代化，即把在工业部门中先发展而后成熟的管理办法、经验引入农业，形成生产、加工、销售一体化，实现产业化经营。

（二）农产品长期生产“过剩”

主要表现在：农业生产过剩，库存激增，农产品出口急剧减少，农场主收入大幅度下降，农场债务激增，农业用地价格剧降。

（三）农业商品性较高，部门结构全面

美国农场的产品几乎全部投入市场，而所需的农机具、化肥、农药、种子、饲料等都需购买。对国外市场依赖性极大。农产品出口收入分别占美国全部外汇收入和农产品收入的1/5。农业的基本部门——种植业得到充分发展，畜牧业占有相当比重。谷物生产以小麦和玉米为主，玉米占谷物总产量的65%。经济作物以大豆、棉花和烟草为主，牧草、蔬菜、水果生产也占重要地位。畜牧业以饲养牛、猪和鸡为主，肉类产量占世界第一位。在美国东南部出现了肉鸡集中的“肉鸡带”。畜牧业全面实现了专业化、机械化和大型室内封闭化，科学技术的进步使产品质量全面提高。

（四）农业生产区域专业化

美国农业区域专业化突出体现在：一方面表现为个别农业部门和农产品地区分布上高度集中，另一方面是各地区部门结构表现了比重较高的部门专业化。这是依据其各地的自然条件、经济和社会条件的差异而逐渐形成的。

（1）乳酪带。包括美国东北部和濒湖各州，为最大的农业区之一。这里集中了全国1/2的城市人口，是一个巨大的畜产品消费市场，它拥有全国奶牛的1/3，生产全部乳制品的一半。

（2）玉米带。本区位于乳酪带以南，行政区上包括衣阿华、伊利诺斯、印第安那、内布拉斯加和密苏里等州。目前玉米生产已占全国总产量的3/4，大豆占60%，畜牧业也很发达，生猪饲养量占全国的2/3，肉用牛则占1/4。

（3）小麦带。本带位于中部平原的西部，行政区上包括南、北达科他和蒙大拿、堪萨斯、俄克拉荷马等州。本区北部适种小麦，南部则为冬小麦，美国70%的小麦都集中在本区。

（4）棉花带。本带位于美国东南部，东起大西洋沿岸，西至得克萨斯州东部。此地长期为美国棉花的集中产区。原有农业已趋向多样化发展，并朝以畜牧业为主的多部门综合农业演变。此带又可分为三个二级区域：东部带、中部带和西部带。棉花重点分布区已移向西部，70%集中在得克萨斯、新墨西哥等四个州。

（5）山地放牧和灌溉农业区。本区位于以落基山脉为主的广大西部高原，山地面积约占全国1/3以上，其北部是季节性放牧区，主要作物有小麦、豆类、甜菜。南部为常年放牧区，现已发展为高度集约化的灌溉性农业区，种植棉花和其他作物。

三、美国的交通运输

美国的交通运输业非常发达，门类齐全，技术先进。形成了由铁路、公路、内河、海运、管道和航空构成的庞大运输网，其运能、运量、设备数量均居资本主义世界首位。各部门比例大致如下：以货物周转总量为100，则铁路为35.9、公路为23.6、内河为15.3、管道为25.0。

促使美国交通运输高度发达的主要因素是：一是美国国土面积大，资源分布不平衡，生产规模大，商品性高；二是生产分布不平衡和局部无政府状态造成的不合理运输，以及垄断造成的竞争盲目发展；三是美国对外扩张政策对航海和航空业刺激。

（一）铁路运输

美国铁路营业里程为22万公里，居世界第一。按人口计仅次于加拿大和瑞典。但近年来由于受公路和管道运输的激烈竞争，货运量比例逐年下降。在客运方面，则降至1%以下。

美国铁路网的分布很不平衡。以北部密度最大，西南部和西部则较稀。各主要城市和地区间都有铁路联系。全国最大的铁路枢纽是芝加哥，有30多条铁路交汇，其次是圣路易斯、纽约、匹兹堡和堪萨斯。铁路网中，以东西向干线为最重要。其中有：

芝加哥——匹兹堡——纽约

芝加哥——西雅图

芝加哥——旧金山

芝加哥——堪萨斯城——洛杉矶

新奥尔良——洛杉矶

南北干线有：

芝加哥——堪萨斯——休斯敦

芝加哥——圣路易斯——新奥尔良

底特律——诺福克

（二）公路运输

美国公路总长630多万公里，其中高速公路约8.8万公里，占世界高速公路总长度的1/2左右。有各种车辆1.77亿辆，其中小汽车占80%，汽车运输垄断了短途货运，也占据了相当份额的长途货运。在客运方面占了绝对优势（约85%），美国的大部分公路网集中在北部。

（三）水上运输

美国的水上运输包括内河航运和海上运输。美国内陆水上运输航道总长5万多公里，其中五大湖与密西西比河水系共占内陆水运量的80%。五大湖是世界最大的淡水湖群，各湖之间有天然水道和运河相通，并有到大西洋的三个出海口，即伊利运河、圣劳伦斯河和芝加哥——伊利诺利运河、密西西比河，是联系美国煤铁产区、西部农业区和东部工业区的重要交通线。密西西比河是美国南北航运的大动脉，主要以运送矿砂、农产品和燃料为主。

美国是世界上沿海运量最大的国家。共有商船 6 000 余艘，含 2 000 万注册吨。另外，它还有大量的商船在国外注册，以取得国外廉价劳动力和逃避国内较高的税额。美国海运以沿海运输为主，远洋运输仅占 1/3。主要海港有大西洋沿岸的纽约、诺福克、巴尔的摩、费城等，墨西哥湾沿岸的新奥尔良、休斯敦、博蒙特、坦帕等，太平洋沿岸的长滩—洛杉矶、瓦尔迪兹等。新奥尔良、纽约和休斯敦是美国最大的 3 个海港。

（四）管道运输

它是在战后发展起来的一种新兴现代化运输工具。美国管道运输分为石油管道和天然气管道两种。美国现有管道近 60 万公里，主要运输石油和天然气。

（五）航空运输

美国的航空运输是在二战后迅速发展起来的。美国的航空网是世界上最发达的，在交通运输总量中的比重逐年提高。年客运量达 460 多亿人公里，年货运量达 60 亿吨公里。共有遍布全国的大小机场 14 000 多个，仅民用飞机就达 2 000 多架。主要空港有芝加哥、洛杉矶、旧金山、纽约、波士顿、迈阿密等。

四、美国对外贸易现状和市场特征

（一）对外贸易

美国的对外经济联系极为广泛，尽管它在世界的地位不断削弱，但仍然是当今世界上最大贸易国。据世界贸易组织公布的 2006 年世界各国贸易排名报告显示，以进出口贸易总额计算，美国以 28 922. 6 亿美元的总额位居榜首。2012 年美国对外贸易总额达 49 322 亿美元，为全球第一大货物贸易国。进出口额在美国国民生产总值的比重虽然不大，但对外贸易对美国经济发展却有十分重要的作用。

1. 对外贸易在美国经济发展中的作用

（1）出口贸易为美国商品和劳务提供了市场。据有关专家统计，美国制造业每生产 5 美元的产品就有 1 美元供出口，个别部门如飞机、飞机零部件和航天工业生产的器材，出口销售一般占其产量的 1/4 左右。制造业中每 8 个人就有 1 人与生产出口产品有关，约有 33% 的农田为出口生产。由此可见，出口贸易是促进美国工农业生产的重要动力。

（2）进口贸易为美国制造业的发展提供了原料和燃料，为居民生活提供了丰富的商品。美国制造业所需原料的 1/5 需要从国外进口，特别是战略物资中的一些稀有金属，百分之百从国外进口。在燃料方面，原油的进口量更大。居民生活所需的纺织品、服装、食品和饮料等都要进口。

（3）对外贸易促进了美国产业结构的调整。由于新科技的发展，使一批技术密集型、知识密集型的新兴产业获得飞速发展，而传统工业的增长却迅速下降，有些耐用品生产部门甚至陷于停滞。为了集中发展高技术产业，使工业结构由传统工业向高技术工业转变，美国将一些资源密集型或劳动密集型、污染严重、技术简单、利润不高的传统工业产品的生产，通过资本输出，在国外设厂生产，然后通过进口，再将制成品运回国内销售，代替国内生产。因此，对外贸易促进了美国产业结构的调整和优化。

（4）通过对外贸易缓解了美国国内失业危机。据有关专家统计，美国每增加10亿美元的出口，就可以增加4万个就业机会。目前，美国依靠出口维持就业的比重，农业占10%，矿业占9%，制造业占6%。

2. 美国对外贸易结构

（1）美国对外贸易的商品结构。美国对外贸易的商品种类繁多，各类商品在进出口贸易中所占的比重在不同时期各有不同。二战以来，美国外贸商品结构发生了很大变化，其特点是工业制成品的出口增长速度跟不上进口增长速度。20世纪50年代以前，美国的对外贸易是以输出制成品，输入原材料和农产品为主，现在制成品的出口额所占的比重虽然在继续增加，但制成品的进口额所占的比重也在增加，已大大超过原材料和农产品所占的比重。由于美国工业竞争力逐年下降，每年都需要从国外进口大量工业制成品。如美国生产的汽车远不及日本汽车价廉物美，生产的钢材也不如韩国的质量好，以致外国的汽车在美国的占有率已达20%，外国钢材占17%。20世纪80年代以来，美国的高科技产品也日益受到日本、德国以及亚太地区新工业化国家或地区的挑战，高科技领域中的优势也在逐渐丧失，自1986年以来，高科技产品贸易曾一度恶化出现逆差。进入20世纪90年代后，由于美国经济结构出现明显变化，"知识经济"迅速崛起，外贸出口创汇能力显著增强，以高科技为基础的知识类商品及服务贸易出现了强劲增长势头。

美国的出口贸易中，制成品一直占主导地位，约占出口总额的80%。农产品、原材料的出口额虽然只占出口总额的20%，但美国却是世界上最大的农产品和原材料出口国。出口主要商品有：机械、运输设备、化学制品、玉米、小麦、稻米、棉花、大豆、烟草等等。

（2）对外贸易地区结构。自20世纪70年代以来，随着世界经济贸易中心由西欧逐渐向亚太地区转移之后，美国对外贸易的地区结构，无论是出口方面，还是进口来源地都发生了相应变化。从商品出口的地区结构来看，20世纪70年代以前，西欧一直占据主导地位。但从20世纪70年代开始，美国对西欧出口呈下降趋势，而对亚太地区的出口则不断增加，至20世纪80年代初，对亚太地区的出口额就超过欧洲出口额。就国别而言，目前，跻身于美国出口贸易"十大伙伴"的国家和地区包括加拿大、墨西哥、日本、英国、德国、韩国、中国、法国、中国台湾、荷兰（见表8-2）。

表8-2　　1996—2013年美国十大出口国家和地区　　单位：百万美元

	1996	1997	2000	2001	2002	2006	2012	2013
加拿大	134 210	151 767	178 941	163 424	160 830	23 057	292 540	300 347
墨西哥	56 792	71 388	111 349	101 296	97 531	134 167	215 931	226 153
日本	67 607	65 549	64 924	57 452	51 440	59 649	69 955	65 145
英国	30 936	36 425	41 570	40 714	33 253	45 393	54 851	47 355

续表

	1996	1997	2000	2001	2002	2006	2012	2013
德国	23 495	24 458	29 448	29 995	26 682	41 319	48 797	47 442
韩国	26 621	25 046	27 830	22 181	22 596	32 455	42 284	41 555
中国	11 993	12 862	16 185	19 182	22 053	55 224	110 484	122 016
法国	14 456	15 965	20 362	19 864	19 019	24 217	30 806	31 969
中国台湾	18 460	20 366	24 406	18 122	18 394	23 023	24 349	25 639
荷兰	16 663	19 827	21 836	19 485	18 335	31 102	40 627	42 654

资料来源：摘自美国商务部。

从表 8-2 我们可以清晰地看出，美国出口贸易的地区结构发生了深刻变化，因而出口贸易的商品结构也随之改变。同样，其商品进口的来源地区也由发展中国家和地区向发达国家集中。由于美国进口贸易的商品结构不断由农矿原料转向工业制成品，使得其商品进口的地区来源不断由发展中国家向发达工业国家集中。20 世纪 80 年代以来，美国从发达工业国家的进口额已上升到 60% 以上。但是，由于发展中国家经济发展不平均，亚太新兴工业化国家或地区在美国进口贸易中所处的地位日渐重要，亚洲已成为美国进口商品的主要来源地。2013 年美国进口贸易的“十大伙伴”的国家和地区依次为：加拿大、墨西哥、中国、日本、德国、英国、巴西、荷兰、中国香港和韩国。

（3）美中经贸关系。中美两国自 1971 年恢复贸易往来，到 1978 年双边贸易额增至 9. 91 亿美元。1979 年 1 月 1 日，中美两国正式建交，两国的经贸关系开始了历史转折。两国政府先后签证了《中美贸易关系协定》、《中美避免双重征税协定》等，同时建立了两国政府间的商贸联委会和经济联委会，为双边贸易的迅速发展创造了有利条件。

据美国 1992 年至 2002 年中美贸易十年统计资料显示：中美贸易总额，从 331. 46 亿美元增至 1 472. 21 亿美元，十年增幅 344%。中美贸易总额在美国贸易总额中的排名从 1992 年的第六位升至 2012 年的第二位。2013 年美国与中国双边货物进出口额为 5 624. 5 亿美元，增长 4. 9%。其中，美国对中国出口 1 220. 2 亿美元，增长 10. 4%，占美国出口总额的 7. 7%，提升 0. 6 个百分点；美国自中国进口 4 404. 3 亿美元，增长 3. 5%，占美国进口总额的 19. 4%，提升 0. 7 个百分点。美方贸易逆差 3 184. 2 亿美元，增长 1. 1%。中国是美国第二大贸易伙伴、第三大出口市场和第一大进口来源地。

美国对中国出口的主要商品为机电产品、运输设备和植物产品，2013 年分别出口 235. 7 亿美元、230. 4 亿美元和 171. 0 亿美元，占其对中国出口总额的 19. 3%、18. 9% 和 14. 0%，机电产品和运输设备增长 11. 1% 和 48. 2%，植物产品下降 1. 4%。运输设备增长较快，主要原因是其中的航空航天器出口 126. 2 亿美元，增长 50. 9%；车辆及零附件出口 102. 9 亿美元，增长 46. 4%。

美国自中国的进口商品以机电产品为主，2013 年进口额 2 179. 8 亿美元，占其自中国进口总额的 49. 5%，增长 3. 9%。其中，电机和电气产品进口 1 175. 3 亿美元，增长 6. 2%；机械设备进口 1 004. 5 亿美元，增长 1. 3%。在自中国的进口商品中，家具玩具、纺织品及原料和贱金属及制品分别居第二、第三和第四位，进口额 482. 9 亿美元、406. 7 亿美元和

217.0亿美元，占自中国进口总额的11.0%、9.2%和4.9%，增长3.2%、3.5%和2.7%。中国的家具玩具、鞋靴伞等轻工产品和皮革制品箱包占美国同类商品进口总额的60.7%、69.7%和62.6%。中国是美国纺织品及原料的首要来源地，所占比重为37.8%，而来自其他国家的进口占比均不超过10%。在机电产品进口中，中国也居美国进口来源的首位，占其机电产品进口市场总额的36.2%，较第二位的墨西哥高出近20%。

双方的商品构成有极大的互补性。中美双方的经济合作也不断扩展。美国对华出口增长从2001年到2010年增长了近3倍。美国对华直接投资超过652亿美元，中国对美投资也已经超过47.3亿美元。居各国（地区）在华投资的第二位，涉及机械、食品、轻工、医药、餐饮等多种行业。相比之下，中国在美国投资的企业项目和金额较少。

目前，中美双方在发展贸易上存在的主要问题：一是美国对出口中国技术给予严格管制；二是对中国出口产品多次进行反倾销投诉，特别是对我国输入美国的纺织品等；三是美国贸易保护主义抬头，贸易保护主义越演越烈。这些问题给中美贸易造成一定困难。

（二）市场特征

美国市场具有以下五个特点：

（1）市场容量大，进口范围广。美国是当今世界上经济最发达的国家，国民生产总值及人均产值也居世界前列，年进口的商品超过1万亿美元，同时美国又有3.1亿多人口。因此，是世界上最大的市场。无论高科技产品还是普通的日用消费品都具有广泛的需求。目前我国出口美国的主要产品，只占美国进口商品种类的20%，因此，开拓美国市场有极大的潜力。

（2）市场变化快，销售季节性强，因此出口商品的交货要及时。美国人喜欢追求时尚，新潮商品价格再高也愿意购买，过时商品价格再低也无人要。因此，要善于抓住商机，不断开发新颖产品。同时要注意美国的销售季节，在美国1—5月为春季，7—9月为开学季，9—10月为秋季，11—12月为圣诞季。每年圣诞期间销售额约占全年销售额的33%，因此，出口商不能误了时机。

（3）价格波动大。美国因受资本主义经济周期规律的影响，加上厂商之间的激烈竞争和货币汇率的波动，引起价格波动大。外贸出口企业应注意防止各种价格或货币汇率风险。

（4）销售渠道复杂。美国与其他西方国家一样有一套复杂而周密的销售网络，有种种代理商、零售商、批发商等。出口企业要根据不同商品、不同地区，选择适当的销售渠道。出口高档时尚商品最好通过超级市场销售，才能扩大知名度，卖上好价钱。

（5）贸易壁垒日益增多。美国为了扭转多年外贸逆差的不平衡，近年来，以非关税壁垒为主的贸易保护措施日益增多。1988年通过的"综合贸易法案"，保护的范围已从一般商品扩大到知识产权、劳务和投资领域。对此，外贸出口企业应予充分的注意。

（三）主要城市和港口

（1）华盛顿（Washington，DC）：美国首都。它位于大西洋沿岸的波托马克河口，范围与哥伦比亚相同，面积174平方千米，人口64万。该城建于1790年，为纪念第一位总统华盛顿而命名。是世界上少有的仅以行政职能为主的城市，工业很少。美国国会、总统府、国务院、国防部以及全国重要的科学文化机关都设在这里。

（2）纽约（New York）：位于大西洋哈得逊河口，是美国第一大城市和最大海港，人口1 700万，市中心区位于曼哈顿岛，摩天大楼林立，金融业十分发达，是世界重要金融中心。位于曼哈顿岛南端华尔街及其附近地区是美国垄断资本的大本营，云集有3 000多家金融机构以及数千家工商公司的总部。纽约为美国第二大工业中心。服装、印刷、化妆品、机械制造、军火、石油加工和食品加工业等在全国占有重要地位。交通运输业发达，港口条件良好，拥有现代化的装卸设施、干船坞和库藏设施，货物年吞吐量达1.6亿吨。肯尼迪国际机场为世界客货流量最大的航空港之一。

（3）芝加哥（Chicago）：美国最大的工业城市和中部最大的金融、商业中心。位于密歇根河南端。人口700多万，该城发展迅速，长期列美国第二大城市，只是近年来才被洛杉矶超过。现成为全国最大的谷物和牲畜市场，肉类加工和黑色冶金业居全国首位，农业及运输机械、石油化工、印刷等部门也很重要。是五大湖区重要的湖港，货物年吞吐量7 500万吨，且拥有全国最大的铁路枢纽，有30多条铁路交汇于此。市区有3个重要机场，其中奥黑尔国际机场是美国面积最大、客运最繁忙的机场。

（4）洛杉矶（Los Angeles）：美国第二大城市，西部最大的工商业中心和最大海港。位于加利福尼亚州西南部，太平洋东侧的圣佩德罗湾和圣英尼卡湾沿岸。人口800多万，重工业发达，飞机制造业在全国占首位，石油化工、化学、机械制造及果品罐头业也很发达。北郊的好莱坞为美国电影和电视制片中心。港口由东西毗邻的洛杉矶港和长滩港组成，货物年吞吐量5 000多万吨。主要输出棉花、石油产品，飞机、橡胶、果品等，输入以钢材、木材为大宗。市内交通以私人汽车为主，是世界上汽车拥有量最多的城市。洛杉矶国际机场为美国最繁忙的机场之一。

（5）费城（Philadelphia）：全称费拉德尔菲亚，美国历史名城。位于宾夕法尼亚州特拉华河口，人口168万。1776年北美13州在此宣布独立，曾为临时首都（1790—1800年）。工业发达，是全国造船和石油加工业的主要中心之一，钢铁、纺织、电机、机车车辆、化工、服装业等占重要地位。它还是重要铁路枢纽和海港。

（6）波士顿（Boston）：东北部大工业城市和优良海港，重要的金融、文化中心。人口55万，有电子计算机、电子设备、车辆、化学、毛纺织等工业部门，是全国制鞋业中心。西郊的剑桥为大学城，有著名的哈佛大学、马萨诸塞理工学院等。

（7）巴尔的摩（Baltimore）：位于马里州切萨皮克湾顶端西侧。美国东海岸大城市和重要港口，市区人口80万。工商业发达，以钢铁和有色冶金工业为主，还有机器、飞机制造、军火、石油化工、化学、食品、服装等重要工业。进出口贸易占突出地位。港口潮差小，冬季不冻，航道深，货物年吞吐量5 000万吨以上。

（8）休斯敦（Houston）：位于得克萨斯州东南沿岸，通过80公里的通海河与墨西哥湾相连。美国南方的第一大城市，全国最大的石油工业中心和第三港口，人口170万。早期为农畜产品集散地，发展缓慢。随着附近地区油气资源的开采和通海运河的开凿，城市迅速崛起，以石油工业为主体的工业体系逐步形成，号称“石油之都”，美国各大石油公司的总部或分公司均设在此。市内井架林立，油管纵横，炼油和石化工业发达。休斯敦港系人工港，通海运河宽90米，深11米，货物年吞吐量1亿吨左右，次于新奥尔良和纽约。

（9）新奥尔良（New Orleans）：位于南部密西西比河畔，距入海口约180公里，市区人口130万。运输和贸易是城市的主要职能。货物年吞吐量1.7亿吨，居全国各大港口之首。

以转口贸易为主，输出谷物、大豆、棉花、石油、硫黄等，输入糖、香蕉、铝土矿、钢铁制品等。港内设对外贸易区，进口货物在这里可免税储存、加工或展览。工业以石油加工、造船、宇宙航空、炼铝为主。

（10）亚特兰大（Atlanta）：美国东南部重要工商业城市，佐治亚州首府。市区人口 42 万，其中黑人占一半以上。主要工业有飞机制造、钢铁、造纸、化学、食品等。洛克希德飞机公司和可口可乐公司的总部设在这里。

（11）迈阿密（Miami）：美国著名海滨旅游城市，位于佛罗里达半岛南端，美国最南的城市。市区人口 35 万，在旅游业带动下，金融和商业发展迅速，已成为美国南方最大的金融中心。是通往拉美、西非和南欧的航空交通中心。

（12）圣弗兰西斯科（San Francisco）：又称旧金山，是美国西部第二大城市，西部的金融中心和重要海港。市区人口约 70 万。19 世纪中叶发现金矿，大批华人涌入，华侨称之为“金山”，后为有别于澳大利亚的墨尔本，改称旧金山，是美国对太平洋地区各国贸易的主要海港，素有“通往东方的门户”之称。港口优良，设施先进，有各种专业码头、泊位和现代化装卸机械、仓库等，货物年吞吐量 2 600 多万吨。输入以椰干、糖、咖啡、香蕉、原油、新闻纸和钢铁制品为大宗，输出以乳制品、粮食、水果、石油制品和工业品为大宗。旧金山是横贯大陆铁路的终点站之一，港口有铁路专用线，水陆联运便捷。

（13）西雅图（Seattle）：美国太平洋岸西北部最大城市和重要海港，人口约 50 万。是北太平洋航运的重要起讫点，在美国西岸各港口中距远东最近。多种工业中心，交通方便，飞机制造业发达，波音航空公司总部设在此。对外贸易以出口小麦、面粉、船舶、飞机为主。

（14）底特律（Detroit）：位于东北部圣克莱尔湖畔，著名的“汽车城”，人口 134 万。美国最大的四家汽车制造公司福特、通用、克莱斯勒和阿美利加的总部设于此。是美国对加拿大贸易的主要港口，货物年吞吐量约 2 000 万吨。有 10 条铁路和多条公路通往各地，与加拿大的温莎有桥梁和河底公路隧道相连。

（15）匹兹堡（Pittsburgh）：美国东部重工业城市，人口 48 万。美国钢铁工业心脉，素有“钢都”之称。又是主要内河货运中心。

（16）火奴鲁鲁（Honolulu）：又称檀香山，美国太平洋夏威夷州主要政治、经济中心和港口，战略位置极为重要。旅游业发达，港区面积为 22 平方千米，可容 10 万吨级船只出入。

【知识拓展】

美国的时区

美国国土辽阔，横跨西五区至西十区，共六个时区。每个时区对应一个标准时间，从东向西分别为东部时间（EST）（西五区时间）、中部时间（CST）（西六区时间）、山地时间（MST）（西七区时间）、太平洋时间（西部时间）（PST）（西八区时间）、阿拉斯加时间（AKST）（西九区时间）和夏威夷时间（HST）（西十区时间），按照“东早西晚”的规律，各递减一小时。

美国的时区界限并不完全按照经线划分，基本上照顾了各州的自然边界。不同的时区覆盖的州市大小、多少不同。东部时间（EST）包括大西洋沿岸及近大陆的19个州和华盛顿特区，代表城市华盛顿、纽约。中部时间（CST）代表城市芝加哥、新奥尔良。山地时间（MST）代表城市盐湖城、丹佛，太平洋时间（PST）包括太平洋沿岸的4个州，代表城市旧金山、洛杉矶、西雅图，阿拉斯加时间（AKST）只限于阿拉斯加。夏威夷时间（HST）只限于夏威夷。

从每年3月的第二个星期日，到每年11月的第一个星期日实行夏季时间。夏令时比正常时间早一小时。

（根据百科全书等资料整理）

【案例分析】

机遇——入世后中美经贸关系的发展前景

美国是世界上最大的发达国家，中国则是世界上最大的发展中国家。因此，中美两国之间的经贸关系是世界上日益开放的潜力最大的市场与最大的开放市场之间的经济关系，是增长强势和竞争强势国家之间的经贸关系，是具有高度互补性的不同经济发展水平国家之间的经贸关系。这些特点表明，扩大和深化两国间的经贸往来具有坚实的基础和良好的前景。日益扩大的双边经贸交流给中美两国都带来了很大的利益。中国从美国进口产品，引进资金和技术，丰富国内市场，弥补发展资金的不足，借鉴管理经验。中国为美国的大工业企业和高科技公司提供了一个利润丰厚的理想市场，他们从对中国的出口和投资中获益。美国从中国进口大量优质廉价的商品，使千百万美国家庭从中受益。中美两国的经济发展水平、资源结构存在很大差异，互补性很强。中美两国在劳动力、资本、技术、市场等不同方面都具有各自不同的比较优势，在平等互利的基础上发展中美经贸关系有助于更好地发挥两国的比较优势，符合两国人民的根本利益。但中美两国在政治体制、社会制度和历史文化方面又存在着巨大差异，这意味着中美经贸关系的发展必然会面临一系列的矛盾和摩擦，并且充满着争端与冲突。

中国加入WTO后，随着中美双边协定的生效和各项承诺的逐步兑现，中美经贸关系将得到全方位的拓展和深化，业已存在的良好基础亦将得到进一步巩固。经贸领域的扩大和合作的深化有助于加强两国间的理解和信任，加之受到WTO各项原则的共同约束和争端解决机制的调解，这些都将有利于减少两国间的冲突和争端的对抗性，促进中美经贸关系协调稳定发展，中美双边经贸有着极为光明的前景。

（摘自《当代亚太》2002年第6期，作者为彭斯达等）

【思考练习】

1. 中美经贸关系是一种怎样的关系？
2. 为什么说中美经贸存着差异，但互补性很强？
3. 中美经贸关系如何避免摩擦和争端？
4. 为什么说美国经济在世界上占主导地位？
5. 美国对外贸易有哪些特点？
6. 举例说明美国市场的特点。

7. 美国自 1776 年独立至今，不过 220 年的历史，它为什么能在较短的时间内发展成为当今世界第一经贸大国？

8. 在美国地图上用红笔画出美国连接东西两大洋的主要铁路干线：

（1）洛杉矶——阿尔布开克——堪萨斯城——圣路易斯——辛辛那提——华盛顿——巴尔的摩。

（2）洛杉矶——图森——帕索——休斯顿——新奥尔良。

（3）旧金山——奥格登——奥马哈——芝加哥——匹兹堡——费城——纽约。

（4）西雅图——斯波坎——俾斯麦——圣保罗——芝加哥。

任务九

欧盟经济贸易地理

【目标要求】

欧洲按其地理方位可划分为西欧、中欧、东欧、北欧和南欧五个大单元。本部分所要介绍的主要是指英国、法国、德国、意大利、荷兰和比利时等欧盟对华主要贸易国。通过对本部分内容的学习，学生将了解欧盟各国在世界经贸中的重要地位，掌握欧盟及其主要国家德国、法国、英国、意大利、荷兰和比利时等国的经贸特征。

【关键技术】

1. 欧洲联盟概况；
2. 欧洲联盟的经济贸易发展特征；
3. 德国、法国、英国、意大利、荷兰和比利时等国家经贸地理。

【学习内容】

项目一　欧盟经济贸易地理概况

一、欧洲联盟概况

欧洲联盟（简称欧盟，European Union，简称 EU）是由欧洲共同体（European Communities）发展而来的，是一个集政治、经济实体于一身、在世界上具有重要影响的区域一体化组织。1946 年 9 月，英国首相丘吉尔提议建立“欧洲合众国”。1951 年 4 月 18 日，法国、联邦德国、意大利、荷兰、比利时和卢森堡在巴黎签订了建立欧洲煤钢共同体条约（又称《巴黎条约》）。1957 年 3 月 29 日，法、意、荷、比、卢、西德六国首脑和外长在罗马签署《欧洲经济共同体条约》和《欧洲原子能联营条约》，统称为《罗马条约》；六国先后批准，于 1958 年 1 月生效。《罗马条约》没有规定期限和退出条约的程序，却有欢迎其他国家加入这一条约的条文，是开放性的条约，这也说明西欧六国把共同体看作是一个更加广泛的欧洲一体化的基础和起点。1958 年 1 月 1 日，欧洲经济共同体和欧洲原子能共同体正式组建。1965 年 4 月 8 日，六国签订的《布鲁塞尔条约》决定将三个共同体的机构合并，统称欧洲共同体。但三个组织仍各自存在，具有独立的法人资格。《布鲁塞尔条约》于 1967 年 7 月 1 日生效，欧洲共同体正式成立。1972 年 1 月，英国、爱尔兰和丹麦加入共同体的协定正式签署，1973 年为正式加入日期。欧洲共同体实现了第一次规模上的扩大，70 年代中后期，希腊（1975 年）、葡萄牙（1977 年）和西班牙（1977 年）先后申请加入欧洲共同体；1981 年 1 月希腊正式加入；1986 年 1 月 1 日葡萄牙和西班牙正式加入。1991 年 12 月 11 日，欧共体马斯特里赫特首脑会议通过了以建立欧洲经济货币联盟和欧洲政治联盟为目标的《欧洲联盟条约》，亦称《马斯特里赫特条约》（简称“马约”）。随着《马约》的签署，欧洲联盟取代了欧洲共同体，也标志着欧共体从经济实体向经济政治实体过渡。欧洲联盟建立在经济与货币联盟、共同外交与安全政策和协调各国内政与司法事务三个基础之上。随后欧洲联盟又吸纳了一些欧洲国家，至 2007 年 1 月止共有 27 个成员国，分别是：法国、德国、意大利、荷兰、比利时、卢森堡、英国、丹麦、爱尔兰、希腊、葡萄牙、西班牙、奥地利、瑞典、芬兰、马耳他、塞浦路斯、波兰、匈牙利、捷克、斯洛伐克、斯洛文尼亚、爱沙尼亚、拉脱维亚、立陶宛、罗马尼亚、保加利亚。欧盟现有人口 5.01 亿（2010 年 1 月 1 日），面积：432.2 万平方公里。2007 年 12 月 13 日，欧盟各国在里斯本签署《里斯本条约》，2009 年 12 月生效，它对欧盟的决策方式和机构设置等都进行了大刀阔斧的革新，更加顺利和有效地推动了欧洲一体化进程。2013 年 7 月 1 日，克罗地亚正式成为欧盟第 28 个成员国。欧盟经历了数次扩大，成为当今世界上经济实力最强、一体化程度最高的国家联合体。欧洲联盟目前正向着全面一体化目标前进，在经济、政治、外交、安全保障等各个方面实现完全的一体化。

【知识窗】

“总有一天，到那时，……，所有的欧洲国家，无须丢掉你们各自的特点和闪光的个性，都将紧紧地融合在一个高一级的整体里；到那时，你们将构筑欧洲的友爱关系系……”。

——维克多·雨果

二、欧洲联盟的经济贸易一体化发展

（一）建立工业品关税同盟

关税同盟的主要内容是：第一，从 1958 年 1 月起，经过 12 年时间逐步降低关税，直到取消成员国之间的关税。第二，用 12 年时间拉平成员国对外关税标准，实行统一对外关税。第三，从 1958 年 1 月起，成员国之间在 5 年期间逐步放宽工业品进口限额，5 年后完全取消限额。经过成员国的努力，到 1961 年就实现了取消工业品限额的目标，到 1968 年 7 月，提前实现了内部取消工业品关税和贸易限制，对外实行统一关税税率的目标。同时关税同盟还要求禁止具有关税同等效力的捐税、取消数量限制、禁止与数量限制同等效力以及实行统一税率、统一税则商品分类目录等措施。1973 年在英国、丹麦、爱尔兰加入后，同盟体内部完全取消关税，实现商品自由流通，对外建立统一的关税同盟。由于关税同盟的建立，大大优化了成员国之间贸易往来的环境，促进了成员国相互贸易的增长，目前成员国之间的贸易已占欧盟对外贸易额的 70% 左右。关税同盟使欧盟出口贸易额的增长超过了美国，也超过了整个资本主义世界，使欧盟在世界出口贸易中的比重显著提高。

（二）实施共同农业政策

所谓共同农业政策，是指欧共体为了促进成员国农业的发展，保护本地区的农产品市场而采取的一系列的一体化措施。它是欧盟最早实施的一项共同政策，于 1962 年起逐步实施。主要措施有：第一，从 1958 年开始用 5 年的时间削减成员国之间农产品贸易的关税，并提高对外关税。第二，从 1962 年开始用 8 年的时间取消成员国之间的农产品关税，实现共同体内部农产品自由流通，并统一关税，对外来农产品实施"差额关税"，共同体内部农产品实施"管理价格"。所谓管理价格，就是由欧共体理事会指定的监督执行的价格。第三，建立"欧洲农业指导与保证基金"，用于补贴向欧共体以外的国家出口农产品，干预共同体内部价格，改革农业结构，支持并协调各国农业发展。第四，针对汇率的变动，协调各国农产品价格，以维持共同体统一价格。第五，提高农业劳动生产率，改善农业结构，消除过剩乳制品、水果等。

正是由于共同农业政策的实施，大大提高了共同体成员国农业生产效率，稳定了农产品价格，增加了农业收入，提高了农产品国际竞争能力，大大促进了农业生产的发展。农业的发展相应地也促进了工业生产的发展。但是巨大的农业补贴支出，给欧盟造成了巨大的财政压力，欧盟需要改变一些不适合，甚至是阻碍共同体农业发展的政策和措施。

（三）建立货币同盟

共同体成立后为了防止汇率波动对价格和经济发展产生不利的影响，1971 年欧共体成员国达成协议，决定建立经济货币同盟。货币同盟的主要措施有：第一，缩小成员国之间汇率波动的幅度，当汇率波动幅度过大时，成员国中央银行应进行干涉。到 1973 年，除英国、意大利等少数国家外，共同体成员国之间实行了固定汇率制，并联合对外浮动。第二，1973 年 4 月共同体决定建立"欧洲货币合作基金"用于稳定各成员国之间的货币汇率，对收支困难的成员国提供短期的小额贷款等。第三，1979 年正式建立欧洲货币体系。该体系的主要内容为：建立"欧洲货币单位"，用于成员国之间进行国际结算、计价的共同尺度和充当部分国际储备资产；建立成员国货币联合浮动体系，以稳定成员国之间的货币汇率；建立欧洲货币基金，总金额为 250 亿欧洲货币单位，用于干涉外汇市场、短期信贷和解决成员国的支付困难；最终实现欧共体的统一货币。

欧共体货币同盟的建立无疑对成员国货币汇率的稳定，防止美元波动的冲击，促进内部贸易往来起了极大的作用。但是实现统一货币的目标，直到 1993 年《马斯特里赫特条约》签署后，到 1999 年才有了进展。统一的货币"欧元"问世了，2002 年 1 月 1 日零时，欧元正式流通。2012 年 10 月 8 日，欧元区永久性救助基金——欧洲稳定机制正式生效；2013 年 1 月 1 日，《欧洲经济货币联盟稳定、协调与治理公约》，即"财政契约"正式生效，欧洲财政联盟由此迈出重要一步。

欧洲联盟的建立和统一市场的形成，大大发挥了贸易的创收作用和贸易的转换作用，增加了人员的就业机会，创造了新的贸易需求，提高了企业的效益和产品的竞争力，对经济的全球化、一体化，政治上的多元化产生巨大的推动作用。欧盟在国际上有着越来越重要的作用，有力推动了世界多极化的发展，和经济全球化进程。

【知识拓展】

申根签证（Schengen Visa）

1985 年 6 月 14 日，法国、德国、荷兰、比利时和卢森堡五国在卢森堡边境小镇签订申根协定。该协定规定，其成员国对短期逗留者颁发统一格式的签证，即申根签证，申请人一旦获得某个国家的签证，便可在签证有效期和停留期内在所有申根成员国内自由旅行，但从第二国开始，需在 3 天内到当地有关部门申报。

2008 年底，申根的成员国增至奥地利、比利时、丹麦、芬兰、法国、德国、冰岛、意大利、希腊、卢森堡、荷兰、挪威、葡萄牙、西班牙、瑞典、匈牙利、捷克、斯洛伐克、斯洛文尼亚、波兰、爱沙尼亚、拉脱维亚、立陶宛、瑞士和马耳他 25 个国家。

（根据百科全书等资料整理）

项目二　欧盟主要国家经贸地理

一、德国（The Federal Republic of Germany）

德国，全称德意志联邦共和国。货币欧元。

第二次世界大战前，德国是一个统一的国家，是两次世界大战的发动者。1945 年，法西斯德国败降后，苏联、美国、英国、法国根据波茨坦协定，分区占领德国和柏林。1949 年 9 月 20 日，在美、英、法占领区成立了德意志联邦共和国，简称西德。1949 年 10 月 7 日，在苏联占领区内成立了德意志民主共和国，简称东德。1990 年 10 月 3 日，两德统一条约生效，民主德国正式加入了联邦德国，从而德国结束了长达 41 年的分裂，宣告德国统一。

（一）地理背景

德国的地理位置十分重要。它位于欧洲中部，东邻波兰、捷克，南接奥地利、瑞士，西界荷兰、比利时、卢森堡、法国，北与丹麦相连并临北海和波罗的海，是欧洲邻国最多的国家，历来是欧洲陆路交通的十字路口，尤其是东西欧各国交往联系的必经之路。德国河流湖泊众多，主要河流有莱茵河（流经境内 865 公里）、易北河、威悉河、奥得河、多瑙河。较大湖泊有博登湖、基姆湖、阿莫尔湖、里次湖。莱茵河为西欧第一大河，流经北德平原的工业发达地区，其水量稳定，利于航行，又多支流，流域面积广阔，是德国经济意义最大的一条河流。威悉河在德国境内长约 500 公里，与莱茵河一样注入北海。多瑙河是流经欧洲数国的国际河流，它不仅是德国南部的一条重要水道，更是德国同中欧、东南欧各国相联系的重要国际航道。易北河自东南流向西北，斜贯德国全境，然后注入北海。奥得河下游及其支流尼斯河为德国同波兰的界河，注入波罗的海。德国各大河之间都有运河相通，构成了通达全国重要地区、并联系主要邻国的内河水运网。德国的北部国土面临海运繁忙的北海和波罗的海，两海之间由基尔运河沟通，该运河成为波罗的海沿岸各国出入大西洋的捷径。所以，可以说，德国是连接东欧与西欧的桥梁，无论从陆路、内河和海上交通看，德国的地理位置都十分优越。

德国地势北低南高，从南向北逐渐倾斜。主要地形有高原、山地和平原，以平原面积最大，占领土总面积的 2/5 以上。可分为四个地形区：北部的北德平原，平均海拔不到 100 米，大部分已开垦为耕地，是全国重要的农业生产区。中部是中德山地，由东西走向的高地块构成，一般高度不大，对德国经济发展影响也不大。西南部莱茵断裂谷地区，两旁是山地，谷壁陡峭；南部是巴伐利亚高原和阿尔卑斯山区，其间阿尔卑斯山脉的主峰祖格峰海拔 2 963 米，为全国最高峰，是德国游览胜地之一。

德国西北部海洋性气候较明显，往东、南部逐渐向大陆性气候过渡。平均气温 7 月 14℃～19℃，1 月 1℃～5℃。年降水量 500～1 000 毫米，山地则更多。德国处于大西洋和东部大陆气候之间凉爽的西风带，全年降水均匀，温差不大。冬季低地地区的平均气温为 1.5℃，山区的平均温度为-6℃。7 月是全年气温最高的月份，自北部低地到南部有屏障的山谷平均温度为 18℃～20℃。

德国自然资源较贫乏，在原料供应和能源方面很大程度上依赖进口。矿产以煤、钾盐和磷矿为主。煤储量大，且煤种齐全，分布集中。鲁尔煤田是德国最大的煤炭集中分布区，以产硬煤为主。西南部的萨尔煤田是德国第二大硬煤田。西部的莱茵煤田和东南的煤田是德国主要褐煤产地。钾盐主要分布于哈次山的两侧，以及易北河与威悉河之间。磷矿分布在黄土地带。此外，铀矿也较丰富，分布在厄尔士山地。森林面积广大，约为 1 110 万公顷，占全国面积的 1/3。工业原料铜、锡、铝、镍、钨等全部需要进口，铁矿砂、铅、锌、石油等也主要依靠进口。

（二）居民

德国是欧洲人口较多的国家之一。人口 8 185.9 万（2011 年 11 月 30 日），主要是德意志人，还有少数丹麦人、吉卜赛人和索布族人。通用德语。居民中 33.7% 的人信奉基督教新教，33.2% 的人信奉罗马天主教。有 750 万外籍人，占人口总数的 9%。虽然历史上德国曾是一个传统的人口迁出国，现在却成为世界移入侨民最多的国家之一，这些侨民绝大多数来自土耳其、前南斯拉夫及其他地中海沿岸国家。近年来，来自亚洲的移民在逐渐增多。这些外籍工人已成为德国劳动力中的一个重要组成部分。长期以来，德国人口增长缓慢，人口不断老龄化，这已成为德国面临的一个严重的社会问题。德国城市化水平高，城市人口比重在 85% 以上；城市化中的一个显著特点是：中小城市高度发达，大城市数量少，规模也不突出。全国百万人口以上的城市有三座：柏林、汉堡、慕尼黑。首都：柏林（Berlin），人口 342.7 万（2011 年 12 月）。

（三）经济概况

德国是高度发达的工业国家，经济实力居欧洲首位。国民生产总值和工业生产总值次于美国、中国和日本，是世界第四大经济强国。但东、西两部分经济发展不平衡，西部地区是全德的经济主体。

1. 工业

德国工业部门齐全，重工业尤其占绝对优势。

（1）能源工业。煤炭工业是发展最早的传统工业部门之一，主要煤炭产地有鲁尔、萨尔、莱茵、莱比锡等，现年产 6 亿吨左右。鲁尔区主要是优质炼焦煤产区，产量约占全国的 80%，绝大部分供应国内钢铁工业和电力工业，并有部分出口到欧盟国家。德国采煤业的机械化、自动化和技术水平均居世界领先地位。德国缺少石油资源，主要靠进口石油，石油主要来自中东地区和英国，沿海港口汉堡、威廉港和靠输油管送油的法兰克福、鲁尔区等地发展了炼油工业。

（2）钢铁工业。德国钢铁工业发展历史悠久，技术先进，在世界上占重要地位。强大的钢铁工业曾是德国发动两次世界大战的物质基础。德国发展钢铁工业的最大有利条件是焦煤资源丰富，但铁矿几乎全部进口，主要来自巴西、加拿大、澳大利亚及瑞典等国。钢铁工业主要集中于内地。鲁尔和萨尔两地是主要钢铁基地，鲁尔区是德国也是西欧最大的钢铁工业基地。这里煤炭资源丰富，且半数以上是炼焦煤，加之地理位置优越，交通方便，又有先进的技术装备，因此钢铁工业迅速发展，区内的杜伊斯堡有“钢铁城市”之称。

（3）化学工业。化学工业是德国重要的工业部门之一，被认为是德国的“稳定剂”。德国是现代化学工业的发源地，以煤化学工业著称世界，以后又发展了石油化学和生物化学工业。德国化工原料已从以煤炭为主转为以石油和天然气为主，部门结构从以基本化工为主转为基本化工、有机化工和化肥并重。有机化工中，塑料、合成纤维与合成橡胶是 3 大重要部门，产量名列世界前茅。鲁尔区是德国和西欧重要的化工基地，休斯石油化工联合企业是鲁尔区最大的化工中心。另外，科隆、雷沃库森、路德威希港、梅尔兹堡等是主要化工中心。

（4）机械工业。机械制造业是德国最大的工业部门，号称德国的“王牌工业”。德国是世界最大的机械产品出口国，产品种类繁多，以机床和光学仪器等最有名。鲁尔是最大生产基地，生产成套矿山、冶金与轧钢设备、桥梁与建筑用结构钢、酿造与制乳酪设备，以及大型内燃机、涡轮机、锅炉、炊事机械等。耶拿的蔡斯工厂是全球闻名的光学仪器、测量仪器、医疗器械、电子计算机、照相机和电影放映机等的生产中心。电器与电子工业发展极为迅速，以发展数据处理技术、电子计算机技术和电讯与新型电子元件技术为重点，微电子广泛应用于机械及光学等领域。慕尼黑已成为欧洲的最大微电子中心，被称为德国的“硅谷”，有数百家公司云集于此，西门子公司总部也设于此市。农业机械和交通运输工具的生产发展很迅速，拖拉机工业中心位于次维考、埃森赫纳和卡尔—马克思城。德国是世界汽车工业的发祥地之一。汽车工业久负盛名，德国的汽车品种多、质量好。汽车工业分布集中，沃耳夫斯堡和斯图加特分别是著名的大众汽车公司和奔驰汽车公司的总部驻地。

（5）轻工业。发展落后于重工业，但纺织、制革、制鞋和食品等比较重要，巴伐利亚的啤酒酿造举世闻名。慕尼黑的啤酒在世界享有盛誉。

（6）交通运输业。德国交通运输具有高度现代化水平，运量大，速度快，效率高。公路、铁路、水路、航空运输和管道相互连接，组成稠密的运输网。在各种运输中，以公路运输为主。德国已形成了以高速公路为骨干的、比较完整的公路网，实现了公路运输现代化。德国是世界上内河航运最发达的国家之一，内河航道中天然河道占 70%，人工运河占 30%。天然河与运河相互连接，构成了纵横交错的内河航运网。莱茵河是欧洲最繁忙的一条河流，在德国境内全长 860 多公里，全部可通航，约承担全国内河货运量的 70%，被称为德国和欧洲的“黄金水道”。杜伊斯堡是德国，也是欧洲和世界上最大的内河港口。人工运河中最主要的有北部的基尔运河、中部的中德运河及南部的莱茵—多瑙运河。

德国海运业也十分发达，拥有商船超过了 1 500 多艘，主要海港有德国西部的汉堡、不来梅港及德国东部的罗斯托克港。

2. 农业

农业在德国国民经济中的比重很小，但机械化程度很高，产品可满足全国 80% 的需要。种植业与畜牧业相结合是德国农业结构的特点。虽然畜牧业的产值要占农业产值的 60% ~ 70%，但这并不意味着农业以畜牧业为主，这是因为种植业产品的绝大部分都用于畜牧业，且在全部农地中，3/4 用于种植饲料。谷物产品中的 60% 左右用作饲料。因此，德国的种植业与畜牧业同样重要，如果没有种植业的发展，就谈不上畜牧业的发展。

德国的种植业以种植谷物为主，兼营经济作物和牧草。谷物包括小麦、大麦、黑麦、燕麦和玉米等，经济作物包括甜菜、葡萄、水果、蔬菜以及花草、观赏作物和装饰品作物等。畜牧业以养牛、养猪为主。在谷物的生产中，小麦的种植面积与产量最大，主要分布在平原南部的黄土带和莱茵河口以上的莱茵河谷地。

（四）对外贸易

对外贸易是德国经济的重要支柱，它是世界上重要的出口国。2012 年德国外贸总额为 2. 70 万亿美元，居世界第三位。其中，出口 1. 408 4 万亿美元，同年贸易顺差达到了创纪录的 2 398. 6 亿欧元，是世界第三大外贸强国。德国商品的进出口贸易年年顺差，且顺差额不断增加。这些顺差几乎全部来自对西欧和北美国家的贸易，同欧美以外国家的贸易则多为逆差。

德国商品出口以高附加值的重化工制成品为主，占出口额 88% 以上。为德国赚取大量外汇的商品是汽车、机械、化工、运输设备、化学品和钢铁和电气电子产品。进口商品中制成品比重有很大提高，主要产品有机械、电器、运输设备、汽车、石油和服装，目前约占 2/3，但农产品和初级产品仍占一定比重，其中最重要的是石油、天然气及石油制品等。

德国的主要贸易伙伴是西方发达国家，贸易额约占进出口贸易的 82%。其中，又以欧盟国家最重要，占 52% 以上，法国居首位，其次为意大利。美国是欧盟外德国的最大贸易伙伴，与日本的贸易，德国多为逆差。目前，亚洲国家对德国贸易的重要性明显增加，1994 年，德国对亚洲的出口额已超过北美。

1972 年 10 月 11 日，联邦德国与中国建立外交关系（1949 年 10 月 27 日，民主德国与中国建交）。近年来，中德两国在各领域的互利友好合作不断取得新进展，在国际事务中的磋商与合作日益加强。德中贸易发展迅速。2012 年，德中双边货物进出口额为 1 639. 8 亿美元，中国为德国第五大出口市场和第三大进口来源地。向中国出口的主要商品是工业制成品，有成套设备和技术、机械、船舶、汽车散件、钢材、石化产品等。从中国主要进口纺织服装、土畜产品、食品、抽纱、轻工、医药原料等。此外，双方在投资和技术引进领域的合作也卓有成效。截至 2011 年底，德国在华设立企业 7 000 余家，累计投资项目 7 500 余个，对华实际直接投资金额累计超过 193 亿美元；对华输出技术累计近 1. 6 万项，合同金额超过 500 亿美元，约占中国自欧盟技术引进合同金额的 38%。投资集中在金额较大的生产型项目，并且具有较高的技术含量。德中两国经济具有很强的互补性，今后发展潜力很大；作为中国在欧洲乃至全球范围内非常重要的经贸合作伙伴，德国与中国的经贸合作目前已进入相当成熟的全面发展阶段。

二、法国（The Republic Of France）

法国，全称法兰西共和国。货币欧元。

（一）地理背景

法国位于欧洲西部，国土面积 632 834 平方公里，是西欧面积最大的国家。法国领土除地中海的科西嘉岛外，形似六边形，三面靠陆，三面临水，是个海陆兼备的国家，地理位置十分优越。就陆界而言，与比利时、卢森堡、德国、瑞士、意大利、摩纳哥、西班牙和安道尔为邻，地中海上的科西嘉岛是法国最大岛屿。就水界来说，东南濒地中海，面临大西洋，西北隔英吉利海峡和多佛尔海峡与英国相望。法国的地理位置优越于西欧其他各国，它与世界各地的联系都较方便，既是沟通北海与地中海的陆上桥梁，又是西欧通往南欧、北非和亚洲的交通要道，欧洲大陆各国同南北美洲之间的往来也多取道于法国。优越的地理位置有利于法国交通运输业和对外贸易的发展。

法国是一个以平原为主的国家，平原和丘陵占全部领土的 80%。平原土层肥厚，是法国主要农耕地带。南部地中海沿岸的狭窄平原，东部的上莱茵河谷地，以及中南部的索恩—罗讷河谷地，也是国内重要农业区。主要山脉有阿尔卑斯山脉、比利牛斯山脉、汝拉山脉等。法意边境的勃朗峰海拔 4 810 米，为欧洲最高峰。边境线总长度为 5 695 公里，其中海岸线为 2 700 公里，陆地线为 2 800 公里，内河线为 195 公里。

法国河流众多，河网密布，主要有卢瓦尔河（1 010 公里）、罗讷河（812 公里）、塞纳河（776 公里）。全部属于大西洋水系，各河之间凿通运河，构成了完整的内陆水运体系。

法国大部分地区属温带海洋性气候，四季温和，雨量充沛，但各地差别较大。西部和西北部属典型的温带海洋性气候，向东逐渐过渡到温带大陆性气候，南部则属于地中海式气候。可以经营多种农作物。广阔的平原、温和湿润的气候以及稠密的水系，为法国经济尤其是农业生产提供了十分有利的条件。

法国是西欧各国中矿产资源比较丰富的国家。其中，铁矿储量最为丰富，主要分布在东北部的洛林地区，品位较低，但矿藏集中，埋藏较浅，又毗邻煤田，故经济价值甚高，目前仍在大规模地开采。法国铝土矿藏量居世界前列，主要分布在地中海沿岸。铀矿的储量在西欧各国中居首位，分布于卢瓦尔河流域。钾盐储量也很丰富，主要分布在东部阿尔萨斯的牟罗兹附近。法国缺乏一般有色金属和稀有金属，煤炭和石油资源也不多，但天然气和水力资源比较丰富，可以部分地弥补矿物性能源的不足。

（二）居民

截至 2014 年 1 月 1 日，法国人口为 6 582 万，是世界上唯一一个出生率保持近 40 年稳定的国家。通用法语。居民中 90% 的人信奉天主教，另有约 400 万穆斯林及少数新教、犹太教、佛教、东正教徒。法国是西欧人口密度最小的国家之一，全国平均每平方公里只有 119 人，在欧盟中，只高于爱尔兰。长期以来，法国劳动力缺乏，要靠外国移民补充。法国境内常有400多万外籍侨民，约占全国人口的8%。首都巴黎（Paris），市区人口217万。巴黎、地中海和大西洋沿岸的风景区及阿尔卑斯山区都是旅游胜地，此外还有一些历史名城、卢瓦尔河畔的古堡群、布列塔尼和诺曼底的渔村、科西嘉岛等。法国一些著名的博物馆收藏着世界文化的宝贵遗产。

（三）经济概况

法国是一个工农业发达的资本主义国家。法国工业化水平高，占国内生产总值的30%强，工业产品在整个出口中占80%以上。法国也是资本主义大农业相当发达的国家，农业在国民经济中占有重要地位，主要农产品自给有余，还能大量出口。现在法国是欧盟最大的农产品输出国，也是世界上仅次于美国的第二大农产品出口国。农产品品种齐全，葡萄酒产量居世界第一，甜菜世界第二，肉类产量世界第四，牛奶、小麦、玉米产量均为世界第五，蔬菜、水果和马铃薯产量也位居西欧前列。

1. 工业

法国工业具有比较完整的体系。20世纪20年代建立起来的汽车、飞机、石油加工工业以及电气制造业等得到了进一步的加强；第二次世界大战后新建的海洋开发、宇航、原子能和塑料等一批新兴工业部门，发展都很迅速，并都已成为法国工业的骨干。目前，法国的有些工业部门，如宇航、通信设备、汽车、陆路运输设备、核能、农业食品加工和军工工业是优势产业，其实力已超过西欧其他国家，在世界上享有一定的地位。

（1）能源工业。法国的能源工业比较薄弱，动力资源比较贫乏，均需大量进口。主要有煤炭、石油、电力和原子能工业四个部门。煤炭工业是法国工业中日益衰落的部门。法国煤炭资源不多，已探明的储量只有30亿吨，可供开采储量仅有2.5亿吨，特别缺乏炼焦用煤。由于煤炭开采成本高，进口石油廉价等原因，法国煤炭产量逐年下降，每年不得不从德国、南非和波兰等国进口大约2 000万吨以上的煤炭，成为仅次于日本的世界第二大煤炭进口国。法国石油工业的特点是石油开采与炼油工业极不相称。法国国内石油奇缺，所需石油的99%、天然气的75%依赖进口，开采量一直不高。每年需从中东、非洲、英国等进口原油约1亿多吨。为了降低石油产品进口费用，第二次世界大战后法国大力发展了炼油工业，原油精炼能力已近1亿吨，已基本上做到自给自足，从而使法国由过去主要进口石油产品变为主要进口原油。电力工业一直是法国政府比较重视的部门。第二次世界大战后，电力工业有了很大发展，产量直线上升。在电力工业中，火力发电比重最大，但水力发电量在西欧诸国中仅次于挪威，居第二位。原子能工业是法国第二次世界大战后逐步发展起来的新兴工业部门。由于法国缺油少煤，政府把发展核能看做是解决能源的重要途径。法国有丰富的铀矿，探明储量达12万吨，在西欧国家中占首位，主要分布在卢瓦河流域。目前法国已建有核电站近50座，核发电量约占世界的15%，是仅次于美国的世界第二大核电大国。

（2）钢铁工业。法国是世界上主要钢铁生产国和出口国之一。法国发展钢铁工业拥有丰富的铁矿资源。已探明储量达65亿吨。且大部分集中在洛林地区，便于开采。但钢铁工业所需的焦煤绝大部分依靠进口，法国是煤炭进口大国。自20世纪60年代以来，法国进口高品位铁矿石逐年增多，近年已占矿石总消费量的30%以上。进口的优质矿石主要来自巴西、加拿大、利比里亚、瑞典和澳大利亚等国、此外，还大量进口锰和铬。法国的钢铁工业生产发展较快，2007 年法国钢铁总产量为 1 925 万吨，随后受欧债危机影响，钢铁产量逐年下降。2012 年年产降到 1 560. 7 万吨。钢铁产品虽然主要以法国国内市场为主，但近年来出口量不断增加，现已占 40%，是仅次于日本、德国的世界第三大钢铁出口国。洛林地区是法国最重要的钢铁工业基地，生铁产量占全国 3/4，钢材占 2/3。20 世纪 60 年代以来，北部敦刻尔克、南部地中海沿岸的福斯沿海钢铁生产基地开始形成，使沿海的钢铁生产比重大大增加，其生产能力约占全国的 1/3。

（3）化学工业。化学工业是法国重要工业部门之一，主要生产有塑料、医药、香料、化肥和合成橡胶等。基本化学工业是建立在本国丰富的钾盐、岩盐、磷、黄铁矿和天然气等资源基础之上，而石油化学工业则基本上依靠进口石油进行生产。法国的塑料工业是第二次世界大战后发展起来的新兴工业部门，年产塑料 300 多万吨，仅次于美国、日本和德国。香料工业早在二战前就享有世界声誉，二战后又有了很大发展，产品 1/4 用于出口。制药工业是法国大有前途的部门之一，其特点是消耗的原料少、创造的价值大。法国还比较重视研制新药品种，每年投入市场的新药，居世界前列。化肥产量每年保持在2 000 万吨左右，仅次于美国。此外，法国的硫酸和硝酸的生产在国际上也都占有重要地位。基本化学工业的布局较分散，而石油化学工业因依靠进口石油，多分布在沿海港口，尤以马赛—福斯最为集中。

（4）机械工业。法国的机械制造业以汽车、飞机、船舶、电子电器制造为主，该部门也是法国近年来发展最快、所占地位最重要的工业部门，其产值和从业人员都占全国的 1/3 以上。汽车工业是法国工业的支柱之一，2007 年汽车生产量 309 万辆，仅次于日本、美国、德国、中国和韩国，居世界第六位。法国汽车工业以生产小轿车为主，其产量占汽车总产量的 90% 左右，载重汽车只占 10%，生产的汽车有一半供出口，占出口总额的 1/10，是世界重要的汽车出口国。航空和航天工业是法国第三大工业，仅次于汽车制造业和电子工业，在世界上也仅次于美国和俄罗斯。飞机工业以生产轻型客机和直升机为主，军用飞机和轻型客机有大量出口。法国也是世界主要造船国之一，其造船技术驰名于世，特别是造价高、质量优良的专用船，如液化天然气船、集装箱船等。造船工业主要分布在卢瓦尔河下游的南特、圣纳泽尔地区，是法国最重要的造船工业基地，南部的马赛是世界著名的船舶修造中心。法国的电子电器工业在国民经济、国防和人民生活中占有重要地位，就技术水平和生产规模来说，在资本主义世界仅次于美国、日本和德国，其中尤以电子计算机工业发展最为显著，其产品有许多供出口。法国的机械制造业主要分布在巴黎地区。

2. 农业

法国是欧盟最大的农业生产国，也是世界主要农副产品出口国。粮食产量占全欧洲粮食产量的 1/3，农产品出口仅次于美国居世界第二位。随着法国人口城市化，农村人口不断减少，共有耕地面积 5 491. 9 万公顷，其中 61% 为农业用地，27% 为林业用地，12% 为非农业用地。农业用地的 96% 为家庭所有。农业的传统地区结构为：中北部地区是谷物、油料、蔬菜、甜菜的主产区，西部和山区为饲料作物主产区，地中海沿岸和西南部地区为多年生作物（葡萄、水果）的主产区。机械化是法国提高农业生产率的主要手段，法国已基本实现了农业机械化。农业食品加工业是法国外贸出口获取顺差的支柱产业之一。欧洲前 100 家农业食品工业集团有 24 家在法国，世界前 100 家农业食品工业集团有 7 家在法国，法国的农副产品出口居世界第一，占世界市场的 11%。

3. 商业和旅游业

法国的商业在国民经济中占有重要的地位，超级市场和连锁店遍及城乡，几乎占到全部商业活动的一半。近年来电子商务异军突起。2010 年法国电子商务的营收总额达 310 亿欧元，与 5 年前相比增长约 4 倍。2010 年法国拥有电子商务网站 81 900 家，每两年翻一番。

法国是世界旅游大国，旅游业发达。旅游收入占国内生产总值的 6.3%。2012 年收入达到 770 亿欧元。

【知识拓展】

闻名遐迩的法国菜及其用餐礼仪

法国菜与中国菜一样，位列世界三大名菜系之一。它以口感细腻、美味可口、餐具华美著称于世。

法国菜的突出特点是选料广泛。常选用稀有的名贵原料，如蜗牛、青蛙、鹅肝、黑蘑菇等，或者鸽子、鹌鹑、斑鸠、鹿、野兔等野味作为烹调原料。例如著名的法式煎鹅肝、玫瑰三文鱼拌鱼子酱、伯根第烤田螺等。用料新鲜、精细，喜用牛肉、蔬菜、禽类、海鲜和水果，特别是蜗牛，黑菌，蘑菇，芦笋，洋百合和龙虾使用广泛。法式菜肴要求水分充足，质地鲜嫩，讲究吃半熟或生食。同时法国菜还喜欢用酒作为调味品。

法国菜的上菜顺序是，第一道冷盆菜，一般为沙丁鱼，火腿，奶酪，鹅肝酱和色拉等，其次为汤，鱼，再次为禽类，蛋类，肉类，蔬菜，然后为甜点和馅饼，最后为水果和咖啡。传统菜单共有 13 道菜可供选择，每道菜分量不大，味美精致。

新鲜的季节性材料，独特的烹饪技术，漂亮、美丽的餐具，使得每一道菜肴都如同一件艺术品。在视觉上、嗅觉上、味觉上、触觉上给予浪漫的、优雅的用餐享受。

法国菜的用餐礼仪：

（1）吃法国菜基本上是红酒配红肉，白酒配白肉，至于甜品多数会配甜餐酒。

（2）吃完抹手抹嘴切忌用餐巾大力擦，用餐巾的一角轻轻印去嘴上或手指上的油渍便可。

（3）吃过一道主菜，吃完第一道（通常是海鲜）之后，侍应会送上一杯雪葩，它用果汁或香槟造，除了让口腔清爽之外，更有助增进对下一道菜的食欲。

（4）坐姿应保持正直，不要靠在椅背上面。进食时身体可略向前靠，两臂应紧贴身体，以免与邻桌的就餐者发生碰撞。

（5）吃法国菜同吃西餐一样，用刀叉时记住由最外边的餐具开始，由外到内。

（6）吃完每碟菜之后，应将刀叉并排放在碟上，叉齿朝上。

（根据百科全书等资料整理）

（四）对外贸易

法国是世界贸易大国之一。第二次世界大战以后，随着法国工农业生产的恢复和发展，以及法国政府不断采取促进对外贸易的政策措施，对外贸易获得了迅速发展。2000 年进出口总额约为 12 427 亿美元。

法国的出口商品以机械、汽车、化工产品、钢铁和陆路运输设备等工业制成品为主，其次是农产品和食品。法国葡萄酒享誉全球，酒类出口占世界出口的一半。法国时装、法国大餐、法国香水都在世界上闻名遐迩。近些年，法国的农产品与食品以及汽车和航空产品的出口在世界出口贸易中越来越居显要地位，分别处世界第二和第三位。另外，法国军火贸易发展也很快，其出口额占世界军火出口总额的 10%，占全国对外贸易总额的 5%，是居美国和俄罗斯之后的世界第三大军火出口国。主要出口军火有直升机、战斗机、装甲车辆、战术导弹等，远销世界 80 多个国家和地区。法国的进口商品主要是能源和工业原料、专用设备及日用消费品等，其中石油进口约占进口总额的近 1/5。

第二次世界大战后，法国对外贸易的地区结构发生了明显变化，由战前的法属殖民地国家逐渐转向欧洲经济共同体国家。在欧共体国家中，德国是法国最大的贸易伙伴，其次是意大利和比利时、荷兰、卢森堡。此外，美国也是法国重要的贸易伙伴。近年来，日本逐渐成为法国引人注目的贸易伙伴，但法国同上述发达国家的进出口贸易，自 20 世纪 70 年代下半期以来，一直保持巨额逆差。法国也十分重视对中东和非洲等产油国以及其他发展中国家的贸易，同石油输出国组织国家也保持巨额逆差。法国只同那些发展中国家拥有顺差。逆差项目主要是中间产品和日用消费品，高技术产品以及能源，顺差项目主要有专用设备、汽车、陆路运输设备、农产品和农业食品。

中法两国自 1964 年建交以来，经贸关系有了很大的发展，中国是法国在亚洲地区最大的出口贸易伙伴，2006 年，法国对中国出口贸易较上年增长了 39. 3%，远远高于当年法国自中国进口贸易的增长速度（14. 7%）。与此同时，两国在能源、通讯、交通运输、航空和农业食品加工等领域的技术合作也在不断扩大，科研和技术人员的交流和培训日益增多。但目前中法两国经贸水平仍然较低，同两国在国际上所处的地位和作用相比，还很不相称。法国从我国主要进口肉类和其他畜产品、丝织品、毛皮、棉布、藤柳制品、茶叶、香料、香精油、鞋类及地毯等，向我国主要出口钢铁和机器设备。此外，法国对我国的技术合作和直接投资目前还处在起步阶段，其规模小于德国和英国，更落后于美、日，尤其对我国的直接投资数额较小。

中法经济贸易潜力很大，有着广阔的发展前景。随着 1985 年 4 月中法两国关于发展经济和技术的五年期协定的签署以及我国对外开放的深入发展，通过双方的共同努力，两国的经济贸易关系将会有新的发展。

法国主要的贸易港口有马赛、勒阿佛尔、敦刻尔克、里昂。巴黎、尼斯、普罗旺斯、里昂等是法国重要的旅游胜地。

三、英国（The United Kingdom of Great Britain and Northern Ireland）

英国，又称联合王国或大不列颠，全称大不列颠及北爱尔兰联合王国。货币为英镑。

（一）地理背景

英国位于欧洲西部大西洋中，由大不列颠岛和爱尔兰岛东北部及附近许多岛屿组成，总面积 24.36 万平方公里（包括内陆水域），英格兰地区 13.04 万平方公里，苏格兰 7.88 万平方公里，威尔士 2.08 万平方公里，北爱尔兰 1.36 万平方公里。英国南以多佛尔海峡、英吉利海峡同欧洲大陆相望，最窄处仅 33 公里。英国处于欧洲的前哨，扼守西欧和北欧许多重要水上通道的出海口，地处西、北欧同北美、地中海、印度洋的海陆交通要冲。英国海岸线总长 1.1 万多公里，良港较多。

大不列颠岛地势西北高、东南低，山地和高原多分布在北部和西部，平原和丘陵多分布在中、南部。北爱尔兰中部为平原，周围为熔岩高原山地，多呈低山。英国虽地处北纬 50 度以北，但周围为海洋环抱，又受西风和北大西洋暖流的影响，属典型的温带海洋性气候，终年温和湿润。通常最高气温不超过 32℃，最低气温不低于-10℃，平均气温 1 月 4~7℃，7 月 13~17℃。多雨雾，秋冬尤甚。年平均降水量约 1 000 毫米。北部和西部山区的年降水量超过 2 000 毫米，中部和东部则少于 800 毫米。每年 2 月至 3 月最为干燥，10 月至来年 1 月最为湿润。全国大部分地区全年不结冰，雨量丰沛。其西部和北部高地，风大、雾多、日照少。对农作物生长不利，但有利于畜牧业的发展；东南部地区光照充足，土壤肥沃，适于耕种，是英国主要的农业区。英国河流短小，主要河流有泰晤士河、塞文河等。英国周围海域又为冷暖流交汇处，渔产丰富，种类繁多，特别是多浅滩，是世界著名的渔场。英国的主要矿产资源有煤、铁、石油和天然气等。

（二）居民

英国人口约 6 243.57 万人（2011 年 1 月 1 日），人口密度 246 人/平方公里，主要由英格兰人、苏格兰人、威尔土人和北爱尔兰人组成，其中三分之一居住在英格兰东南部。总人口中，英格兰人占 83.6%、苏格兰人占 8.6%、威尔斯人占 4.9%、北爱尔兰人占 2.9%、印度人占 1.8%、非洲人占 1.8%。官方和通用语均为英语。威尔士北部还使用威尔士语，苏格兰西北高地及北爱尔兰部分地区仍使用盖尔语。宗教在英国社会政治生活中的影响较大。居民多信奉基督教新教，主要分英格兰教会（亦称英国国教圣公会，其成员约占英成人的 60%）和苏格兰教会（亦称长老会，有成年教徒 66 万）。另有天主教会和佛教、印度教、犹太教及伊斯兰教等较大的宗教社团。

英国是欧洲人口最稠密的国家之一。百万人口以上的大城市有伦敦、伯明翰、利物浦、曼彻斯特、利兹、格拉斯格等。首都伦敦（London）。

（三）经济概况

英国是世界经济强国之一，其国内生产总值在西方国家中居前列。英国是世界上最早进行工业革命的国家，曾被称为“世界工厂”。第二次世界大战后，英国经济实力削弱，在欧洲乃至世界的经济地位日趋下降。但是由于英国工业发展历史悠久，基础扎实。拥有比较完整的国民经济体系和工业体系，所以仍属世界上拥有相当经济实力的国家，特别是一些新兴工业部门，如航天、电子、石油化工等部门的产品和技术在国际市场上具有相当的竞争力，居世界前列。2012 年国内生产总值为 2 435 174 万美元，位居世界第六。

1. 工业

英国工业发达，工业是其国民经济中最重要的部门，产值约占国内生产总值的

35%。工业包括采掘业、制造业、电力、建筑业等。制造业在英国工业中居于举足轻重的地位。

（1）能源工业。英国能源资源丰富，其储量和产量均居欧洲首位，也是世界上石油、天然气和煤炭的重要生产国之一，是能源自给有余的工业国。英国能源消费长期以煤为主，从 20 世纪 50 年代末起，石油比重上升，天然气和核发电的份额也在提高。20 世纪 70 年代时其石油比重超过了煤炭，但从 80 年代初开始煤炭比重重新上升，同其他发达国家相比英国能源消费中的煤炭比重是比较高的。煤炭曾在英国产业革命过程中发挥过重要作用。英国的采煤业历史悠久，1913 年是其煤炭工业的鼎盛之时，煤产量为 2. 92 亿吨，其中出口7 420 万吨。此后，由于廉价的中东石油的冲击，国际市场需求的减少，采煤业一蹶不振。1973 年石油危机后，政府调整能源政策，煤炭工业再度受到重视。目前全国共有煤田 12 块，多为中厚煤层，埋藏较浅，容易开采，且煤质好、焦煤比重高。英国采煤技术先进，机械化程度高，其采矿设备在世界上享有盛誉。

英国历来是一个石油进口国。从 1969 年英国在北海发现第一个油田起，掀起了北海石油的勘探和开采热。1973 年“石油危机”后，英国更加速了对油田的开发和建设进程。目前，英国在北海已建成了一个具有相当规模、拥有现代化设备和先进技术的采油区。近年来，英国政府为了保护北海石油资源，开采量逐年下降。北海油田的开发为英国经济增添了活力，使英国从大量输入石油转为净输出，既解决了能源问题，又减少了外贸逆差，1981—1985 年期间，石油的出口额占原材料出口额的 21%，占外贸出口总值的 16%，国际收支持续顺差。北海油田的开发不仅直接促进了能源工业的发展，还开拓了与油田有关的新兴工业部类，如平台建造、钻采设备制造、油管制造、油船制造以及机械、电子、化工等。原来经济较落后的苏格兰地区，随着北海油田的开发，工业结构和布局发生很大变化。此外，北海油田的开发还缓和了英国的失业问题。电力方面，以火电为主，20 世纪 90 年代以来，大力建设核电站，现拥有大量的核电站。

1989 至 1999 年英国进行了能源私有化改革，建立了完全开放、充分竞争的电力和燃气市场；天然气取代煤炭成为主要能源形式，大大降低了环境气体的排放量；核电进入市场，风能、生物能等可再生能源技术研究开发趋向成熟，改变了单一化石燃料的能源结构。目前，英国能源工业产值占其国内生产总值的近 4%，能源出口占出口总额的 9%，进口占进口总额的 5%，实现了贸易顺差。

（2）钢铁工业。英国是世界钢铁工业的发源地，许多炼钢技术设备的发明和使用，都最先在英国出现。钢产量在历史上曾占统治地位。1870 年英国钢产量达 2 779 万吨，约占世界钢产量的一半。但自 20 世纪以来，钢铁工业日益暴露出企业规模小、设备陈旧落后、布局不合理的弱点，致使钢铁生产成本高，缺乏竞争力，加上国内汽车、造船、机械等需求钢铁的部门处境艰难，国际市场上钢铁生产过剩等一些原因，英国钢铁工业发展十分缓慢。目前英国钢铁公司是西欧最大的钢铁公司，其钢产量仅次于新日本钢铁公司和美国钢铁公司。近年来，由于进口铁矿石不断增加，钢铁工业的分布日益靠近沿海地区，目前主要中心有塔尔伯特、莱温港、设菲尔德等。英国钢产量一半以上供出口。英国还有百余家较小的私营钢铁企业，擅长制造特殊钢材，如合金钢和不锈钢等。但是进入 21 世纪后，英国钢铁工业产量受全球经济影响，钢铁产量开始下降。2008 年钢铁产量为 1 354 万吨，相比上年下降 45%，为 1980 年全国大罢工以来最差。

（3）机械制造业。机械制造业是英国的主导工业部门。该部门门类众多，但发展不平衡，早期建立的纺织机械、造船、矿山机械等部门严重衰退，第二次世界大战前建立的汽车、农机、机床、电机等部门发展缓慢，而第二次世界大战后新建的与军事和新技术革命有关的飞机、仪表、电子、精密机械等部门则发展迅速。机械制造分布广泛，几乎遍及英国各大城市。

英国汽车工业建于1890年，20世纪初期和中期英国汽车畅销世界各地。1972年所生产的小轿车、载重汽车和公共汽车合计为194.1万辆，创历史纪录，以后逐步下降。近些年来，英国汽车受到日本和德国等国生产的小型、省油的小轿车的竞争，国内外市场不断缩小，而同时外国进口轿车占英国国内市场的比重却逐年上升，已占近一半。1983年，英国已成为日本汽车在海外第二大市场。英国的汽车工业80%由七大集团所控制：罗弗、福特、沃克斯霍尔、普乔特—塔尔波特、本田、尼桑和丰田。世界上的名车极品罗伊斯·罗尔斯是英国所造。汽车工业主要分布在伦敦东南区和西米德兰区。2009年英国汽车产量达109万辆，占全球汽车总产量的1.8%，居世界第12位，在欧洲国家中居第4位。2008年英国汽车制造业年营业额506亿英镑，在英国制造业中占10.2%。英国汽车产业的发动机年产量约300万台，80%左右出口。英国是全球重要的汽车技术研发中心，在动力总成系统和传动技术、燃料电池和蓄电池汽车、可持续发电及其供应等领域具有优势。英国不仅是世界现代赛车运动的发源地和世界赛车业的领导者。全球F1赛车中使用的零部件有30%来自英国。北安普顿郡、牛津郡、南安普顿郡地区形成了产业集群，被统称为“赛车谷”（Motorsport Valley）。全球9大一级方程式车队中，有6家将基地设在英国。

20世纪初，英国造船工业在世界首屈一指。1913年下水商船过103.2万吨，占世界同期下水量的58%，但这以后逐年下降，特别是第二次世界大战后，日本、瑞典、西德、西班牙等国造船业的突飞猛进，英国相对落后了。到20世纪80年代仅居世界第八位。造船中心分布在格拉斯哥、纽卡斯尔、利物浦、南安普敦等。国营的英国造船公司是英国最大的造船公司，控制了全国商用和军用船只生产的一半以上，私营船厂则建造小型船只，包括巡逻艇、渔船、补给船、拖轮、货轮、小型油船、渡船、游艇、快艇等。

英国是重要的航空航天工业国。航空航天工业产品是英国重要的出口创汇产品。英国的航空工业建于1909年，目前已发展成仅次于美国的西欧规模最大和设备最完善的航空体系，主要产品有民用、军用飞机、直升机、航空发动机、导弹、气垫船、宇宙飞行器、通讯卫星，以及整套机场设备等。同时它是世界上使用航天数据和技术最多的国家之一。产值占全球市场份额13%，排名第二，仅次于美国。目前，飞机年产量达450架，飞机发动机2 000余台，2006年，英国航空航天工业销售收入227亿英镑，增长25%。航空工业产品是英国重要的出口物资之一，其中带有自动着陆装置的“三叉戟”式客机、“鹞”式垂直起降喷气式战斗机、“协和”式超音速飞机等都是世界著名的产品。宇航工业主要分布在大伦敦的东南部、伯明翰和考文垂及西米德兰区。英国主要航空航天企业包括罗尔斯·罗伊斯公司、英国宇航公司、空客英国公司、庞巴迪英国公司、史密斯公司、Thales公司。

（4）电子工业。电子工业是第二次世界大战后发展起来的、重要的新兴工业部门。主要产品有电子计算机、雷达、导航设备、通信设备、电子元件和电子消费品等。其特点是重点发展以雷达、无线电通信及工业控制为中心的投资类设备及专用电子设备，尤其是雷达设备已为许多国家民用机场和船舶所使用，电子计算机出口量不断增加，主要输往英联邦成员国及欧洲和美国。电子工业主要分布在被称为“泰晤士硅谷”的泰晤士河上游河谷地带和“苏格兰硅谷”的苏格兰埃尔—格拉斯哥—爱丁堡一带。尤其是后者，约生产了英国80%的集成电路和50%的电脑及附属产品。

英国电子产业的核心部分是其突出的研发创新能力，特别是在半导体集成电路设计、嵌入式系统芯片技术、第三代（3G）移动通信技术、射频（RF）技术、天线设计、数字无线电和混合信号设计等领域。其研发中心多集中于大学校园区。电子类科技创新公司主要集中于剑桥地区、苏格兰地区、英格兰东北部和南安普顿等地区。

（5）化学工业。英国是世界重要的化学工业国，目前英国化工业在世界排名第七位，行业总产值达720亿美元，占国内生产总值的2%、制造业产值的10%。它也是世界五大化工产品出口国之一。

化学工业为英国第二次世界大战后发展最快的工业部门之一。其产品在20世纪50年代是以煤和岩盐为原料的基本化工为主；到60年代末转化为以石油和天然气为主要原料的有机合成和石油化工产品为发展重点。主要产品有硫酸、药品、塑料、树脂、合成橡胶、化肥、染料、颜料、涂料、化妆品、肥皂和洗涤剂等。帝国化学工业公司是化学工业中最大的公司，也是世界五大化学公司之一，控制国内化工生产的30%左右。其中，硫酸、硝酸、盐酸、纯碱、烧碱、人造纤维、炸药等生产占国内生产总量的绝大部分。主要中心有北海沿岸、默齐河口、米德兰地区等，伯明翰是化肥生产中心。

英国是世界主要的制药业中心之一，英国的制药业出口排在世界第四位，约占世界市场的12%，主要出口地区为西欧、北美和日本，年营业额达40多亿英镑。

（6）纺织工业。英国纺织工业是历史悠久的传统工业部门。因设备落后，市场竞争能力弱，生产逐步下降。纺织工业包括棉纺织、化学纤维、毛纺织、亚麻织和针织。其中毛纺织业的规模居于世界前列。主要中心有曼彻斯特、依林沃·莫利斯、里兹等。

2. 农业

英国是农业高度发达的国家，其农业技术水平、专业化水平和劳动生产率都位于西欧的前列。但农业在英国经济中一直不占重要地位。农业人口占总人口的1%，农业产值约占国内生产总值的15%，农产品可满足国内需求的2/3。同时，英国有些农产品出口到其他国家，目前是欧盟第四大农产品出口国。农业生产以小规模经营为主。

在农业中，畜牧业占主导地位，其产值占农业总产值的70%以上。英国畜牧业以养奶牛、肉牛、绵羊和家禽为主。其中，乳羊业占畜牧业产值的35%，肉牛业占24.8%。在历史上，其养羊业曾占十分重要的地位，现已衰退，而养禽业、养猪业发展迅速，皆实行机械化集约饲养。英国的种植业基本上从属于畜牧业，以种植谷物（小麦和大麦）和园艺作物（蔬菜、水果、花卉）为主。园艺作物虽仅占耕地面积的4.1%，其净产值约占种植业的1/3以上，蔬菜产值约占40%。种植业主要分布在气候条件较好的英格兰东部，这里既是全国重要的耕作区，又是肉用牲畜的分布区，同时还是农产品消费区，英国的西北部主要是以饲养乳牛和羊为主的牧区。

3. 服务业

以金融业、保险业、投资业、零售业、和商业服务（提供法律及咨询服务等）是英国经济的第一大生产力，且近年来发展迅速，与以单纯风光旅游为主的国家不同。

英国服务业到2001年底从业人员达2 280万，占总就业人口的77.5%。金融业在英国经济中占有重要地位，其产值在GDP中的比重超过5%，2001年总产值比2000年增加1%，其增加值占国内总产值增加值的71.4%。英国是最大的国际银行市场，占世界总额的20%。在2007年英国金融业管理着4.1万亿英镑的基金，而其管理的英国及国际客户的海外资产价值更是高达12.4万亿英镑。伦敦股票交易所是世界上主要的交易所。伦敦与纽约和东京并称世界三大金融中心，也是欧洲最大的金融中心。从事跨国银行借贷、外汇交易、国际债券发行、基金投资等业务，同时也是世界最大保险市场，最大黄金现货交易市场及船贷市场以及重要非贵重金属交易中心。

英国政府鼓励外国向英国投资，并将其视为引进新技术、新产品、新的管理方法和提高就业、增加出口的有效途径。近年来，英国成为外商在欧洲投资的首选地。2001年，英国吸引外国投资总额538亿美元，居世界第三位。

英国银行业的“四大家”由汇丰银行、劳埃德银行、苏格兰皇家银行及巴克莱银行组成。此外英国还有若干家较小的银行。几家房屋协会、保险公司和超级市场也在经营银行业务，主要是一般账户业务。一些美国银行在英经营信用卡业务。

旅游业是英国最重要的经济部门之一。英国也是旅游业发展最早的国家，1840年托马斯·库克首次组织火车专列旅游活动，标志着旅游业首先在英国诞生。英国旅游业收入占世界第五位，仅次于美国、西班牙、法国和意大利，旅游业产值占国内生产总值的5%。2010年来英游客达2 959万人次，收入达167亿英镑，约合270亿美元。英国的王室文化和博物馆文化是旅游业的最大看点。主要旅游点有伦敦、爱丁堡、加的夫、布赖顿、格林威治、斯特拉福、牛津、剑桥等。

（四）对外贸易

对外贸易对于英国经济至关重要。国内食品消费量的1/3和工业原材料的90%都源自国外。它所生产的机械、车辆、电器设备、化工产品和纺织品的很大份额也都输往国外市场。2005年英国货物贸易进出口总额达8 855.5亿美元，其中，出口额为3 888.9亿美元，进口额为4 966.6亿美元，全年贸易逆差为1 077.7亿美元。2012年英国货物贸易进出口总额达11 487.78亿美元。

19世纪中叶，英国曾是国际贸易的中心。当时英国的对外贸易主要是靠向各殖民地输出纺织品、五金和运输设备，输入工业原料和食品，从而剥削掠夺殖民地人民，壮大帝国经济实力。第二次世界大战后，随着英联邦事实上的解体和工业品国际竞争力的削弱，英国的世界贸易地位每况愈下，对外贸易长期入超。

在过去的几十年中，随着国内外经济形势的变化，英国进出口商品构成也有显著改变。在出口构成方面，工业制成品及化工产品比重持续上升，纺织品出口比重税减，钢材、原煤已不再出口。在进口商品构成方面，工业制成品、半成品进口比重大幅度上升，初级原料进口比重急剧下落，食品进口比重陡降。

对外贸易商品结构的变化也必然导致贸易地区的变化。英国历史上的最大贸易伙伴是其殖民地和英联邦国家，其次是西欧国家和北美；以后贸易地区转向共同市场国家，其中德国已成为英国最大的出口市场和进口来源国。出口方面，第二次世界大战后英国出口地区比重增长得特别快的是西欧和石油输出国，其次是澳大利亚、加拿大、美国、南非、印度等。进口方面，西欧特别是欧盟国家已成为英国进口商品的最主要来源，其次是澳大利亚、美国、加拿大、新西兰、法国、丹麦等。英国是中国在西欧的重要经济贸易对象之一。

英国是在1950年1月率先承认中国的第一个西方国家。1954年，两国建立代办级外交关系，以后逐渐升为大使级。1950年以来，两国贸易关系不断发展，合作的领域不断扩大。自从20世纪50—70年代，英国曾是中国在西欧最大的贸易伙伴。中国实行改革开放以来，双方关系由单纯的商品贸易发展到合资合作等形式的经济技术合作。英国是中国在欧盟的第二大贸易伙伴。近年来，中英贸易额每年平均增长17%。2012年中英货物贸易达631亿美元，比前一年增长7.5%。对英出口463亿美元，增长4.9%；自英进口168亿美元，增长15.5%，增幅在中国与欧盟主要贸易伙伴中位居第一位，中国保持英国第二大贸易伙伴地位。英国对中国主要出口机械化综合采煤设备、飞机、化工成套设备、仪器设备、钢铁、化肥农药、化工原料等；从中国进口的主要是服装、玩具、纺织品（地毯、棉织品）、旅行用品、组合音响、塑料制品、鞋类等。

主要的对外贸易港口有：伦敦、利物浦、格拉斯格、南安普敦、伯明翰。

四、意大利（The Republic of Italy）

意大利，全称意大利共和国。货币欧元。

（一）地理背景

意大利位于欧洲南部，其领土由大陆部分（包括阿尔卑斯山南坡山地和波河平原）、亚平宁半岛及西西里岛、撒丁岛及周围许多小岛组成，总面积301万平方公里。意大利位于地中海的中央，成为东西地中海的海上交通要道，苏伊士运河通航后，更成为地中海东西航线的重要通道。阿尔卑斯山铁路隧道的凿通，使其成为联系中欧和北非的陆上桥梁。海岸线长约7 200多公里。

意大利是个多山的国家，山地和丘陵面积约占77%，平原面积占23%，横亘北部的阿尔卑斯山长约1 220公里，平均海拔1 000米以上。该山地有一系列4 000米左右的高峰。其中，以意法交界的勃朗峰（高4 410米）和意瑞交界的玫瑰峰（高4 638米）最为有名。这些山峰常年有积雪和冰川，为许多河流的发源地，水力资源丰富。河谷地带是农耕区。纵贯半岛南北的亚平宁山脉是亚平宁半岛的脊柱，大多数山脉海拔2 000米左右。意大利是多火山的国家，西西里岛的埃特纳火山是西欧最大的活火山。意大利平原主要分布在阿尔卑斯山脉以南和亚平宁山以北的广阔地带，其中波河平原面积47万多平方公里，约占全国总面积的1/6。波河平原地势平坦，土壤肥沃，河网密布，灌溉便利，是意大利最富饶的农业区，也是全国工业发达、交通网稠密和城市居民点最集中的地区。

意大利气候分两大类：北部大陆部分和亚德里亚海沿岸地区属于温和的大陆性气候，夏季炎热，冬季寒冷；亚平宁半岛、西西里岛、撒丁岛等地属亚热带地中海型气候，夏季炎热干燥，冬季温和湿润。

意大利水力和地热资源丰富，并有较丰富的天然气，其他矿产资源贫乏。除天然硫黄、汞矿、铝土和大理石蕴藏量较丰富外，只有少量的铅、锌、锰、锑、钾等。意大利大理石驰名于世，不仅满足国内需要，还向许多国家出口，马萨和卡拉拉里是世界最大的大理石矿区之一。意大利矿产资源主要分布在波河流域、亚平宁半岛中段的东海岸，以及南段的爱奥尼亚海沿岸地区。

（二）居民

意大利人口 6 104.99 万（截至 2013 年），居欧洲第五位。居民中，95% 以上为意大利人，少数民族有法兰西人、拉丁人、罗马人等；绝大部分居民信奉天主教。人口分布不平衡，绝大部分的人口集中在经济发达的北部地区。全国 72% 的人口集中在城市，人口超过百万的城市有罗马、米兰、那不勒斯和都灵。首都罗马，人口 28.5 万（2013 年底）。

（三）经济概况

意大利是当代先进工业化国家之一。第二次世界大战后，意大利经济发展较快，经济结构也发生较大变化。从一个工农业国家变成一个工业化国家。由于历史的原因，意大利经济地区发展不平衡，北部最发达。这里集中了全国一半以上的制造业，许多大工业集团，如菲亚特、蒙特爱迪生、阿尔发、发雷利等集团的总部设在这里，并出现了以锡耶纳、博尔卡为中心的现代化工业城市。北部波河流域的农业区，不仅成为意大利粮食的重要生产地区，还建成了不少现代化的工业区，形成以工业为主，工农业综合发展的局面。意大利南方 8 个区面积占全国总面积的 40%，人口占 38%，国民生产总值却只占全国的 1/4，人均收入相当北方的 57%。自 20 世纪 50 年代起，意大利政府就力图改变“南贫北富”的现象，采取了一系列措施，但这种状况并没有根本改变。同其他西方发达国家相比，意大利存在着资源贫乏、工业起步较晚的劣势。但意大利注意适时调整经济政策，重视研究和引进新技术，促进经济发展。

1. 工业

意大利工业高度发达，生产技术先进，在整个国民经济中占有重要地位，是国民收入的主要来源。目前，按工业部门的齐全和整个工业技术水平来讲，意大利与欧美其他发达国家水平基本接近，有些工业部门已达到世界先进水平，并在国际上享有一定声誉。由于意大利国内自然资源缺乏，原料和能源严重依赖进口，产品 1/3 以上供出口，因此意大利工业具有明显的以加工出口为主的特点。同时，在工业中，以中小企业为主是意大利经济突出的特点。中小企业雇佣劳动力约占全部劳动力的 70%；雇员 100 人以上的大公司只占全部企业数的 0.4%。因此被世人称为“中小企业王国”。

（1）能源工业。意大利缺乏能源资源，燃料动力工业是其工业中的薄弱部门。煤矿仅有少量质次的褐煤，位于撒丁岛。水力资源虽然丰富，但大型水电站较少，主要是利用分散在山区的河流建中小型电站，近年发电量 400 多亿度，约占发电总量的 1/4。意大利的波河三角洲和波河上游开发有大型的天然气田，是西欧主要天然气生产国，但也只能满足国内动力工业的部分需要，为此意大利在地中海修建了通向阿尔及利亚的海底输气管道，每年从那里进口天然气 120 亿立方米。主要能源来源依靠进口石油，每年从中东和北非等进口石油 1 亿吨左右。近年来，意大利为了减少对石油的依赖，燃料动力工业增加了对煤的使用，煤炭的进口量猛增，主要来自东欧。意大利的核能工业发展迅速，目前建有 10 多座核电站。意大利地热资源丰富，卡纳地区的拉尔德雷地热田是世界最大的地热田之一，1913 年，在佛罗伦萨的西部建立了世界第一座地热发电站，该机组功率达 60 万千瓦，地热发电站仅次于美国，居世界第二位。

（2）钢铁工业。第二次世界大战后钢铁工业在意大利发展较快、规模较大。炼钢技术具有世界先进水平，优质钢在产品中占重要地位。从 1950 年开始，意大利开始在沿海地区布局大型钢铁厂，利用廉价水运，从国外进口优质的煤炭和铁矿砂，再输出制成品，以此减少了钢铁生产的成本，从而增强了产品在欧洲共同市场上的竞争力。意大利钢铁工业所需的全部铁矿石和焦炭、70%的锰和 30%的废钢铁依靠进口。钢铁工业分布在南北两区：南方是 20 世纪 50 年代后发展起来的新区。意大利钢铁工业的 78%由伊利公司控制的芬西德公司经营。芬西德公司 1950 年在沿海建立了三大钢铁中心，即巴尼奥利，利尔尼利亚诺和塔兰托三大钢铁联合企业，其中南部的塔兰托钢铁联合企业是全国最先进的生产特殊钢材的企业，年产钢 1 000 万吨，是西欧最大的钢铁生产基地之一。北方以米兰为中心，是意大利传统钢铁产地，接近国内钢铁消费市场，又能利用附近廉价的水电，大多为中小型钢铁厂，对北部经济发展起着重要作用。

（3）机械制造业。机械制造业是意大利最大和最重要的工业部门，主要包括动力机械、汽车制造、机床制造、精密仪表、数控机床、运输设备、船舶制造、家用电器、五金机械等。意大利的汽车工业为机械制造业中最重要的工业部门，在国际市场上有很强的竞争力。菲亚特公司是目前意大利最大的汽车制造私人垄断集团，年产汽车 100 多万辆，占全国汽车总产量的 90%左右，在欧洲市场上，该公司的汽车销售量近年来不断上升。意大利的轻型机械制造第二次世界大战后也得到很大发展，其生产的打字机和缝纫机在第二次世界大战前就已闻名于世，战后工艺设备不断改进，产品加速了更新换代，其中电子计算机和办公室自动化装置产量猛增。意大利的家用电器虽起步较迟，但发展很快，20 世纪 50 年代末才在欧洲市场上打开销路，但到 1965 年它已成为世界上第二号家用电器生产国，其电冰箱、洗衣机的产量均居欧洲首位。意大利的重型机械工业主要是制造发电机、涡轮机、铁路车辆、船舶等，但国内市场狭小，发展规模不大，其中，飞机制造业的发展与军火工业密切相关，某些航空设备及技术处于世界领先地位。机械工业的分布，高度集中在西北部的以米兰为中心的伦巴第区和都灵为中心的皮埃蒙特区，伦巴第区的米兰是全国最大的机器制造中心；都灵是世界四大汽车城之一。

（4）化学工业。意大利虽缺乏发展化学工业的自然资源，但它地处地中海石油运输航线中枢，又接近北非石油和天然气的主要产地，利用这一地理位置的优势，其大力发展合成橡胶、人造纤维以及各种塑料制品的石油加工和石油化学工业。原油加工能力达 2. 3 亿吨，居西欧首位。意大利的原油年加工能力为 1 亿吨左右，有“欧洲炼油厂”之称。石油化工工业主要分布在西部沿海和西西里岛东部。近些年来，利用国内硫黄、黄铁矿、天然气等发展的酸、碱等基础化学工业很不景气，产品亏损严重，所以化学工业正在进行结构性改革，集中力量发展那些在技术和市场上已取得优势的产品，加聚丙烯、聚酯纤维、抗肿瘤药物以及各种电缆、轮胎等橡胶制品。

（5）纺织业。纺织业是意大利历史最悠久的行业。早在中世纪末和文艺复兴时期，意大利的纺织品就已驰誉欧洲。尽管第二次世界大战后化纤工业竞争很激烈，但由于意大利的纺织行业具有高超技艺，在国际竞争中至今仍居优胜地位，其纺织品的出口在意大利出口贸易中一直占有较大比重。北部的普腊托是意大利纺织业的集中分布区，与曼彻斯特、里昂并称为欧洲三大纺织工业中心。普腊托地区几乎所有公司都从事纺织业，他们不断创新和变革，以适应市场需要，在价格、花色品种、质量上都具有国际市场竞争力。与纺织业相关的意大利的服装和制鞋业在世界上也享有盛誉。服装的产量和出口量都居欧洲首位。制鞋工艺优良、品种繁多，年产各种皮鞋近5亿双，产量超过德、英、法三国总和，出口占70%，其中滑雪鞋目前已占世界总销售量的60%，因此有“制鞋王国”的称号。

另外，意大利拥有历史上闻名的罗马建筑和地下水道，有赖于其历史悠久且规模颇大的水泥工业和建筑业。目前，意大利的水泥和水泥制品在欧盟国家中居首位。

2. 农业

意大利的农业有着上千年的发展历史，土地利用率较高，但由于北部过小的农场规模和南部残存的封建土地制，阻碍了农业的发展，与其他主要资本主义国家相比，意大利农业的现代化程度不高，在世界农业中处于中等的水平。大规模的农业机械化和化学化是第二次世界大战后实现的。农业技术设备的改进和农业人口的减少，大大促进了农业现代化的进程，使农业劳动生产率明显提高，其增长速度超过工业部门。

种植业在意大利农业中一直处于突出地位。粮食作物主要有小麦、水稻、大豆和玉米。除了稻米自给有余能出口外，小麦和玉米都必须进口才能满足国内消费需求，小麦自给率为85%，玉米自给率为77%。蔬菜在意大利农业经济和农产品出口中占有重要地位。意大利是欧洲最大园圃蔬菜生产国之一，是蔬菜生产国和出口国，蔬菜品种有番茄、菜花、葱头、青椒、菜豆等。特别是番茄的生产，有1/3运销国外。这些蔬菜在西欧市场上十分畅销，是意大利一项重要的外汇收入。意大利南部的地中海型气候十分有利于水果的生长，最有名的水果为橄榄和葡萄，其次还有柑橘、柠檬、桃、苹果及著名的意大利李子。葡萄、橄榄、甜菜主要是加工成葡萄酒、橄榄油和甜菜糖出口。意大利是世界葡萄与葡萄酒的最大生产国和葡萄酒的出口国。意大利和西班牙、希腊是世界三大橄榄生产国。

意大利畜牧业的产值占农业总产值的近一半，主要饲养牛和猪，但肉类、牛奶等产品不能自给，有相当部分靠进口。牛、猪的饲养主要分布在北部，占全国的80%以上；羊的饲养主要分布在南方。意大利的家禽饲养业发展很快。

（四）对外贸易

对外贸易是意大利经济的主要支柱，第二次世界大战后，意大利对外贸易发展很快。意大利对外贸易的商品结构受国际分工的影响，出口产品大多是生产技术水平低的产品，如皮革制品、鞋类、纺织品、服装、木制品、钢铁、五金机械等；附加值高的高科技产品，如飞机、化学制品、精密仪器、电子机械等出口不多。

意大利主要的贸易伙伴为欧洲联盟成员国，随着统一大市场的建成，贸易额不断增加。五大出口国为德国、法国、美国、英国和西班牙。为了保证原料来源，意大利也重视积极加强和发展中国家的经贸往来，主要有沙特阿拉伯、利比亚和阿尔及利亚。五大进口来源国为德国、法国、荷兰、英国和美国。

意大利同中国的贸易往来有悠久的历史，但规模不大，中国是意大利最大贸易逆差来源国，意大利对中国贸易逆差达200亿欧元（2011年）。自1970年意大利同我国建交后，双方贸易迅速发展。在西欧各国中，意大利已成为我国的一个重要贸易伙伴。意大利向中国出口的主要商品有：成套设备和技术、化工原料、化肥、化纤、钢材、机械、汽车等。意大利从中国进口的主要商品有：纺织原料和制成品、机电产品、土畜产品、工艺品、粮油食品和小五金产品等，近几年还进口少量煤炭和石油。双方发展经贸关系的前景十分广阔。

五、荷兰和比利时

荷兰和比利时都是中国在欧盟内的前六大贸易伙伴之一，2013 年荷兰居第三位，比利时居第六位。

（一）荷兰

全称为荷兰王国（The Kingdom of Netherlands，NED），简称荷兰（Holland）。

荷兰位于欧洲西北部，濒临北海，与德国、比利时接壤。面积 41 864 平方公里，人口 1 680.3 万人。荷兰国土海拔很低，很多地方地势接近甚至低于海面，是世界有名的低洼之国，该国的围海造田工程享有盛誉。全境内 1/4 的土地海拔不到 1 米，1/4 的土地低于海面。十三世纪以来共围垦约 7 100 多平方公里的土地，相当于全国陆地面积的 1/5。境内河流主要有莱茵河、马斯河。西北濒海处有艾瑟尔湖。

荷兰首都是阿姆斯特丹，但是政府、国王的王宫和大多数使馆都位于海牙。此外，全球国际法庭也设在海牙。

17 世纪，荷兰是当时的航海和贸易强国，荷兰的商船数目超过欧洲所有国家商船数目总和，被誉为“海上马车夫”。与此同时，荷兰在世界各地建立殖民地和贸易据点，继西班牙之后成为世界上最大的殖民国家。1602 年，荷兰联合东印度公司成立。到 17 世纪中叶，荷兰东印度公司贸易额占到全世界总额的一半。商船数目比英、法、德诸国船只的总数还多。这段时期在荷兰被称为“黄金年代”。

荷兰的气候属温带海洋性气候，冬温夏凉，气温年较差小，且全年湿润多雨。年降水量 650~700 毫米。

荷兰蕴藏天然气、石油和煤等资源。

荷兰是发达的资本主义国家，尽管自然资源相对贫乏，但天然气储量丰富，自给有余。荷兰工业发达，主要工业部门为半成品加工、石油化工、冶金、机械制造、电子、钢铁、造船、印刷、钻石加工等，原料和销售市场主要依靠国外。近些年来，空间技术、微电子、生物工程等高技术产业有了长足的发展，传统工业主要是造船、冶金等。鹿特丹是欧洲最大的炼油中心。

荷兰皇家壳牌集团、飞利浦电子公司、联合利华公司等都是世界著名的跨国公司。

荷兰的农业也很发达，是世界第二大农产品出口国（仅次于美国）。畜牧业占 50%，园艺业占 38%，种植业占 12%。农业生产现代化，乳、肉产品供应国内有余，是世界主要蛋、乳出口国之一，世界上奶酪产量最大的国家。马铃薯种植量非常大，并发展了薯类加工产业。世界种薯贸易量的一半以上从这里输出。花卉是荷兰的支柱性产业。全国共有 1.1 亿平方米的温室用于种植鲜花和蔬菜，因而有“欧洲花园”的美称。荷兰的花卉出口占国际花卉市场的 40%~50%，出口额占高达 100 亿欧元。

荷兰的交通十分发达，陆海空各类运输占欧盟交通市场总额的30%。鹿特丹和阿姆斯特丹是世界重要港口。

荷兰有“风车之国”、“牧场之国”、“郁金香王国”的美誉。海岸外小岛、古城、运河风光和花卉种植业吸引国外旅客。每年旅游者达260余万。

（二）比利时

全称比利时王国（The Kingdom of Belgium），简称比利时。全国面积30 528平方公里，人口1 111.96万人。

位于欧洲西北部，北邻荷兰，东连德国，东南连卢森堡，南部和西部与法国接壤，西北濒临北海。被誉为“西欧的十字路口”。海岸线长66.5公里。比利时陆地面积的2/3为丘陵和平坦低地。全境分为西北部沿海佛兰德平原、中部丘陵、东南部阿登高原三部分。比利时受北大西洋暖流的影响，属温带海洋性气候，全年温和多雨，气候湿润。

比利时是世界上工业最发达的地区之一，经济高度对外依赖，80%的原料靠进口，50%以上的工业产品供出口。平均出口是德国的两倍，日本的五倍。2011年进出口总额 为6 202亿欧元，比利时主要进口食品、机械、钻石（未成品）、石油、化工材料、纺织品；主要出口汽车、食品、钢铁、药品、钻石（成品）、纺织品等。主要工业部门有钢铁、机械、有色金属、化工、纺织、玻璃、煤炭等行业。

主要贸易伙伴为欧盟成员国。

2011年农牧渔业附加值为22.05亿欧元，约占国内生产总值0.605%。

第三产业发展迅速，2011年约占国内生产总值68.3%。

位于北部的安特卫普为欧洲第二大港，同时也是世界上最大的钻石加工地，有“钻石之都”的美誉。

【知识窗】

瑞士和它的“瑞士通道”

瑞士全境位于有“世界屋脊”之称的阿尔卑斯山区，60%以上国土处在平均海拔3 000~4 000米的高山峻岭之间，境内还有20多座4 000米以上终年覆盖冰川和积雪的雪山。经过两百多年的开发，旅游业已成为国民经济的支柱产业，每年访问瑞士的过夜人数已达到6 500万人次，旅游收入达2 800万美元，位居世界前10名，每12个人中有一个人靠旅游业为生。

在众多的欧洲旅游市场中，瑞士独特的“瑞士通道”，为本国旅游业提供了完善和便捷的交通设施。“瑞士通道”基本用来在购买交通运输票时打折扣用，持卡者只需付半价。游客不仅可以选择瑞士六条具有传奇色彩的旅行线路（瑞士联邦铁路、大多数私营铁路、湖面游船、长途大轿车、市内交通运输系统，以及到山顶的缆车游览）中的任何一条线路游览瑞士，而且可以免费咨询如何到达瑞士境内的火车站、汽车站和轮船站；在30多个瑞士城市中，还可以利用“瑞士通道”了解瑞士市内交通各项情况。

“瑞士通道”的交通工具分为一等和二等。可以连续旅行4天至1个月，您也可以购买“瑞士弗立克西通道”（Swiss Flexf Pass），在1个月中旅行3至9天。如果携带6至16岁的孩子一起旅行，则可以索取瑞士家庭旅行免费卡（Free Swiss Family Card），这样孩子可以免费使用“瑞士通道”。如果两个海外旅游者（成年人）一起旅行，第二位旅游者使用“瑞士通道”可以享受40%的折扣。

（根据百科全书等资料整理）

【案例分析】

浅谈欧洲市场的特点

欧洲许多地方常常下雨，雨伞是人们必备之物。欧洲人喜欢去海滩晒太阳，沙滩椅是去海滩必带的装备。

欧洲人用雨伞，是很随便的。下雨打出去，雨一停就忘了，丢了。下次要用，再买一把。他们不在乎雨伞多么坚固耐用，要求的是价格便宜。欧洲人购买沙滩椅，用过一个夏天就不要了，他们要求的是色彩鲜艳，使用舒适，价格便宜，不需要它经久耐用。中国向欧洲出口的这种商品，由于质量太好，反而销售不畅，竞争力不强。其实向欧洲出口商品，就应该了解欧洲市场的特点，使我国商品适应欧洲市场的特点。

欧洲市场现在的特点是：

（1）欧洲人的消费结构：20世纪50年代的主要购买生活必需品，60年代购买耐用消费品，70年代的追求住宅的舒适、室内陈设的讲究、旅游度假的休闲，80年代增加了反映个性的运动、娱乐、家庭设备的自动化与电脑控制等。

目前欧洲人消费的总趋势是基本生活必需品在个人消费中比重下降，而住房和业余消费比重上升，达到了高消费的阶段。因此，对商品在保障安全、满足荣誉感、充分自我表现方面的要求就更加严格。如食品，就不仅仅是要一般肉类和大路货蔬菜，而要求海鲜、野味、天然食品、营养补品等。如轻纺、电子产品，市场已近饱和，人们追求花色翻新、升级换代。

（2）欧洲进口商品结构已从二十世纪五六十年代60%是食品、饮料及原材料，变成了现在60%是进口机器与运输设备、能源产品及化工产品。

随着欧盟各成员国组成了统一大市场，积极推动各种产品规格标准的统一，商品流通和销售更方便，这些国家的人民旅游来往密切，渐渐相互学习了解，进而改变自己原有的生活方式和消费习惯，出现了一种大致相同的欧洲消费形态。但是各国的消费习惯仍存在差异。西班牙的消费者大部分偏好色彩鲜艳的产品，而丹麦人偏好灰暗的色彩。这是因为西班牙有炎热的夏季而丹麦酷寒，自然环境影响了消费者的心态。英国人、法国人、德国人日常用的清洁剂都选的是低污染的产品；而西班牙人、葡萄牙人和希腊人很少把污染和环保问题放在心上，这是教育水平的差异造成的不同消费习性。要把欧盟各国老百姓的消费习性都统一起来，显然还需要相当长的时间。

目前，任何商品想要进入欧洲统一大市场，仍然必须迎合欧盟各国不同的消费习惯，为此要开发不同的系列产品。而且欧盟各成员国老百姓还很讲“爱国主义”。据调查，很多英国人认为，英国奶酪最好吃，英国酒最好喝。法国很多人认为，世上唯有法国奶酪最上乘，法国美酒无人比。谁不适应不同消费者的这种民族性格和消费习惯，谁就在欧洲市场上无立足之地。所以，人们就不得不研究欧洲各国不同的风俗习惯。

（根据cnmichaelyang的博客等资料整理）

谈谈假如你是一名中国外贸商人，对于销往欧洲市场的产品有何设计?

【思考练习】

1. 简述欧盟经济发展特征。
2. 德国社会市场经济体制的基本特征及对中国有何启示?
3. 法国市场经济模式的主要特点有哪些?
4. 二战后英国经济发展有何特点?
5. 简述中英经贸关系。

任务十

亚洲“四小龙”和东盟国家的经济贸易地理

【目标要求】

通过对本部分内容的学习，学生将了解和掌握亚洲“四小龙”和东盟国家的经贸地理基本特点和概况。

【关键技术】

1. “四小龙”经济发展特点；
2. 东盟国家的经贸特点。

【学习内容】

项目一　亚洲“四小龙”经济贸易地理概况

一、亚洲“四小龙”的概况

亚洲“四小龙”指的是韩国、新加坡及中国的台湾和香港地区。从20世纪60年代起，这几个国家和地区通过推行出口导向型政策，发展劳动密集型产业，在短时间内获得了高速发展，引起全世界关注，被称为“70年代的经济奇迹”。由于这四个国家与地区均位于亚洲东部，人少地小，又因韩国和新加坡与中国的历史与文化传统关系密切，它们都属于儒家（龙文化）文化圈，人们通常称它们为亚洲“四小龙”。

（一）韩国

韩国全称大韩民国（Republic of Korea），简称“韩国”。位于亚洲大陆东北朝鲜半岛的南半部。北部以军事分界线与朝鲜民主主义人民共和国相邻，其余三面被黄海、朝鲜海峡和日本海所环抱。面积10.02万平方公里，半岛海岸线全长约17 000公里（包括岛屿海岸线）。韩国多丘陵和平原，约70%是山区，地势南部比北部低。丘陵大多位于南部和西部。西部和南部大陆坡平缓，东部大陆坡很陡，沿西海岸河流沿岸有辽阔的平原。太白山脉纵贯东海岸，构成半岛南部地形的脊梁。位于济州岛的汉拿山是韩国第一高峰。韩国最长的河流分别是洛东江和汉江，最大的天然湖是白鹿潭，最大的人工湖是昭阳湖。

韩国属温带的东亚季风气候。6月到9月的降雨量为全年的70%，年均降水量约为1 500毫米，降水量由南向北逐步减少。冬季平均气温为零度以下，夏季8月份最热，平均气温为25℃。三四月份和夏初时易受台风侵袭。人口5 000.44万（2012年），全国为单一民族朝鲜族，通用韩国语。宗教以佛教、基督教为主。首都：首尔（Seoul），人口1 014.316 4万（2014年1月）。

（二）新加坡

新加坡共和国（The Republic of Singapore），别称狮城。位于东南亚，是马来半岛最南端的一个热带城市岛国，面积为716.1平方公里（2013年）。北隔柔佛海峡与马来西亚为邻，有长堤与马来西亚的新山相通；南隔新加坡海峡与印度尼西亚相望。地处太平洋与印度洋航运要道——马六甲海峡的出入口，由新加坡岛及附近63个小岛组成，其中新加坡岛占全国面积的91.6%。属热带海洋性气候，常年高温多雨，年平均气温24~27℃。人口539.9万人（2013年），其中华人占76.7%；马来人占13.9%；印度人占7.9%，其他种族1.5%。马来语、英语、华语和泰米尔语为官方语言，国语为马来语，英语为行政用语。主要宗教为佛教、道教、伊斯兰教、基督教和印度教。首都为新加坡。

（三）中国香港

全称中华人民共和国香港特别行政区，简称中国香港（Hong Kong，China）。中国香港是世界贸易中心和金融中心，是一座现代化的国际大都市。它是全球第三大金融中心，与美国纽约、英国伦敦并称“纽伦港”。

1840年鸦片战争以后，英国殖民主义者凭借武力威胁，先后强迫清政府将香港割让和租借给英国。后经中华人民共和国政府和英国政府22轮慎重耐心的谈判，于1984年12月19日在北京签署关于香港问题的联合声明。中国政府在1997年7月1日对香港恢复行使主权。

中国香港由香港岛、九龙半岛和“新界”，以及附近海域的235个岛屿组成，土地总面积仅有1 104平方公里。香港北接广东省深圳市，南面是广东省珠海市万山群岛。香港与西边的澳门隔海相对，距离为61公里。香港的地形以丘陵山地为主，最高峰为新界的大帽山，海拔957米。气候属亚热带海洋性季风气候，四季分明，春温多雾，夏热多雨，秋日晴朗，冬微干冷，是人们旅游观光的好去处。香港矿产资源贫乏，只有少量的铁、锌、长石、陶土。淡水资源无法满足生产和生活需要，每年需从深圳调水。由于地处沿海，多溺谷型海岸，形成深水良港，拥有世界著名的优良港口，如维多利亚港，它是远东贸易运输的枢纽，港内的葵涌集装箱码头是世界最大货运码头之一，可以同时停泊6艘万吨级集装箱货轮。香港鱼类资源丰富，渔业发达。香港是世界人口最稠密的地区之一，市区每平方公里高达16万人。总人口718.4万人（2013年），其中98%为中国人，大部分祖籍广东、福建，2%为英国人、菲律宾人、印度人、美国人等。

（四）中国台湾

台湾自古是我国领土，1624 年荷兰侵略者侵占台湾，1661 年郑成功领兵收复台湾。1683 年清置台湾府，属福建，1885 年改置台湾省。1895 年被日本侵占，直到 1945 年抗战胜利回归祖国。现全省包括台湾岛、澎湖列岛、钓鱼岛、赤尾屿、彭佳屿、兰屿、绿岛以及金门、马祖等岛屿。面积 3. 63 万平方公里，其中本岛面积 3. 58 万平方公里。台湾位于祖国大陆东南 100 余公里处，为南北海上交通之要冲。借台湾海峡之沟通，便于华南与华北、东北的物质交流，全岛扼西太平洋航道中心，是我国与太平洋地区各国联系的海上交通枢纽。中国台湾属热带、亚热带季风气候，温暖湿润，生长期长，长夏无冬，多雨多风，全岛年平均气温 22℃。年平均降水量 2 000 毫米以上，东北部火烧燎 1912 年降水量 8 408 毫米，为我国降雨量最高纪录。西部澎湖雨量较少，约 1 000 毫米左右。七、八月份盛行台风。中国台湾主岛台湾岛的地形可划分为四区：台西平原、台西北丘陵盆地（包括台北盆地、台中盆地等）、台湾山地（包括中央山、玉山、雪山、阿里山山脉）和台东滨海低山丘陵。最高峰玉山海拔 3 952 米，也是我国东南部的最高山峰。中部和东部高山丘陵占全岛总面积 2/3，沿海平原占 1/3，多分布于西部沿海。中国台湾本岛河流众多，共同特征是短促湍急，多险滩瀑布，不利航运，但水力资源丰富。主要河流有浊水溪、下淡水溪、淡水河、曾文溪、大甲溪等。森林资源丰富，中国台湾森林面积约占全岛面积 1/2 以上，木材蓄积量达 1. 8 亿多立方米，许多为高级用材，其中尤以樟树为主，中国台湾也是世界最大的樟树产区。中国台湾矿产资源较缺乏，除金、铜较多外，其他矿种稀少，特别是工业发展的基础矿种煤和铁奇缺。石油资源目前正在勘探之中。

中国台湾现有人口 2 337. 35 万人（2013 年），人口密度在全国各省区中居第二位。中国台湾人口中 97% 以上是汉族。少数民族主要是高山族。普通话（国语）和闽南语是中国台湾通用语言。

二、经济发展简况

（一）韩国

由于战争的破坏，第二次世界大战后初期韩国的经济处于瘫痪状态，1948 年其工、农业产值分别仅相当于 1940 年的 21% 和 72%。在 1950—1953 年的战争中，工、矿、电力、交通的二分之一遭到破坏，直到 1957 年才恢复到战前水平。自 20 世纪 60 年代后，韩国开始推行外向型的经济发展战略，大量引进外资和先进技术装备，在依赖进口原料和剥削本国廉价劳动力的基础上发展了出口加工工业，并把对外贸易当做经济发展的重要支柱，从而建立了以出口加工工业为中心的经济结构。他们用了 30 多年的时间，把人均国民收入从 60 多美元提高到 1994 年的 8 260 美元，成为令世人瞩目的新兴工业化国家。由于韩国的农业生产基础较差，因此在其经济发展过程中采取了“先工业化，后农业现代化”的不平衡发展步骤。70 年代，及时抓住发达国家战后第二次工业结构转换的有利时机，将产业发展重点转向重化工业。1973 年，确定了钢铁、造船、电子、汽车、石油、化工等部门作为战略产业部门，加速重工业发展步伐。到 20 世纪 70 年代末，韩国的钢铁、造船等若干主要工业部门，无论生产能力，还是出口数量和竞争能力都开始进入发达国家行列。20 世纪 80 年代，对经济结构进行了重大调整，其产业重点开始转向精密机械工业、电子工业、知识、信息产业等尖端的技术产业领域，在大德建立的韩国“硅谷”，为其 20 世纪 90 年代建立技术密集型产业结构打下了基础。自 1992 年起，执行第 7 个经济开发 5 年计划，韩国向发达国家行列迈进。另外，有效利用外资也是韩国经济发展的一个特点。韩国对外资的利用始于第二次世界大战后的初期，其引进外资的过程大约经历了三个阶段。其一，从第二次世界大战后到 1960 年，韩国以接受“援助”的形式引进外资。这一时期，韩国接受的美援，以及名义上是国际组织、实际上是美国援助的韩国民间救济计划援助和联合国韩国复兴委员会的援助，共 30 亿美元，依靠这些“援助”，韩国恢复和发展了经济。其二，韩国正式以借款形式引进外资始于 1959 年，韩国第一个五年计划的 1962—1966 年间，韩国财政借款达 124 亿美元，占同期韩国引进外资总额的 45%；同期韩国商业借款 138 亿美元，占 49. 9%，这样，这期间韩国一并借款 262 亿美元，占引进外资总额的 94. 9%，借款成为这一时期韩国引进外资的主要方式。其三，20 世纪 80 年代以后，韩国开始注意吸引外国直接投资，并且步伐较大，以有利于引进外国技术和管理，同时减轻庞大的债务负担，改善国际收支。外国直接投资的增加大大促进了技术的引进。

就出口增长速度而言，韩国居领先地位。1960 年经济起飞时，韩国的出口额仅3 283 万美元，但到 1964 年出口额已超过 1 亿美元，出口额年平均增长率达到 39%。进入 20 世纪 70 年代以后，尽管受到世界石油危机的严重冲击，但是韩国的出口贸易额平均年增长率依然保持在 40% 以上，居世界第一位，并大大超过同期 19% 的世界平均增长速度，到 1979 年出口额达 150. 55 亿美元。20 世纪 80 年代是韩国出口增长更为迅猛的时期，1981 年出口额比 1977 年翻一番，达 212 亿美元，1987 年出口额又比 1981 年翻一番，达 440 亿美元，其速度是惊人的。2008 年 9 月发生金融风暴后，韩国一度被认为有可能发生破产。但不到一年，韩国经济迅速复苏。2010 年，韩国人均国民所得突破 21 640 美元（汇率法）。截至 2012 年 2 月底为止，韩国外汇存底为 3 158 亿。韩国是世界第 7 大出口国和第 9 大进口国。《韩欧自由贸易协定》与《韩美自由贸易协定》（KORUS FTA）的正式生效，使韩国成为全球第一个与欧盟和美国两大经济体都签署自贸协定的国家。

随着出口贸易的不断增长，韩国的出口商品结构也有了明显的变化，工业品比重增大。1969 年，工业品出口比重达 79%，超过了初级产品的出口。在工业制成品出口中，重工业品出口又有明显的增长。1969 年韩国出口总额中轻工业品占 67. 8%，重工业品为 13. 5%。从 1972 年开始政府增加了对重化工业的投资，力图扩大附加价值高的重工业品的出口，使得在轻工业品的出口额仍继续增大的情况下，重化工业品的出口比重逐年增大起来，从 1968—1977 年的 10 年内，轻工业年平均增长率为 36. 7%，重化工业年平均增长率为 63%。20 世纪 80—90 年代，这种结构的变化更为显著，1985 年工业制成品出口比例已占出口总额的 96. 6%，其中重工业、化工产品在出口制成品中所占比重不断加大。1985 年为 59. 1%，1986 年达 60% 左右，并且出口商品向更高级、更尖端的技术密集型方向发展。2000 年以来，高附加值产品的出口成为主流。半导体芯片成为第一大出口商品，占全部出口的 15. 1%。计算机所占比例为 8. 5%，船舶和汽车所占比例分别为 10. 5% 和 7%。石化产品也成为出口大户，所占比例达到 5. 3%。韩国随着经济的迅速发展和出口贸易的不断扩大，进口贸易产品结构也有明显变化，主要是原油、石油制品、通用机械、木材、棉花、金属矿砂、粮食等。

出口市场也正不断扩大，目前与韩国建立贸易关系的共有135个国家和地区，且主要集中在北美和亚洲地区。中国、美国、日本是其最重要的贸易伙伴。2011年，韩国对上述3个国家的出口占其总出口额的41.6%，从以上三国的进口占其总进口额的43.9%。其中2011年对中国的对外贸易依存度达到24.4%，中国已成为韩国对外贸易依存度最高的国家。目前韩国已在英国、德国、法国、比利时等国分别建立起了汽车零件、交通机械、精密仪器、电信设备等合资企业。同时，对非洲、中南美洲的进出口贸易也呈增长趋势。

（二）新加坡

新加坡国土面积狭小，资源贫乏，但地处交通要道，地理环境优越。新加坡独立后，从本国实际出发，着眼于国际市场，制定全方位的经济发展战略。20世纪60年代初期，利用有利的地理位置，大力发展海运业及海事工业，重点发展基础设施，创造良好的投资环境，大量引进外资，发展进口替代、劳动密集型产业，初步实现工业化。20世纪60年代中至70年代中，发展出口导向型工业。20世纪70年代后，重点发展中等技术工艺和“脑力”服务行业，生产较为复杂的打字机、半导体、电视机、照相机、钻油平台、精密机械和工具，引进技术密集型产业，以电子业为先导，经济开始起飞。20世纪80年代后，着重发展资本集约和技术集约的工业，引进高科技产业，增强产品在国际市场的竞争力，配合国际分工，扩大向外投资。经过多年的努力，新加坡经济繁荣，成为举世瞩目的亚洲“四小龙”之一。20世纪90年代为进一步推进经济增长，大力推行“区域化经济发展战略”，加速向海外投资。21世纪后，新加坡政府确定的“产业21计划”目标，要将新加坡建设成为一个富有活力与稳定的知识性产业枢纽，确保新加坡在21世纪的制造业、制造服务业与贸易性服务业等产业仍占有优势地位。同时着力发展信息科技、生命科学和其他知识密集型经济，打造新加坡的第四根经济支柱——生命科学（前三个是电子、化学和工程业）。1999年新加坡生命科学业的产值达63亿新元，2005年生命科学业产值约翻一番。目前其经济发展水平已达到发达国家标准，已成为世界上重要的制造业中心、金融中心、航运中心和贸易中心。在新加坡经济发展的过程中，外资起了很大的作用。1965年新加坡独立后，经济十分困难，它赖以生存的转口贸易额锐减，失业率高达13%。当时的基本国情是，一方面国内市场狭窄，自然资源匮乏，经济基础脆弱，在资本方面必须依靠外国公司，在市场方面必须依靠别的国家；另一方面是劳动力素质好，地理位置优越，有转口贸易的基础设施和经营经验，所以在经济发展过程中，新加坡政府从本国国情出发，充分发挥其优势，大力吸引了外资，利用外国尤其是跨国公司的资金、技术和销售网络，迅速建立出口工业。

新加坡以贸易立国，经济发展极大地依赖于出口。新加坡是自由港，除对汽车、烟、酒及石油产品收取进口关税外，其他货物可以自由进出，不构筑关税壁垒，也不实行外汇管制和国内价格控制。出口的商品正由过去的劳动密集型产品转为资本、技术密集型产品。主要是：飞机部件、自动化器材、电子计算机及配件、光学仪器、通讯、医疗设备等。进口的商品主要是：机械设备、矿物燃料及其他工业品、农产品等。2010年新加坡对外贸易进出口总额6 615.9亿美元（9 020.6亿新元），同比增长20.7%。其中，新加坡进口3 104亿美元，同比增长18.8%；出口3 511.9亿美元，同比增长22.4%，顺差407.9亿美元。

新加坡的主要贸易伙伴是：美国、日本、马来西亚、德国、中国台湾等。美国是新加坡的主要出口市场，其次为欧盟、马来西亚、中国香港等。2010 年马来西亚、欧盟和中国对新贸易额分别为 781. 8、729. 1 和 699 亿美元，分别占新加坡对外贸易总额的 11. 8%、11% 和 10. 6%。此外，新加坡是东南亚地区重要的转口港，承担与马来西亚、印度尼西亚等东盟国家的转口贸易。

（三）中国香港

中国香港经济是一个高度依赖国际贸易的自由市场经济系统。20 世纪 50 年代以前，香港凭借毗邻祖国内地这一得天独厚的地理位置优势，大力发展转口贸易。20 世纪 50 年代以后，由于美国对中国实行禁运政策，使中国香港的转口贸易受到严重打击，促使中国香港转向发展制造业。由于中国香港一直是东、西方贸易的接洽处和中转站，同世界各地存在广泛的经济贸易联系，因此中国香港的制造业发展也具有明显的加工出口导向特性。20 世纪 60 年代，中国香港经济酝酿新的发展和突破，20 世纪 70 年代中国香港经济进入多元化的发展阶段，而且不仅仅局限于工业内部多元化。中国香港采取工业多元化战略后，努力发展精密仪表、光学仪器、家用电器及化工机械设备等技术密度高的行业。目前电子产品已成为中国香港的第二大工业，在世界电子工业总产量中占极大比例的小型电脑零件主要由中国香港制造。随着中国香港经济的多元化发展，中国香港经济从单纯依赖一、两个行业带动经济增长，发展为多个经济行业。进入 21 世纪后，作为国际商业、贸易及金融枢纽，中国香港是全球服务业主导程度最高的经济体，服务业占 GDP 的比例在 90% 以上，其中金融服务业、贸易及物流业、专业及工商业支援服务业、旅游业是中国香港经济的四大传统产业，四个主要行业的总增加价值在 2012 年占本地生产总值的 58. 0%。此外，文化及创意产业、医疗产业、教育产业、创新科技产业、检测及认证产业，以及环保产业，为中国香港提出推动发展的六大优势产业。2012 年，这六项产业的增加值占 GDP 的 8. 7%。2014 年，中国香港连续第 20 年被评为全球最自由经济体系，在全球经济自由度指数中排名第一，新加坡及澳洲紧随其后。

中国香港对外贸易高度发展，一向是远东地区转口贸易中心。20 世纪 60 年代，中国香港的转口贸易额也由于本港产品出口增加而退居次要地位。但从 1973 年起，中国香港的转口贸易又出现重振趋势，到 1978 年高达 25. 5%，1980 年为 30. 6%。1980 年转口贸易值已达 300. 72 亿港元。其原因一方面是自 20 世纪 70 年代以后，香港注重发挥其作为远东地区重要的转口贸易中心的作用，然而更主要的原因还在于，70 年代末期由于祖国大陆实行了改革开放的政策，为了加速“四化”建设，扩大了与世界各国各地区的经济往来，位于祖国南大门的香港日益成为进出口货物通过的重要桥梁，目前内地已成为香港进口、转口的主要目的地，居香港转口贸易来源地的第一位和出口市场的第二位。但是，目前中国香港产品在其总出口值中仍占相当高的比重。在进口方面，中国香港直接用于工业生产的资本货物进口增长非常快，其中工业原料、半成品及生产设备的进口比重大幅度上升。工业半成品进口中，结构也日趋多样化、高质化，其中电子配件、钟表零件，以及用于创造其他高档轻纺工业成品的原料占 50% 以上。目前中国香港的各类进口货品中，轻工业品进口已由第三位上升为第一位，纺织品进口由首位退居第二位，生产设备的进口由第五位上升为第三位，粮油食品进口退居第四位。在世界各国进出口贸易统计中，按人均贸易额计算，中国香港甚至在美国、德国、日本、英国、法国等工业发达国家之上，目前它已同 170 多个国家和地区有贸易关系，其中，祖国内地、美国、加拿大、德国、日本、澳大利亚是其进出口贸易的最重要伙伴。到1986年，共有50多个国家和地区在中国香港设立了2 005家公司，有70个国家设立了总领事、专员及高级商务专员，充分发挥了亚太地区国际贸易中心的作用。

中国香港在1973年和1974年先后取消了对外汇市场和黄金市场的管制，货币可以自由兑换，开放外汇市场，资金可以自由出入，实行低税率，从而增强对外资的吸引力。在20世纪50年代初，外资对中国香港工业的投资还是微不足道的，因为当时中国香港的现代工业还刚刚兴起，加上政治关系不稳定，对外资来说，在工业方面作长期投资，要冒很大风险。到1959年，中国香港经济基本完成了从转口贸易到加工贸易的过渡，进入20世纪60年代，加工工业的发展，不仅扩大了就业，增加了出口，同时促进了原材料、燃料和技术、设备的进口，并带动了房产、建筑业和金融业等行业的发展，从而促进了外资的进入。20世纪80年代以后，外资进入中国香港的速度比以前更为迅速，其中以美国、日本、东南亚等国家和地区的资本居多，到1985年，美国在中国香港的投资额已高达50亿美元，投资中以制造业的比重最高，占其投资总额的50%左右；其次为金融业和其他服务业。日本是仅次于美国的第二大投资国，目前其对中国香港的累计投资额达13亿美元，其投资行业主要集中在制造业、商业、金融保险和服务业。20世纪70年代以来，外国金融资本不断涌入中国香港，目前中国香港是仅次于于纽约、伦敦的世界第三大金融中心。

中国香港缺乏自然资源，生产所需的原料完全依赖输入，产品绝大部分须向国际市场输出。因此，对外贸易是中国香港经济的生命线。其对外贸易总额大大超过中国香港当地生产总值，约相当于本地生产总值的150%~235%。中国香港对外贸易极其发达，人均出口额居世界第一位。中国香港对外贸易常年为逆差。商品贸易的逆差为其无形贸易顺差所抵消。从中国香港的出口市场看，近年来由于一些海外市场需求疲软，加之内地加工业务的不断发展，1996年中国内地首次超过美国，成为港产品最大的出口市场。美国仍是港制产品的第二大市场，但依赖程度已大为降低。其他重要的出口市场主要有德国、英国、日本、新加坡、中国台湾、荷兰等。中国香港本地出口商品主要有纺织品、服装、电子元器件、钟表、塑胶制品、鞋类、金属制品等。

中国香港进口由于转口贸易持续增长，加之本地留用商品有所增加，进口额增长较快。主要进口商品有食品、消费品、燃料和原料（含半制成品）等。祖国内地是香港最大的进口市场，其次是日本、中国台湾、美国、韩国、新加坡等国家和地区。

（四）中国台湾

20世纪50年代针对劳工充沛、资源不丰、资金不足、技术落后的现状，中国台湾推行了“进口替代”战略，着重发展劳动密集型的加工工业。进入20世纪60年代以后，由于进口替代产业规模不断扩大，当地市场难以消化生产的全部产品，从而开始了从“进口替代”向“出口导向”的战略转换，提出了“贸易至上，出口第一”的口号，以分享国际经济繁荣的成果。20世纪70年代的两次石油危机提高了天然资源在经济发展要素中的地位，为此中国台湾的战略重点又转向以发展基础原料工业的“第二次进口替代”战略，以及低能源和高技术的“第二次出口导向”战略。20世纪80年代以来，中国台湾加紧经济转型和重组，在新的层次上推行“出口导向”战略，并逐步通过扩大内需促进经济成长。1990年代以来，中国台湾主要推动高新技术产业的发展，提高工业技术水平。经过多年的发展，中国台湾成功从劳动力密集转型为技术层次高与附加价值高的工业形态。服务业发展迅猛，是21世纪初中国台湾三大产业中增长最快的部门，形成了服务业与高科技产业合计比例过半的形势。服务业结构也从传统的商业及当局服务逐渐走上现代化专业性服务。产业包括保险、金融、运输、仓储、通信，以及不动产和工商服务业。由于中国台湾经济受到国际市场影响非常大，因而波动也出现与国际经济波动的一致性。1997年，亚洲金融危机爆发，中国台湾经济受到的冲击虽较为轻微，但经济复苏的力道变小。2002年加入世贸组织（WTO）后，中国台湾市场持续开放，大量外来产品冲击本土产品。在2001年开始的全球经济增速放缓的趋势影响下，中国台湾经济下滑，银行坏账增加，财政盈余转为财政赤字，2001年中国台湾经济出现自1947年以来的首次负增长。2003年下半年中国台湾经济开始逐渐缓慢恢复。在2007—2009年全球金融危机影响下，2009年中国台湾经济再次出现负增长，此后经济逐渐恢复。

中国台湾整个经济严重依赖国际市场，原材料、燃料和技术设备大量依靠进口，工业以加工装配和外销为主，因而对外贸易相对发达。从1963年起，中国台湾外贸大幅度增长，平均年递增30%，超出世界出口值平均增长11.7%的速度。随着出口猛涨，1971年由入超转为出超，出口贸易额占国民生产总值的比重达71.68%。中国台湾的出口商品结构以工业品为主，并且主要是重工业，而农产品及农产加工品较少。主要的出口商品有机械及电机设备、电子产品、化工产品、纺织品、服装、基本金属及其制品、塑胶鞋帽、车辆等。中国台湾的进口商品以资本设备、工业原料等生产资料为主，约占90%左右；消费品的进口额只占11%左右。主要的进口商品是机械及电机设备、基本金属及其制品、化工产品、矿产品、原油、钢铁、运输工具、食品饮料及烟等。

中国台湾以亚洲地区为主要的贸易对象，对亚洲的出口额约占总出口额的40%。美国和日本是中国台湾最主要的贸易伙伴。中国台湾对美贸易额约占其对外贸易总额的1/4，对美贸易一直保持顺差。对日贸易约占其总贸易额的1/5，其中对日出口占总出口的1/10，进口占总进口的1/3，对日贸易长期以来一直处于逆差的地位。中国香港、中国大陆、沙特阿拉伯、科威特、澳大利亚、印度尼西亚、英国和加拿大等也是中国台湾重要的贸易伙伴。

韩国、新加坡、中国台湾和中国香港都属于幅员不大、工矿资源不多，但地理位置优越，且同西方发达国家有特殊关系的国家或地区。它们的经济发展具有一些鲜明的特点：（1）增长速度快。从20世纪60年代开始，国民生产总值年平均增长速度都接近或超过10%。（2）出口扩张迅速。中国台湾1970年出口总值是1960年的9倍，1980年为1970年的13倍；韩国1980年出口总值是1960年的534倍；新加坡1980年出口总值是1965年的20多倍。（3）经济结构发生重大变化。韩国农业在国民经济中的比重从1961年的47.4%降为1985年的15%，工矿业从16.5%上升为33.4%；中国台湾农业比重从1952年的35.7%降为1978年的12.1%，工业比重从17.9%上升为40.3%。中国香港与新加坡也从转口港变为工业城市。（4）人均国民收入水平迅速提高。（5）失业减少，收入分配相对平均。20世纪80年代这些国家和地区的失业率都降到4%以下，收入分配与美、日等国相比较为平均。

三、经贸发展迅速的原因分析

（一）地理位置优越

亚洲"四小龙"位于亚洲的太平洋地区，所处地理位置优越，历史悠久，人口稠密，文化源远流长，但自然资源缺乏（除中国台湾外）。因此，“四小龙”的经济地理状况，为其经济腾飞提供了有利条件，尤其是它们优越的地理位置和狭隘的内部市场，成为促使其经济外向型发展的内在动力。亚洲“四小龙”均属海岛型或半岛型国家或地区，拥有较长的海岸线和较多的港湾，面向海洋的地理条件为亚洲“四小龙”的经济发展提供了有利的环境。

（二）外部世界比较有利的发展环境

20 世纪 50—70 年代，世界主要发达国家经济高速发展，世界经济重心的转移，为亚洲四小龙的出口导向发展提供了良好的外部条件。科学技术革命使发达国家生产转向技术和资本密集工业，亚洲四小龙拥有质高价廉的劳动力资源，正好发展劳动密集工业。东亚地区的稳定的政治局面也使它们可以把主要精力放在经济发展上。它们利用西方发达国家向发展中国家转移劳动密集型产业的机会，吸引外地资本和技术，利用本地的劳动力优势适时调整经济发展战略，迅速走上工业化道路，成为东亚和东南亚地区的经济火车头，引起世界瞩目。同时“四小龙”的工业外贸和引进外资也以惊人的速度增长。战后“四小龙”出口增长近百倍，出口结构从纺织产品为主的劳动密集型的简单工业品，向技术尖端的资本密集型工业转化，已从农业社会或以贸易为主的社会，向以加工业为主的社会过渡，并正在逐渐向信息社会发展。

（三）依据本国本地区的实际情况，选择合适的经济战略，实行正确的经济政策

亚洲“四小龙”在 20 世纪 50 年代普遍推行的是“进口替代”战略，这是早期的战略，着重发展劳动密集型的加工工业。进口替代首先是实现消费品工业的进口替代，而后是资本货物与生产资料的进口替代。为了保护幼稚的民族工业，这一时期，韩国、中国台湾和新加坡均实行关税保护政策，限制外来产品的进口，以刺激国内或本地区内工业的发展。这一战略的实施，初步满足了人民群众的消费需求，节省了外汇，扩大了就业，为工业化发展打下了基础。

20 世纪 60 年代，亚洲“四小龙”先后完成了从“进口替代”向“出口导向”的战略转换。这一战略实施的阶段是亚洲“四小龙”经济发展的重要时期，经历的时间较长，约从 20 世纪 60 年代初持续到 70 年代末。正是在这 20 年间，亚洲“四小龙”实现了经济起飞，年均增长率达两位数（10% 左右）。它们提出了“贸易立国”或“出口第一”的口号，采取一系列有利于发展对外贸易的措施，大力发展外向型经济，出口贸易增长迅速，轻纺工业乃至重化工业也获得迅猛发展。这一时期中国香港经济朝多元化方向发展，在贸易、金融、运输、旅游业等方面均有进展，其纺织、服装、鞋帽、玩具等轻纺工业享誉国际市场。

进入 20 世纪 80 年代后，由于两次石油危机的冲击，世界经济进入一个重新组合与调整的时期。一方面，生产力发展，世界经济一体化和区域化进程加速，金融国际化和自由化趋势增强；另一方面贸易摩擦加剧，贸易保护主义盛行。20 世纪 80 年代初，“四小龙”经济一度遭遇困难。深深卷入国际分工旋涡。“四小龙”为适应世界经济发展的潮流，及时进行了经济调整与转型。其战略调整主要是：（1）实行科技升级和工业结构高级化；（2）实现经济结构多元化；（3）促进经济的国际化和自由化。学者们普遍认为这一阶段可称为国际化、自由化、科技化战略阶段。在这一阶段，“四小龙”在继续坚持“出口导向”战略的同

时，注意增强经济适应能力，大力发展科技，以促进工业结构的升级；大力发展第三产业，以实现经济结构的多元化；同时开放内部市场，实行进口市场化，以缓解贸易保护主义的影响。通过这些手段，一方面扩大内需，另一方面采取“迂回拓销”战略，直接向美、欧投资设厂，同美欧厂商、公司签订合作生产协定，这使它们的外向型经济在国际经济衰退、贸易保护主义抬头的情况下，冲破各种限制，继续高速增长。

在20世纪80年代上半叶，发展中国家经济处境困难时期，亚洲“四小龙”仍维持较高的增长速度。只有新加坡在个别年份出现负增长。1986年后，“四小龙”的经济进一步获得异常迅速的增长。

在这一点上，政府发挥了积极作用。亚洲“四小龙”的政府都为经济发展创造各方面的有利条件，并积极参与投资，适当进行经济管理。中国台湾从20世纪50年代后期开始，放弃凯恩斯主义政策，采用货币贬值以利出口，提高利率以抑制通货膨胀，并刺激居民储蓄以广开投资来源等政策。韩国也仿效中国台湾货币贬值、提高利率等方法。中国香港与新加坡则抓住有利时机，将消费城市转变为工业城市。“四小龙”中的中国台湾、韩国和新加坡都有各自不同形式的发展战略，作为经济建设的指导方针。

（四）重视文化教育

亚洲“四小龙”成功的原因，除了它们所处的地理位置优越，利用了面向海洋、拥有较长的海岸线与良好的海港等条件外，它们一直重视人力资源的开发，在教育方面的巨大投入在亚太地区处于领先地位。拥有受过教育的素质较高的人力资源和一定的技术基础，这是促进其经济迅速提高的重要因素。亚洲“四小龙”同属中国文化区，在经济发展过程中，都注意发扬注重教育、甘于吃苦、勤俭节约等传统。

亚洲“四小龙”的发展历程被亚洲许多国家，如马来西亚等借鉴，令这些国家在10余年后国力得到大幅度增强。但这种发展模式留下许多弊端，过于依赖国际资本成为经济的隐患，被认为是亚洲金融危机造成巨大损失的主要原因之一。

四、经贸联系

（一）中韩贸易

早在中韩建交前我国就通过中国香港、新加坡等地区和国家同韩国进行间接贸易。1992年两国建交后贸易迅速发展。1991年，中韩两国贸易额为34.4亿美元，1996年达199.93亿美元，其中我方出口75.12亿美元，进口124.81亿美元，逆差49.69亿美元。2013年中韩双边贸易总额为2 289.2亿美元，韩国已升跃为我国第六大贸易伙伴，中国为韩国第一大贸易伙伴、第一大出口目的地、第一大投资对象国和最大的进口来源地。

我国对韩出口，初级产品占很大比重，主要商品有农林水产品、矿产品、化工产品、纤维类，其他有建材、机械设备、电子产品等。进口商品以机电产品、光学医疗设备和化工产品为主。2013年出口额分别为623.7亿美元、217.9亿美元和185.0亿美元，合计占韩国对中国出口总额的70.4%，其中机电产品和化工产品增长19.4%和11.3%。

中韩两国经济具有很强的互补性，且有着天时、地利、人和等有利条件，两国的经贸关系将会不断发展。

（二）中新贸易

我国和新加坡有着悠久的友好贸易往来。新中国成立后，两国一直保持着民间贸易联系，1990 年 10 月 3 日建交后，中新经贸关系出现了前所未有的新局面。目前中国是新加坡第四大贸易伙伴，中国是新加坡第四大出口市场，也是新加坡第四大进口来源地。

我国对新加坡出口主要是工业产品。主要包括机电产品、纺织品、轻工产品、五矿化工等。此外，还有少量林产品。机电产品主要包括电气产品、机械设备、光学和医疗设备等。纺织品是我国优势出口产品，在对新加坡出口中占第二位。轻工产品也是我国对新加坡出口主要优势产品之一，占出口总额的 20% 以上，主要包括玩具、鞋类、家具和灯具、旅行箱包、陶瓷制品玻璃制品等。我国从新加坡进口的主要商品有：农林产品、橡胶、石油化工产品、机电仪器、棕榈油等。农林产品，占进口总额的 84%。其中农产品占 62%，主要包括乳制品、羊毛、肉类产品、生皮革等；林产品占 22%，包括木材、纸浆以及纸和纸板。

新加坡对我国的投资逐年增多，投资项目由酒店、办公楼、公寓和仓库发展到轻工、纺织、电子、石油开发后勤基地、设备维修、修船、码头建设、承包工程等项目，合作形式多为合资、合作及联营，独资较少，地点遍及我国主要沿海和内地城市。重点投资地区是山东、江苏、海南、浙江、成都、北海和昆明等地，其中典型的有苏州工业园区、无锡工业园区、宁波工业园区、福清工业园区等。

（三）海峡两岸的经贸合作

20 世纪 70 年代末起，海峡两岸逐渐恢复中断了 30 年的经贸往来关系。经过多年发展，两岸经贸关系发生了重大变化，形成了以间接贸易与台商投资为主体、涉及金融贸易、科技合作、人员交流与信息互通等多方面的往来关系。2008 年后两岸在“建立互信、搁置争议、求同存异、共创双赢”的倡议下，经贸关系的发展进入一个新的历史时期。2008 年 12 月 15 日，两岸海运直航、空运直航以及直接通邮正式启动，两岸同胞魂牵梦萦的直接“三通”得以基本实现，海峡两岸交流往来从此迈入“天堑变通途”的全新境界，两岸关系呈现“大交流、大合作、大融合、大发展”的崭新局面。两岸经贸互动由民间主导转变为政府主导。从政策和法律两个层面，积极创造台商投资中国大陆的有利环境。中断近十年的海协会（海峡两岸关系协会）与海基会（海峡交流基金会）恢复协商，并先后达成六项两岸经贸交流与合作协议，两岸直接、双向“三通”基本实现。2010 年 6 月 29 日，两岸两会领导人签订《海峡两岸经济合作框架协议》（ECFA），进一步增进海峡两岸的贸易与投资关系，建立有利于海峡两岸经济繁荣与发展的合作机制；打通了两岸经济合作的脉络，开启了两岸全方位合作新时代。

台湾在祖国大陆的投资起步较晚，直到 1987 年才有台商绕道中国香港、日本对祖国大陆进行直接投资。台商对祖国大陆的投资以劳动密集型产业为主，当前资金密集型、技术密集型企业增多。投资项目已由纺织、服装等逐渐向农业、旅游业及海洋资源合作开发等方向发展。

台商投资的地区以福建、广东两省为主，占全部台资的 90% 以上，其中福建独占 77%。

虽然两岸贸易发展并非一帆风顺，但两岸的经贸合作潜力很大。首先两岸贸易具有互补性。祖国大陆经济发展迅速，有广阔的市场，更有丰富的工业原料、初级产品、农村土特产以及充足的劳动力，而台湾正处在产业升级、经济转型时期，有大量资金和较先进的技术、设备、工业原辅材料。其次是海峡两岸人民同根同源，同文同字，易于沟通，对促进互相往来十分有利。祖国大陆自 1992 年起便取代美国成为台湾第一大贸易顺差来源地。两岸贸易额自 2001 年突破 300 亿美元。2008 年后在实现了“大三通”后，两岸实现双向投资，并互相开发金融市场。祖国大陆大规模赴台采购，对台商产品的平等待遇等，都直接帮助台湾走出金融危机的阴影。祖国大陆成为台湾地区最大的贸易伙伴、最大的出口市场。目前两岸贸易，特别是祖国大陆对台湾的贸易逆差，已成为支撑台湾经济持续增长的重要支柱。祖国大陆从台湾进口的前几大类产品主要为机电类产品、塑料橡胶制品、纺织及其制品以及金属制品等。同时，机电产品和高新技术产品占两岸进出口总额的比重不断提高。2013 年1—11 月，两岸贸易额 1 807. 1 亿美元，同比增长 18. 8%。祖国大陆批准台商投资项目 1 640 个，实际使用台资金额 17. 1 亿美元，自台湾进口 ECFA 早收计划产品累计减免关税约 12 亿美元。2013 年前 8 个月，祖国大陆企业赴台投资项目达 175 个，投资额突破 10 亿美元。目前，两岸海空直航点已达 149 个，大大带动人员往来，仅仅 2013 年上半年，达到创纪录的 461. 1 万人次，其中大陆居民赴台旅游 130. 5 万人次，较前增加 11. 7%。2013 年新增 13 个城市的加入，大陆居民赴台个人游试点城市增至 26 个，市场扩容至 2 亿人口。

（四）祖国内地与香港的贸易

祖国内地与香港的经贸关系一向特别密切，相互依赖。1978 年以来此关系得到了更为迅速的发展。1997 年香港回归祖国后，香港与祖国内地经贸往来仍作对外经贸关系处理，基本遵循国际经贸活动的规则和惯例。在中国入世前，香港扮演着重要的中介角色，是祖国内地对外贸易主要的中转地，是外资进入中国的重要通道。当时香港以其重要的转口港优势和自然条件，发挥着沟通祖国内地与世界各地贸易关系的作用，它一直是祖国内地重要的转口港。香港成为祖国内地与世界接轨的桥梁，几乎在中国对外联系中占据了垄断地位。近 1/2 出口商品经香港转口到世界各地，30% 的进口商品由香港转入祖国内地。由于香港转口贸易总额近 90% 与祖国内地有关，因此，祖国内地的稳定与发展，是香港繁荣稳定的基础。近些年，中国内地商品经香港转口输往的主要国家是：美、德、日、英，而通过香港向祖国内地转输商品的主要国家和地区是：中国台湾、日、美、韩等。进入 21 世纪，随着世界经济的好转，外部市场需求渐旺，中国香港经济止跌回升。但是主要靠外部贸易和旅游拉动，内部投资消费疲软。中国香港需要继续寻求外部支持。无论是在金融风暴时期，还是在经济持续不景气时期，祖国内地对香港的支持举足轻重，一个日益强盛的内地将成为巩固香港区域经济地位的首要因素。

香港在祖国内地的直接投资始于 1979 年。香港在祖国内地的投资多集中于纺织、服装、机械及电子等劳动密集型加工工业和宾馆、饭店、交通等行业。内地在港的直接投资在 20 世纪 50 年代即已开始，但一直到 1979 年后才正常发展起来。内地已成为香港的主要外来直接投资者，投资领域遍及金融、房地产、商业贸易、交通运输和制造业，成为仅次于美、日、英之后的第四大直接投资者。双方的投资逐步从中小项目转向以大中项目为主，投资区域从广东、福建、深圳等沿海地区发展到全国，投资领域由制造业、房地产等扩大到基础设施和第三产业。

项目二　东盟国家经济贸易地理概况

一、东盟国家的地理概况

东盟全称东南亚国家联盟（Association of Southeast Asian Nations），简称东盟（ASEAN），是部分东南亚国家组成的一个区域性国际政治经济合作组织，于1967年在曼谷成立，东盟成立的宗旨和目标是本着平等与合作精神，共同促进本地区的经济增长、社会进步和文化发展，为建立一个繁荣、和平的东南亚国家共同体奠定基础，以促进本地区的和平与稳定。自首届东盟首脑会议1976年2月在印度尼西亚巴厘岛举行后，东盟各国加强了政治、经济和军事领域的合作，并希望采取切实可行的经济发展战略，推动经济迅速增长，使东盟成为一个有一定影响的区域性组织。自此东盟在工业、农业、贸易、投资和劳务等诸多方面展开了密切合作，取得了成效。现有新加坡、马来西亚、印度尼西亚、泰国、菲律宾、文莱、越南、缅甸、老挝和柬埔寨10个成员，6.01亿人口。东盟10个对话伙伴国是：澳大利亚、加拿大、中国、欧盟、印度、日本、新西兰、俄罗斯、韩国和美国。首脑会议是东盟最高决策机构，每年举行一次，主席由成员轮流担任。

20世纪90年代以来，东盟国家间经贸合作进一步增强，贸易长足发展。东盟自由贸易区于2002年1月1日正式启动。在自由贸易区域内实现贸易零关税。目前文莱、印度尼西亚、马来西亚、菲律宾、新加坡和泰国6国已于2002年将绝大多数产品的关税降至0%~5%。越南、老挝、缅甸和柬埔寨4国于2015年实现这一目标。

东盟地处亚洲、大洋洲和太平洋、印度洋的十字路口地带，南侧的马六甲海峡是连接太平洋与印度洋的捷径，是东西方交通的咽喉，战略位置十分重要。地形多高原、山地，平原分布在河流沿岸。气候是热带、亚热带类型，大部分地区炎热多雨，适宜作物生长。自然资源丰富，矿物资源中以石油、天然气和锡最重要。植物资源种类丰富，产量大，很多产品名列世界前茅，如橡胶、棕榈、椰子、金鸡纳等，其中，天然橡胶产量占世界的70%以上。

（一）越南社会主义共和国（The Socialist Republic of Viet Nam）

位于中南半岛东部，北与中国接壤，西与老挝、柬埔寨交界，东面和南面临南海。国土面积33.12平方公里，海岸线长3 260多公里。地处北回归线以南，属热带季风气候，高温多雨。年平均气温24℃左右，年平均降雨量为1 500~2 000毫米。北方分春、夏、秋、冬四季，南方雨、旱两季分明。大部分地区5—10月为雨季，11月至次年4月为旱季。越南矿产资源丰富，种类多样。主要有煤、铁、钛、锰、铬、铝、锡、磷等。其中煤、铁、铝储量较大，分别为65亿吨、13亿吨和3.9亿吨。有6 845种海洋生物，其中鱼类2 000种，蟹300种，贝类300种，虾类75种。森林资源约1 000万公顷，农业用地700多万公顷。人口8 910.89万人。

工业基础比较薄弱。工业产值占国民总产值的40%，以轻工、原油、电力、煤炭、水泥所占比重较大。目前相对较发达的有采矿、冶金、机器制造、建材、化工、燃料、纺织和食品等工业部门。越南工业集中分布在河内、胡志明市、海防、下龙等城市。重工业主要集中在北方，北方拥有较丰富的有色金属矿藏、煤矿和水力资源。能源主要是煤炭和电力，煤炭生产主要集中在下龙地区，产量占全国的 90% 以上。在出口工业品中，又以原油比重较大，原油出口量达 1 222 万吨。国内生产总值（2012 年）为 1 416.7 亿美元。稻米以中国、菲律宾为最大出口对象，咖啡以售往美国及德国为多。2006 年，越正式加入 WTO。越南政府调整经济结构，增加工业、建筑和服务业比重，降低农业、林业和水产品业比重；并逐步完善市场经济体制，改善投资环境。经济保持快速增长，主要经济指标均获完成和超额完成，但同时也面临增长质量和效益低、结构调整尚未到位等制约因素。

（二）泰国（The Kingdom of Thailand）

泰国位于中南半岛中南部。与柬埔寨、老挝、缅甸、马来西亚接壤，东南临泰国湾，西南濒临安达曼海。海岸线长 2 600 公里。属热带季风气候，全年分为热、雨、旱三季，年均气温 24℃~30℃。泰国国土面积 51.312 万平方公里，人口 6 825 万人（2013 年）。主要自然资源有钾盐、锡、褐煤、油页岩、天然气，还有锌、铅、钨、铁、锑、铬、重晶石、宝石和石油等。其中钾盐储量 4 070 万吨，居世界第一，锡储量占世界的 12%，油页岩蕴藏量达 187 万吨，褐煤蕴藏量约 20 亿吨，天然气蕴藏量约 16.4 万亿立方英尺，石油储量1 500 万吨。森林覆盖率为 20%。

泰国实行自由经济政策，属外向型经济，较依赖美、日、欧等外部市场。农产品是传统的和重要的出口产品。泰国是世界上稻谷和天然橡胶最大出口国。20 世纪 80 年代，制造业尤其是电子工业发展迅速，经济持续高速增长。水果出口是泰国的一大经济支柱，主要盛产桂圆、椰子等。旅游业也是泰国重要的产业支柱。主要旅游点有曼谷、普吉、清迈和帕塔亚，1996 年被列为中等收入国家。1997 年金融危机后陷入衰退。1999 年经济开始复苏。2011 年国内生产总值约合 6 456 亿美元。不过泰国政坛的不稳定和国内贫富差距巨大造成的社会波动，常常连带经济遭受重创。

（三）菲律宾共和国（Republic of the Philippines）

位于亚洲东南部的一个群岛国家。北隔巴士海峡与中国台湾遥遥相对，南和西南隔苏拉威西海、巴拉巴克海峡与印度尼西亚、马来西亚相望，西濒南中国海，东临太平洋。共有大小岛屿 7 107 个，其中吕宋岛、棉兰老岛、萨马岛等 11 个主要岛屿占全国总面积的 96%。海岸线长约 18 533 公里。沿海属热带海洋性气候，高温多雨，湿度大。年均气温 27℃，年降水量 2 000~3 000 毫米。南部属季风型热带雨林气候，高温多雨，湿度大；北部属海洋性热带季风气候，夏秋季多雨、多台风。吕宋岛和巴拉望岛等菲律宾西部地区则很明显地划分为干季（11—4 月）及雨季（5—10 月）两季。

面积 29.976 4 万平方公里，人口 9 735.3 万人（2013 年）。

菲律宾是一个多民族的国家，由于历史原因，它融合了东、西方的风俗习惯特点，印度文化、华夏文化和伊斯兰文化都在菲律宾有一席之地。

菲律宾多山地、高原和丘陵，多活火山，地震频繁。吕宋岛的马荣火山是菲律宾最大的活火山，同时也是世界最小的活火山。

主要矿产有铁、铬、锰、金和铜等。农业人口占总人口的三分之二以上。主要作物有椰子、甘蔗、蕉麻、烟草、香蕉、菠萝、芒果、稻、玉米等。刺绣工艺著名。椰干和椰油输出占世界首位，香蕉、芒果、木材、铁、铬等在世界市场上也较重要。进口主要是粮食、石油制品、机器、纺织、金属制品等。

菲律宾的产业结构以农业及工业为主，尤其着重于食品加工、纺织成衣以及电子、汽车组件等轻工业。大部分的工业集中于马尼拉大都会的市郊。贫富差距较大。

受中国与菲律宾南海争端和2010年香港人质事件的影响，两国间贸易发展受阻。

（四）缅甸联邦（The Union of Myanmar）

位于中南半岛西部，东北与中国毗邻，西北与印度、孟加拉国相接，东南与老挝、泰国交界，西南濒临孟加拉湾和安达曼海。国土面积67.658 1平方公里，海岸线长2 655公里。人口6 028万人（2010年）。2005年，缅甸首都从最大城市仰光迁至内比都。缅甸属热带季风气候，年平均气温27℃。缅甸自然条件优越，资源丰富，但多年来工农业发展缓慢。缅甸是一个以农业为主的国家，农业人口超过总人口的一半以上，农产品有稻米、小麦、甘蔗等。缅甸矿藏资源丰富，有石油、天然气、钨、锡、铅、银、镍、锑、金、铁、铬、玉石等。森林覆盖率为50%左右，盛产柚木、铁力木、藤、竹等，是世界柚木产量第一大国。

（五）马来西亚（Malaysia）

位于东南亚，国土被南中国海分隔成东、西两部分。西马位于马来半岛南部，北与泰国接壤，南与新加坡隔柔佛海峡相望，东临南中国海，西濒马六甲海峡。东马位于加里曼丹岛北部，与印度尼西亚、菲律宾、文莱相邻。人口2 994.9万人（2013年）。国土面积32.984 7万平方公里，全国海岸线总长4 192公里。境内大部分地区属热带雨林气候。内地山区年均气温22℃~28℃，沿海平原为25℃~30℃。

马来西亚自然资源丰富。橡胶、棕油和胡椒的产量和出口量居世界前列。

马来西亚是生产及出口半导体、视听器材、空调、橡胶产品及人造油产品，并居于领导地位的国家。钢铁等重工业是马来西亚的经济支柱之一。胶乳和橡胶工业都是马来西亚的经济强项。制造业是马来西亚最大的生产部门。

马来西亚有伊斯兰教、印度教、佛教，其中以印度教影响尤为深远。

（六）老挝人民民主共和国（The Lao People's Democratic Republic）

位于中南半岛北部的内陆国家，北邻中国，南接柬埔寨，东与越南相界，西北达缅甸，西南与泰国毗连。湄公河流经西部1 900公里。属热带、亚热带季风气候。5—10月为雨季，11月至次年4月为旱季。年平均气温20℃~30℃，年平均降水量1 250~3 750毫米。

（七）印度尼西亚共和国（The Republic of Indonesia）

位于亚洲东南部，地跨赤道，由太平洋和印度洋之间17 508个大小岛屿组成，其中约6 000个有人居住。它是全世界最大的群岛国家，疆域横跨亚洲及大洋洲，别称“千岛之国”。海岸线长3.5万公里。属于热带雨林气候，年平均温度25℃~27℃。首都为雅加达。

（八）柬埔寨王国（Kingdom of Cambodia）

位于中南半岛南部，东部和东南部同越南接壤，北部与老挝相邻，西部和西北部与泰国毗邻，西南濒临暹罗湾。海岸线长约460公里。属热带季风气候，年均气温为24℃。经济以农业为主。首都金边。

（九）文莱达鲁萨兰国（Brunei Darussalam）

位于加里曼丹岛北部，北濒南中国海，东南西三面与马来西亚的沙捞越州接壤，并被沙捞越州的林梦分隔为不相连的东、西两部分。海岸线长约161公里，沿海为平原，内地多山地，有33个岛屿。属热带雨林气候，终年炎热多雨，年均气温28℃。以原油和天然气为主要支柱的国家，是世界上最富有的国家之一。首都是斯里巴加湾市。

二、东盟的经济与对外贸易

自20世纪60年代东盟成立后，各国经济面貌开始改观，特别是80年代后，经济得到快速发展，成为世界上经济最具活力、发展速度最快的地区之一。近年来，在世界经济全球化、区域经济一体化的大背景下，东南亚国家联盟（东盟）结合自身特点，在推动本地区经济一体化方面取得了不少进展。在东盟主席国印度尼西亚的巴厘岛召开的东盟首脑会议上，有关成员计划推出一系列新协议，进一步推动东盟国家经济合作，为建立东盟“经济共同体”迈出关键一步。

东南亚金融危机之后，有关的国际机构和官方部门普遍预测，东盟国家经济将陷入长期严重的衰退，经济复苏将是缓慢痛苦的过程；东盟经济将在低谷徘徊较长时间后，才能走出低谷，呈现U型复苏。然而，金融危机之后，东盟国家十分重视国内银行金融体系的重组与改革，政府对国内银行金融机构进行了大规模的兼并，迅速处理银行金融机构的不良资产，强化金融风险管理。1999年东盟国家经济在短时间里出现迅速复苏，呈现V型的强劲反弹。

2001年，东盟国家经济急转直下，再次出现普遍衰退。不过，这次东盟经济衰退与1997年金融危机时的情形有所不同。它主要表现在：一是经济普遍衰退。新加坡经济衰退的幅度最大，它是新加坡自1965年建国以来经历的最严重的经济衰退。据统计，1964年新加坡经济增长率曾出现4.3%，其后是在1985年经济萎缩1.6%，而这次经济衰退的幅度要大于1985年。二是生产和出口部门受冲击最大，主要是制造业的生产和出口部门。三是电子业衰退尤为严重。1997年金融危机的导火索是国际金融投机，这次经济衰退则是国际电子产品需求急剧萎缩引起的。目前，东盟国家经济高度依赖电子业的生产与出口。2000年，马来西亚电子产品出口占国内生产总值的25%、新加坡为19%、菲律宾为9%。这些国家电子产品生产与出口的骤然下降必然导致国内经济急剧滑坡。

东盟国家经济急转直下再现衰退，究其原因，主要是受到主要发达国家经济周期波动的冲击和金融危机后国内经济转型与结构调整的拖累。也就是说，东盟经济在经历了金融危机后尚未完全复苏；而美国、日本经济迅速下滑和全球电子业周期性衰退又使其雪上加霜。

2003年9月初在柬埔寨首都金边举行的东盟经贸部长会议上，各方一致同意加速推进成立东盟自由贸易区。据印度尼西亚工业和贸易部官员透露，会议还决定，从2004年1月1日开始，对11类优先产品实施东盟协调价格，对优先取消关税的工业部门进行协调，并对此进行了相关分工，其中印度尼西亚负责木材制品和汽车产品、马来西亚负责橡胶和纺织品，缅甸负责农业和渔业，菲律宾负责电子产品，新加坡负责电子网络与医疗卫生，泰国负责旅游与航空业。加工工业的发展是东盟各国工业化进程的出发点和中心，以电子、炼油、汽车、木材加工、石油化工等部门的发展最为突出。东盟通过简化和协调东盟各国海关手续和技术标准，并不断推进东盟各国海关之间的一体化建设，包括采用信息技术实现海关服务电子化等。2005年，东盟区内贸易总额达到了2 698亿美元，是1993年的3倍多。与此同时，近年来东盟吸引的外国直接投资总额也出现增加。2005年，东盟吸引外国直接投资总额约为380亿美元，首次超过1997年亚洲金融危机前的水平。2010年东盟GDP为1.8万亿美元。目前，东盟已是世界著名的电子工业生产基地和重要的炼油中心。近年来，泰国、马来西工、越南的钢铁工业、汽车工业，印度尼西亚的汽车、纺织业的增长都十分明显。同时，东盟也是世界上重要的能源出口区之一。三个石油出口国是印度尼西亚、马来西亚和文莱，并且是出口液化气最多的地区。农业仍是除新加坡外的其他东盟国家的基本经济部门，农业在各国国民经济中仍占重要地位，农产品的商品率高，是世界上出口稻米最多的地区，约占世界出口量的一半，也是最大的热带作物供应地之一。

由于近十年经济的快速发展，东盟各国已普遍改变殖民统治时代经济结构畸形、主要生产殖民地宗主国所需的经济作物、矿物和初级产品的现象。工业特别是制造业在国民经济中的地位显著上升，劳动密集型产业已有比较雄厚的基础。各国还注意工农业均衡发展，实行国民经济多样化。在经济发展的基础上，人民生活也在提高。1986年泰国人均收入为810美元，1991年翻了一番，达1 607美元，1996年达到2 780美元，2013年达到5 673美元；马来西亚人均产值1986年为1 830美元，1993年跃升至3 280美元，2013年达到11 122美元。从东盟的经济发展来看，亚洲经济崛起并不是神话，而是取得独立后的亚洲人民运用勤劳和智慧进行艰苦工作和执行正确政策的结果。

东盟国家的经济发展积极促进了亚太地区以至全世界的经济发展与合作。它在世界贸易中的地位不断上升。

在积极推进本地区经济一体化进程的同时，还努力谋求与包括中国在内的亚洲其他国家发展经贸合作关系。2001年在文莱举行的首届东盟和中国首脑会议上，双方一致同意于未来10年内建立中国—东盟自由贸易区，还提出把农业、信息产业、人力资源开发和湄公河流域开发等作为合作重点。2002年在柬埔寨举行的东盟和中国领导人会议上，双方签署了经济合作框架协议，确定了中国和东盟成员建立自由贸易区的具体时间表。在东盟和中国经贸关系日益密切的同时，日本、韩国、印度等其他亚洲国家也都相继发出了准备同东盟建立自由贸易区的信号。东盟国家2004年还建立了一个解决纠纷的专门机构，为及时解决一体化进程中可能出现的新问题，重点是解决东盟国家内部在商品原产地、海关程序、解决贸易纠纷机制、商品与服务标准等诸多方面存在的分歧。

东盟的出口商品结构在20世纪80年代中后期发生了显著变化。制成品出口量迅速增长，在出口总额中比重占60%以上，石油和天然气比重有所下降，其他出口产品有胶合板、木制品、硬木、橡胶、棕榈油、稻米等；进口商品多为机械、零部件和半成品；主要贸易伙伴是美国、日本、欧盟。此外，东盟内部贸易日益扩大，1994年，约有20%的贸易额是在东盟国家间进行的。2003 年，东盟成为自由贸易区。2007 年 11 月 20 日，东盟领导人在新加坡签署《东盟宪章》。2008 年 12 月 15 日，《东盟宪章》正式生效，《东盟宪章》对各成员具有约束力，赋予东盟法人地位。

三、中国与东盟国家的关系

中国是东盟的近邻，互相间有悠久的通商历史。20 世纪 70 年代后，随着东盟国家与中国陆续建交，以及中国改革开放政策的实施，双方经贸关系有了很大发展。1975 年，东盟与中国的对外贸易额仅 5. 16 亿美元，占我国对外贸易总额的 3. 5%；到 1993 年，则提高到 132. 09 亿美元。中国和东盟的贸易额从最初的 70 亿美元跃升到 2011 年的 3 628 亿美元，年均增长 20% 以上。2013 年对东盟进出口额达到 4 436. 1 亿。从贸易结构看，东盟对中国出口的主要是橡胶、木材、化肥、化纤、糖等，从中国进口的主要是轻纺、土特产、粮油、中成药等。2013 年，东盟是中国的第三大贸易伙伴，和最大的发展中国家的贸易伙伴。2011 年中国已经成为东盟第一大贸易伙伴和第一大出口目的地。

与此同时，东盟国家积极推动多边区域经济合作。在 2001 年 11 月第五次东盟与中国领导人会议上，双方决定在 10 年内建成“东盟—中国自由贸易区”，它将成为世界上人口最多的自由贸易区和发展中国家经济规模最大的自由贸易区。东盟各国政府对建立“东盟—中国自由贸易区”给予高度评价，认为它将有利于增加区内贸易与投资，加速区域经济一体化的进程。

2002 年中国与东盟共同签署《中国—东盟全面经济合作框架协议》，正式开启了建立中国—东盟自由贸易区的进程，2004 年中国与东盟又签署了《中国—东盟货物贸易协议》和《争端解决机制协议》，东盟 10 国还承认了中国的完全市场经济地位，这为中国与东盟国家进一步加强合作构筑了重要平台。

2003 年，中国与东盟双边贸易额超过了 782 亿美元，增幅达 43%，比当年中国进出口平均增幅高出近 6 个百分点。2004 年 1 月起，《中国—东盟全面经济合作框架协议》下的“早期收获”方案、《中国对老挝、柬埔寨和缅甸提供特殊优惠关税待遇换文》等优惠贸易协定开始执行。同年 6 月，中国又将原有的中泰两国果蔬“零关税”安排扩展到中、泰、新三国等，贸易门槛逐步降低和拆除。

【知识拓展】

东盟宪章

2007 年 11 月 20 日，参加第 13 届东盟首脑会议的东盟成员领导人签署了对东盟而言具有划时代意义的《东盟宪章》。它是东盟成立以来第一份对所有成员具有普遍法律约束力的文件。这一文件的签署是东盟在机制化和法制化建设上的重要举措，是建立东盟共同体的重要法律保障，是东盟的一个重要里程碑。

在当天举行的签字仪式上，东盟 10 国领导人还签署了《东盟经济共同体蓝图宣言》《东盟环境可持续性宣言》以及《东盟关于气候变化宣言》等重要文件，为东盟加快一体化建设，迎接未来挑战奠定了基础。

目标

维护并加强本地区和平、安全与稳定。

保持本地区无核武化，支持民主、法制和宪政，为东盟居民提供公正、民主与和谐的和平环境。

致力于经济一体化建设，构建稳定、繁荣和统一的东盟市场和生产基地，实现商品、服务和投资自由流动，促进商界人士、技术人才和劳动力的自由往来；增强合作互助，在本地区消除贫困，缩小贫富差距。

加强开发人力资源，鼓励社会各部门参与，增强东盟大家庭意识。

原则

继续坚持不干涉内政的基本原则。

尊重各成员的独立、主权、平等、领土完整和民族特性；坚持以和平手段解决纷争；不干涉成员内政；就涉及关系东盟共同利益事宜加强磋商机制，依照东盟条约和国际惯例解决纷争，棘手问题将交由东盟首脑会议协商决定。

地位

《东盟宪章》对各成员具有约束力，赋予东盟法人地位。

架构

东盟首脑会议为东盟最高决策机构，每年举行两次会议。

东盟成员领导人在峰会上决定有关东盟一体化的关键问题，决定发生紧急事态时东盟应采取的措施，任命东盟秘书长。

设立 4 个理事会，其中一个由外长组成，负责协调东盟重要事务，另外 3 个分别负责政治安全、经济一体化和社会文化事务；每个理事会各由一名副秘书长负责。

成立一个人权机构，致力于改进本地区人权状况。

其他

宪章将英文定为东盟的工作语言，并规定每年 8 月 8 日为“东盟日”，并对东盟旗帜、徽章作出相关规定。

2008 年 10 月 21 日东盟宪章获得所有成员通过，《东盟宪章》将在 2008 年底开始生效。

（根据百科全书等资料整理）

【案例分析】

泛亚铁路

泛亚铁路（英语：Trans-Asian Railway，TAR）是由联合国亚洲及太平洋经济社会委员会（ESCAP）策划，打造欧亚大陆铁路运输网络的建筑计划。

2010 年 4 月 10 日，亚洲 18 个国家的代表在韩国釜山正式签署《亚洲铁路网政府间协定》，筹划了近 50 年的泛亚铁路网计划最终得以落实。按照协定的规划，4 条纵横交错的干线和支线将编织起一个巨大的经济合作网络。

北部通道：连接欧洲和太平洋，途经德国、波兰、白俄罗斯、俄罗斯、哈萨克、蒙古、中国至朝鲜半岛。

南部通道：连接欧洲和东南亚，途经土耳其、伊朗、巴基斯坦、印度、孟加拉、缅甸、泰国，然后分别进入中国云南和经马来西亚进入新加坡。

南北通道：连接北欧与波斯湾。主线始于芬兰赫尔辛基，穿越俄罗斯国土至里海，然后分成三条支线：西线经阿塞拜疆、亚美尼亚入伊朗西部；中线以火车轮渡经里海进入伊朗；东线经哈萨克、乌兹别克和土库曼入伊朗东部。三线在伊朗首都德黑兰会合，最后抵达伊朗港口阿巴斯港。

东南通道：连接东南亚国家和中南半岛地区国家等东南亚地区。

在中国境内的部分，按照中国的《中长期铁路网规划》，2020 年前将有三条连接中国与东南亚的高铁线路建成通车，中国将拥有直达印度洋出海口的高速通道。

东线由新加坡经吉隆坡、曼谷、金边、胡志明市、河内到达昆明。

中线为昆明—磨憨—万象—曼谷—吉隆坡—新加坡，是中国西南、西北等地区通往老挝、泰国、马来西亚、新加坡等东南亚核心地区最顺直的通路，将形成铁路、公路和水路三种运输方式并重的协调发展格局。

西线经瑞丽穿过缅甸，最终均到达新加坡。

（根据时事新闻等资料整理）

【思考练习】

1. 试分析“亚洲四小龙”经济腾飞的原因。
2. 简述东盟国家的对外贸易的商品结构与地区构成。
3. 你认为中国在与东盟国家的贸易上有何优势？

任务十一

俄罗斯经济贸易地理

【目标要求】

通过对本部分内容的学习，学生将认识和了解俄罗斯联邦的自然和人文地理概况，掌握俄罗斯联邦经济发展的模式和水平，以及工农业发展的水平和特点，掌握俄罗斯联邦对外贸易状况和中俄贸易关系，了解俄罗斯联邦交通状况和地区差异的基本情况。

【关键技术】

1. 俄罗斯联邦的基本经济贸易地理概况；
2. 俄罗斯的资源和分布情况。

【学习内容】

项目一　俄罗斯的经济贸易地理概况

俄罗斯（Russia），全称俄罗斯联邦（The Russian Federation）。1991 年 12 月，苏联解体，俄罗斯联邦、白俄罗斯、乌克兰等原苏联的加盟共和国组成“独立国家联合体”，俄罗斯联邦继承了苏联核心主体部分，并成为完全独立的国家。1993 年 12 月，经过全民投票通过了俄罗斯独立后的第一部宪法，规定国家名称为“俄罗斯联邦”，是由 22 个自治共和国、46 个州、9 个边疆区、4 个自治区、1 个自治州、3 个联邦直辖市组成的联邦共和立宪制国家。

一、俄罗斯的自然地理环境

（一）位置与领土

俄罗斯横跨欧亚大陆，领土包括欧洲的东部和亚洲的北部，总面积 1 709.82 万平方公里（2015 年），是世界上领土面积最大的国家。俄罗斯领土略呈长方形，东西最长约 9 000 公里，南北最宽约 4 000 公里。它东濒太平洋，北临北冰洋，西面与西南面靠大西洋和里海。邻国西北面有挪威、芬兰，西面有爱沙尼亚、拉脱维亚、立陶宛、波兰、白俄罗斯，西南面是乌克兰，南面有格鲁吉亚、阿塞拜疆、哈萨克斯坦，东南面有中国、蒙古和朝鲜。东面与日本和美国隔海相望。海岸线长 37 653 公里，领海宽度 12 海里。

（二）自然条件

俄罗斯联邦自然条件复杂多样，以平原和高原为主。地势是西、北低，向东、向南逐渐升高。西部多属辽阔的平原，即东欧平原与西西伯利亚平原，乌拉尔山介于其间，是欧亚两洲的分界线。东部是高原与山地，即中西伯利亚高原与南西伯利亚山地、东北西伯利亚山地与远东山地。大高加索山脉坐落于俄罗斯联邦欧洲部分的南部，最高峰厄尔布鲁士山海拔 5 642 米。

俄罗斯境内河湖众多，沼泽广布。欧洲部分的河流多发源于东欧平原中部丘陵地带，呈放射状流向四方，河网密布，水量丰富。主要河流有伏尔加河、第聂伯河、顿河、伯朝拉河。全长 3 690 千米的伏尔加河是欧洲的第一长河，流域面积 299 万平方公里，享有“俄罗斯母亲河”的称誉。亚洲部分的河流发源于西伯利亚南部和东部山地，多为源远流长的大河，著名的有自南向北注入北冰洋的鄂毕河、叶尼塞河、勒拿河和自西向东注入太平洋的阿穆尔河（即中俄界河黑龙江）。俄罗斯与伊朗等国之间有世界最大的咸水湖里海，还有世界第一深湖贝加尔湖，沼泽主要分布于北部。

俄罗斯联邦地处中高纬度，全境多属温带和亚寒带大陆性气候（仅太平洋沿岸地区属温带季风气候）。由于南北宽 4 000 公里，跨越 4 个气候带。自北而南，依次出现极地荒漠、苔原、针叶林、森林草原和草原等自然带。自西而东，大陆性气候依次加强。温差普遍较大，冬季严寒期长，夏季短促，1 月气温平均为 $-1℃\sim37℃$，7 月气温平均为 $11℃\sim27℃$。由于受西风带、北大西洋暖流和大西洋暖湿气团的影响，降水分布从西向东依次递减，并由中部森林地带向南北两端递减，但太平洋沿岸夏季降水较多。

（三）自然资源

俄罗斯联邦矿产资源十分丰富、种类多、储量大。具体来说，石油、天然气、煤炭储量巨大，天然气已探明蕴藏量为 48 万亿立方米，占世界探明储量的 1/3 以上，居世界第一位。石油探明储量 65 亿吨，占世界探明储量的 12%～13%。煤蕴藏量 2 000 亿吨，居世界第二位。煤炭资源总地质储量为 6 万亿吨以上，其中焦煤占 1/5，硬煤和褐煤各占 2/5。俄罗斯的有色金属、贵金属和稀有金属资源丰富，品种齐全。铁蕴藏量居世界第一位。铝蕴藏量居世界第二位。铀蕴藏量居世界第七位。黄金储藏量居世界第四至第五位。此外，俄罗斯有着广阔的森林带、丰富的土地资源和水力资源。其森林覆盖面积 867 亿公顷，占国土面积 50.7%，居世界第一位。木材蓄积量 807 亿立方米。

俄罗斯的东欧平原、西西伯利亚平原和乌拉尔山地是煤、油、气和铁矿石集中分布区域。煤炭主要分布在两大含煤带内，一个位于贝加尔湖与土尔盖凹陷之间，包括伊尔库茨克、坎斯克—阿钦斯克、库兹巴斯等煤田；另一个位于叶尼塞河以东，北纬 60°以北，包括通古斯、勒拿和泰梅尔大煤田。石油、天然气主要分布在鄂毕河中下游的西西伯利亚平原中部和北部（即著名的秋明油田）、伏尔加河中游与乌拉尔山脉之间地区（即第二巴库）、季曼—伯朝拉地区以及北高加索和萨哈林等地。铁矿主要分布在库尔斯克、乌拉尔和东西伯利亚地区。东部山地是主要的有色金属蕴藏区。2012 年 9 月俄罗斯科学院表示，西伯利亚东部珀匹盖陨石坑内有“数万亿克拉”的“冲击钻”，这座巨型钻石矿储量超过了全球现有储量，可供全球持续开发 3 000 年。

二、俄罗斯的历史概况

（一）历史背景

15 世纪末至 16 世纪初，以莫斯科大公国为中心，逐渐形成多民族的封建国家。1547 年，伊凡四世（伊凡雷帝）改大公称号为沙皇。1721 年，彼得一世（彼得大帝）改国号为俄罗斯帝国。1861 年废除农奴制。19 世纪末至 20 世纪初成为军事封建帝国主义国家。1917 年 2 月，资产阶级革命推翻了专制制度。1917 年 11 月 7 日（俄历 10 月 25 日）十月社会主义革命，建立世界上第一个社会主义国家政权——俄罗斯苏维埃联邦社会主义共和国。1922 年 12 月 30 日，俄罗斯联邦、外高加索联邦、乌克兰、白俄罗斯成立苏维埃社会主义共和国联盟（后扩至 15 个加盟共和国）。1990 年 6 月 12 日，俄罗斯苏维埃联邦社会主义共和国最高苏维埃发表《国家主权宣言》，宣布俄罗斯联邦在其境内拥有“绝对主权”。1991 年 9 月 6 日，苏联国务委员会通过决议，承认爱沙尼亚、拉脱维亚、立陶宛三个加盟共和国独立。12 月 8 日，俄罗斯联邦、白俄罗斯、乌克兰三个加盟共和国的领导人在别洛韦日签署《独立国家联合体协议》，宣布组成“独立国家联合体”。12 月 21 日，除波罗的海三国和格鲁吉亚外的苏联 11 个加盟共和国签署《阿拉木图宣言》和《独立国家联合体协议议定书》。12 月 26 日，苏联最高苏维埃共和国举行最后一次会议，宣布苏联停止存在。至此，苏联解体，俄罗斯联邦成为完全独立的国家，并成为苏联的唯一继承国。1993 年 12 月 12 日，经过全民投票通过了俄罗斯独立后的第一部宪法，规定国家名称为“俄罗斯联邦”，与“俄罗斯”意义相同。（该段引自中国外交部网站）

【知识拓展】

什么是俄罗斯帝国、苏联、俄罗斯和独联体?

俄罗斯帝国（1547—1917 年），简称俄国、帝俄，通称沙俄。1547 年，莫斯科公国大公伊凡四世加冕称沙皇，沙皇俄国诞生。

苏联，全称苏维埃社会主义共和国联盟，于 1922 年 12 月 30 日以俄罗斯、白俄罗斯、乌克兰和外高加索等苏维埃社会主义共和国合并而成。是一个存在于 1922—1991 年的联邦制国家，也是当时世界上土地面积最大的国家，占有东欧的大部分以及几乎整个中亚和北亚。尽管其宪法规定苏联是一个联邦制国家，由 15 个平等权利的苏维埃社会主义共和国（加盟共和国）按照自愿联合的原则组成，但其政府权力高度集中，并奉行世界上第一个完全的社会主义制度及计划经济政策，由苏联共产党一党执政。

俄罗斯，全称俄罗斯联邦。1991 年 8 月 24 日，俄罗斯苏维埃联邦共和国最高苏维埃宣布俄罗斯脱离苏联独立。俄罗斯苏维埃联邦共和国更名为俄罗斯联邦并成为主权国家。

独联体，全称即独立国家联合体，是由前苏联大多数共和国组成的进行多边合作的独立国家联合体，简称“独联体”。成立时，除波罗的海三国外，其他12个前苏联加盟共和国阿塞拜疆、亚美尼亚、白俄罗斯、格鲁吉亚（1993年12月起）、吉尔吉斯斯坦、摩尔多瓦（1994年4月起）、哈萨克斯坦、俄罗斯、乌兹别克斯坦、乌克兰、塔吉克斯坦和土库曼斯坦均为独联体正式成员。2005年8月，土库曼斯坦宣布退出独联体。2008年8月14日，格鲁吉亚宣布退出独联体，2009年8月18日正式退出。2014年3月，因为克里米亚独立入俄问题，乌克兰也正式启动退出程序。

（根据百科全书、时事新闻整理）

（二）人口与居民

俄罗斯联邦人口约1.437亿（2014年），并且是世界上人口减少速度最快的国家之一。主要集中在只占全俄面积1/4的西部欧洲地区，而北极圈以内和北极圈附近的森林冻土带以及西伯利亚部分地区则人烟稀少。俄罗斯人口的文化水平与劳动力素质较高，有利于社会经济的发展，但是，俄罗斯人口增长缓慢，地域分布很不平衡以及复杂的民族因素等，对其社会经济的发展又产生不利的影响。

俄罗斯有170多个民族（2014年），其中俄罗斯人占82.95%。主要少数民族有鞑靼、乌克兰、楚瓦什、巴什基尔、白俄罗斯、摩尔多瓦、日耳曼、乌德穆尔特、亚美尼亚、阿瓦尔、马里、哈萨克、奥塞梯、布里亚特、雅库特、卡巴尔达、犹太、科米、列兹根、库梅克、印古什、图瓦等。俄语是俄罗斯联邦全境内的官方语言，各共和国有权规定自己的国语，并在该共和国境内与俄语一起使用。

俄罗斯联邦现由89个联邦主体组成，目前由22个自治共和国、46个州、9个边疆区、4个自治区、1个自治州、3个联邦直辖市组成的联邦共和立宪制国家。

俄罗斯文化艺术历史悠久，古典建筑、雕塑、绘画享有盛名，人民性格豪爽开朗。俄罗斯联邦各民族信仰的宗教主要为东正教，其次为伊斯兰教、萨满教与犹太教等。

苏联解体后，俄罗斯基本沿袭过去的社会福利制度，如退休、医疗、儿童教育等，但水平大幅下降。据俄国家统计委数据，2004年俄人均月收入6 296卢布（约218美元），同比实际增长7.8%。2004年俄职工人均月工资6 828卢布（约237美元），同比实际增长10.8%。2004年12月消费品价格比上年同期上涨11.7%。2012年俄罗斯年人均收入约8 693.80美元。

项目二　俄罗斯的经济模式和发展水平

一、俄罗斯的经济发展概况与经济模式

俄罗斯联邦是苏联经济最发达、实力最雄厚的共和国，苏联经济实力的基础、骨架及布局基本上分布在俄罗斯联邦，产业结构大体上仍保持着苏联的基本特征。

1991年底苏联解体后，经济陷入了严重的困境之中。俄全盘接受了美国等西方国家推

荐的经济改革政策，采取“休克疗法”，推行以大规模私有化和全面自由化为核心的激进经济改革，导致经济连续下滑，形势更加严峻。1992 年主要经济指标普遍大幅度下降，国民经济总产值全年下降 22%，生产的国民收入下降 20%，工业产值下降 17.6%。在生产下降的同时，物价上涨的幅度很大，1992 年通货膨胀率为 2 200%，大部分居民生活在最低生活线下，因而导致当时国家政局的动荡。面对这种形势，俄罗斯联邦政府毅然放弃了“休克疗法”，采取了积极稳妥的经济发展战略，逐步实现由自由市场经济向社会市场的目标模式转轨。尽管俄罗斯对苏联时期的社会经济体制进行了全面而彻底的转轨，但在经济发展方面却始终没有摆脱其粗放型经济发展模式，依然依靠资源性产品和初加工产品的出口换取外汇以支撑国家财政收入和促进经济发展。而这种经济发展模式的最大特点和缺点都是主要依赖国际市场需求和价格，当国际市场需求增加和价格上涨时，可以获取巨额收入并维持经济高速增长；当国际市场需求减少和价格下跌时，则会导致收入减少并使经济陷入衰退。从 1994 年起，全国逐渐趋向稳定。1994 年，俄罗斯国民生产总值为 3 930 亿美元，人均 GNP 为 2 650 美元。但是，总体经济形势仍然严峻，生产滑坡，资金短缺，工农业生产处于持续衰退之中。

1998 年俄爆发金融危机，各项宏观经济指标再趋恶化。1999 年受卢布贬值和国际市场油价上扬以及普里马科夫政府大幅调整经济政策，加强国家宏观调控等内外多种因素的综合影响，俄经济呈现好转势头。2000 年之后，普京总统继续推行稳健的社会经济政策，进一步深化社会和经济自由化改革，稳定政局，发展经济；加强经济立法，规范经济活动，改善投资和经营环境；特别是税制改革提高了企业投资积极性，缓解了财政压力。一方面利用国际油价上涨的有利形势，大力拓展国外能源市场，俄经济好转势头进一步巩固，宏观经济指标大幅上扬（见表 11-1）。另一方面大力发展轻工业和服务行业。2005 年制鞋、家具、小型机械、家用电器等轻工业增长了 52.8%；商业、食品、医药等行业增长 73.6%；金融等新兴服务行业增长 90.8%。此外，与航空航天、石油、天然气、核能等强势行业有关的高新技术产业、信息产业、文化产业发展迅速。同时俄罗斯 2010 年按汇率计算，GDP 总量为 1.476 9 万亿美元，人均 GDP 1 万美元左右。2011 年 GDP 总量为 1.884 万亿美元，人均 GDP 10 437 美元。2013 年 GDP 总量为 20 901.54 亿美元，人均 GDP 12 173 美元（见表 11-1）。

表 11-1　　2000—2013 年俄罗斯 GDP 增长情况

	2000	2002	2004	2006	2008	2009	2010	2011	2012	2013
GDP 增长（%）	7.7	4.3	7.1	6.7	5.2	−7.8	4.5	4.3	3.4	1.3

资料来源：俄罗斯国家统计委。

二、经济发展水平

苏联的解体和各独立国家由公有制计划经济向私有制市场经济的转变，导致了俄罗斯和其他独联体国家经济的一系列变化。联盟解体后，独联体国家虽然都确定市场经济作为经济改革的目标，但市场要素发育迟缓，加之联盟解体后，传统联系中断，丧失了能源、原材料供应保障和产品销售市场，各独立国家工农业生产连年全面滑坡，贸易联系严重削弱，外贸持续萎缩，通货膨胀居高不下，处于贫困线以下的居民高于总人口的1/4，直至1995年底，多数国家的经济形势仍很严峻。为克服共同的困难，各国努力寻求恢复被割断的传统联系，在新的基础上发展一体化，联合势头加强。根据1995年11月俄、哈、白等六国政府的呼吁书，自1996年始，各国逐步消除彼此之间在商品、劳务、资本和劳力自由流通上的障碍以及经济隔绝的现象，加强彼此之间的合作。

2001年，俄罗斯经济增幅小于2000年，但恢复性增长的势头继续得到保持，且增长质量有所提高。2002年，俄政局进一步稳定，发展经济成为当局的中心任务和朝野共识，借国际油价上涨之机，获取了大量石油美元。2002年俄经济增长超过预期，农业连续第三年增长，粮食产量创十年新高。财政收支状况改善，外汇储备大增，外债继续减少，通货膨胀略有下降，资本外流有所减少，居民生活水平已接近1998年金融危机前的水平。但经济增长受国际能源市场行情影响仍较大，产业结构调整的任务仍十分艰巨。2006年1月1日《俄罗斯联邦经济特区法》生效，标志着俄罗斯的新经济特区建设的开始，目前有5个工业生产型经济特区、6个工业生产型特区、14个旅游型经济特区和3个港口型经济特区。

根据联合国统计署资料，按汇率计算，2001年俄GDP约占全球GDP总额的1%，排名世界第16位。如按购买力平价计算，则占2.6%，排名第10位。2004年俄罗斯国内生产总值达到167 788亿卢布（约5 823亿美元），人均国内生产总值115 556卢布（约4 010美元），国内生产总值增长率7.1%。目前国内生产总值已经恢复到苏联时期的80%以上，俄经济快速回升，外贸出口大幅增长，投资环境有所改善，居民收入明显提高。

项目三　俄罗斯的工业和农业

一、工　　业

工业在俄罗斯联邦国民经济中居于突出地位。俄罗斯地大物博，工业资源非常丰富，工业基础雄厚，部门齐全，以机械、钢铁、有色冶金、石油、天然气、煤炭、森林工业及化学工业等重工业为主，能源工业地位突出，能源与原材料均有大量出口。木材和木材加工业也较发达。军火工业在国民经济中占重要地位。

俄罗斯工业基础雄厚，工业生产集中程度很高，重工业发展始终占优先地位，但工业结构不合理，轻工业与食品工业等民用工业落后状况尚未根本改变。工业产值占工农业总产值的80%，重工业产值占工业总产值的75%。长期以来，由于重视军工与国防有关的重工业的发展，因此，与国计民生有关的轻工业与食品工业发展甚为缓慢，其产值仅占工业总产值的25%。多年来，对轻工与食品工业的投资只有工业总投资的13.5%。近40年来消费品总产值的增长只为生产资料总产值增长的1/3，而且，生产技术落后，许多产品的质量与数量均不能满足需要。

2004年工业产值为112 090亿卢布（3 891亿美元），同比增长6.1%。工业从业人口2 055.4万人，占总就业人口（6 732.2万）的30.5%。近三年主要工业产品产量见表 11-2。

表 11-2　　2002—2012 年俄罗斯主要工业产品产量表

类别 \ 年份	2002	2003	2004	2011	2012
发电量（亿度）	8 890	9 150	9 310	10 530	9 577
石油（万吨）	36 600	40 800	44 300	51 100	51 800
天然气（亿立方米）	5 610	5 810	5 910	6 070	5 923
煤（万吨）	25 300	27 500	28 000	33 480	320 786
钢（万吨）	5 980	6 750	—	6 870	6 890
化肥（万吨）	1 356.4	—	1 566.8	—	1 780
化纤（万吨）	15.6	18.5	18.4		
卡车（万辆）	17.3	—	20	20.7	17.2
轿车（万辆）	98.1	101.1	111	170	160
水泥（万吨）	3 770	4 100	4 560	5 590	6 160
木材（万立方米）	7 950	9 180	8 520	19 400	19 100

资料来源：俄罗斯国家统计委。

从表 11-2 我们可以清晰地看出：俄罗斯以能源、冶金、机械、化工等四大工业部门最为重要。

（一）能源工业

俄罗斯是世界上煤炭、石油、天然气、核燃料以及经济水能资源蕴藏最丰富、生产能力最大的国家之一。在生产连年下降的情况下，目前年产原油 3 亿余吨，天然气 8 000 多亿立方米，煤炭 3 亿吨左右，电力 9 000 亿千瓦时左右，能源总产量仍居世界前列。

石油是俄罗斯首要能源，也是重要出口物资，年出口量约 1 亿吨左右，是俄罗斯取得外汇的主要来源。2010 年俄罗斯的石油产量占世界总产量的 12.9%，排名世界第一。原油工业在俄罗斯国民经济中居重要地位，是重要的支柱产业部门。俄罗斯的原油生产主要集中在西西伯利亚、伏尔加—乌拉尔和季曼—伯朝拉二个地区，其北部沿海及近海地区是有发展潜力的原油蕴藏区。

西西伯利亚油田采油区主要分布在秋明州，故称秋明油田，因其开发晚于苏联的巴库油田和伏尔加—乌拉尔油田（称第二巴库），故而又称“第三巴库”。这里是俄罗斯最大的石油储集区和产区，油田面积达 150 万平方公里，远景储量 240 亿吨，其中探明储量约 40 亿吨。西西伯利亚油田内共发现 150 多个储油区，已开发的有 40 多个，其中重要的有萨莫特罗尔、乌斯季—巴雷克和萨雷姆等大型油产区。西西伯利亚油田通过多条管道将原油输向原苏联各大炼油厂，进而转运到黑海、波罗的海和太平洋沿岸油港，向国外出口。伏尔加—乌拉尔油田，位于乌拉尔河和伏尔加河流域区，又称“第二巴库”。该油田位于俄罗斯经济发达地域，油品需求量大，因此，原油加工与石油化学工业发达，区内有大型炼油厂 10 多座，年加工能力达 1. 5 亿吨，原油与油品管道纵横交错并通往外区。季曼—伯朝拉油田，位于俄罗斯欧洲地区东北部的高纬地区，地处能源短缺的西北区，距耗能高的中央区也较近，乌萨为该油田最大采油区。除上述三大油田外，还有北高加索油田（年产 1 000 万吨左右）和萨哈林油田（年产 250 万吨左右）等。俄罗斯的原油加工能力几乎与原油开采能力相当，但深加工水平远低于西方工业发达国家。炼油厂主要分布于油品需求量大的欧洲部分，乌法与萨马拉是两大炼油中心，炼油能力各为 4 000 万吨左右。炼油能力超过 1 000 万吨的城市还有鄂木斯克、下诺夫哥罗德、安加尔斯克、彼尔姆、格罗兹尼、雅罗斯拉夫尔、基里希和莫斯科等。俄罗斯石油股份公司、东西伯利亚石油天然气股份公司等是目前俄罗斯主要的石油生产公司。

俄罗斯是世界上天然气资源最丰富、产量最多、消费量最大的国家，也是世界上天然气管道最长、出口量最多的国家，有“天然气王国”之誉。天然气田主要分布在西西伯利亚的秋明州，产量达 5 000 多亿立方米，占全俄产量的 85% 以上。其中乌连戈伊气田探明储量约 8 万亿立方米，年产量达 3 000 多亿立方米，是世界第一大气田。此外，东西伯利亚的雅库特、伏尔加—乌拉尔地区的奥伦堡、伏尔加河口的阿斯特拉罕和科米自治共和国的乌克特尔等，也是俄罗斯重要的天然气田。俄罗斯天然气工业股份公司产量占俄罗斯总产量的 85. 5%，是俄罗斯最大的天然气公司，同时占世界天然气总产量的 19. 8%；俄罗斯第 2 大天然气生产公司为诺瓦泰克公司，其次分别为苏尔古特石油天然气公司（Surgutneftegaz）和俄罗斯石油公司（Rosneft）。俄罗斯天然气管道长度已超过 20 万公里，主要干线均由西西伯利亚各气田通向其他欧洲地区，进而将管道伸向东欧与西欧，并向那里出口天然气。

煤炭工业具有储量大、煤种全，资源与生产布局集中以及储、产、销之间分布不平衡等特点。3/4 以上分布在俄罗斯的亚洲部分，欧洲部分的 46. 5% 的储量在俄罗斯中部，即库兹巴斯煤田；23% 的储量在克拉斯诺雅尔斯克边疆区，几乎都是褐煤，适于露天开采。俄罗斯煤炭生产量到 1990 年为 3. 95 亿吨，在中、美之后居世界第三位。有 20 多个主要煤炭产区，位于亚洲地区北纬 60°以南的库兹巴斯、坎斯克—阿钦斯克、南雅库特等煤田是主要煤炭产区，集中了全俄煤炭产量的 80%，除此以外，较重要的煤炭产地还有伯朝拉、顿巴斯东部和莫斯科郊区等煤田。北纬 60°以北的亚洲地区，包括通古斯在内的几个特大型煤田，因地处偏远，气候恶劣，目前尚无条件开采。由于国家对煤炭工业投资急剧减少，对煤炭需求量降低，许多煤炭企业减少了采掘量，甚至被迫停产，因此煤炭产量显著下滑。

俄罗斯是仅次于美国的世界第二电力生产大国，其电力构成中，以火电为主，约占 3/4，水电与核电并重，发展大机组、建造大电站是俄罗斯电力工业发展的主要特点。电力工业主要分布于西部地区，主要是火电和核电，以及伏尔加河上的梯级水电站，乌拉尔及其以西的发电量占全俄的 70% 左右，但建设重心渐向东移。火电以中央区的莫斯科、西北区的圣彼得堡及乌拉尔地区最为集中，在西伯利亚地区，远东区的电力装机占整个俄罗斯装机比重的 7%，只有几个小的火电厂，主要分布于库兹巴斯、伊尔库茨克和赤塔等工业枢纽。水电主要分布于伏尔加河流域和安加拉—叶尼塞河流域。俄政府在 2010 年通过了一项大规模电力建设计划，普京总统提出，将利用丰富的煤炭资源，大力发展新型的火电能源，并将在西伯利亚和远东地区建设大型的水电站、现代化的核电站，并组建俄联邦核工业集团。俄政府为了吸引外国投资者和本国的私人投资大规模参与俄电力建设，提出了放开电力市场的时间表。

（二）冶金工业

俄罗斯是冶金产品的生产和出口大国，冶金工业是俄罗斯工业的基础性部门，它的发展对俄罗斯经济具有重要意义。冶金工业分为两大门类：黑色冶金和有色冶金。

俄罗斯是世界上的钢铁生产大国，钢的生产能力近 1 亿吨，但目前实际年产量不足，占世界第五位。2008 年俄罗斯生产粗钢 6 850 万顿，全球排名第四，2012 年钢铁产量为 7 040 万吨，2013 年产量为 6 940 万吨，排名世界第五；2010—2015 年俄罗斯钢铁工业投资远景规划，俄罗斯钢铁工业将加大投资力度，进一步强化钢铁工业在国民经济中的地位。俄罗斯发展钢铁工业的条件比较优越，已探明的铁矿石储量为 810 亿吨，占世界的 1/3 以上。铁矿石储量的 2/3 以上分布在西部地区，这里矿床规模大，富矿比重高，商品铁矿石产量大。东部地区铁矿石储量占全俄的 1/3，主要分布在东西伯利亚。

俄罗斯钢铁工业分布集中，形成乌拉尔、中央区和西西伯利亚三大钢铁工业基地并各具特色。其中乌拉尔钢铁工业基地，是全俄第一大钢铁基地，年生产能力约 5 000 万吨，以生产特殊钢和优质钢而闻名。该基地历史悠久，地处俄罗斯适中位置，有着丰富的铁矿石和燃料与良好的水资源条件，早在沙俄时期已成为重要的生铁产区。之后，因缺少冶金焦煤曾一度衰落，乌拉尔的大发展自 20 世纪 30 年代苏联规划建设乌拉尔—库兹巴斯煤炭—冶金基地开始，它主要是利用乌拉尔的铁和库兹巴斯的煤在两地分别建设钢铁工业。该区主要中心有谢罗夫、下塔吉尔、车里雅宾斯克和马格尼托哥尔斯克，后者钢年生产能力 1 500 万吨以上，是全俄最大、也是世界著名的钢铁工业中心。中央区钢铁工业基地，是俄罗斯正在形成的新的钢铁基地，它地处全俄最大的钢铁消费市场和新兴的库尔斯克铁矿石基地，拥有很大的发展潜力与前景。全区现已建成 10 多个钢铁企业，旧奥斯科尔则是新建设的大型钢铁联合企业。西西伯利亚钢铁工业基地，是 20 世纪 30 年代建设乌拉尔—库兹巴斯煤炭—冶金工业基地过程中形成的新兴钢铁基地。新库兹涅茨克是本区主要钢铁工业中心。俄罗斯较大的钢铁企业是耶弗拉兹集团、俄马钢、谢维尔钢铁公司、新利佩茨克钢铁公司、车里雅宾斯克集团等。

俄罗斯拥有丰富的有色金属矿产资源，许多矿种的储量居世界领先地位。俄罗斯铅的探明储量为 920 万吨，居世界第三位。克拉斯诺亚尔斯克边疆区的戈列夫矿床、布里亚特共和国的奥泽尔矿床和霍洛德纳矿床储量占俄总储量的 70% 以上，但加工产量不大，尚不能自给。俄罗斯锌的探明储量为 4 540 万吨，居世界首位，占全球总储量的 15. 3%。俄罗斯近一半的锌矿集中在布里亚特共和国。俄罗斯现有镍储量 1 740 万吨，居世界第一位，钴储量 73 万吨，居世界第三位。大部分镍、钴储量集中在诺里尔斯克、摩尔曼斯克州和乌拉尔地区。诺里尔斯克地区储量占到俄罗斯总储量 70% 左右。而且这两个矿床的矿石品位高，即使在极地条件下，也能赢利开采，其富矿石含镍 4%，含钴 0. 1%。俄罗斯镍和钴的开采量居世界第一位，矿石主要产自诺里尔斯克矿区和摩尔曼斯克州。俄罗斯生产的镍和钴大部分用于出口。俄罗斯的镍出口量居世界首位，钴出口量位居世界前 10 名。俄罗斯的铝土矿的表内储量很大，但只有 50% 左右可赢利开采。俄罗斯金属铝的年产量约为 3 200 万吨，仅次于美国和中国，居世界第三位。俄罗斯最大的 4 座炼铝厂均位于西伯利亚。

（三）机械工业

机械工业是俄罗斯最主要的重工业部门之一，其产值占全俄工业产值的 1/4 以上，职工人数占 40%，但机械工业在国民经济中的比重及劳动生产率均低于美国、日本和德国。机械制造工业主要包括：重型机械制造业、机床制造业、油气设备制造业、运输工具制造业和能源设备制造业。俄罗斯机械制造业特点是生产高度集中，并具有高度垄断性。另一个特点是它的生产与军事化密切相关，有 80% 的机器制造企业与军工生产相关。俄机械制造业部门复杂，产品种类繁多，有如下几个机械制造工业区：

（1）中部地区。包括中央区、伏尔加—维亚特卡区和中央黑土区，是俄罗斯最大的机械工业区，产值占全俄机械工业的 40% 以上。地处钢铁基地，劳动力素质好，技术力量强，部门齐全，产量大，产品多样，着重发展耗原材料少和技术要求高的部门，以生产飞机、汽车、仪表、电机、电子、工具、机床、轻工机械等为主，内河船舶、机车车辆、拖拉机、工程机械和农业机械等也占重要地位。莫斯科和下诺夫哥罗德是其最大的两个中心。

（2）乌拉尔区。本区机械工业产值约占全俄的 1/8，以生产重型机械为主，主要产品为冶金设备、矿山机械、起重和锻压等机械设备、铁路车辆、大型动力机械、工程机械、化工机械、重型汽车、拖拉机及重型武器等。乌拉尔也有“俄罗斯重型武器库”之称。主要中心为叶卡捷琳堡、车里雅宾斯克和彼尔姆等。

（3）伏尔加河流域区。它是俄罗斯新兴的机械工业区。该区地处中央区与乌拉尔以及乌克兰三大钢铁基地之间，易于获取原材料，能源供应充足，又拥有较多的熟练劳动力，从而发展较快。该区以生产中轻型机械为主，如汽车、拖拉机、农机、机床、轴承、石油与化工机械、动力机械、内河船舶与电力机车等。主要中心有萨马拉和伏尔加格勒。

（4）西北区。是个历史悠久的老机械工业区，产值约占全俄的 1/8，以电气机械、机床、工具、仪表、电子等精密机械制造业和船舶舰艇制造业为主，主要中心为圣彼得堡。

此外，西西伯利亚的机械工业于近年来发展较快，主要有矿山机械、拖拉机、农机和动力机械等部门。主要中心为新西伯利亚。

（四）化学工业

苏联时期，俄化学工业发展快，是世界上化学工业发达的国家之一，化工总产值占世界的 15%，仅次于美国。

俄罗斯的化学和石油化学工业主要分为 5 个部门：基础化学，产品主要是硫酸、纯碱、烧碱和化肥；化学纤维和纱线；合成树脂和塑料；合成橡胶和轮胎工业。重点发展化肥、新型结构材料和化学纤维。目前，俄罗斯以制造化肥和合成材料著称，其中合成橡胶和合成氨的年生产能力均居世界前列。近年来，由于石油开采量减少，出口量增加，国内有支付能力的需求减少，俄化学工业的产量、产值皆严重衰退。俄罗斯的基本化学工业以硫酸和制碱最为重要。硫酸生产遍布于各工业区，圣彼得堡的涅瓦和莫斯科州的沃斯克烈先斯克建有大型硫酸厂。烧碱生产主要分布于乌拉尔地区，化肥生产分布于石油天然气产区、硫酸产区以及乌拉尔地区。俄罗斯有机合成工业中的合成橡胶主要分布于伏尔加河流域和西西伯利亚的托木斯克及鄂木斯克。合成纤维分市于莫斯科、圣彼得堡、萨拉托夫等地。塑料工业分布在中央区、伏尔加河流域和乌拉尔地区。

（五）林业与森林工业

俄罗斯是世界上森林资源最丰富的国家，森林采伐、木材加工和林产化工都很发达。林业与森林工业成为俄罗斯国民经济中的一个重要部门。俄罗斯的森林覆盖面积近 8 亿公顷，占世界森林面积的 1/5，森林覆盖率近 40%左右。木材总蓄积量为 800 多亿立方米，占世界的 1/4 以上，其森林覆盖面积与木材蓄积量均居世界第一位。近年来，林业和木材加工大幅滑坡。俄罗斯木材的主要产区分布在远东地区的东、西西伯利亚地区，正是这些地区木材生产量减少最为严重，其他如锯材、胶合板、纸浆、纸张的产量也都因各种原因而减产。俄罗斯每年出口木材约 2 000 万立方米，主要输往欧洲、非洲和亚洲森林资源短缺的国家和地区。

林产化工发展较快，主要有造纸、制浆及人造纤维等生产部门。俄罗斯年生产纸张约 600 多万吨，自给有余并出口。造纸和纸浆主要分布在阿尔汉格尔斯克、圣彼得堡、乌拉尔地区、西伯利亚的布腊茨克、贝加尔斯克、乌斯季—伊利姆斯克等地；以木材为原料的合成纤维、合成橡胶、木质塑料等分布在技术基础好的莫斯科和圣彼得堡。

二、农　　业

俄罗斯拥有广阔的土地资源，并且有世界上面积最大的黑土带。在 17 亿公顷的国土上，适于发展大农业的土地有 5 亿多公顷，约占国土的 1/3。但目前已利用的农业用地仅为 2.2 亿公顷，其中耕地面积为 1.324 亿公顷，约占 60%，割草地占 15%，牧场占 25%，农业用地潜力很大。但农业发展缓慢，是国民经济薄弱环节，气候条件限制了农业的发展和分布。农业产值约占全俄工农业总产值的 20%。2004 年农业产值为 13 663 亿卢布，同比增长 1.6%。农业人口 668.4 万人，占总就业人口的 9.9%。2002—2004 年主要农牧业产品产量见表 11-3。

表 11-3　　2002—2004 年主要农牧业产品产量表　　单位：万吨

	2002	2003	2004
粮食	8 650	6 720	7 800
甜菜	1 550	1 480	2 170
马铃薯	3 280	3 660	3 590
肉类	700	700	770
奶类	3 350	3 330	3 200
蛋类	362	364	356

农业结构包括种植业和畜牧业两大部门，农牧业并重，主要农作物有小麦、大麦、燕麦、玉米、黍米、荞麦和豆类。经济作物以亚麻、向日葵和甜菜为主。畜牧业主要为养牛、养羊、养猪业等，尤以养马业发达，北部苔原带和森林带还有养鹿业。其农业主要包括三大

农业地带：北部放牧业地带、中部农牧业地带和南部放牧业与灌溉农业地带。

（1）东西伯利亚和远东南部。主要作物为春小麦，黑麦和燕麦也占一定的比重，甜菜与亚麻是近年来新发展的作物，畜牧业居于次要地位，以乳肉兼用养牛业为主。

（2）南西伯利亚地区。土壤为肥力较高的黑钙土和栗钙土，但降雨量较少，旱灾频繁，风蚀严重，农牧业生产很不稳定。是俄罗斯主要的商品粮基地之一，粮食商品率很高，也是俄罗斯主要的畜牧基地之一。

（3）黑海沿岸亚热带地区。适合亚热带作物的生长。茶树、柑橘类（柠檬、橘、甜橙）和油桐树等亚热带作物是本区农业的最主要部门，并种植芳香油料作物及烟草。本地区农业专门化程度较高，商品率也较高。

（4）西北部地区。农业开发历史悠久，是俄罗斯谷物、奶牛、亚麻、马铃薯的重要产区。农业为工业和城市服务。

（5）西部地区。农业自然条件有利于作物生长，是俄罗斯的甜菜、谷物、畜牧业生产。

长期以来，由于农业投资不足，政策多变，经营管理不善，以及自然灾害频繁等多方面原因，农业生产发展缓慢且不稳定，减产幅度较大。俄罗斯联邦是世界上最大的农产品进口国之一。

项目四　俄罗斯的对外贸易

一、俄罗斯的对外贸易发展状况

苏联的解体和由公有制计划经济向私有制市场经济的转变，导致了俄罗斯对外经济联系的一系列变化。解体后虽然组成了独联体，但传统联系中断，丧失了能源、原材料供应保障和产品销售市场，各独立国家工农业生产连年全面滑坡，贸易联系严重削弱，外贸持续萎缩。1992 年俄罗斯外贸出口额为 731 亿美元，比 1991 年下降了 23%，比 1990 年减少1/2。

1992 年以后，俄罗斯放弃对外贸易国家垄断，实行对外贸易自由化政策，经过多来年的不断调整与改革，现已基本形成了一套符合一般国际贸易惯例要求的管理体制和外贸政策。其进出口贸易额均有大幅增加。

据俄罗斯国家统计委和中央银行数据，1994 年，其进出口贸易额总计为 940 亿美元，其中出口 530 亿美元，进口 410 亿美元。到 2002 年俄罗斯对外贸易总额已达到 1 682 亿美元，与 2001 年相比增长 7.5%，其中出口额 1 072 亿美元，增长 4%，进口额 610 亿美元，增长 14.2%，顺差 462 亿美元。2009 年俄罗斯对外贸易额为 1 106 亿美元，顺差降低了 38.5%，进口额降至 1 927 亿美元，出口额降至 3 033 亿美元。2010 年俄罗斯对外贸易总额约为 6 254 亿美元，同比增长 33.3%。2011 年俄罗斯对外贸易总额 8 447 亿美元，同比增长 30.1%，贸易顺差 1 981 亿美元，增长 30.6%。2012 年俄罗斯外贸总额为 8 661 亿美元，比上一年增长 2.5%，外贸顺差约为 1 953 亿美元。2013 年基本与 2012 年持平（见表 11-4）。

表 11-4　　**2002—2013 年俄罗斯联邦进出口情况表**　　单位：亿美元

	2002	2003	2004	2005	2006	2007	2009	2010	2011	2012	2013
外贸总额	1 682	2 108	2 780	3 704	3 456.7	5 782	4 382.	6 254	8 447	8 661	8 442
出口额	1 072	1 354	1 832	2 453	2 265.2	3 552	3 033	3 964	5 214	5 307	5 264
进口额	610	754	948	1 251	1 281.5	2 231	1 927	2 290	3 233	3 354	3 178
顺差	462	600	884	1 202	983.7	1 321	1 106	1 675	1 981	1 953	2 086

二、对外贸易对象与商品结构

在俄罗斯对外经济关系中，独联体国家比重不断下降，但仍然占有重要的一席之地。与发达资本主义国家的经济关系逐渐上升至第一位，欧盟、美、日、加拿大、澳大利亚等是俄罗斯主要贸易对象国。中国、印度等亚太发展中国家也逐步成为重要贸易伙伴。

据俄罗斯国家海关委员会数据，2013 年中国成为俄罗斯的主要贸易伙伴国，双边贸易额增长 1.7%，达 888 亿美元；其次是荷兰，双边贸易额为 760 亿美元，同比下降 8.3%；排在第三位的是德国，760 亿美元，同比增长 2.2%；意大利排在第四位，539 亿美元，同比增长 17.8%；乌克兰名列第五，贸易额为 396 亿美元，下降 12.3%。

俄罗斯向欧盟、美日等发达资本主义国家出口能源、木材和工业原料，进口先进的技术设备和粮食。其中主要向美国、加拿大、澳大利亚等国进口粮食。对于非洲一些国家和亚洲的印度，以及东南亚一些国家，俄罗斯主要用成套设备、机械和其他工业产品换取亚非拉的稀有战略金属和热带农产品。总体来说，俄罗斯出口的大宗商品以原材料和能源为主，进口的大宗商品主要是粮食、食品与轻纺工业品等，尤其是粮食进口较多。

俄罗斯主要出口商品是石油和天然气等矿产品、金属及其制品、化工产品、机械设备和交通工具、宝石及其制品、木材及纸浆等。主要进口商品是机械设备和交通工具、食品和农业原料产品、化工品及橡胶、金属及其制品、纺织服装类商品等。在 2013 年俄罗斯从非独联体国家的商品进口结构中，机械设备所占比重为 50.8%（2012 年为 52.1%），食品及其生产原料占 13.4%（13%），化工产品占 16.6%（16.1%），纺织品和鞋类占 5.8%（5.4%），金属及金属制品占 5.7%（5.6%）。

2012 年外国对俄罗斯投资总额为 1 546 亿美元，同比减少 18.9%。其中：外国直接投资为 186.7 亿美元，同比增长 1.4%；证券投资为 18.2 亿美元，同比增长 1.3 倍；其他类投资为 1 340.9 亿美元，同比下降 21.8%。外资主要投向制造业、金融、商业、交通工具和电器维修、矿产开采、房地产及租赁服务等领域，投资额合计达 1 508.1 亿美元，占同期外国对俄罗斯投资总额的 97.5%

俄罗斯累计对外投资排在前列的国家分别是荷兰、塞浦路斯、瑞士、美国、英国、白俄罗斯、卢森堡、维京群岛、奥地利、乌克兰。

三、中俄贸易关系概况

俄罗斯与中国的经济联系历史悠久并具有明显互补性，两国间贸易具有很大潜力。中俄经济贸易关系受两国政治关系影响，经历了十分复杂的过程。20 世纪 80 年代中期，中俄边境贸易曾经有过较快的发展，但因秩序混乱和管理未能及时跟上，产品质量等问题频频发生，影响了边贸的发展。目前，这些问题正逐步获得解决，两国间边境贸易在不断扩大和加强。近年来，两国间贸易发展很快（见图 11-1）。

目前，俄罗斯主要向我国提供钢材、木材、水泥、化肥、机电产品等，我国则向俄罗斯出口粮食、肉类、水果和日用轻工业品等。2012 年俄罗斯向中国出口的主要商品有：原油及石油产品（占 66.8%）、矿石（5.6%）、原木及木材、有色金属、化工产品、肥料、海产品、纸张和纸浆、机电产品、矿物产品等。2012 年俄罗斯从中国进口的主要商品有：机电产品（占 42.4%）、服装、化工产品、鞋、毛皮、黑色金属、床单、窗帘、家具、照明设备、玩具、体育用品、果蔬等。

据中国商务部统计，2012 年 1—12 月，中国对俄罗斯非金融类累计直接投资较上年同比增加了 116%，为 6.6 亿美元。对俄罗斯投资主要分布在能源、矿产资源开发、林业、贸易、轻纺、家电、通信、建筑、服务等领域。根据 2009 年 4 月两国政府签署的石油领域合作协议，2009 年 5 月 18 日俄中原油管道正式开工建设。管道起自俄罗斯远东原油管道斯科沃罗季诺分数站，途径黑龙江省和内蒙古自治区 13 个县市区，止于大庆末站。管道全长 1 030 公里，设计年输油量 1 500 万吨，2010 年底已经投产。2012 年 1—12 月，通过此管道，从俄罗斯向中国出口原油量为 1 500 万吨。2014 年 5 月 21 日，中国国家主席习近平和俄罗斯总统普京，在上海共同见证中俄两国政府《中俄东线天然气合作项目备忘录》、中国石油天然气集团公司和俄罗斯天然气工业股份公司《中俄东线供气购销合同》的签署。根据双方商定，从 2018 年起，俄罗斯开始通过中俄天然气管道东线向中国供气，输气量逐年增长，最终达到每年 380 亿立方米，累计 30 年。

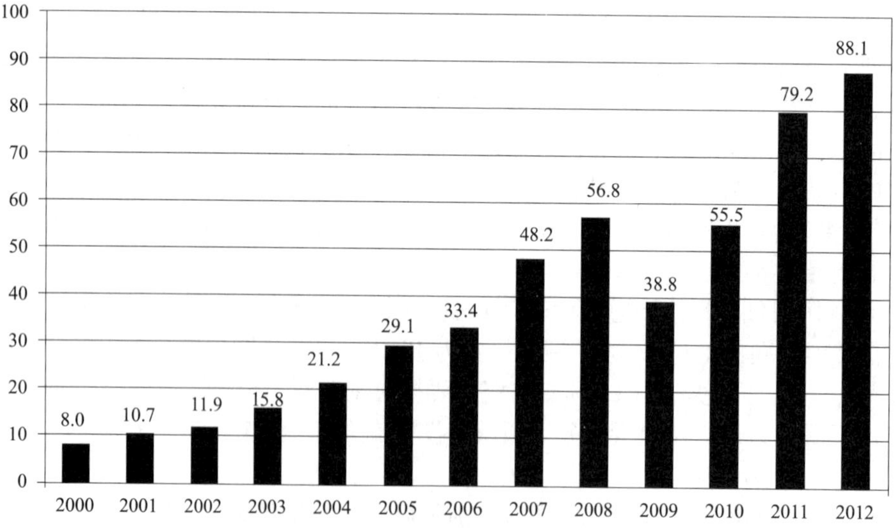

图 11-1　2000—2012 年中俄贸易变化情况（单位：10 亿美元）

总的来讲，从发展两国间“战略伙伴关系”出发，中俄间现存的经济贸易和技术合作的规模，与两国整体经济规模和能力还很不相称，两国应注重从质量上提高经贸关系水平，完善经贸合作形式，发展在高科技关键经济领域的合作。两国经济总体上的互补性、地缘优势及巨大的市场容量，使两国经贸合作前景充满希望。此外，技术协作、合作开发、相互投资与劳务合作等诸领域，也都有广阔的发展前景。

项目五　俄罗斯的交通运输

俄罗斯联邦的交通运输很发达，各类运输俱全，现已形成以铁路运输为主，包括水路、公路、管道和航空运输等诸种形式相配合的综合运输网。在俄罗斯客运中，铁路、公路、空运起着重要作用，其次为河运和海运。

一、概　　况

（一）铁路运输

铁路运输起主导作用，是俄罗斯最主要的交通运输方式之一，承担了俄罗斯国内约80%的货运量和约35%的客运量。在世界范围内，俄罗斯铁路承担了全球约35%的货运量和约18%的客运量，货运量及客运量均居世界第三位，铁路运输密度仅次于中国。于19世纪下半叶掀起的铁路修筑热潮，修筑并形成了以圣彼得堡和莫斯科为中心的欧洲铁路网，修筑了沟通中亚的外里海与土耳其斯坦铁路以及通向东方出海口的西伯利亚大铁路，从而形成了俄罗斯的铁路基本骨架。苏联时期，修筑了许多铁路干线，形成了铁路运输网，其中以修筑贝加尔—阿穆尔第二条西伯利亚铁路最为重要。截至2010年，俄罗斯的铁路总里程达到128 000公里，运营里程超过86 000公里，其中电气化铁路里程达到43 033公里，居世界首位。

（二）管道运输

在其他运输形式中，随着石油、天然气工业的发展，管道运输业发展很快，至2000年底石油、天然气输送管道总长21. 3万公里，2004年输油气总量24 133亿吨公里。

（三）公路运输

俄罗斯的公路运输并不发达，路况差，技术水平低。俄罗斯的公路网的分布主要集中在西部地区，这一地区约占全国公路总长度的4/5，东部广大地区公路稀少，仅占1/5。公用公路的线路密度是平均每千平方公里有近30公里线路。至2003年年底公路总里程90万公里，客运量1 681亿人公里，货运量1 821亿吨公里（2004年）。

（四）内河运输与海洋运输

俄罗斯的内河运输与海洋运输占有重要地位。2003年海运商船3 900艘，总吨位830万吨。2004年，海运货运量589亿吨公里，内河货运量878亿吨公里。尽管俄罗斯拥有4. 3万公里的海岸线，但是由于俄罗斯地处高纬度地区，大部分海域冬季结冰，通航期只有4~8个月。在北冰洋海域，通航期需要借助于破冰船领航。主要海港位于波罗的海、黑海、太平洋、巴伦支海、白海等，包括摩尔曼斯克、圣彼得堡、符拉迪沃斯托克、纳霍德卡、新罗西斯克等。

（五）航空运输

俄罗斯是一个航空业极为发达的国家。俄罗斯的民用航空线总长将近 100 万公里，其中国际航线长达 20 多万公里，同美国、中国、英国、法国、德国、日本等 80 多个国家的首都和大城市通航。莫斯科是全国最大的航空枢纽，有 4 个民航机场，即伏努科沃、多莫杰多沃、谢列梅捷沃和贝科沃。莫斯科承担全国 1/5 以上的民航运输量，年客运量达 2 000 万人。圣彼得堡是第二大国内和国际航空港，同 200 个国内城市和独联体国家城市以及近 20 个国家通航。

二、交通运输网的区域分布

俄罗斯的交通运输网分布不平衡，主要集中于欧洲地区，亚洲地区比较稀疏，但各有特点。欧洲地区运输网密集，形成了以莫斯科和圣彼得堡为中心，四通八达的稠密铁路网，集中了全俄 3/4 的铁路线路。向北通向海港，向西通向波罗的海三国及东欧一些国家，向南通往白俄罗斯、乌克兰和外高加索诸国，向东与西伯利亚大铁路相接，向东南则通向中亚诸国。以伏尔加河为骨干，并由伏尔加—顿河运河、莫斯科运河及白海—波罗的海运河沟通起来的欧洲河网成为欧洲铁路网的重要补充。公路网发达。管道网密集进而通向东欧，又有摩尔曼斯克、圣彼得堡和加里宁格勒诸港与大西洋相通，这里是俄罗斯各种运输形式密集、货运量最大的地区。主要交通枢纽是莫斯科、圣彼得堡、下诺夫哥罗德、萨马拉和伏尔加格勒等。

亚洲地区西伯利亚大铁路（从叶卡捷琳堡到海参崴）和第二条西伯利亚大铁路（由泰谢特到苏维埃港）是沟通俄罗斯欧洲部分与西伯利亚及远东地区的主要动脉。乌拉尔地区的叶卡捷琳堡和车里雅宾斯克成为沟通欧亚两洲的重要铁路枢纽。西伯利亚与远东的几条大河对区内的南北运输起很大作用，是东西向铁路大动脉的重要补充。但由于结冰期过长，严重影响了河运作用的发挥。公路运输对本区区内联系起重要作用。海运业对太平洋及北冰洋沿岸地区的经济联系有重要意义。主要交通枢纽还有新西伯利亚、克拉斯诺亚尔斯克、伊尔库次克和海参崴。

项目六　俄罗斯的地区差异

俄罗斯国土辽阔，东西、南北跨度大，自然条件地区差异显著，加上受俄罗斯社会、经济、历史、生产力发展水平与劳动地域分工特点等多方面因素影响，俄罗斯境内存在较大的地区差异，特别是东西差异大。一般地，人们习惯上将俄罗斯分为西、东两大经济地带，又细分为 11 个基本经济区。

一、西部经济地带

西部地带面积占全俄的25%，人口则占全俄的78.5%。西部地带是俄罗斯民族的核心地域，是俄国资本主义的发祥地，也是苏联集中人力、物力和财力重点进行建设的地区。西部地带的工农业生产能力、交通线路长度和国民生产总值等均占全俄4/5左右，是俄罗斯政治、经济、文化等多方面建设的重点地区。这里工业基础雄厚，加工工业和农业都比较发达，是俄罗斯经济建设和开发东部地带的基地。由于经历一个多世纪的现代工业建设，这里的许多矿产资源不断减少或者已近枯竭，对东部地带的能源和工业原材料的依赖程度不断增强。今后，西部地带将在雄厚的工农业基础上，不断增加技术和资本投入，进行已有企业改造，不断提高产业层次和经济效益，使之成为东部地带开发建设的物质技术基地。

西部经济地带包括俄罗斯欧洲部分的中央区、中央黑土区、伏尔加—维亚特卡区、西北区、北方区、伏尔加河流域区、北高加索区和乌拉尔区等8个基本经济区。一般又把前三者合称中部区，西北区和北方区合为北部区，伏尔加河流域区和北高加索区称为伏尔加—顿河流域区。

（一）中部区

包括中央区、中央黑土区和伏尔加—维亚特卡三个基本经济区。面积占全俄的5.3%，人口则为31.7%，是俄罗斯人口密度最大的经济大区。本区地处俄罗斯平原中央部位，交通条件十分优越，具有较好的自然资源基础。中部区是俄罗斯兴起的核心地区，莫斯科作为俄罗斯800多年首都的政治作用有力地推动了这一地区的经济发展。莫斯科和下诺夫哥罗德曾是全俄的金融与商业贸易中心。中部区是全俄最重要的大经济区，钢铁、机械、化工和纺织为本区主要专门化部门。

中部区内部地区差异明显。中央经济区是高度发达的工业区，以其生产的大量工业品供应全国，农业则属城郊类型。已经形成了以莫斯科为核心的城市群。中央黑土区是全俄的重要农业区之一，已成为中部区的农产品生产基地；由于库尔斯克大铁矿的开采和利佩茨克钢铁企业的扩建与新建，这里已成为有发展前途的全俄第二大钢铁基地。但水资源不足对本区影响较大。伏尔加—维亚特卡经济区则以运输机械、石油加工与化工、森林采伐与加工为主；其北部为林区，中部为下诺夫哥罗德工业枢纽，其南部以农业为主；以大型水电站、重型拖拉机厂和化工企业为主休的切博克萨雷工业枢纽的建成，已改变了南部农业区的面貌。

（二）北部区

包括西北区和北方区两个基本经济区。面积占全国的9.6%，人口占全俄的9.8%。这里是俄罗斯发展最早的地区之一，摩尔曼斯克是俄国最早的出海口，诺夫哥罗德是重要商业中心，俄国获取波罗的海出海口并建立圣彼得堡（1703年）之后，打开了通向“欧洲之窗”，并将圣彼得堡作为俄国首都，促进了本区的发展。苏联时期，这一地区的工业又获得了迅速发展。

北部区是全俄的主要工业区之一，也是重要的森林采伐、海洋捕鱼及全俄对外贸易的基地。圣彼得堡的加工工业、伯朝拉煤田、乌赫塔的原油开采、切烈波韦茨的钢铁企业、科拉半岛的磷灰石与铝矾土开采与加工、北部地区的森林采伐与木材加工、摩尔曼斯克渔业基地以及南半部地域的亚麻、乳用畜牧业和黑麦种植业等，构成本区的主要经济内容。

（三）伏尔加—顿河流域区

包括伏尔加河流域区和北高加索区两个基本经济区，面积占全俄的 5.2%，人口占 22.5%，是全俄人口增长很快的地区。本区地处伏尔加河中下游和顿河下游流域，横跨森林草原、草原和半荒漠三个自然带，又处于俄罗斯欧洲地区与中亚联系的通道上，地理位置十分重要。

这一地区是全俄重要的石油、天然气生产基地和农牧业基地，也是新兴的加工工业区，机械工业和化工工业都比较发达。原油和天然气开采量各占全俄 1/3 以上，粮食产量占 1/4 以上，汽车占 2/5 以上，拖拉机、电力机车、农业机械及化工产品等生产，在全俄也占重要地位。

交通运输业对本区经济发展起着重要作用，伏尔加河与顿河是沟通本区南北联系的大动脉，伏尔加河的货运量占全俄内河货运量的 1/2 以上。以喀山、萨马拉、伏尔加格勒等为枢纽的东西向铁路，将俄罗斯欧洲部分与亚洲部分，以及与中亚各国联系起来。黑海与里海也是本区对外联系的重要通道。

（四）乌拉尔区

它是俄罗斯的重工业区，在全俄占有重要地位。面积占全俄的 4.9%，人口占 13.8%。

乌拉尔地处俄罗斯欧洲与亚洲两大部分的交界地带，是东西联系的桥梁与枢纽。乌拉尔山脉所蕴藏的多种自然资源为其经济发展提供了重要的自然物质基础。俄国最早的炼铁业就是利用这里丰富的铁矿资源、森林资源和水利条件而发展起来的。

乌拉尔是全俄第一大钢铁工业基地，也是重要的森林采伐与木材加工基地。乌拉尔为全俄提供了 1/2 左右的生铁、钢、钢材、原铜、镁、冶金设备、机车车辆和纯碱等，机械工业产品、化肥、烧碱与硫酸等也占相当比重。木材外运量仅次于北部区和东西伯利亚居于全俄第三位，纸张生产次于北部区居第二位。地处伏尔加—乌拉尔油田边缘，年产原油 3 000 万吨左右。军工生产发达，有“俄罗斯重型武器库”之称。

本区森林覆盖率为 42%，高出于全俄平均水平，森林采伐、木材加工和造纸工业主要分布在北乌拉尔；农业则以粮食生产与肉用畜牧业为主，后者遍布全区，而粮食生产集中于南部地域。

由于消耗量与日俱增，素有“自然资源宝库”的乌拉尔其的能源与原材料产量已远不敷需要，成为乌拉尔经济发展的重要问题。铁矿石主要依靠中央黑土区的库尔斯克和哈萨克共和国的库斯塔奈区供应；焦煤主要从库兹巴斯和哈萨克的卡拉干达调入；部分电力也要由外区输入。

铁路运输是实现区外运输的主要手段，全区 80% 以上的货运量靠铁路，经过叶卡捷琳堡和车里雅宾斯克的两条铁路干线则是东西联系的大动脉。

二、东部经济地带

东部经济地带指俄罗斯亚洲部分，包括西西伯利亚、东西伯利亚和远东三大基本经济区，面积占全俄的75%，人口只占全俄的21.5%，是一个地广人稀，潜力很大的地区。东部地带地域极其辽阔，自然资源极其丰富，尤其是天然气、煤炭、石油、水能等燃料动力资源、森林资源、水资源等的蕴藏量，均占全俄的80%以上，金属矿的蕴藏量也占相当的比重。该地带开发历史短，许多资源勘探与开采的潜力很大，是全俄未来的能源基地和原材料基地，也将对世界能源和原材料供应产生重要影响。东部地带也是未来工业化潜力最大的地区。但东部地带气候条件严酷，大部分地域为永久冻土带，多沼泽，山地与高原所占面积较大，交通不便，给区域开发带来许多困难。现在，东部地带已成为俄罗斯的名副其实的能源基地和原材料基地。

（一）西西伯利亚区

地处哈萨克共和国以北，鄂毕河与叶尼塞河之间的广阔地域，绝大部分属于西西伯利亚平原，仅南部为山地。面积为全俄的14.3%，人口为10.1%。这里是俄罗斯“开发东方”的重点地区，也是俄罗斯现在和未来的能源基地、重工业基地和战略后方。秋明油气田的原油和天然气、库兹巴斯的煤炭、托木斯克附近的铁矿床、中部地带的森林资源以及南部地带广阔的农业用地，构成了本区经济发展的自然物质基础。

西西伯利亚大铁路是区内外经济联系的主要干线，中、南和北西伯利亚三条铁路的建成，极大地加强了区内的联系。内河运输在区内南北的经济联系中起重要作用，但受季节限制。

新西伯利亚是本区经济中心，位于鄂毕河与西伯利亚铁路的交汇处，并有铁路通向库兹巴斯、哈萨克和中亚等地，是西伯利亚最大的水陆交通枢纽。该市是乌拉尔以东最大的综合性工业城市，动力机械、机床、精密仪器以及飞机制造等在全俄占重要地位，也是东部地区科学文化中心。

（二）东西伯利亚区

位于叶尼塞河与勒拿河之间的中西伯利亚高原上。面积占全俄的24.2%，人口只占6.2%，是全俄潜力很大的煤炭、水能、有色金属和森工基地，前两者的蕴藏量各占全俄1/2左右，有色金属蕴藏量和木材蓄积量各占1/3左右。

遍布全区的森林资源（覆盖率达55%），安加拉—叶尼塞河的强大水能和亚欧大陆最大的淡水湖——贝加尔湖，坎斯克—阿钦斯克褐煤煤田和潜力巨大的通古斯煤田与泰梅尔煤田，以铅、镍、金、铜为主的丰富的有色金属资源等，构成了东西伯利亚的主要自然资源基础。

本区仍处于开发初期阶段，基本上是据点开发形式。其经济发展与区域开发主要集中在几个地区。自北向南有：诺里尔斯克地区，是俄罗斯重要的有色金属（铜、镍、钴）开采与冶炼中心；中部地区，以克拉斯诺亚尔斯克为中心，以安加拉—叶尼塞工程和坎斯克—阿钦斯克煤田开发为重点，集中建成一批大型水电站和火电站，着重发展高耗能的炼铝工业、化学工业和其他有色与稀有金属冶炼工业，并带动一批加工工业的发展。主要中心还有伊尔库次克、勃腊茨克、阿钦斯克和乌斯季—伊利姆斯克等；萨彦地区，以萨彦—舒申斯克水电站为动力，发展炼铝、炼油、化工和车辆制造等，形成工业生产综合体，主要中心为阿巴根和米努辛斯克；外贝加尔地区，区内的乌兰乌德为铁路枢纽，为机车车辆制造中心，赤塔是矿山机械、机床制造和飞机制造中心。

（三）远东区

位于俄罗斯国土最东端，北濒北冰洋，东临太平洋，其面积占全俄的36.5%，人口占5.3%，是全俄面积最大，人口最少的地区。全区多山，山地和高原面积占3/4以上，平原和低地则零散分布。

远东区是一个待开发的资源丰富的地区，森林资源、有色金属、水能资源和海洋水产资源，在全俄均占有重要地位。森林覆盖率占32.5%，木材蓄积量占全俄的1/3左右，金属资源中的金、铂族金属、金刚石和锡的储量和产量在全俄均名列前茅。能源潜在储量约占全俄的1/3，其中勒拿煤田地质储量十分可观；经济水能蕴藏量也近全俄的1/3，许多河流的水能尚待开发；除萨哈林岛外，雅库特自治共和国是很有发展前景的远景油气区。

远东区的产业开发与工农业生产主要集中于南半部西伯利亚大铁路沿线，第二条西伯利亚大铁路的建成，使开发地域向北有所扩展。全区南半部的森林采伐与木材加工工业，以海参崴为基地的远东鱼船队和水产业，海参崴、共青城和尼古拉耶夫斯克（庙街）的舰船修造业，共青城炼钢厂，赖奇钦斯克、苏昌、比金和萨哈林岛的煤炭工业，奥哈的石油和天然气工业，北部地区的采金业，雅库特地区的金刚石与天然气开采，南部滨海地区的有色金属开采，海参崴、共青城、伯力、乌苏里斯克（双城子）和布拉戈维申斯克（海兰港）等地的机械工业，北方地区的养鹿业，遍及全区的狩猎业与毛皮业，南部平原地区的水稻栽培与大豆种植业等，构成了本区的主要产业内容。木材、鱼产品、毛皮、黄金、有色金属等具有全俄意义。渔捕获量、木材出口量均占全俄的1/3以上。粮食、原油、钢铁、机械、纺织品、肉类、食糖等须靠区外与国外调入。

【知识拓展】

独特的俄罗斯风情

俄罗斯是一个有着独特风土人情的国家，在饮食上，一日三餐。早餐比较简单，面包夹火腿，喝茶、咖啡或牛奶。午餐则丰富得多，通常都有三道菜。第一道菜之前是冷盘。第一道菜是汤，俄式汤类比较营养，有土豆丁、各类蔬菜，还有肉或鱼片。第二道是菜肉类或是鱼类加一些配菜。第三道菜是甜点和茶、咖啡之类。按照俄罗斯的习惯，菜的顺序不能颠倒。他们的面包、牛奶是酸的，菜汤也是酸的。午餐时多数是冷盘。红黑鱼子、各种香肠、火腿、红鱼、咸鱼、酸蘑菇、酸黄瓜、凉拌菜、奶酪等，都凉吃。冷饮也吃得很多，零下30多度照吃冰淇淋。午餐必喝汤，有各种肉汤、鱼汤、酸菜汤、白菜汤等，夏天还有冰汤。“红菜汤”是一道有名的俄罗斯风味食品。主食以黑麦、小麦面粉制成的面包，黑面包是俄罗斯人爱吃之物，并常以此为待客的食品。粥是各种麦子煮的，或者用荞麦煮。荞麦粥里往往放有鸡蛋、洋葱、蘑菇、原汁汤、鸡肉或别的肉类。副食主要爱吃鱼、虾、羊肉、青菜和水果，如羊肉串、羊肉汤、烤羊肉，炸羊排、炸羊肠等。蔬菜是黄瓜、西红柿、土豆、萝卜、生菜和洋葱。但俄罗斯人不吃某些海物（乌贼、海蜇、海参）和木耳。面包加盐是迎接贵宾的方式。一般将面包放在铺有精致刺绣方巾的托盘上，由主人献给尊贵的客人。客人先对面包示以亲吻，然后掰一小块，撒上点盐，品尝一下，表示感谢。俄罗斯人善饮伏特加酒，喜喝红茶加糖、蜂蜜或果酱。俄罗斯人很注重仪表，很爱干净，衣着整洁，出门旅行总要带熨斗。参加晚会、观看演出，俄罗斯人习惯穿晚礼服。让烟时，一般要递上烟盒让其自取，不能只给一支。特别注意不要一根火柴点三个人的烟。握手时要脱手套，不摇对方的手，一般的关系，轻轻地握；关系很好时可用力。对年长的妇女，别先伸手。对初见面的妇女，可先鞠躬。对他人不得用手指指点点，交谈时不要大声嚷嚷。俄罗斯人在公共场合要么不说话，要么低声交谈，很文明。俄罗斯人特别喜欢花，特别爱小动物，如猫、狗等。

（根据百科全书等资料整理）

【案例分析】

中国汽车出口俄罗斯的冰火两重天

2006 年俄罗斯是中国汽车出口最多的国家，2007 年上半年中国汽车在俄罗斯累计销量超过 2006 年全年，达到 2.3 万辆，但自 2008 年年，相对于其他外国品牌汽车继续高速发展的同时，中国汽车在俄罗斯市场急剧逆转，整体销量下降。

据俄媒体报道，2008 年一季度俄罗斯外国品牌汽车（包括在俄组装）销量为 45.4 万辆，与 2007 年同期相比增长了 54%。今年一季度中国军团销售总量为 10 126 辆，比去年同期大幅下降，所占外国汽车市场份额由去年的 3%退回到 2%。其中，奇瑞销量由上年同期排名第 12 降到第 17；解放汽车销量下降了 24%；哈飞汽车销量下降了 16%。

当然中国汽车销售量的下降，与俄罗斯新实施的一系列政策有着直接关系。2008 年 7 月 1 日俄罗斯政府正式实施修订后的进口汽车认证体系，取消了非《日内瓦协议》成员所生产汽车质检的简化手续。中国、印度成为受影响最大的国家。此前我国汽车产品仅需通过 11 项检测即可出口俄罗斯，而现在要通过 55 项检查。组装计划的受阻，优惠政策的取消，使中国汽车企业在俄罗斯市场上失去了价格优势，再加上质量和售后服务弱势逐渐显露，因此，市场终端销售出现大幅度的滑坡也并不意外。

中国汽车在俄罗斯要重整雄风，应认真研究俄罗斯汽车市场的特点，找到中国汽车在这个市场上的优劣长短，扬长避短，逐步开拓市场，站稳脚跟。

首先，要注意俄罗斯汽车质量认证的变化。2012 年俄罗斯车用汽油全部执行欧Ⅳ标准。

其次，要看到俄罗斯用户的需求趋势演变。中国汽车一直以低价在俄罗斯开拓市场，但这种低价战略越来越不适应俄罗斯市场的变化，中国的低价优势正在消失。与此同时，随着俄罗斯经济的恢复和发展，人们对于汽车的要求越来越高，越来越注重汽车的质量、品牌和售后服务，价格正在退居次要地位。但中国汽车基本上没有树立起品牌，口碑较差。

第三、要处理好在俄组装和整车出口的关系。从 2007 年 11 月 10 日起不再审批工业化组装项目，但中国几家车企仍在不遗余力锲而不舍地在俄继续寻找组装的合作对象和厂址。

俄罗斯驻华使馆高级参赞叶夫西科夫先生明确指出，中国轿车技术不成熟，在俄组装不具备优势，因为俄政府不会再批准轿车工业化组装项目。西方已获批准的享受免税的品牌组装车一旦大量上市，就构成对廉价中国轿车的威胁。现在俄罗斯本国汽车拉达也在提升档次改进性能，零部件到处都可以找到，中国汽车虽暂时略好于拉达，但由于几年来零部件一直不能及时供应，人们已大大失望，许多人不得不放弃选择中国轿车。叶夫西科夫先生还认为，中国卡车技术成熟，完全可以与俄罗斯车企联合组装，尽管不享受免税优惠，但中国卡车就是缴纳关税也仍具有竞争优势。中国汽车在俄罗斯具有发展前景的不是乘用车而是商务车。

一些俄罗斯的专家也认为，中国汽车整车出口俄罗斯未必不是一条出路，关键是要做好汽车的售后服务，没有服务的汽车就不会有市场，这是中国汽车的致命弱点。

未来几年，中国汽车在俄罗斯市场仍然大有可为。但是，如何实现中国汽车产业和俄罗斯合作的双赢局面，是两国汽车人面临的一个共同课题。

（摘自祝景成《中国汽车出口俄罗斯的硬伤在哪?》，作者系希比利汽车出口公司董事长，本文有删改）

【思考练习】

1. 分析自然条件和自然资源对俄罗斯经济发展的影响。
2. 俄罗斯工业发展的主要特点有哪些?
3. 俄罗斯农业发展存在的主要问题有哪些?
4. 简述俄罗斯的经贸发展的主要特点，中国与俄罗斯的关系如何?

任务十二

日本经济贸易地理

【目标要求】

日本是太平洋西部的一个岛国，自然资源较贫乏，战后经济贸易飞速发展成为世界经济强国。通过本部分学习，使学生了解和掌握日本经济贸易的基本特征和中日贸易的特点。

【关键技术】

1. 日本自然地理概述；
2. 日本经济贸易的基本特征；
3. 工业、农业和交通运输；
4. 日本的对外贸易。

【学习内容】

项目一　日本经济贸易地理概况

一、日本的地理位置与领土组成

日本（Japan）是位于太平洋西岸的岛国。西隔东海、黄海、朝鲜海峡、日本海与中国、朝鲜、韩国、俄罗斯相望。领海面积 31 万平方公里，陆地面积 37.788 万平方公里，包括北海道、本州、四国、九州 4 个大岛和其他 6 800 多个小岛屿，因而日本也被称为“千岛之国”。日本列岛南北长 2 400 公里，东西宽仅 200 公里，呈狭长弧形。

二、自然条件与自然资源

日本地表崎岖，山地和丘陵约占全国总面积的 70% 以上。虽然多山的地形使日本缺少平坦而广阔的耕地，但森林资源丰富，其覆盖率高达 67%。

日本是世界著名的多火山、多地震的国家。全国有 160 多座火山，其中 60 多座活火山。

富士山既是全国的最高峰，也是一座著名的活火山，海拔 3 776 米。虽然火山给当地人们的生活带来了很大麻烦，但是在火山分布地区，景色优美，温泉资源丰富，境内温泉多达 2 600 多处。著名的有箱根、热海、日光、别府等，均为著名的观光疗养胜地。

日本的平原多为冲积平原，规模较小，主要分布在河流的下游近海一带。较大的平原有关东平原、石狩平原等。由于日本的平原面积狭小，耕地十分有限。

日本大部分地区属于温带海洋季风气候，四季分明，终年温和湿润。与同纬度的大陆相比，冬无严寒，夏无酷暑，1 月平均气温北部-6℃，南部 16℃；7 月平均气温北部 17℃，南部 28℃。日本列岛的大部分地区雨水充足，尤其 6 月份多梅雨，年降水量 700～3 500 毫米，最高达4 000 毫米以上。东部太平洋沿岸为夏季多雨地带，而西部的日本海沿岸为冬季多雪地带。另外，日本夏秋两季多台风。

多山的地形、丰沛的降水以及狭长的领土，造成日本河流流程短，流速快，水力资源极为丰富，水能蕴藏量约为 5 000 多万千瓦。境内最长的河流是信浓川，长约 367 公里。最大的湖泊是琵琶湖，面积 672. 8 平方公里。

日本的海岸线全长为 33 889 公里，受岛屿影响，西部日本海一侧多悬崖峭壁，港口稀少。同时这里海域鱼类资源丰富，是天然渔场，如著名的北海道渔场。东部太平洋一侧多入海口，形成许多天然良港。

日本矿产资源贫乏，在各种矿物资源当中，只有石灰石、硫黄资源较为丰富，而其他资源特别是石油、天然气、煤炭、铀等能源资源和铁矿砂、锰、铝、锌等金属矿产资源则尤显缺乏。

【知识拓展】

日本多火山、地震的原因

日本是著名的多火山、地震的国家，素称“火山之国”。境内共有火山 160 多座，占世界火山总数的十分之一。其中活火山 60 多座，富士山也是一座著名的活火山。

日本地震频繁，平均每年可感地震有 1 500 多次，一天平均 4~5 次。

由于日本地处太平洋板块和亚欧板块交界处，板块俯冲活跃，地壳薄弱，岩浆易流出，地壳易破裂。从而产生火山和地震等严重自然灾害。

历史上日本著名的地震有：

1896 年明治—三陆 7. 2 级大地震，共计 22 000 人死亡。

1923 年关东 7. 9 级大地震，共死伤 24 万人。

1995 年阪神 7. 3 级地震，死亡 5 438 人，经济损失 1 000 多亿美元。

2011 年 3 月东日本 9. 0 级大地震，死亡 15 843 人，3 469 人失踪。

但是火山和地震的频繁发生，也给日本带来了很多好处。火山爆发后的凝固的火山岩石有很丰富的矿物质适合开采，火山灰是很好的肥料。日本的硫资源就是来自火山活动。火山还带来了丰富的地热资源。日本从北到南约有 2 600 多座温泉，有 7. 5 万家温泉旅馆，形成了日本独特的温泉文化。

（根据百科全书、时事新闻整理）

三、行政区划

日本的都、道、府、县是平行的一级行政单位，直属中央政府，但各都、道、府、县都拥有自治权。全国分为1都（东京都：Tokyo）、1道（北海道：Hokkaido）、2府（大阪府：Osaka、京都府：Kyoto）和43个县（省），下设市、町、村。同时日本四大岛又被划分为北海道、东北、关东、中部、近畿、四国、九州七个地方。

四、人口与城市

日本总务省2013年统计，日本共有人口1.27亿人，居世界第八位。日本是世界上人口密度最大的国家之一，人口平均密度达到337.1人每平方千米。但人口分布极为不均，从东京到北九州的太平洋沿岸地区的人口约占全国总人口的60%以上，尤其东京、大阪、神户、名古屋四大城市周围，人口更为集中，平均密度高达2 300人/平方公里，而北海道、本州岛的东北部和南四国是全国人口最为稀少的地区。

日本是一个单一民族的国家，除北海道等北方地区有少数阿伊努人外，绝大多数属于大和族，约占总人口的99%。日本居民多信奉佛教，其次是基督教和天主教。

日本人口自然增长率为0.15%，平均寿命较高，人口面临老龄化问题，日本65岁以上老年人口占日本总人口21%。

日本城市人口占总人口的77%以上，是城市化水平很高的国家。百万人口以上的大城市有：东京（首都）、横滨、名古屋、大阪、神户、京都、北九州、札幌、川崎、福冈、清水。

项目二　日本经济发展概述

一、历史基础

1868年“明治维新”之前日本是一个闭关锁国的、落后的封建农业国。“明治维新”后实行“殖产兴业”和“富国强兵”等一系列政策，推动了资本主义的形成和发展。日本政府为了快速实现资本的原始积累，扩大商品市场，解决资源短缺的问题，效仿欧洲发达资本主义国家，开始对海外进行疯狂掠夺，走上了军国主义的道路。1894年对中国发动了“甲午战争”，侵占了台湾和澎湖列岛，控制了朝鲜。这次战争是日本自1880年左右开始的第一次产业革命进入完成阶段的转折点。1904年又挑起了日俄战争，1910年侵占朝鲜半岛，并在掠夺我国东北和朝鲜矿产资源的基础上，开始发展以采矿、冶金、机械、电机、化工等为主的重工业，实现了日本的产业升级。1931年发动了“九·一八”事变，全面侵占中国和东南亚地区。在战争的刺激下，日本的经济得到迅速发展，到1937年已经发展成为仅次于美国、德国、英国和法国的第五大工业国，重化工业占到工业总产值的66.9%。1945年日本战败投降，其经济陷入了全面崩溃状态。

二、日本战后经济的迅速增长及其原因

虽然日本在二次世界大战后经济陷入绝境，但战后经济发展极为迅速。战后日本经历了三个发展时期。1946—1955 年为经济恢复时期，这一时期国民经济从二战后废墟中逐渐恢复，年均增长率达到 22.8%，1954 年和 1956 年国民生产总值和工业生产就恢复到战前最高值。1956 年至 20 世纪 70 年代初为经济高速增长期，国民经济年均增长率为 11.3%，超过当时世界上欧美主要资本主义国家的平均增长率。到 1966 年日本国民生产总值超过法国，1967 年超过英国，1968 年超过联邦德国，成为仅次于美国的资本主义“经济大国”。20 世纪 70 年代后受到两次“能源危机”和“泡沫经济”的冲击，经济发展速度有所下降，进入缓慢增长期，但国民生产总值增长速度仍然高于其他主要资本主义国家。1982 年日本的国民生产总值达到 10 828 亿美元，分别相当于美国的 35.2%，联邦德国的 1.6 倍，法国的 2 倍，居发达国家第二位。1987 年日本国民生产总值超过苏联，成为世界第二经济大国。1990 年日本国民生产总值达 29 641 美元，约占世界国民生产总值的 20% 以上。

日本经济之所以能够实现高速增长，其主要原因在于：

（一）国际环境

（1）世界经济的高速发展：20 世纪 50 年代中期至 70 年代中期正是世界资本主义经济大发展时期，世界市场上石油、工业原料和农产品供应充足，且价格低廉，这为资源贫乏的日本提供了有利条件；同时，国际市场上粮食“供过于求”，日本可以低价大量进口粮食，国内集中精力发展工业。此时也是发展中国家纷纷独立，积极发展民族经济的时期。国际市场上对机器设备和其他工业品需求旺盛，也为国内市场狭小的日本提供了有利的市场条件。

（2）美国的大力扶植。战后初期，日本经济在美国直接占领和大力扶植下得以恢复和发展起来。美国发动朝鲜战争后，将与朝鲜一海之隔的日本作为侵略亚洲的桥头堡和军事基地。因此，美国一改以前限制日本发展重工业的政策，积极鼓励工业发展。不但退还了作为战争赔偿的工厂和机器设备，并给予大量的军事订货。通过这种特殊的“贸易”促使日本的工业起死回生，扩大了就业，增加了外汇收入，成为使日本经济得以持续高速发展的主要原因之一。

（二）国内环境

（1）重视引进国外先进的技术和设备，并不断提高自主创新的能力，实行“科技立国”战略。战后，日本技术大约落后欧美国家 20~30 年，于是日本确立了以积极引进国外先进技术为基础的吸收型科技发展战略。日本企业从引进国外先进技术成果入手，在应用中吸收，在吸收中改造和创新，以建立起本国自主的科学技术体系，使日本以较快的速度和较低的成本缩短了与欧美主要国家的技术差距。1950—1975 年的 25 年间，日本通过技术引进吸收了全球半个世纪开发的先进技术，而为此支付的外汇总额不到 60 亿美元。这项政策使日本节约了 2/3 的时间和 9/10 的研究开发费用，对其工业化起到了极大的促进作用。20 世纪 60 年代末，日本经济高速增长的 60% 就来自于技术引进和革新。20 世纪 80 年代，日本在传

统工业技术和微电子与计算机技术取得领先地位的情况下，又加强了空间技术、生命科学技术、新能源和新材料等技术的研究和开发。

（2）投资率高，设备更新速度快。日本国内一般设备使用3~5年就要更新，这样不但提高了生产效率，也提高了产品的档次和质量，加强了日本产品在世界市场上的竞争力。

（3）实行低工资制，降低劳动力成本。由于日本劳动力成本远远低于欧美主要资本主义国家，使得日本的产品在价格上有竞争力，质优价廉成为日本产品的代名词。

（4）重视教育，提高全民素质。二战后，日本新建了300多所各类学校，并以最快的速度普及了高等教育，每年都可以向社会输出上万名各类人才。正是因有这些高素质的劳动者，才可能以更快的速度掌握更新、更多的知识，创造更多的财富，成为日本经济崛起的基本因素。

（5）减少国防开支。"波茨坦公告"不允许日本拥有军队，只允许保留少量的国民自卫队，因此日本每年的军费开支只占财政支出的0.08%，大量的财力、物力和人力被用于经济建设。

（6）充分利用岛国地理位置和太平洋沿岸优良港湾的优势，填海造陆，修建专业码头和深水良港，为原料、燃料进口和工业品出口提供便利条件。

（7）大力发展国际贸易，开放国内商品市场和金融市场，增加进口。同时加强基础科技研究，研发新产品。

三、21世纪后日本经济基本特征

日本是经济高度发达的资本主义国家，是仅次于美国的第二经济强国。从1991年开始，日本经济开始跌落，过去在经济发展过程中累积的金融不良债权，企业经营状况恶化等导致的泡沫发生崩溃，经济进入萧条阶段。1992年度日本经济增长0.4%，1993年度增长0.5%，1994年度增长0.6%，1997年度负增长0.1%；1998年度负增长1.9%。2007年，按照国际汇率计算的话，日本国内生产总值4.385万亿美元，仅次于美国，居世界第二位，占世界GDP的比例为8.1%。人均国内生产总值34 326美元，是世界第十九位。2010年日本经济被称为"触底反弹年"，日本国民生产值为5.39万亿美元，居世界第三。2011年，东日本大地震，给刚刚呈现复苏迹象的日本经济兜头凉水，致使日本国民生产总值直接缩水3.6%。

日本经济的主要特征表现为：

（一）经济发展从跳跃式赶超到长期萧条

从二战结束至今日本经济发展经历了三次大的转折。1946年至20世纪70年代初期日本用25年的时间实现了经济和技术上跳跃式赶超，经济始终处于高速发展时期。20世纪70年代初至80年代中期，由于固定汇率制的瓦解、日元大幅度升值以及1973年爆发的石油危机，使日本经济面临新的挑战。日本利用此次机会开始了向知识技术集约型经济的转变。结果，在主要发达国家中，日本不仅率先摆脱石油危机，而且其产业结构再上新台阶。日本生产的节能型家用电器和轿车等开始畅销全世界。1971—1985年的15年间，日本实际GDP年均增长率为4.1%，虽然比前一个15年低了一半还多，但在主要发达国家中却是最高的，日本经济进入缓慢稳定增长时期。1987—1991 年初，日本出现了严重的泡沫经济。随着泡沫经济的破灭，日本经济陷入了旷日持久的经济萧条，至今尚未彻底摆脱。1992—2001 年的 10 年间，日本实际 GDP 年均增长率仅为 1.6 %左右。2001 年，日本经济再度出现 0.6% 的负增长，2003 年其经济才略有恢复（见表 12-1、12-2）。

表 12-1　　2000—2012 年日本主要经济指标

	单位	2000	2002	2003	2004	2005	2006	2007	2008	2009	2010	2011	2012
国内生产总值（当年价）	10亿美元	4 750.1	3 980.2	4 299.7	4 671.1	4 672.2	4 651.9	5 290.0	5 076.1	4 009.7	5 035.1	5 896.7	5 961.0
国内生产总值增长率（固定价格）	%	2.4	-0.3	1.4	2.7	2	2	1.7	-1.6	-6	5	-1	2
人均国内生产总值（当年价）	美元	37 448.0	31 252.0	33 705.3	36 595.9	36 598.7	36 431.6	41 480	34 710	32 880	34 830	35 330	36 750

资料来源：世界银行。

表 12-2　　2001—2009 年日本对外贸易年度表　　单位：百万美元

	总额	同比（%）	出口	同比（%）	进口	同比（%）	差额	同比（%）
2001	7 525.8	-12.4	403 247	-15.8	349 235	-8.0	54 012	-45.7
2002	7 539.2	0.4	417 165	3.5	337 957	-3.2	79 208	46.7
2003	8 547.4	13.3	471 913	13.1	383 361	13.4	88 551	11.8
2004	10 202.1	19.5	566 191	20.0	455 661	18.9	110 530	24.8
2005	11 108.0	8.8	595 269	5.1	516 202	13.3	79 068	-28.5
2006	12 257.8	10.2	646 441	8.6	578 783	12.1	67 658	-14.4
2007	13 365.7	9.1	714 126	10.5	622 072	7.5	92 054	36.1
2008	15 445.8	15.6	782 047	9.5	762 534	22.5	19 514	-78.8
2009	11 326.8	-26.7	580 719	-25.7	551 960	-27.6	28 759	47.4

（二）大财团、大财阀掌控经济命脉

二战前，日本十大财团掌握着日本的经济命脉。二战后，三菱、住友、三井、富士、三和及第一银行六大财团，控制全国资本总额的 70% 以上。其经济实力和垄断程度都超过战前。这六大财团实际掌控着日本的经济，甚至国家对内对外政策。

（三）对外依赖性强

由于日本矿产资源严重缺乏，国内市场狭小，因此，工业生产用原料和燃料绝大多数依靠从国外进口，所生产的大部分工业品要销往国际市场，是典型的出口加工型经济（见表 12-3、12-4）。原料和市场对外依赖严重，使得日本经济基础脆弱，任何世界性的政治经济波动，都会对其产生很大影响。

表 12-3　1970—1995 年日本主要工业原料、燃料对外依存度表　单位：%

名称＼年份	1970	1980	1985	1990	1995
磷矿石	100.0	100.0	100.0	100.0	100.0
铝土矿	100.0	100.0	100.0	100.0	100.0
原油	99.5	99.6	99.7	99.7	99.3
铁矿石	99.2	99.6	99.8	99.97	100.0
铜矿石	92.9	98.3	96.6	98.4	99.4
盐	87.6	86.9	89.1	90.5	84.5
原料煤	82.5	89.4	95.4	91.4	100.0
木材	48.3	60.0	49.8	54.9	75.4

表 12-4　1980—1995 年日本主要工业品对国际市场依存度表　单位：%

	1980	1985	1995		1980	1985	1995
轿车	59.2	57.9	43.1	集成电路	24.8	23.8	38.9
汽车轮胎	31.4	21.4	26.8	台式电子计算器	79.1	76.1	22.2
摩托车	57.5	62.8	78.2	磁带录音机	77.4	89.3	77.3
船舶	55.3	71.1	72.6	电视机	51.6	83.6	39.6
车床	36.5	33.6	57.2	钟表	80.5	88.5	87.8
钢铁	30.2	30.2	25.5	照相机	76.4	83.2	87.0
尿素	47.6	14.3	27.3	合成纤维制品	64.1	63.3	48.7

（四）产业结构不断调整

20 世纪 80 年代以后，随着经济从高速增长期进入低迷期后，日本开始对经济结构进行了调整，重化工业比重下降，而高新技术和服务业比重上升；确立了“内需主导型”经济结构目标，形成了以服务业为主体、制造业为支柱的典型的“后工业化阶段”的经济结构体系。2000 年通商产业省发表《21 世纪经济产业政策的课题与展望》认为支撑日本半个世纪发展的“自给自足式”经济模式已经不适应新时代的要求，而应当建立一个“更开放的、相互联系的模式”，将未来的可持续发展产业重点放在技术创新、信息产业、老龄化社会服务和环保产业上。2000 年，其制造业占名义 GDP 的比重为 20.8%，服务业（含建筑业）占 77.8%。在制造业内部，以内需为中心的制造业 占 48.7%，以出口为主导的制造业占 51.3%。

（五）经济地域差异显著

日本是世界上生产密度最高的国家，但地域分布极不平衡。日本的主要工业生产高度集中于太平洋沿岸的“三湾一海”地带。这里的面积约占全国总面积的 30%，拥有全国 56% 的人口、61% 的工业企业、63% 的工人数和 67% 的工业产值，是日本人口最密集、经济最发达、交通最便利的地区，而其他地区经济相对比较落后。

项目三　日本的工业、农业和交通运输业

一、工　　业

（一）发展概况

日本是典型的资本主义工业国，二战以后日本就始终采取牺牲农业、发展工业的经济政策，工业是国家生存与发展的支柱。20 世纪 90 年代以来，随着日本经济结构的调整，工业在整个国民生产总值中的比重正逐步下降，但仍然是最重要的部门。日本工业的主要特点为：

1. 工业高度发达

其标志为：（1）日本工业是用世界先进技术和设备装备起来的，工业生产已全部实现机械化和自动化。（2）劳动生产率已达到或超过世界先进水平。1977 年日本每一钢铁工人的年产量为 3 270 吨，而欧共体国家仅为 175 吨。（3）主要工业品的质量和产量已经达到世界先进水平。其中汽车、船舶、钢铁、石油制品、乙烯、家用电器、钟表等 15 种主要工业品产量居世界第一、二位，并且质量一流。

2. 产业结构不断调整

随着日本经济发展，从二战后至今产业结构也进行了四次大的调整：（1）二战后经济恢复时期，为了解决国民穿衣吃饭的问题，以纺织、食品、木材加工、印刷为主的轻工业发展较快。（2）20 世纪 50 年代中至 70 年代初期的高速发展时期，产业结构转向以钢铁、汽车、机械、造船、化工等为主的重化工业，重化工业占工业总值比重一度上升到 63.7%。（3）20世纪 70 年代后，随着国际市场原材料和原油价格的上涨，以及国际国内消费市场结构升级，日本工业开始由资源密集型向知识和技术密集型转化。重化工业比重下降，电子、仪表、新能源、新材料、生物技术、工业机器人等新兴工业发展迅速。（4）进入 21 世纪后，将未来的可持续发展产业重点放在技术创新、信息产业、老龄化社会服务和环保产业上。

3. 工业布局具有临海性

由于原料和市场的对外依赖性，使其工业布局具有典型的“临海型”布局特征。日本工业高度集中于太平洋沿岸的“三湾一海”地区，即从东京湾东侧的鹿岛开始，向西经千

叶、东京、横滨、名古屋、大阪、神户，直至北九州，长达 1 000 公里，共计 16 个县，包括京滨、中京、阪神、濑户内、北九州五大工业区，通称为“太平洋带状工业地带”。该地区面积不到全国总面积的 1/4，但集中了全国工业产值的 75%，大型钢铁联合企业设备能力的 95%，重化工业产值的 80% 以上。二战以后大量消耗原料的资源型工业，几乎都布局在这一地带。

（二）主要工业部门

1. 能源工业

二战以后，日本的能源消费结构由过去以煤炭为主转向以石油为主，并长期成为世界第二大石油消费国。近年来石油消费量增长速度减缓，2013 年石油消费量次于美国、中国。

（1）石油加工工业：是日本战后发展速度最快的工业部门之一。日本石油资源贫乏，原油主要靠进口，99. 8% 由中东、非洲和东南亚供应。日本石油加工工业主要集中在太平洋沿海地带，京滨工业区是全国最大的石油工业基地，横滨、川崎、千叶、水岛、大阪、四日等均为重要的炼油中心。

（2）电力工业：日本是世界上电力工业发达的国家，其发展速度居世界前列，日本的总发电量已占世界的 7. 4%，居世界第三位。日本以发展火电为主，电站主要分布在五大工业区，其中以鹿岛的设备能力最强。近年来，为了使能源供应保持长期稳定，减少石油进口，日本积极发展核电工业，目前在全国已建立了 20 多座核电站，在全国电力构成中，核电已占到 36%。核电站主要分布在福井和福岛两县。但是目前日本的核电技术已经落后于当代技术，核电危险性高、安全性差。尤其是 2011 年东日本地震造成福岛核电站的泄漏，使得日本国内核电站备受争议。日本水力资源丰富，水电站主要分布在大河的上游地区，目前日本水电每年提供的发电量占全国电力总量的 6%。由于水能资源开发比例已经很高，并且受到经济和环境条件的约束，日本当前已经很少进行大规模的水电开发；同时大力提倡开发太阳能和风能，2010 年，太阳能发电装机容量由 1999 年的 20. 9 万千瓦增加至 482 万千瓦，风力发电装机容量从 1999 年的 8. 3 万千瓦增为 300 万千瓦。

2. 钢铁工业

日本是世界钢铁工业生产大国，2007 年日本粗钢产量达到 1. 202 亿吨，其产量仅次于中国，居世界第二位，但出口量居世界第一位。随后，日本钢产量有所回落。2013 年国内粗钢产量为 11 151. 1 万吨。日本钢铁工业生产特点为：

（1）由高速增长到低速发展。钢铁工业是二战后日本重点投资的部门，是日本三大支柱产业，发展迅速。20 世纪 50—70 年代中期，世界钢铁产量增长了近 2 倍，而日本增长了 14. 5 倍，1973 年产量就达到 1 亿多吨。但 20 世纪 90 年代后，随着日本经济滑坡，钢铁工业受到严重影响，产量急剧下降，2001 年后才逐步回升。

（2）现代化水平很高。日本钢铁工业的劳动生产率和生产技术超过欧美各国。生产的能源消耗量低，其高炉的焦炭比仅为 476 公斤/吨，低于欧美主要生产国。氧气顶吹转炉生产能力和技术水平居世界首位，并大力发展连续铸造技术，热轧材成材率居世界领先水平。

（3）对外依赖严重。日本钢铁工业原料和燃料几乎全部依赖进口。铁矿石主要进口国为澳大利亚、巴西、印度、智利等，焦炭的主要进口国为澳大利亚、美国、加拿大、俄罗斯、中国等，废钢主要进口国为美国、澳大利亚、加拿大、俄罗斯等。另外，日本钢材 1/3 用于出口，主要出口国为美国、韩国、中国等。

（4）生产垄断较强。年产量在 500 万吨以上的生产企业有 14 家，但钢铁生产总量的 70% 以上被五大钢铁公司所垄断，这五大公司为新日本制铁、日本钢管、川崎制钢、住友金属、神户制钢。

（5）布局集中。由于日本钢铁工业对外依赖较强，因此，钢铁工业企业几乎都布局于太平洋沿岸的五大工业区内，其中阪神工业区为全国最大的生产基地。日本钢铁工业的主要产品有冷轧钢板、宽带钢、焊管、厚板、型钢、镀锌板、棒钢、线材、特种钢和无缝钢管。

3. 汽车工业

日本是世界第二大汽车生产国和最大出口国，2006 年年产量达 1 148 万辆，其中 1/2 用于出口。2012 年产量为 994. 2 万辆，2013 年日本国内新车产量达到 963 万辆。

汽车工业与钢铁工业、造船工业被称为日本三大工业支柱，其产值占整个制造业的 10%，高于世界上其他汽车工业生产大国。日本汽车以省油、性能好、价格便宜等优势享誉世界，汽车已成为日本第一大出口商品，主要销往美国、西欧以及亚洲一些国家。日本汽车生产的 90% 被丰田、日产、三菱、五十铃、本田等几家大公司所控制。其中丰田汽车制造公司是仅次于美国通用汽车公司的第二大汽车生产厂家，其产量占全国总产量的 1/3。日本的汽车工业起步晚，落后于欧美，它崛起于上世纪 70 年代，在 1980 年日本汽车超过美国成为世界上最大的汽车生产国和出口国，在世界汽车市场形成日欧美三足鼎立的局势。2009 年受美国市场丰田召回事件的影响，影响了公众对日本车辆安全性的质疑，导致日本车辆生产减少。

汽车工业大多布局在太平洋工业地带内，以京滨和中京两大工业区最为集中，两区约占全国总产量的 70% 以上。位于名古屋附近的丰田市，是丰田汽车制造公司所在地，有日本“底特律”之称。另外，名古屋、东京、川崎等也是汽车生产中心。

4. 造船工业

日本造船工业历史悠久，1956 年开始就成为世界最大船舶生产国，每年造船吨位约占世界造船总吨位的一半左右，素有“造船王国”之称。据劳埃德船级社统计，2002 年世界新造船舶订单 3 060 万载重吨，日本为 1 294 万载重吨。但是近年日本造船业在国际地位被韩国、中国取代，2007 年船舶订单 2 067 万吨，降至世界第三位。日本造船工业的特点为：（1）以生产商船为主，如油船、矿石船、液化气船、集装箱船等。（2）出口量大，约占外贸总额的 10% 左右，是日本主要的出口换汇产品。每年日本船舶出口量占世界船舶出口总量的 50% ~60%，但近年来有所下降。2001 年全球订造新船总吨位 2 894 万吨，其中，日本承接订单 989 万吨，出口船舶接单量 975 万吨，出口比率高达 98. 6%。（3）大型化、专业化、自动化程度高，生产协作紧密。日本之所以长期位居世界造船工业霸主地位，主要原因在于日本造船历史悠久，造船经验丰富，技术水平高，造船期短，造价低。同时，日本是钢铁生产大国，又是贸易大国和渔业生产大国，为造船工业提供了丰富的原料和国内市场条件。

日本造船工业庞大，有上千家造船厂，世界著名的厂家有：三菱重工、川崎重工、三井造船、日立造船等。造船工业主要分布在太平洋沿岸的钢铁工业中心，其中长崎是日本和世界最大的造船中心之一。

5. 电子和电器工业

电子和电器工业是日本战后新兴的工业部门，发展迅速，目前生产规模仅次于美国居世界第二位。

日本电子和电器工业生产结构不断调整，20 世纪 60 年代重点发展音响产品，70 年代发展视像产品，80 年代是集成电路，90 年代以计算机和通讯设备为主，近年来液晶薄型电视、DVD 录像机、智能手机等数码家电产品成为促进电子信息产业增长的动力。

日本电子电器工业水平一流，在许多领域居世界领先地位，比如半导体技术的开发和生产，日本已明显超过美国。在计算机生产方面，以微电子为中心的新技术、新产品已广泛用用于生产领域，并向社会其他领域渗透。日本微机拥有量居世界第一位。

日本电子和电器工业主要集中于京滨和阪神工业区，九州岛是最大的集成电路生产基地，被称之为“硅岛”。主要的公司有索尼、任天堂、东芝、松下、佳能、夏普、日立等。

6. 石油化工工业

石油化工工业是日本在 20 世纪 50 年代中期发展起来的新兴部门，目前石化产品的产值已占到日本化工工业总产值的 1/3 以上。主要产品有乙烯、合成橡胶、塑料、化学纤维等，其中乙烯的产量仅次于美国，居世界第二位。

石化工业主要布局在太平洋沿岸的石油工业基地，生产中心有：川崎、千叶、市原、鹿岛等。

二、农　　业

二战以后，日本采取了限制农业，重点发展重化工业的政策，农业发展速度落后于工业，在国民经济中的比例逐步降低，目前农业产值只占国民生产总值的 2%，农业人口只占总人口的 4.6%，农产品自给率不足 40%，粮食自给率为 27%，日本是世界农产品主要进口国。

日本农业生产的特点是：（1）农业生产的现代化和集约化程度高。生产全盘机械化和栽培科学化，农业机械日益趋向大型化、高性能，大量使用化肥和农药。日本农业拥有的拖拉机、联合收割机、农用汽车以及对农田施用的化肥等，如果按单位面积来计算，现在都已大大超过美、英、法等国而居于世界的最前列。由于生产现代化水平高，农业生产达到高产稳产，每公顷产量达到 6.5 吨，居世界前列。（2）以个体经营为主，经营规模小。（3）以水稻种植为主。水稻是日本主要的粮食作物，占耕地面积的 45%，占粮食作物面积的 80% 以上。水稻种植主要集中于东北和北陆两个地区，其稻米产量占全国总产量的 40% 以上。近 20 年来，日本除稻米自给有余外（1993 年例外），其他作物的种植面积和总产逐年减少，自给率下降，进口增加。当前日本花卉销售额占世界第一，年约达 180 亿美元。近 10 年来，日本的花卉进口持续增长，主要来自荷兰、泰国、新西兰、新加坡、美国以及中国台湾。

日本是世界重要的渔业生产大国，年捕鱼量 1 000~2 000 万吨左右，约占世界总捕鱼量的 15%，居世界首位。捕鱼区以北海道、东北地区的东岸与北九州西岸最为重要。主要渔港有钏路、八户、稚内、长崎等。

三、交通运输业

日本的交通运输非常发达，部门齐全，技术和设备先进，形成了现代化的运输网络。日本客运以铁路和公路运输为主，货运以公路和海运为主。但近十年来，运输业的结构发生了很大变化，铁路运输比重下降，公路运输地位提高，尤其在长途客货运输中的比重逐步加大。

（一）公路运输

公路运输是日本运输的骨干力量，约承担国内货运总量的90%以上和客运的70%以上。目前日本公路全长114万公里，拥有汽车5 000多万辆，汽车拥有量仅次于美国，进入“汽车时代”。近年来，公路运输高速化发展很快，高速公路已达到6 000多公里。重要的高速公路有京名（东京—名古屋）和名神（名古屋—神户），现在这两条高速公路已延伸到北九州地区，成为太平洋沿岸的高速公路运输主干线。

（二）铁路运输

日本铁路运输发达，铁路营运里程2.8万公里，电气化率达到50%，其中电气化高速铁路2 484公里。日本是世界上较早研究磁悬浮列车技术的国家，并于1988年投入正式运营，列车最高时速可达到500公里/小时。

日本铁路干线主要布局于沿海一带，主要有山阳、东海道、东北等干线。20世纪60年代开始修筑高速铁路，称之为“新干线”，日本现在有5条新干线，即东海道新干线（东京—福冈）、山阳新干线（大阪—博多）、东北新干线（大宫—盛冈）、上越新干线（大宫—新涛）和长野新干线。另外，北海道新干线、九州新干线、长崎新干线正在建设中。

（三）航空运输

日本的航空业相当发达。日本主要的航空公司有日本航空公司（JAL）、日本全日空航空公司（ANA）、日本航空系统公司（JAS）。这些公司都有通往欧洲、亚洲和美洲等各主要城市的庞大的航线网络。另外，世界各国的主要航空公司也有飞往日本各主要城市的飞机航班。如东京—汉城、东京—洛杉矶、东京—纽约、东京—里约热内卢、东京—温哥华、东京—法兰克福、东京—伦敦、东京—马德里、东京—巴黎、东京—罗马、东京—维也纳、东京—曼谷、东京—北京、东京—香港、东京—悉尼等。据统计，2001年，日本国内定期航空运输运送旅客9 458万人，运送货物836 076吨。国际航空运送旅客1 690万人，货物运输量为1 032 865吨。日本的主要机场有羽田、成田、关西、福冈、大阪国际、名古屋、那霸、鹿儿岛、宫崎。

（四）海洋运输

日本是岛国，加之经济上对外依赖严重，海运量极大，海运是日本对外经济联系的主要运输方式。日本拥有庞大而且现代化的商船队，其船舶拥有量居世界第二位，且船龄平均不超过10年，以油船为最多（见表12-5）。

表 12-5　　世界十大海运国商船队名次排列（2000-08-10）

排名	国家（地区）	船舶（艘）	DWT（万）	TEU（万）	平均船龄（年）
1	希腊	3 093	12 878. 1	39. 4	20. 2
2	日本	2 884	9 527. 6	41. 8	8. 9
3	挪威	1 352	5 605. 8	23. 3	16. 1
4	美国	891	4 552. 5	31	18. 6
5	中国	1 940	3 833	31	18. 5
6	中国香港	561	3 200	13. 6	13. 1
7	德国	1 843	2 832. 4	135. 7	10. 2
8	韩国	795	2 520. 1	22. 1	12. 5
9	中国台湾	497	1 932. 6	41. 3	12. 8
10	新加坡	714	1 904. 9	22. 6	15. 9

资料来源：根据德国 ISL 载至 1999 年 7 月 1 日的统计资料，1 000GT 以上船舶。

据日本国土交通省海事局 2004 年版海事报告，2003 年的世界海上运输量（推准值）达到 58. 4 亿吨，创历史最高纪录。日本的海上运输量约 9 亿吨，约占世界的 12%。有 30 多条通往世界的定期航线。

日本有 1 000 多个海港，主要的海运港口有：横滨、神户、东京、大阪、千叶、名古屋、北九州、川崎。其中横滨和神户是主要的贸易大港，其吞吐量约占出口货物总量的 60%、进口货物总量的 35%。

四、主要城市和港口

（1）东京（Tokyo）：东京是日本的首都，是一座现代化的国际都市。东京位于本州关东平原南端，下辖 23 个特别区、27 个市、5 个町、8 个村以及伊豆群岛和小笠原群岛，总面积 2 155 平方公里，人口约 1 200 万，是世界上人口最多的城市之一。东京是日本全国的政治中心，行政、立法、司法等国家机关都集中在这里。东京也是日本的经济和金融中心，日本的主要公司都集中在这里，它们大多分布在千代田区、中央区和港区等地。东京同它南面的横滨和东面的千叶地区共同构成了闻名日本的京滨叶工业区。主要工业有钢铁、造船、机器制造、化工、电子、皮革、电机、纤维、石油、出版印刷和精密仪器等。东京又是全国海、陆、空交通枢纽。

东京港是世界 30 大集装箱港口之一，2007 年吞吐外贸箱约 382 万标准箱。东京港主要为进口服务，以进口食品、木材为主。

（2）千叶（Chido）：是以钢铁、炼油工业为主的新兴工业城市，也是日本最大的工业港口。位于东京湾东岸，在东京以东 50 公里处。其港区水域面积 2 480 万平方米，水深 4. 7~20 米，有 300 多个泊位，93% 是工业专用泊位，其中可以停靠 10 万吨级船舶的有 6 个。进口货物以石油、天然气、铁矿石原料、燃料为主；出口货物以汽车为主，占出口额的二分之一左右，其次为钢铁、有机药品等。

（3）横滨（Yokohama）：横滨是仅次于东京和大阪的第三大城市和工业中心。横滨位于东京湾西南岸，距离东京 30 公里，人口 270 万。以车辆制造、炼油和机电加工闻名全国。横滨港是东京的深水外港，也是世界著名集装箱港口之一。港区水域面积 75 平方公里，主要码头区 10 个，泊位 245 个，其中万吨以上的有 120 个，最大水深 23 米，可停靠 20 万吨级油轮。进口以石油、煤、铁矿石、粮食等为主；出口以船舶、汽车、钢铁、化工产品、日用品等为主，年吞吐量为 12 亿吨以上。

（4）名古屋（Nagoya）：也称“中京”，是日本重要的港口城市。位于伊势湾北端。港口年吞吐量 1 亿吨，自 2002 年起连续 3 年居日本集装箱运输第一，2004 年外贸箱吞吐量，达到 2 155 400 标准箱。这里港阔水深，一般全年均可作业。港区共有 40 个泊位，集装箱码头最大可停靠 5 万吨的集装箱船。进口货物以棉花、羊毛、煤、铁矿石、木材、石油以及石油制品为主；出口货物以汽车、钢铁、陶瓷、化肥、运输机械和化工产品为主。

（5）大阪（Osaka）：是大阪府首府，日本第二大经济中心。位于本州岛西南部，大阪湾东北岸。面积 220 平方公里，人口 300 万。主要工业以机器、化学、造船、石油化工等为主。大阪是日本重要的外贸港口，也是世界 10 大港口之一。港内水深 5. 5 ~ 12 米。有 34 个码头，85 个泊位，最大可停靠 3. 5 万吨的船舶。进口货物以煤炭、铁、铁矿石等为主；出口以钢铁、金属制品、家用电器、工业品为主。

（6）神户：是日本最大的海港，人口 130 多万，位于大阪湾西北岸，有 13 条航线通往 120 多个国家。神户港岸线长达 30 多公里，水域面积 56. 68 平方公里。港区由中心区和东、西两沿海工业区的专业码头组成。中心区包括兵库码头、中突堤码头、新港突堤码头、摩耶码头、港岛和六甲岛。全港有码头泊位 230 多个，还有浮筒泊位，可同时停泊 250 多艘大型船舶。多年来港口年吞吐量在 1. 5 亿吨左右，2005 年神户港是世界第 15 大港口，吞吐量为 5 208 000 个标准箱。填海造地是神户港建设一大特点，也是发展港口的措施。港湾人工岛即是建设的第一座人工岛，面积为 4. 4 平方千米，填土 8 000 万立方米，岛内建有 12 个集装箱码头和 15 个杂货码头，水深 12 米，可停靠 3 万吨级船舶。杂货码头水深 10 米，可停靠 1. 5 万吨级船舶。神户港进口货物以成衣、棉花、石油制品为主；出口以合成纤维制品、机械、钢铁、塑料为主。

项目四　日本的对外贸易

一、二战后日本对外贸易的发展

日本是世界第三大贸易国，最大顺差国，世界最大债权国，也是世界最大的外汇储备国，对外贸易在日本国民经济中具有举足轻重的地位。二战后，日本一直将“贸易立国”作为国策，把“出口第一”作为自己的经济纲领，对外贸易得到了迅速发展。日本对外贸易的发展大致经历了四个时期：

1946—1955 年为恢复期。贸易额由 1946 年 4. 08 亿美元增至 1955 年 44. 8 亿美元，年均增速 33. 5%（自 1947 年起算）。出口商品以低附加值轻纺产品为主。这一时期主要是通过出口换取国民经济发展必需的外汇，贸易收支大幅逆差。

1956—1973 年为高增长时期。贸易额由 1956 年 57. 3 亿美元增至 1973 年 752. 4 亿美元，年均增速 16%。对外贸易与国民经济保持高增长。重化学工业取代轻纺成为主导出口产业，钢铁、造船和汽车成为主要出口商品。贸易收支开始由逆差转入顺差。

1974—1990 年为稳步增长期。贸易额由 1974 年的 1 176. 5 亿美元增加至 1990 年的 5 217. 5 亿美元，年均增速 12. 3%。出口主导产业由资源密集型的重化工业向知识技术密集型发展，信息、机械成为新的出口增长点。同时海外直接投资发展迅速，贸易收支大幅顺差，外汇储备居世界第一。

1991—2003 年为低速增长期。贸易额在 2000 年达到战后最高的 8 618 亿美元，年均增速则降至 3. 6%。随着日本经济进入低迷时期，对外贸易增速明显下滑。部分商品国际竞争力减弱，在世界总出口所占比重自 1986 年达到 10. 2% 高峰后缓慢下降，至 2002 年 降至 6. 47%。2003 年 6 月末，外汇储备达到创纪录的 5 456 亿美元，居世界第一位。2013 年 12 月底的外汇储备 12 668. 15 亿美元，日本外汇储备是仅次于中国的世界第 2 大外汇储备国家。

战后日本对外贸易迅速发展的主要原因为：（1）经济的高速增长为贸易的发展提供了坚实的物质基础。（2）以技术创造为核心提高国际竞争力。（3）重视出口商品结构适应国际市场的变化，其重要特征是每一阶段都有代表性出口商品。（4）政府对贸易发展环境的有效调控，使所有外汇支出服务于国民经济增长和出口贸易扩大，采用金融税收和保险等措施直接推动出口发展。同时实行了严格的贸易保护政策。

二、进出口商品结构

随着国际市场的变化和日本国内经济结构的不断调整升级，其进出口商品结构也不断调整变化。目前，出口商品以汽车、钢铁、机械、电子产品和船舶等为主，日本已成为世界高技术产品最大的出口国。进口商品以铀、镁、铁等工业原料、燃料和食品、农产品为主。近年来，随着日元大幅度升值，进口商品结构发生明显变化，制成品进口已占到进口总额的 60% 以上。增幅较大的商品有精密机械、仪器仪表、重型车辆、半导体设备、计算机及其辅助设备、照相机等。

三、对外贸易的地区分布

美国是日本最大的贸易伙伴，对美贸易约占日本贸易总额的 1/3。由于美日贸易间日本存在巨额贸易顺差，导致近年来美日贸易摩擦加剧，但对美贸易仍然占据最主要的位置。

亚洲是日本另一个重要的贸易地区。一方面，亚洲是日本最主要的原料供应地，日本进口商品的 1/3~1/2 来自于亚洲国家。西亚是日本石油、天然气的主要进口地区。东南亚是铜矿石、天然橡胶、铁矾土、锰、铬、铁矿石的重要来源。另一方面，亚洲又是日本出口商品的重要市场和投资市场，日本出口商品的 1/3 左右输往亚洲国家。其中，东南亚是日本传统商品出口市场。日本商品占韩国、菲律宾、泰国等国家进口商品总额的 1/3 以上，印度尼西亚甚至达到 1/2 左右。但随着东南亚地区经济发展，造船、家用电器等商品与日本在国际市场上竞争加剧，使得该地区与日本矛盾逐步增加。

欧盟是日本第三大贸易地区，占日本贸易总额的15%左右。日欧贸易主要集中于钢铁、汽车和家用电器等商品。日欧贸易间，日本有着巨额贸易顺差。

四、中日经贸联系

日本是中国的近邻，自古两国就有贸易往来。1972年中日两国邦交正常化后，两国贸易迅速扩大。1972年当年贸易额仅为11亿美元，1972—1989年双边贸易年均增长率达到19.8%，1982年贸易额达到88.6亿美元，1991年突破200亿美元，中国成为日本在亚洲第一大贸易伙伴。1997年中日贸易额已达到608亿美元，中国成为日本第二大贸易伙伴，日本成为中国第一大贸易伙伴。根据日方的统计，2004年中日双边贸易额达到1 684亿美元，为连续第6年创下新高。中国是继美国之后日本的第二大贸易伙伴。其中日本向中国出口739.9亿美元，日本从中国进口944.3亿美元。2004年日本向中国出口的产品以电器及电子产品和机械设备产品为主，几乎占日本向中国出口总额的一半。在日本对中国出口的主要商品类别中，除机动车辆、玻璃及其制品、化学纤维短纤和羊毛等动物毛的出口额与上年相比增幅较小外，其余都有大幅增长，其中汽车零配件和电子产品零配件产品的出口增长迅速，比上年分别增长了104.9%和164.8%。中国经济的强劲增长对日本企业越来越具有吸引力，对中国出口的快速增长已经成为日本经济增长的推动力之一（见图12-1）。

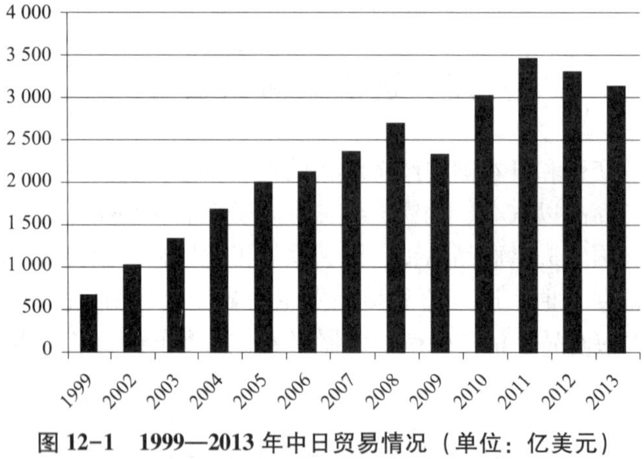

图12-1　1999—2013年中日贸易情况（单位：亿美元）

但是自2000年以来，中日经济贸易也出现了新的问题。由于受日本首相小泉纯一郎再三参拜靖国神社的影响，致使中日关系政治冷，经济也开始变凉，首先表现在两国的贸易增长速度变慢，比如2000—2004年的这五年期间，中国对外贸易年均增长26%以上，而中日贸易增长只有20.8%，另外中国和主要贸易伙伴国的贸易关系也都有很大的发展，比如和欧盟的贸易发展年均增长25.2%，美国增长22.9%，东盟增长32.1%，韩国增长30.1%。因此，从2004年开始，日本已经从中国的第一大贸易伙伴下降到欧盟、美国之后的第三大贸易伙伴。2012年受日本购岛事件和钓鱼岛事件的持续发酵的影响，中日关系受到严重影响。2013年9月丰田汽车在华销量减少50%，2013年以美元计价的中日贸易额同比减少6.5%，减至3 119.951 8亿美元，连续2年出现减少。受中国内需增长放缓影响，日本对华出口额出现下滑，日本的对华贸易逆差创历史最高纪录。

中国向日本出口的商品有：机电产品、服装及衣着附件、鞋类、纺织品纱线、织物及制品等。日本向我国出口的商品主要有：成套设备、钢材、汽车、机械、家用电器、通信设备、塑料制品、纸制品、化工产品、光学仪器等。2004 年日本向中国出口的产品以电器及电子产品和机械设备产品为主，几乎占日本向中国出口总额的一半，此外还有机动车辆、玻璃及其制品、化学纤维、汽车零配件和电子产品零配件产品等。2004 年日本从中国进口的主要产品是电器及电子产品和机械设备产品，两类产品在日本从中国进口产品总额中所占的比重达到 34.5%。纺织品占总进口的比重为 17.9%，另外，随着日本许多电器生产商相继将生产基地转移到中国，在华生产的电脑、打印机等产品出口到日本的规模大幅增加。另外，这些年来，日本企业对中国的直接投资也飞速增长，目前日本在中国已设立了三万多家企业，实际投资金额已经达到 400 多亿美元。

【知识拓展】

什么是日本“三道”

日本民间普遍有茶道、花道、书道的传统生活习俗，举世闻名。

茶道 日本茶道是一种通过品茶艺术接待客人的礼仪活动。它是从中国传去的，中国唐宋时期饮茶盛行，这时日本派许多留学生到中国求学，其中较有名的是最澄、空海、荣西等僧人，他们把中国种茶、制茶、烹茶技术带回日本，使日本饮茶习惯推广到民间，后来形成“茶道”。茶道有“四规”和“七则”，“四规”即“和、敬、清、寂”，“和”即平安和协的气氛；“敬”是尊敬长者、友人；“清”是环境清静；“寂”是达到幽闲境界。“七则”包括：茶的浓淡、水的质地、水温的高低、火候的大小、炉式和方法、煮茶的燃料和茶室的布置、插花等。茶道一般在茶室进行，宾客入座后，主人按一定规程用竹制小匙将茶放入碗中，用沸水冲沏后依次递给宾客品茗，宾客接茶也有一定讲究。在日本，茶道被视为一种修身养性、提高文化素质和进行社交的手段。

花道 日本人爱花，一般家庭的客厅都置有一瓶精心设计的鲜花，给人以清新别致的美感，这就是日本特有的传统艺术——花道，亦称插花。花道起源于中国佛教的供花，宋元时代从中国传入日本，到东山时代（15 世纪）发展成花道，并成为日本妇女品德、技艺修养的一项内容。日本人在瓶中插花很有讲究，花道早先的插花方式，目的在于使人们注意欣赏瓶、强调瓶的美；后来茶室中也插花，要求避免以美炫人，须力求渗入自然深处，表示出纯洁和简朴，可以说，花道是属于美育范畴的。

书道 在日本，书法艺术被称为书道。书法艺术自古盛行中国，后来普及到朝鲜、越南和日本。清末，从中国来日本的清朝公使馆官员杨守敬，带来 13 000 件拓本碑帖，给日本书法带来划时代变化，被尊为日本书道的现代化之父。

（根据百科全书等资料整理）

【案例分析】

中日关系缺信任 经济合作难走远

2014 年的中日关系，十分微妙。20 世纪 70 年代两国构筑的“72 年体制”已动摇。

小泉时代，人们形容中日关系是“政冷经热”，但今天中日已经成为“政冰经温”。近年中日贸易额一直在3 000亿美元线上徘徊。2013年，中国前6名贸易伙伴依次为欧盟、美国、东盟、中国香港、日本与韩国。东盟超越了日本，成为中国第三大贸易伙伴。中日贸易发展潜力很大，不输于东盟、韩国，但因政治缺位，两国关系跛脚，经济合作无法走快走远。

在日本外贸额中，对华贸易占20%左右，在中国外贸中，对日贸易则占9%左右。两国政治恶性消耗，也损害了双方经济发展的能量，这种消耗，双方都不愿看到。对两国民众来说，安全、安心胜过其他。现在，每天有2万多人在中日上空飞来飞去，有15万以上日本人长期居住在中国，而在日本，则有60多万华侨以及为数不详的华人居住。在双方国民来看，恢复政治关系，可以给彼此带来更大商机。

今天，中日双方最缺的，就是信任。但是，目前的中日，“冰冻三尺，非一日之寒”。

（作者刘迪为日本杏林大学研究生院国际协力研究科教授，本文有删节）

【思考练习】

1. 简要分析日本当前主要经济特征。
2. 简述日本太平洋工业地带形成的原因。
3. 简述日本工业结构调整趋势。
4. 简要分析日本对外贸易发展概况、进出口商品结构和地区结构。
5. 试分析导致中日经济贸易发展受阻的原因。

任务十三

加拿大和澳大利亚经济贸易地理

【目标要求】

通过对本部分内容的学习，学生将了解加拿大和澳大利亚两国的地理位置、自然资源和人口特点，掌握两国的经济类型和对外贸易特征。

【关键技术】

1. 两国地理位置、自然资源和人口特点；
2. 两国经济和对外贸易特征。

【学习内容】

项目一　加拿大经济贸易地理概况

一、加拿大的地理概况

（一）位置与人口

加拿大（Canada），位于北美洲的北部。南邻美国，东临大西洋，西濒太平洋，北邻北冰洋，西北接美国的阿拉斯加，东北隔巴芬湾与格陵兰岛相望，面积约 9 984 670 平方公里，水域面积占 8.92%，领土面积居世界第二位。加拿大国境线长达 8 892 公里，为全世界最长不设防疆界线，同时也是世界上海岸线最长的国家（24 万多公里）。

加拿大现有人口 3 502.5 万（2013 年），人口密度 3.5 人/平方公里，绝大多数是欧洲移民的后裔，其中英裔约占 42%，法裔约占 27%。加拿大原住居民为印第安人和因纽特人（爱斯基摩人），现在只占全国总人口的 1%。加拿大地广人稀，绝大部分人口分布在南部与美国相邻的狭长地带，特别是东南部的圣劳伦斯河流域。城市人口占总人口的 75%。法裔居民主要居住在魁北克省。居民主要信奉天主教和基督教，英语和法语为官方用语。

（二）自然条件与自然资源

加拿大的地势西高东低，大致可分为三部分，西部为科迪勒拉山系组成的高大山地，中部为北美大平原的一部分，东部是拉布拉多高原。地表湖泊密布，淡水资源丰富。加拿大领土绝大部分位于北纬49°以北，大部地区为亚寒带针叶林气候，气候寒冷，但南部水热条件较好，适于发展农业。大部分地区降水较多而蒸发量小，水系的水量大而稳定。

加拿大有丰富的自然资源。矿产资源非常丰富，储量和产量均属世界前列的有镍、铁、铅、锌、石棉、钾盐等。金、银、铜、铀、石油、天然气、煤等储量亦较丰富。东部的劳伦高地被称为加拿大的“矿藏宝库”。铁矿主要分布在拉布拉多半岛中部，煤大部分蕴藏在西南部，石油、天然气主要分布在西部。森林覆盖面积约440万平方公里，覆盖率达44%，居世界第三位。最大的林区在魁北克省，以针叶林为主，西部太平洋沿岸为阔叶林。加拿大还有世界著名的纽芬兰渔场，鱼类资源丰富，这里是世界四大海洋渔场之一。此外，加拿大还有丰富的水力资源，目前水力发电占全国发电总量的67%以上。

二、加拿大的经济概况

加拿大经济起步较晚，但发展较快。加拿大曾先后沦为法国和英国的殖民地，1861年获得内部自治，1931年完全独立，并成为英联邦的成员。独立后，加拿大经济进入快速发展的阶段，迅速成为西方七大工业国之一。

加拿大属于后起的、工农业生产水平较高的发达国家，是世界上最富有的国家之一。2011年国内生产总值达1.74万亿美元，在西方国家居第七位。加拿大的经济是混合经济，经济自由指数较高。在其发展历程中，外国资本在加拿大经济发展过程中起着巨大作用，是接受外国资本最多的发达国家，其中美国资本占有绝对优势。原料的生产和出口在经济上占重要地位，具有发展中国家经济的某些特征。加拿大是世界上重要的工业国，同时拥有大规模的发达的农业。

（一）工业

1. 采矿业与能源工业

加拿大矿产资源丰富，采矿业发达，仅次于美国和俄罗斯，是世界第三大矿产国。镍、锌、铀产量居世界首位，铜、黄金、铂、石棉、钾盐、铁的产量也居世界前列，并大量出口。加拿大又是重要的油、气生产国之一。2008年年产原油1.29亿吨、天然气1 570亿立方米，分别名列世界第九位和第三位，是世界油气生产大国之一。预计2035年加拿大的石油净增加75%，天然气增产25%。其中石油、天然气主要出口到美国。加拿大电力工业发达，年发电量达6 000亿千瓦时，其中水力与地热发电占较大比重，核电占25%以上。

2. 森林工业

加拿大森林资源丰富，是世界林产品的主要生产国和出口国之一。森林工业产值目前仅次于美、俄，居世界第三位。除木材加工（包括锯材、胶合板等）外，还有纸浆和造纸业。加拿大纸浆的产量仅次于美国，出口量则居世界首位。加拿大新闻纸的产量占世界产量的

40%，居世界首位，并大量输往美国。林业生产主要分布于安大略省、魁北克省和不列颠哥伦比亚省，这里木材产量占全国的80%以上。蒙特利尔是最大的造纸工业中心。加拿大锯材、板材、胶合板等产量居世界第三、四位，木材和胶合板等林产品是重要的出口外汇产品。

3. 冶金工业

加拿大煤、铁资源丰富，为钢铁工业的发展提供了优越条件，目前钢的年产量约2 600万吨，主要分布在安大略湖沿岸城市，哈密尔顿为最大钢铁生产中心，其次为苏圣玛丽。加拿大有色冶金工业也很重要，铝、锌、镍、铜的冶炼也很发达，并且是铝、锌、铜的重要出口国。炼铝能力居世界前列，产量在工业国家中仅次于美国和日本，居世界第三位。

4. 制造业

制造业是加拿大最大的产业部门，2013年加拿大制造业销售额为5 910亿加元。圣劳伦斯河谷和五大湖下游低地是全国最大的机器制造工业区，林业机械、矿山机械、农业机械、电机等产品都有出口，不少产品已达到世界先进水平。轻型机械主要分布于多伦多，重型机械分布于哈密尔顿。汽车工业发达，是战后新兴的最重要的工业部门，以美国通用、福特、克莱斯勒和美利坚四大汽车公司为首的美国资本约占加拿大汽车工业的97%。汽车工业主要分布在南部靠近美国的安大略半岛的温莎、查塔姆、奥沙瓦、多伦多等城市。2003年生产汽车227.6万辆。由于石油、天然气资源与生产皆具雄厚基础，石油化学工业也较发达，尤以合成橡胶的生产最为重要。

（二）农业

加拿大是世界最重要的农产品生产国和出口国之一，加拿大农业和农业食品业创造的产值占到了加拿大年GNP的9%。农业机械化水平很高，且专业化分工愈来愈细。加拿大现有耕地面积约6 800万公顷，占国土面积的8%，谷物年产量5 000多万吨，其中小麦年产量近3 000万吨，玉米近700万吨，每年出口小麦可达2 000万吨。草原诸省是农业中心地区，有“加拿大谷仓”之称。除小麦外，还盛产大麦、燕麦。五大湖下游及圣劳伦斯河谷地区生产玉米、油菜籽、甜菜、蔬菜、水果。

牧草的种植普遍，畜牧业在农业中占有重要地位，加拿大战后实行农牧并重、以牧为主的方针，目前，畜牧业产值已超过种植业。从区域专业化分工看，大西洋沿岸为农林牧渔结合的地区，中部地区是农牧并举的地区，西部太平洋沿岸是以奶牛饲养为主的地区。加拿大渔业也很发达，纽芬兰渔场是世界著名渔场之一，太平洋沿岸也是重要渔场。渔业产值约占国内生产总值的1%，水产品的80%以上供出口，是世界上两大渔产品出口国之一。

（三）交通运输

加拿大交通运输发达，人均铁路、公路长度均居世界第一。2007年加拿大铁路总长约72 093公里，几乎全部集中在南部。有两条横贯东西的铁路干线，一条东起大西洋沿岸的哈利法克斯，到魁北克向西经温尼伯、埃德蒙顿，至太平洋沿岸的鲁珢特港；另一条东起大西洋沿岸的圣约翰，经蒙特利尔、渥太华、温尼伯，向西直至太平洋沿岸的温哥华。铁路在货运方面一向占有统治地位，但现在正受到来自公路和管道运输的竞争，客运方面也受到来自公路和航空运输的竞争，目前加拿大政府正加快发展高速列车客运系统。

二战后公路运输得到迅速发展，目前加拿大公路总长约为 104.23 万公里。公路纵横交错，四通八达，有横贯东西的公路和通往北方的公路。阿拉斯加公路，全长 7 821 公里，连接不列颠哥伦比亚圣约翰堡（Fort St. John）与阿拉斯加费尔班克斯。在国际上，加拿大道路连接了美国 48 个州与阿拉斯加。

加拿大全国约 1/4 的货运依靠水运。由五大湖经圣劳伦斯河到大西洋的深水航道是世界著名的内河航线，二战后经过扩建，2.5 万吨级远洋轮可自由出入，是加拿大从腹地通往大西洋的一条重要水道。加拿大海岸线漫长，多港口，国际海运和沿岸运量均较大，但因国际航运业竞争激烈，船舶吨位大大减少，主要国际贸易港口有温哥华、蒙特利尔、魁北克、圣约翰、哈利法克斯和多伦多等。

航空运输现已发展成为国际国内交流的重要交通工具。加拿大航空业竞争激烈。目前，除加拿大航空公司和加拿大国际航空公司外，还有 100 多家中小空运公司提供国内短途服务。主要国际机场有多伦多、温哥华、蒙特利尔等。多伦多皮尔逊国际机场是加拿大最繁忙的机场，也是唯一一座进入 2006 年世界 30 大机场的加拿大机场。

三、对外贸易

加拿大国内市场容量较小，经济对外依赖程度比较高，对外贸易在加拿大的国民经济中占有重要地位，自 20 世纪 70 年代以来，其出口贸易以每年 10% 的速度增长。1998 年加拿大的进出口额已达到 4 193 亿美元，居世界第七位，2003 年对外商品贸易额为 7 425.69 亿加元。2013 年全年，加拿大货物贸易总额为 9 464 亿加元，同比增长 3.2%

出口产品以农矿原料和半制成品为主，进口则以制成品为主，其外贸商品构成在某种程度上与发展中国家相似。主要出口商品是纸、纸浆、木材、燃料、小麦、有色金属、汽车及零配件、食品等。进口商品主要是机械设备、汽车零配件、计算机及电子产品、通讯设备、纺织品和食品等。加拿大对外贸易额的 30% 左右是同美国进行的，其次是日本、英国和德国等。全国 3/4 的出口是销往美国，其余的出口市场是：英国、日本和欧洲的其他国家。1995 年，加拿大 75% 的出口商品是卖到美国，70% 的进口商品来自美国。

自中国和加拿大正式建交以来，双边经贸关系稳步发展。加对华出口商品已从传统的原材料产品，转为技术设备产品。除传统的小麦、钾肥、纸浆、木材外，通信、能源、石油化工等领域的成套技术和设备对华出口增长迅速。目前，机电产品对华出口额已超过小麦，成为第一大对华出口商品。中国对加出口产品包括机电、纺织品、服装、轻工产品等，且机电产品正超过纺织品而成为对加出口商品大类的首位。加拿大对中国的出口额在不断增长。2012 年，加拿大与中国双边货物进出口总额为 701.2 亿美元，比去上一年度增长 6.8%。其中，加拿大从中国进口 507.5 亿美元，增长率为 4.3%，加拿大对中国出口 193.7 亿美元，增长率为 14.2%。中国是加拿大最大逆差来源国。中国是加拿大第二大贸易伙伴，第三大出口目的地和第二大进口来源国。可见，两国的进出口商品结构正向多元化和优化方向发展。

四、主要经济区和城市

加拿大各地区的发展很不平衡。它的人口和经济活动主要集中在南部靠近边界宽约 300

公里、气候条件较好的狭长地带内，而其中最发达的地区则是中央诸省，尤以圣劳伦斯河和五大湖下游低地最为密集。其他地区——大西洋沿岸区、草原诸省、远西区和北部地区，实际上是从属于中央诸省的外围区。依据经济特点的不同，加拿大分为以下五个地理区域：

（一）核心区——中央诸省

包括安大略和魁北克两省，其东南部圣劳伦斯谷地和五大湖下游低地是中央诸省最发达的地区，集中了全国人口的3/5、制造业的4/5和绝大部分的大城市。加拿大集约化程度最高的农业区也在这里。

该区主要城市有：

（1）渥太华（Ottawa），加拿大首都，位于安、魁两省交界处的渥太华河河谷中，人口80万，是全国政治和游览中心。从市中心至西郊大约20公里，沿渥太华河南岸谷地，20世纪80年代以来，集中发展了一批以计算机工业为主的高技术产业，被称为“北硅谷”。

（2）多伦多（Toronto），位于安大略湖西端湖畔，全国最大城市和工业中心，人口300多万。

（3）蒙特利尔（Montreal），位于圣劳伦斯河中游，魁北克省境内，工业以食品加工、纺织和造纸等轻工业为主。

（二）大西洋沿岸区

包括纽芬兰、新斯科舍、新不伦瑞克和爱德华王子岛四省。大部分属于阿巴拉契亚山地，海岸曲折，多良港。这里是欧洲移民最早到达的开发较早的地区，但自中央诸省发展起来之后，其发展就相对停滞，成了中央诸省的农、林、渔、矿原料供应地，被称为“被忽视的地方”。

（三）草原诸省

包括马尼托巴、萨斯喀彻温和阿尔伯塔三省。大部分为平原，生产了全国90%以上的小麦和大麦。本区落基山脉东侧煤、油、气资源丰富，且大量开采，因而有“粮仓与燃料库”的美称。

该区城市温尼伯是全国第四大城市，为东西陆路交通要冲，是世界著名谷物转运中心。

（四）远西区

包括濒临太平洋的不列颠哥伦比亚省，大部分为山地高原，平原很少。面向大洋的山地西坡降水丰沛，水力资源丰富。这里属温带海洋性气候，是加拿大唯一冬季温和的地区。本区多优质用材林，林业居于重要地位，全区将近1/2的人口直接或间接依赖于林业。

主要城市温哥华是全国第三大城市和工业中心，因受南来暖气流影响，气候温和，终年不冻，是加拿大通向东方的门户，其货物吞吐量居全国首位，也是世界上最重要的小麦装运港。

（五）北部地区

包括北纬60°以北的育空地区和西北地区，是大面积寒冷的森林、苔原和冰原带。本区占全国面积近2/5，人口却只有6万多。主要居民是因纽特人，他们主要从事渔猎业和饲养驯鹿。

项目二　澳大利亚经济贸易地理概况

一、澳大利亚的地理环境

（一）位置和人口

全称澳大利亚联邦（Commonwealth of Australia，简称 Australia），位于南半球，介于西南太平洋和印度洋之间。澳大利亚四面环海，是个最孤立的大陆，同时是世界上唯一一个国土覆盖整个大陆的国家。领土由澳大利亚大陆、塔斯马尼亚岛和附近一些小岛组成，面积 761.79 万平方公里，面积在全世界排第六位。澳大利亚海岸线较平直，东北部滨海有世界著名的大堡礁，与澳东海岸相隔 13～180 公里的泻湖海面，水深 35～70 米，是航行中的险道。

【知识拓展】

大堡礁（Great Barrier Reef）

大堡礁是世界最大、最长的珊瑚礁群，是世界七大自然景观之一，又称为“透明清澈的海中野生王国”。大堡礁位于澳洲的东北沿海，北从托雷斯海峡，南到南回归线以南，绵延伸展共有 2 011 公里，最宽处 161 公里。有 2 900 个大小珊瑚礁岛，自然景观非常特殊。大堡礁的南端离海岸最远有 241 公里，北端较靠近，最近处离海岸仅 16 公里。在落潮时，部分的珊瑚礁露出水面形成珊瑚岛。在礁群与海岸之间是一条极方便的交通海路。风平浪静时，游船在此间通过，船下连绵不断的多彩、多形的珊瑚景色，就成为吸引世界各地游客来猎奇观赏的最佳海底奇观。

在大堡礁，有 350 多种珊瑚，无论形状、大小、颜色都极不相同。有些非常微小，有的可宽达 2 米。珊瑚千姿百态，有扇形、半球形、鞭形、鹿角形、树木和花朵状的。珊瑚栖息的水域颜色从白、青到蓝靛，绚丽多彩。珊瑚也有淡粉红、深玫瑰红、鲜黄、蓝绿色，异常鲜艳。从上空俯瞰，礁岛宛如一棵棵碧绿的翡翠，熠熠生辉，而若隐若现的礁顶如艳丽花朵，在碧波万顷的大海上怒放。

大堡礁于 1981 年列入世界自然遗产名录。

（根据百科全书等资料整理）

澳大利亚是一个地广人稀的国家，人口约 2 400 万人（2013 年）。白色人种占 98%，绝大部分为英国和其他欧洲国家的移民及后裔，华人有近 38 万。人口密度仅 2.9 人/平方公里，是世界上人口最稀少的国家之一。澳大利亚人口分布很不平衡，约有 3/4 的人口集中在沿海，尤其是东南沿海一带；而广大的内陆人口非常稀少，甚至有不少地区至今荒无人烟。城市人口占全联邦总人口的 86%，200 万以上的城市有悉尼和墨尔本，占全国总人口的 1/3。约 63.9% 的居民信仰基督教，5.9% 的居民信仰佛教、伊斯兰教、印度教等其他宗教。无宗教信仰或宗教信仰不明人口占30.2%。通用英语。

（二）自然条件和资源

澳大利亚大陆是一块古老的大陆，经过长期侵蚀，地势低平，平均海拔高度约350米，是世界上最平坦、最干燥的大陆。全境可分三大地形区：东部澳大利亚山地区，大部分海拔800~1 000米，东坡陡峻，沿海平原狭窄，西坡缓斜，向西逐渐展开为中部平原。中部平原海拔不超过200米，地表景色单调，少起伏。中部以埃尔湖为中心的盆地叫大自流井盆地，地下水相当丰富；埃尔湖也是澳大利亚的最低点，湖面低于海平面16米。东南部墨累河流域平原水源充足，流域内灌溉面积占全国的9/10，是澳大利亚最重要的农业区。西部高原区，一般海拔200~500米，大部分为沙漠或半沙漠，仅西南角和北部沿海地区较为湿润。除南海岸外，整个沿海地带形成一条环绕大陆的“绿带”。

澳大利亚处于南纬10°~44°之间，南回归线横贯大陆中部，除大陆东南部和塔斯马尼亚岛属温带气候外，大部分地区是热带和亚热带气候，且大部分地区炎热干燥，占大陆面积68%的内地，雨量少于500毫米，其中又有一半地区不足250毫米，对农牧业不利。澳大利亚是全球最干燥的大陆，但澳大利亚地下水资源丰富，且分布相当普遍，中部自流井盆地凿井取水往往可自行喷流，弥补了干旱地区降水的不足。澳大利亚草原和可耕地面积辽阔，草原面积4.5亿公顷，占全国总面积的60%，可耕地面积4 440多万公顷，占全国总面积的6%，森林面积占5%。因此从总体上说，澳大利亚的自然条件有利于农业的发展。

澳大利亚矿产资源极为丰富。它的东南部和中部有大量的煤、铅、锌、钨、铜、银、锡、金红石、锆及蓝宝石等，它的西部和北部是铁、镍、铝土矿等的巨大埋藏地，铀和锰的藏量也很大。澳大利亚铝土矿储量居世界首位，占世界总储量35%。澳大利亚是世界上最大的铝土、氧化铝、钻石、铅、钽生产国和出口国，同时，澳大利亚还是世界上最大的烟煤出口国。水力资源主要集中在塔斯马尼亚岛。

二、澳大利亚的经济特征

最早踏上澳大利亚大陆的欧洲殖民者是荷兰人。1770年英国人库克率领船队驶达澳大利亚东岸，并称这个地区为“新南威尔士”。从1829年起，澳大利亚沦为英国的殖民地。英国殖民者曾于1813年和1815年两次越过东部山地，发现了中部大草原，这为英国后来的大规模移民和发展养羊业开辟了广阔场所。正如马克思指出的：“大工业的不断‘过剩’，大大促进了国外移民和把外国殖民地变成宗主国的原料产地，例如澳大利亚就变成了羊毛产地。”从1820年起，英国开始向澳大利亚大规模移民，到1850年移民人数达40多万，1860年超过百万人。随着移民人数不断增加，各殖民地区相继建立起来，同时澳大利亚的资本主义也逐渐得到了发展。从19世纪20—50年代养羊业便成为澳大利亚经济的主导部门。养羊业的进一步发展和羊毛出口量的不断增加，促使其在澳大利亚的国民经济中起着日益重要的作用，致使澳大利亚成为“骑在羊背上”的国家。

在第二次世界大战中，由于战时经济和军事的需要，澳大利亚国民经济发展较快，采矿、钢铁制造业等部门都得到了发展，成为后起的发达资本主义国家。目前，澳大利亚是南太平洋地区经济最发达的国家，已经建立起包括冶金、机械、化工、食品等行业在内的部门完整的较强大的工业体系，工矿业在国民经济中的比重已提高到 87%。澳大利亚铁、钒、钛、铝土等的出口量均占世界同类产品出口量的首位或前列，已成为世界上主要矿产品原料出口国，所以，澳大利亚又被称为“坐在矿车上的国家”。目前服务业、制造业、采矿业和农业是澳大利亚的四大主导产业。

澳大利亚经济的主要特征表现为：

（一）外国资本在其经济中占重要地位

澳大利亚的经济几乎完全是在外来影响下发展起来的，大垄断资本占统治地位，它们又与外国资本相结合，垄断了全国主要工业部门。澳大利亚是世界著名的资本输入国，对外有依赖性，每年输入的资金占国民生产总值的比例有所增加，澳大利亚的汽车、石油、化学和采矿等部门的大部分为外资投资的主要对象，21 世纪后，外国投资资本主要在金融领域，外资主要来自美国、英国和日本。澳大利亚的产品对国外市场有严重的依赖性。澳大利亚很重视调整产业结构，研究运用先进的科学技术，发展出口型制造业。

（二）农牧业在国民经济中占重要地位

澳大利亚是闻名于世的农牧业发达的国家，农产品出口占出口总值的 40%。澳大利亚农业机械化水平很高。农业经营以家庭农场为主，大农场的耕地面积占全国耕地面积的 70% 以上。畜牧业在国民经济中占突出地位。畜牧业产值占农业总产值的 3/5，出口值约占出口总值的 1/3 左右。在畜牧业中，养羊业历史悠久，是地位最重要的部门。澳大利亚草原面积辽阔，气温、降水适宜，大自流盆地的水源，为养羊业的发展提供了极为有利的条件。养牛业是澳大利亚畜牧业中仅次于养羊业的主要部门之一，是世界上主要的产牛肉国家之一。奶牛业集约化程度较高，乳制品的出口居世界前列。

（三）采矿业发达，制造业发展迅速

澳大利亚的矿产资源极为丰富，采矿业具有悠久的历史，并成为澳大利亚的经济支柱产业。主要矿产是煤、铁、铝土、锰等，这些矿产的储量均居世界前列。澳大利亚矿产品出口值约占全国出口值的 1/4。澳大利亚煤矿探明储量达 700 亿吨，储量大、质地好、易于开采，煤产量的约 1/3 供出口，是世界煤的主要生产与出口国家。煤的产量在南半球居首位。煤矿主要输往日本和西欧，尤其是日本进口的煤，绝大部分来自澳大利亚。澳大利亚铁矿的储量居世界的前列。铁矿石品种齐全，且品位高，埋藏较浅，便于开采。近年来，澳大利亚已成为世界三大铁矿石生产国之一，所产铁矿石 90% 供出口，大部分运往日本。最近几年来，澳大利亚向中国出口的铁矿石数量逐渐增多。

制造业是澳大利亚工业部门中最大的部门，近些年来发展较快，制造业部门中的结构也在发生变化。现在，制造业中的主要部门是机械制造业。制造业集中在东南部。制造业中发展最突出的是汽车工业。澳大利亚主要汽车工业中心是墨尔本，生产的汽车除供本国使用外，尚有部分汽车出口。

三、澳大利亚的产业部门

（一）农业

澳大利亚地势较低，高差不大，草原和可耕地面积辽阔，地下水储量丰富，尤其是中部大自流盆地，约 150 多万平方公里，占全国总面积的 1/5，是世界上最大的自流盆地。还有墨累河下游、纳勒博平原以及西部和西北沿海一带，地下水一般距地面 100~2 100 米，深浅不等，凿井后，潜水自动喷流，对于牲畜饮水和农田灌溉极为有利。

农牧业是澳大利亚传统的、重要的经济部门，它的用地面积占全国土地面积的 61. 3%。主要的经营方式是资本主义的大农场。农业机械化水平很高，拥有拖拉机 33. 2 万台，收割脱粒机 5. 7 万台，挤奶机 21 万台。现在，澳大利亚的翻地、播种、施肥、收割、剪毛、挤奶等，已全部采用机械操作。目前农牧业人口仅占全国总人口的 5%，种植业产值占农牧业总产值的 2/5。主要农作物有小麦、大麦、油菜籽、棉花、蔗糖和水果。农业生产专业化较强，农畜产品商品性很高，但在很大程度上受国际市场价格制约。为了适应国际市场条件的变化和需要，澳大利亚已经开始注意发展多种经营。

小麦播种面积占耕地总面积的一半以上，小麦产量的 3/5 供出口。小麦按人口平均居世界前列，是世界上主要生产国和出口国之一。目前，全国可耕地面积 4 900 万公顷，其中小麦播种面积约占 1/4，其产量的 3/5~4/5 供出口。由于世界市场行情的变化和本国自然灾害的影响，小麦播种面积在 900~1 200 万公顷、产量在 1 400~1 600 万吨之间游移。其机械化水平较高，但耕作粗放，单位面积产量只等于世界平均水平的 60%。小麦主要分布在墨累河—达令河流域，从布里斯班起，一直延伸到南澳大利亚州的埃尔半岛上，呈一条宽 80~300 公里的带状地区。此外，粮食作物中还有大麦、燕麦、玉米、高粱、水稻和粟类等，播种面积仅占种植用地的 2. 2%。经济作物中甘蔗占重要地位，发展较快，甘蔗种植面积 30~32 万公顷，产甘蔗 2 300~2 600 万吨，主要分布在东北沿海一带。棉花的种植以昆士兰州的东南部和新南威尔士州的东北部为多。

畜牧业是农业中历史最长、地位最重要的经济部门。全国土地面积的 55% 用于畜牧业，其产值约占农牧业总产值的 3/5；畜产品出口值占全国出口总值的 1/3。经营特点主要是实行牛羊分区放牧以及经营专业化。由于该大陆无野生食肉动物，因而牛羊可采用一年四季露天围栏放牧。在畜牧业中，养羊业是最突出的部门。由于澳大利亚具有发展养羊业的有利条件，其养羊业一直在世界上居于领先地位。澳洲绵羊约有 3/4 是美利奴细毛羊，它是经过长期选种培育成的世界上最优良的毛用羊之一。其毛质细长，可达 7~13 厘米，皱折均匀，光泽良好，质地柔韧，单畜产毛量约高出世界平均水平的 70%。澳大利亚的美利奴细毛羊占世界总产量的 1/2 以上。其次还有其他品种细毛羊（考利代、波尔华斯）及肉用杂种羊等。由于国际市场羊毛价格的不稳定，直接影响到澳养羊业的发展。近年来已开始由以毛用为主逐渐转向肉用和毛肉兼用。目前羊肉总产量居世界第二位。养羊业主要分布在大陆内部和北半部广阔的天然草地牧场。澳大利亚人口与羊只的比率约为 1 : 11。澳大利亚的绵羊目前已达 14 000 万左右，几乎占世界绵羊总数的 1/5。

（二）采矿业

采矿业是澳大利亚传统的工业部门，二战后发展比较快，自20世纪60年代以来，发展更加迅速，已成为国民经济中的一个重要部门。矿产品的出口值已占出口总额的近35%。现已成为世界上主要矿产品出口国之一。

澳大利亚已开采的矿产品种类非常多，产量和出口量都很大。采煤业发展较早，且发展十分迅速。硬煤开采主要在新南威尔士、昆士兰以及南、西澳大利亚等州。褐煤主要产于维多利亚州的东南部，约有1/2供出口，主要销往日本、西欧各国。

采铁业发展较晚，从1963年起铁矿石的产量逐年提高，成为采矿业中发展最快的部门。1970年铁矿石产量增至4 500万吨，居采矿业之首。目前，主要选择品位高、储量大、适宜露天开采的矿区，集中在西澳大利亚州（皮尔巴拉、哈默斯利、汤姆普赖斯、怀尔巴克、纽曼等矿山）和南澳大利亚州（米德尔巴山）等。近年来，所采的铁矿石约有4/5供出口，主要运往西欧、日本、中国等，澳大利亚已成为世界上铁矿石出口最多国家之一。

采金业是古老的工业部门之一。过去采金业主要集中在新南威尔士、维多利亚州，19世纪末转移到西澳大利亚州。1994—1995年度产黄金265吨，仅次于南非和美国，居世界第三位，当代采金业主要集中在西澳大利亚州的卡尔古利等地。但现在为了保护森林和珍稀植物，政府已关停了采金业。

澳大利亚有不少的有色金属矿的产量居世界前列。二战后澳大利亚稀有金属的开采在世界上占有极其重要的地位，主要生产高速飞机、火箭及氢弹用的稀有金属和放射性金属矿石与精矿。20世纪50年代初期，开始从金红石和钛铁矿中提取钛和锆，产品主要运销美、英等国。铀矿的开采是澳大利亚采矿业中具有战略意义的重要部门，据估计澳大利亚铀矿储量高达360万吨，其中探明储量为30万吨，占世界探明可供低成本开采铀矿总储量的18%，居世界首位。20世纪60年代初，澳大利亚已建成5座生产氧化铀的工厂。目前铀矿产品全部运往美、英等国。

澳大利亚已探明石油储量3. 8亿吨，天然气储量8 900亿立方米，主要分布在南澳大利亚州的库帕盆地及昆士兰州的苏特拉盆地。

（三）制造业

二战后，澳大利亚制造业发展迅速，部门结构发生了较大的变化。发展最快的是冶金和机械制造业，其产值约占工业总产值的3/5，其次为化学工业，也占一定的比重。此外，橡胶、造纸、印刷等部门也相应地得到了发展。现在制造业各部门之间的技术发展水平很不平衡。在本国垄断财团控制下的钢铁工业和外国垄断资本控制下的机械制造、石油加工等部门，大规模引进新技术，工艺过程不断现代化。而其余部门的生产技术提高较为缓慢。目前制造业是澳大利亚经济中仅次于服务业的第二大行业，所占比重最大的部门是机械设备制造业，其次是食品、饮料和烟草业，石油、煤炭和化工产品成本加工业，纺织品、鞋类和皮革加工业、家具制造业等。

钢铁工业是澳大利亚工业中最主要的部门。战后对这个部门的投资占全部工业投资总额的1/10，加之发展钢铁工业条件比较有利，所以钢铁工业是发展最快的部门之一。但是2010年后澳大利亚的钢产量已经下降将近1/3，澳大利亚钢铁业受到澳元升值、国外低成本产品的进口，以及国内建筑和工程行业低迷形势的冲击。目前能生产各种不同的特殊钢材。钢铁工业中心有肯布拉港、纽卡斯尔、怀阿拉、克维纳纳等，其中前三者钢年产量占全国的4/5以上。澳大利亚最大的钢铁生产商是博思格钢铁公司。

机械制造业中最突出的是外国垄断资本占统治地位的汽车制造业，主要生产小汽车、卡车等，汽车制造中心以墨尔本为最大，其次为悉尼、吉朗等。产品大多销往亚太地区。新建的飞机制造业发展较快，能生产各种民用和军用飞机。墨尔本生产喷气式飞机，不但供应本国空军的需要，而且还有出口。制造工业比较发达，以悉尼为中心。电动机和内燃机产量也较高，有相当一部分是以英、美进口的零部件装配而成的。此外，还生产电子计算机、电视机、电冰箱、洗衣机、空调器等。

纺织工业是历史最悠久的部门之一。主要有毛、棉纺织等，其中以毛纺织工业最为重要，产品主要满足国内市场的需要，对外出口毛条和毛纱。近年来由于化纤产品不断增加，对毛织品的生产有所影响，致使毛织品产量较前有所下降。棉纺织工业在战后虽有较大的发展，但目前产品仅能满足国内需要的一半左右。目前，经过重大的结构性调整，澳大利亚的纺织工业正在朝着服装规模化和纺织制成品的方向发展。维多利亚、新南威尔士是澳大利亚纺织工业的中心。

四、澳大利亚的对外贸易

澳大利亚对外贸易发达。因为国内市场有限，故其产品主要外销，对外贸易在经济中占有举足轻重的地位。澳大利亚的农业产品的70%、资源产品的80%以及制造业产品的18%用于出口，服务业出口占有相当大比重。二战后，随着经济结构的变化，其对外贸易的商品结构和地区结构都发生了重大变化。目前，出口以农牧矿产品为主，主要出口小麦、食糖、羊毛、肉类、煤炭、铁矿砂及有色金属矿产品等，制成品在出口中的比重已上升到25%以上，主要有运输设备、钢铁及部分化工产品等，并已明显地增加了精加工商品和高新技术产品的出口。进口以制成品为主，主要进口机械、运输设备、石油化工产品和纺织品、日用品等。

澳大利亚主要贸易伙伴是日本、美国、中国、新西兰、英国、韩国、德国、新加坡、中国台湾和印度尼西亚。对外经济关系重心逐步由欧洲向亚太地区的转移，意味着澳大利亚经济日益与亚太地区的经济融合在一起。

中澳经贸合作历史悠久，两国自1972年建交以来，双边经贸关系加速发展，成就卓著。近年来，澳大利亚政府推行“面向亚太”、“融入亚洲”的经贸战略，重视发展同中国的关系，我国也将澳大利亚视作多元化战略的重点目标市场之一，双边经贸合作更显示出勃勃生机。1995年，双边贸易额达42.1亿美元，2006年中澳贸易额为329.5亿美元。2013年中澳双边货物进出口额为1 364.4亿美元，占澳大利亚货物进出口总额的28.03%。中国继续保持澳大利亚最大贸易伙伴、澳大利亚第一大出口市场和第一大进口来源国地位。中国是个具有巨大市场潜力的发展中国家，而澳大利亚是个拥有丰富的矿产资源、原料和先进技术的发达国家，经济具有极强的互补性，因而两国经济和贸易关系保持着日益扩展的势头。两国间贸易产品迅速增多，除了服装、纺织品、轻工产品（包括鞋类、箱包、塑料制品等）之外，澳大利亚还从我国购买家用电器、通讯设备等；澳大利亚对我国出口也在发生变化，除羊毛、铁矿砂、谷物等农矿原料外，精细加工产品呈增长趋势。矿产品、贵金属及制品、纺织品及原料以及贱金属及制品是澳大利亚对中国出口的四类主要产品。中国目前是澳大利亚羊毛的最大买主。中澳服装纺织行业互补性很强，中国每年棉花进口总量5%和羊毛进口总量60%来自澳洲。而中国服装纺织已占澳大利亚进口市场70%以上，澳大利亚已成为我第八大服装纺织口市场。

此外，双方还在农、林、牧、矿、能源、交通乃至城市改造等方面开展了广泛的技术合作，取得了许多成就。

与此同时，双方在投资领域也展开了良好的合作前景。截至2008年5月，澳大利亚在华投资项目8 754个，合同外资金额184亿美元，实际使用外资金额55.23亿美元。分布在制造业、批发零售、租赁和商务服务业等领域。截至2007年底，中国在澳大利亚投资项目已超过340家，我对澳大利亚直接投资额17.3亿美元，主要集中在资源开发、服务业、房地产及进出口贸易等领域。中澳两国已互为重要的投资伙伴。

五、港口和城市

（一）堪培拉（Ganberra）

位于东南部澳大利亚山脉马兰季比河谷，为澳大利亚的首都，是全国政治和文化中心，人口约25万。1909年被定为联邦首府所在地。1927年联邦政府由墨尔本迁于此。这里从1913年开始动工建设，现已成为一座现代化的、布局合理和建筑新颖美丽的城市。同时在周围还建起了数座卫星城。市区依山傍水，有密林、丘陵环绕，风光秀丽，设有国立大学、联邦军事学院、天文台等。银行、饭店和服务性行业较多。该市有铁路、公路、航空线通往悉尼和墨尔本等大城市。

（二）悉尼（Sydney）

位于杰尼逊湾沿岸，是澳最大的城市、港口和主要工业中心、金融中心，也是澳大利亚著名的旅游城市。人口约占全国总人口的1/4。工业以机械制造业最为发达，炼油、化工、纺织、印刷、食品加工业也很重要。并有发达的铁路和公路网通达内地。向海外输出小麦、肉类、羊毛、毛条等，进口主要是机械设备。有定期海、空航线通往美、英、新西兰等国。悉尼的货物运输量居全国首位。

（三）墨尔本（Melbourne）

位于澳东南部，地处悉尼、阿德雷德和霍巴特三角地带中央，是维多利亚州的首府和港口，也是澳大利亚重要的交通枢纽、贸易和工业中心。人口约290万。

（四）布里斯班（Brisbane）

位于布里斯班河下游，人口约112万人，是澳大利亚第三大城市，全国最大海港。

（五）弗里曼特尔（Fremantle）

位于澳西南海岸，人口约73万，为西澳州首府珀斯的外港。

（六）霍巴特（Hobart）

位于塔斯马尼亚岛上，是塔斯马尼亚州首府和港口，人口约 17 万。

【知识拓展】

多元的澳大利亚文化

澳大利亚是一个移民国家，多元文化是澳大利亚文化的必然特性。移民和多元文化为这个国家注入了活力。澳大利亚政府鼓励不同种族或民族的澳大利亚人，包括土著人，在家里或公共场合像使用英语一样地使用他们的母语，也鼓励任何背景和任何民族的人们保留他们自己的文化。澳大利亚联邦政府甚至提供各种援助和津贴，去奖励发展多元文化的人士、团体和组织。

从主流文化角度而言，澳大利亚属西方文化。尽管澳大利亚常常被描绘成一个以农村为主的国家，事实上，占主导地位的仍是市区的文化和大都会的生活方式，包括可以享受到的世界各地的美味佳肴。

澳大利亚人喜欢喝啤酒（酒精含量约为 5%）。闲暇时光尤其是周末，许多人喜欢呼朋唤友到酒吧饮酒谈天、欣赏音乐，或者到公园烧烤游乐。澳大利亚的城市有很多开阔的公园和绿地点缀其间，而且绝大多数的公园是免费的，四面八方都是进出公园的小径。便利的交通也可以毫不费力地将人们带入城市近郊的国家公园。

居住在澳大利亚的土著人（也称原住民），仍然保护着自己的风俗习惯。他们以狩猎为生，“飞去来器”是他们独特的狩猎武器。他们很多仍居住在用树枝和泥土搭成的窝棚里，围一块布或用袋鼠皮蔽体，并喜欢文身或在身上涂抹各种颜色。平时仅在颊、肩和胸部涂上一些黄白颜色，节庆仪式或节日歌舞时彩绘全身。文身多为粗线条，有的像雨点，有的似波纹，对经过成年礼的土著人来说文身不仅是装饰，而且还用以吸引异性的爱慕。在狂欢舞会上，人们头戴五彩装饰，身画彩纹、围着篝火跳集体舞。舞蹈纯朴，多反映狩猎生活等。

随着时代的变迁，一些土著居民渐渐离开部落，搬迁到城市居住。澳大利亚有优惠土著居民的各种政策，包括在房屋、就业、福利各方面为他们投入现代生活提供各种必要的协助。在旅游区，土著居民的艺术品和手工艺品是世界各地游客搜罗购买的物品之一，这都是土著居民的收入来源。

澳大利亚有特别浓厚的自由和无拘无束的气氛。人们日常互相直呼其名（只称呼名，不称呼姓），老板和员工之间、教师和学生之间都如是。在两大城市悉尼和墨尔本的市中心，平日中午常常可看见穿笔挺西服的白领人士和朋友同事聚在一起，坐在建筑物门前的台阶上吃简单的午餐，如三文治或热狗，白领人士坐在街上吃便当，同样是现代化的大都市，同样的场面在东京或香港这样的地方是难以想象的。

（根据百科全书等资料整理）

【案例分析】

加拿大的水土保持生态环境建设的经验

加拿大水土保持生态环境建设的内容相当广泛，做法也多种多样，几乎涉及各个与水土资源开发和发展相关联的领域和部门，包括农田及农村水土保持、草地及牧场水土保持、城市化建设中的水土保持、公共设施（包括娱乐场地建设）水土保持、工矿企业水土保持（矿山复垦）、海（湖、河）岸水土保持等等。其基本经验如下：

1. 加强宣传教育，提高全民的水土保持生态环境建设意识，使其成为一种自觉行为

加拿大政府、社会团体及各社区均对全国的生态和环保的状况密切关注。每年政府都通过每半年出版的《加拿大生态环境状况》杂志及网络信息，向全体公民免费发布生态环境状况的信息。在介绍生态与环境情况的同时，还向公民说明生态环境与经济可持续发展的关系。

加拿大的“农民协作组织”（也称“农民协会”）很普遍，它是农民自觉治理水土流失，保护环境的一种具体体现。如安大略省就有这种“农民协会”50 多个，属非政府机构，协助政府进行一系列工作。具体任务是：与省、市农、林、牧、水、土地、环保等经济管理部门进行沟通；负责组织制定当地“环境农业（永续农业）发展方案”；经常进行一些新技术成果的展出和宣传教育活动，促使农民掌握更多的水土保持及相关科学知识。由于“农民协会”所做的工作都是关系农民自己的事（如地下水、地表水的开采和保护，农药、粪便及燃油的污染及治理等），所以人人都很积极，对行动方案提出很好的建议，并主动贯彻执行。

2. 依靠政策、法律法规开展水土保持生态环境建设工作

加拿大“绿色工程”中有一句座右铭：“我们的土地是从子孙那里借来的，而不是从祖辈那里继承来的。”加拿大政府也正是基于这种对环境和对资源的保护心态出发，在制定经济发展的各种政策及法律法规时，时时将保护生态、保护环境作为一项基本的要求。加拿大制定了严格而科学的政策和法律法规，使得各行业有法可依，相互协调发展，在基本建设的过程中严格遵守水土保持生态环境建设等有关法规。加拿大的联邦、省及市政府对生态环境保护各负不同的职责。联邦政府从宏观的角度制定生态环境保护政策，并代表加拿大参与生态环境建设有关的国际事务，同时全国的生态地理信息（GIS）系统由联邦政府资助，由加拿大联邦自然资源部、农业部合作建成。加拿大 10 省 3 地区分别有独立的环境部，依据各省和地区的特点制定省级生态环境保护政策。而城市的生态环境政策是在联邦和省的法律法规规范之下，细化并专门针对各地城市生态环境的特殊性而制定的。因此加拿大的生态环境建设和保护是由三级政府共同协助制定的，而每一级又侧重不同角度。三级政府在制定生态环境政策时没有上下级关系，是一种协助而独立的关系，划分细致的法规、政府间的良好合作和严格的监督，是加拿大保持良好生态环境和经济持续发展的基本保证。

加拿大将水土保持生态环境建设提到相当的高度来认识，联邦政府把生态环境建设当做国家的一件大事来抓。无论是政府机构，还是土地私营者，不论是政府官员，还是国民，都有权保护土地，无权滥用。人们对自然资源和生态环境的影响都受法律的约束，依法办事是加拿大防治水土流失成功的重要环节。

3. 重视水土保持生态环境建设规划的综合性和关联性

加拿大的水土保持生态环境建设规划比较全面，其特点：一是注重在全面评价土地资源的基础上，分析水土流失状况、成因及改善措施，并运用多学科的知识综合制定规划。二是在制定规划过程中特别重视与土地所有者的密切合作，务使规划与其经济目标一致，切实可行。三是体现了项目的关联性和多目标性，即通过各种资源的保护，将防洪、水土保持、土

地利用、林草地管理、居民点的发展、矿山的复垦、水质的监测和改善、野生动物保护、旅游点的建设等结合起来，以维护土壤生产能力，提高流域总体环境质量。如温哥华矿山复垦样板——宝翠花园，就是在水泥厂的石灰石矿废址上经复垦建造的。做法是在矿山开发设计中，就把复垦方案考虑其中，边建设开发边复垦种植，矿山开发结束时，矿址已变成一个环境优美的旅游观光胜地。

采取的各项治理措施，包括工程与非工程措施，均按规划行动方案手册要求进行生态环境建设。如安大略省农民协会制定的“生态环境建设行动计划手册”，内容涉及36个方面，从大目标到小的具体技术规程，从施工方式到施工设备，从坡耕地治理到粪便、农药、油料的处理，从天然林保护到林草植被的更新，从矿山开发到复垦等方面，均做得既科学具体，又简单实用。再如对小流域的治理，除采取了必要的水土保持措施外，还考虑了土地的永续利用，采取农林间作、草田轮作等形式。

综合评价他们的治理方案，可以概括为：既宏观超前，又全面具体；既有指导性，更具操作性。

4. 注重生态环境建设方面的实用科技研究

非常重视农业生态环境保护技术的研究和开发。同时加拿大人又是典型的实用主义者，他们称作是“The Rule Thumb”，其研究重点主要投向应用研究和应用基础研究上。

5. 建立有效的科研体制

农业及农业食品部的研究局为研究主管部门，一般每省两个，其中有些还设有分中心。这些研究中心大都服务于一定的区域，体现当地的生产特点，主要解决所在地区的实际问题。这些研究中心又分为东、西两部分，由研究局的两位局长分管。

(1) 设立科研的重点领域（仅列出与水土保持生态环境有关的项目）

(2) 按生态区和生产特点设立研究中心

(3) 进行多学科研究

(4) 研究课题不重复

(5) 重视应用研究

(6) 重视推广和服务（或技术转移）

(7) 鼓励产业部门投资研究

6. 强调资源的可持续管理，如水、林草植被与生态保护等

（摘自《加拿大的水土保持生态环境建设》，作者为杨晓勇，有删节）

【思考练习】

1. 分析加拿大和澳大利亚两国在经贸发展上的共同点。
2. 试说明澳大利亚是“骑在羊背上的国家”和“坐在矿车上的国家”的含义。
3. 简要分析澳大利亚人口、城市、经济分布与其自然条件的关系。

任务十四

巴西和印度的经济贸易地理

【目标要求】

巴西和印度是发展中国家中的大国。通过对本部分内容的学习，学生将认识和了解两个国家的地理概况，并分析影响经济贸易发展潜力的主要因素，掌握两个国家经贸地理的基本特点。

【关键技术】

1. 两国面积、人口和资源特点；
2. 两国产业结构、工业和农业发展状况；
3. 两过对外贸易基本特点。

【学习内容】

项目一　巴西经济贸易地理概况

一、巴西的自然地理环境

巴西联邦共和国（The Federative Republic of Brazil），简称巴西。巴西位于南美洲东南部，同除智利和厄瓜多尔以外的所有南美洲国家接壤。北邻法属圭亚那、苏里南、圭亚那、委内瑞拉和哥伦比亚，西界秘鲁、玻利维亚，南接巴拉圭、阿根廷和乌拉圭，东濒大西洋。国土面积 851.48 万平方公里，约占南美洲总面积的 46%，仅次于俄罗斯、加拿大、中国和美国，为世界第五大国家。

巴西人口约 2.02 亿人（2014 年），居拉美首位，世界第五位。城市人口占 81.25%，平均寿命 68.8 岁，人口密度为 25.7 人/平方公里（2013 年）。其中，白种人占 47.3%，黑白混血种人占 43.1%，黑种人占 7.6%，亚洲人占 2.1%，印第安人约占 0.14%。印第安人是巴西土著民族，共有 35 万人，分属 227 个族，讲 175 种不同的语言，生活在国家设立的 561 个印第安人保护区内，亚马逊州集中了全国 25% 的印第安人（1999 年）。巴西是世界上天主教徒最多的国家，83%的居民信奉天主教，少数居民信奉新教和犹太教。官方语言为葡萄牙语。

（一）巴西的自然条件

巴西境内没有高大的山脉，地形以高原与平原为主，分为亚马逊平原、巴拉圭盆地、巴西高原和圭亚那高原，其中亚马逊平原约占全国面积的1/3，是世界最大的平原。巴西高原是世界上第二大高原，面积约500多万平方公里，约占巴西领土的1/2强。地势大体由南向北逐渐降低。高原表面起伏平缓，海拔多在600~900米之间。

巴西大部分地区位于赤道和南回归线之间。巴西高原属热带草原气候，气候温和。亚马逊平原属热带雨林气候，终年炎热多雨。巴西是世界上热带面积最大的国家，大部分地区年平均降水量为1 000~2 000毫米，年平均气温在20℃以上。

巴西河流众多，主要属于亚马逊河、巴拉那河、圣弗兰西斯科河三大水系。亚马逊河全长6 751公里，横贯巴西西北部，源头在秘鲁的维尔卡诺塔。亚马逊河是世界上流域最大的水系，流域总面积达705万平方公里，在巴西境内的流域面积逾390. 4万平方公里。亚马逊河又是支流最多的河流，共有7 000条支流，超过1 000公里的支流有200多条，超过1 500公里的支流有17条。亚马逊河下游河面平均宽80公里，最宽处达125公里，最深处有130米，每年注入大西洋的水量占世界注入海洋总水量的10%。入海处烟波浩渺，一望无际，巴西人称之为“河海”。巴拉那河流经西南部，多激流和瀑布，有丰富的水力资源，世界著名的伊瓜苏瀑布位于巴西边境，靠近巴拉圭与阿根廷。巴西是世界上水电建设规模最大的国家之一，全国水力发电总量的一半以上来自巴拉那河水系。圣弗兰西斯科河自巴西高原东南部流向东北干旱地区，不但可以灌溉农田，而且蕴藏巨大的水力资源。

（二）巴西的自然资源

巴西是资源大国，矿产资源丰富。经探测，铌、钽、石英、氧化碘等储量占世界第一，其中铌储量520万吨，占世界储量570. 6万吨的91. 1%，钽铁矿储量8 920. 4万吨，占世界储量1. 807 27亿吨的49. 4%。高岭土和自然石墨储量占世界第二位，其中，高岭土储量40亿吨，占世界储量142亿吨的28. 2%，天然石墨储量9 500万吨，占世界储量4. 540 8亿吨的21%。铝、滑石、蛭石和锡储量占世界第三。镁、锰储量占世界第四，铁矿砂和锂储量分别占世界储量的第五位，其中铁矿砂储量333亿吨，占世界储量的9. 8%，产量3. 56亿吨，居世界第二位。此外，镍、钻石、宝石、金、铀、钛、钍等的储量也非常丰富。

森林面积442万平方公里，全国森林覆盖率57%。木材储量658亿立方米。亚马逊平原炎热多雨，发育了世界上最繁茂的热带森林，其范围扩展到巴西高原北部边缘，形成了280万平方公里的莽莽林海。这片森林对世界气候有很大影响，被称为“地球之肺”。雨林中树木繁杂，保存了占世界1/2的植物种类，仅高大乔木就有4 000种之多，其中巴西木最为名贵。这些树木可供提取药材、油脂、树胶、纤维、油漆等原料。水力资源丰富，水电占全国发电总量的92%。

二、巴西的经济发展历程及特点

巴西经济实力居拉美首位。历史上，巴西曾经是单一农业经济国家，蔗糖、咖啡等为其主要经济作物。20 世纪初巴西开始了工业化进程。从 20 世纪 50 年代起，巴西推行“进口替代”经济政策，并依靠大量举借外债获得了经济腾飞，1967—1974 年经济年均增长速度达到 11.2%，创造了“巴西奇迹”，并初步建立起了较为完整的工业体系。其后近 20 年的时间里，巴西一直为外债和通货膨胀所困扰，经济发展陷于停顿。1994 年 7 月巴西推出“雷亚尔计划”，成功地控制了恶性通胀，使巴经济出现了一个稳定增长的时期。但财政和经常项目双赤字问题却日益严重，对外资依赖急剧加深。在这个情况下，政府一方面推动国有企业民营化，积极引进外资，另一方面着手进行多项重要社会改革，为巴西成为金砖国家打下坚实基础。在东南亚和俄罗斯金融危机冲击下，巴西被迫于 1999 年初宣布采取浮动汇率制。雷亚尔兑美元大幅贬值。由于巴西政府执行了严厉的财政调整措施，增收节支，巴西经济迅速走上恢复之路，2000 年经济增长达 4.46%，通货膨胀也基本得到了控制。2002 年巴西国内生产总值约为 4 524 亿美元，位居世界第八位，人均国内生产总值为 3 587 美元。巴西已经进入新兴工业化国家的行列。巴西 2013 年 GDP 增长 2.3%，总量为 22 403.10 亿美元，人均为 11 144 美元，成为第五大经济实体国家。

巴西经济典型特征为：

（一）拥有比较完整的工业体系

二战前，巴西经济主要以农业、纺织、食品等轻工业为主，产业结构单一。战后在大量利用外资的基础上迅速发展了钢铁、机械、化工、汽车、电子、核能、飞机制造、采矿和有色金属冶炼等现代化工业，建立了部门齐全的工业体系，极大提高了巴西工业整体实力；其中汽车和飞机两个产业较为发达。

（二）产业结构日趋高级化

农业和工业在国民经济中的比例不断下降，服务业比例迅速上升。2000 年农业、工业、服务业在国内生产总值中所占比例分别为：9.1%、33.1%、57.8%。

（三）债务负担严重，成为制约经济发展的重要因素

战后巴西经济发展主要是建立在举借大量外债的基础上，使外债额不断上升，到 2000 年底巴西外债总额已达 2 169 亿美元。巨额外债曾使巴西经济一度陷入停顿，现在沉重的外债依然是制约其经济发展的重要因素。

（四）经济发展地区不平衡

以米纳斯吉拉斯州、圣保罗州、巴拉那州、巴伊州等为代表的东南部和东北部沿海地区为巴西经济最发达地区，集中了全国主要的经济中心、大城市和港口，其余地区经济相对落后，尤其亚马逊流域上游地区，基本还处于未开发状态。

三、巴西的主要产业部门

（一）工业

巴西拥有较完善的工业体系，工业实力和技术水平均居拉美首位。加工制造业占工业总产值的3/4，工业自给率达80%以上。主要工业部门有：钢铁、汽车、飞机制造、造船、石油、水泥、化工、冶金、电力、飞机制造、建筑、纺织、制鞋、造纸、食品等。其中，钢铁、汽车、船舶、飞机是世界重要生产国之一（见表14-1）。

表14-1　　1999—2005年巴西主要工业产品产量　　单位：万吨

	1999	2000	2005
水泥	4 027.0	3 955.9	3 667.3
化肥	742	786.0	—
粗钢	2 499.6	2 786.5	3 160
铝	125.0	127.7	150
纸浆	720.4	744.7	920
纸张	688.9	711.6	506
汽车	134.4	167.1	244.7

资料来源：巴西地理统计局，巴西中央银行。

巴西工业主要布局于以里约热内卢、圣保罗和贝洛奥里藏特为支点的三角形工业地带，这里是巴西著名的工业三角区。

1. 采矿业

巴西矿产资源十分丰富。种类多、储量大、品位高，生产开发技术先进。除了满足国内生产的需求外，大量的矿业产品出口，成为世界矿产资源和产品出口大国，矿产原料每年出口额约42.14亿美元，占出口总额的34.94%。2002年，巴西共开采70种矿产，其中21种为金属矿，45种为非金属矿，4种为能源矿。2004年巴西的国民生产值总值的增长率为2.3%，而矿业则为10.2%，巴西矿业已成为巴西国民经济重要的支撑点和国民经济发展的生长点。

采矿业以铁矿开采为主，是其支柱产业。巴西铁矿资源丰富，铁矿石储量大，品位高，且以露天矿为主。2001年铁矿砂开采量为2.105亿吨，占世界开采量的19.8%，世界排名第二。铁矿砂是巴西最主要的出口矿产品，2001年出口额为29.32亿美元，占巴西原料出口总额的69.6%，也是世界第二大出口国。2008年，巴西铁矿石产量4.09亿吨，占世界铁矿石产量的17.94%，出口量达到3亿吨。2012年巴西铁矿石产量达到5.1亿吨，出口2.96亿吨。

巴西有99.4%的铁矿石来自米纳斯吉拉斯州的“铁四角”地区。该地区的铁矿具有分布集中、含铁品位高、有害杂质少、矿体覆盖层薄以及剥采比小等特点。成品矿主要为块矿、粉矿及球团矿。现开采中的有代表性的铁矿山为多西河谷伊塔比拉矿山，年生产能力为

7 000 万吨，是世界上最大的矿山企业之一。卡拉加斯铁矿是世界最大的富矿之一，储藏量为 1.77 亿吨。

巴西最大的铁矿石公司为淡水河谷集团。

2. 钢铁工业

丰富的铁矿资源，丰沛的水利资源，完善的电力设施，优良的焦煤品质，为巴西发展钢铁产业提供了得天独厚条件。巴西是世界钢铁生产大国，2005 年巴西已经是世界第 4 大钢铁净出口国；2010 年巴西的钢产量为 3 290 万吨，与 2009 年一样在世界上排名第 9 位。

巴西钢铁生产主要集中在其东南部和南部各州，其中米纳斯吉拉斯州、里约热内卢州和圣保罗州的粗钢产量约占全国产量的 80% 以上。

3. 汽车工业

巴西汽车工业在第二次世界大战后得到迅速发展，成为世界十大汽车生产国之一。20 世纪 80 年代受债务危机影响，汽车产量下跌到 70 多万辆，世界排名退到第 12 位。1993 年开始复苏，年产 139 万辆，回升到世界第 10 位，2003 年的产量约为 182 万辆。巴西目前拥有 300 万辆的年生产能力，可生产市场需求的各类高、中、低档汽车（见图 14-1）。由于石油短缺，近年巴西开发出了在汽车技术方面居世界领先地位的酒精和汽油双燃料汽车。

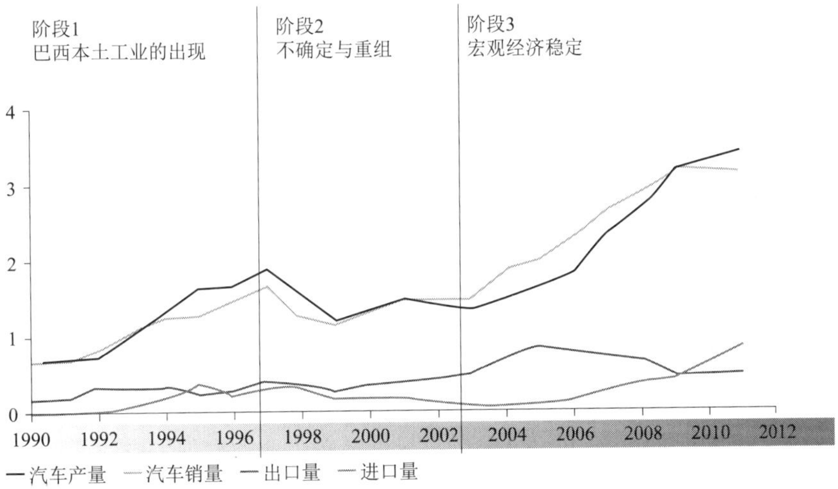

图 14-1　巴西汽车工业发展历程（百万辆）

巴西汽车出口量占生产总量的 20% 左右，其中小型车出口居第四位，主要出口到非洲等地区。21 世纪后，巴西汽车产量一直稳居全球第七，而销量则稳居全球第四位。

全国汽车生产企业有 26 个，其中 22 个是在 1996 年至 2002 年期间新建的合资企业。其中包括德国的戴姆勒—克莱斯勒、大众；美国的福特、通用；意大利的菲亚特、依维柯；日本的本田、三菱、日产、丰田；法国的标致—雪铁龙和雷诺；瑞典的沃尔沃、斯堪尼亚；英国的陆虎和巴西的 Agrale 等。

巴西汽车生产主要集中在圣保罗附近地区。

4. 电子信息工业

巴西电子信息工业发展历史不长，但发展很快，已成为世界第七大信息产业市场，电子产品的国有化率已达到90%。2003年电子行业产值占巴西GDP的4.3%，占出口总额的6.4%。主要出口产品有：手机、压缩机、通讯器材、电视显像管、冰箱、工业设备器材、发动机、步话机等产品。另外，巴西是世界最发达的软件生产国家之一。软件的应用领域主要是银行自动化、贸易自动化、电子选举、电子政务，包括个人所得税的申报、电子汇兑等。电子信息工业主要集中在圣保罗、里约热内卢、贝洛奥里藏特、玛瑙斯等大中城市。

5. 航空业

巴西的航空业一方面是飞机制造业发展速度非常快。1969年巴西建立了第一家航空工业制造公司，到1985年自己设计、制造的轻型飞机的产量已占到世界的第六位。20世纪90年代，巴西航空制造业异军突起，使巴西成为世界先进的飞机制造国之一。巴西飞机制造业主要发展低油耗的轻型飞机和多用途飞机。巴西航空工业公司目前是全球主要的轻型飞机制造商（民用航空和军事用途）。军机有沙万特战斗机；民用支线飞机有班德兰特（BANDEIRANTES），可用于客运、货运、侦察、教练、测绘等用途，班德兰特支线飞机是世界最畅销的飞机之一；还有巴西利亚型运输机。目前巴西航空工业公司自主研制的ERJ 145系列飞机，是系列化的双发涡扇喷气支线客机，畅销全世界。

另一方面，巴西的航空运输业发展的速度也非常快。2011年上半年，巴西航空运输业增长率达到19%，居全球首位。增速超过中国、印度、美国和欧洲，是全球平均增速的近5倍（全球平均增速为5%）。预计巴西将成为全球第四大航空市场，仅次于美国、中国和日本。

6. 造船工业

巴西年造船能力已达到200万吨，拥有15家大型造船厂，具有生产40万吨级巨型油轮及不同型号的油轮、货轮和矿砂船的能力。里约热内卢是最大的造船中心。

（二）巴西的农牧业

巴西是世界上农牧业较发达的国家之一。近30年来，农业年平均增长率为4%，特别是粮食的增长速度长期超过世界平均水平。巴西是世界农业生产和出口大国，除小麦等少数作物外，主要农产品均能实现自给并大量出口。尽管随着工业的发展，农牧业在国民经济中的地位有所下降，但农牧业至今仍然是巴西经济发展的基础，特别是在外贸出口方面，农牧产品占出口总值的60%左右。

种植业是巴西农业中最主要的部门，产值占农业总产值的70%，主要种植玉米、小麦、稻谷等粮食作物和咖啡、甘蔗、棉花、大豆等经济作物。其中热带经济作物的种植在巴西的国民经济和国际市场上都占有相当重要的地位。咖啡、甘蔗、柑橘的产量世界第一，西沙尔麻、蓖麻籽、可可、大豆产量世界第二，玉米产量世界第三。其中，咖啡成为巴西经济的“王牌产品”（见表14-2）。2013年，巴西农产品出口量世界排名第一的是：大豆、牛肉、鸡肉、烟叶、皮革。

表 14-2　　**2004 年巴西农作物种类、种植面积和产量**

	种植面积（公顷）	产量（吨）		种植面积（公顷）	产量（吨）
大豆	21 538 990	49 549 941	烟叶	462 265	921 281
甘蔗	5 631 741	415 205 835	芸豆	3 978 660	2 967 007
玉米	12 864 838	41 787 558	香蕉	491 042	6 583 564
稻米	3 733 148	13 277 008	小麦	2 810 224	5 818 846
咖啡	2 368 040	2 465 710	马铃薯	142 704	3 047 083
子棉	1 159 677	3 798 480	西红柿	60 154	3 515 567
柑橘	823 220	18 313 717	葡萄	71 637	1 291 382

巴西是世界主要畜牧生产国之一。随着经济的对外开放，巴西畜牧业发展迅速，为巴西第二大农业部门，占农业总产值的 25%。在畜牧业内部，牛奶和家禽产值比例达到 45%。据统计，2000 年巴西牛的存栏头数居世界第二位，仅次于印度，牛肉产量居世界第一。猪和家禽的存栏数居世界第三位，仅次于中国和美国。养牛业以放牧为主，集约化的奶牛场集中在大城市附近，奶产品仍需大量进口。在南美洲，巴西是奶制品最大的进口国，每年需耗费外汇 1 亿多美元。巴西的禽肉和猪肉产量都占拉美国家的首位。肉类出口每年为国家创汇约 8 亿美元，其中尤以禽肉的出口增长较快。

肉牛资源分布情况是，中西部地区占 34. 80%，北部地区占 19. 45%，东南部地区占 19. 26%，南部地区占 13. 79%，东北部地区占 12. 70%。位于中西部地区的 MaroGrosso 州的肉牛产量居第一位，占全国总产量的 12. 67%。

巴西农业生产的主要特点为：(1) 农业资源利用率较低，增产潜力难以估量。巴西可利用开发的土地约 12 亿公顷，但目前已开发耕地 4 950 万公顷，仅占国土面积的 6%，人均 0. 3 公顷（4. 7 亩）。巴西农业增产的潜力极大，甚至有专家认为，巴西将是“21 世纪的世界粮仓”。(2) 农业以出口产品为主，粮食尚需进口。巴西农林渔产品的出口占总出口的 29% 左右，农业是国家赚取外汇的主要行业之一。但由于巴西过去长期是面向出口的单一经济，虽然政府采取了多种鼓励政策，力图提高粮食自给率，但目前粮食仍然需要依赖进口。(3) 大庄园主农业和小农经营并存。巴西全国的良田大部分掌握在大庄园主手里，最大的可以达到几万、甚至几十万公顷。以生产大豆、甘蔗、咖啡、可可等出口农产品为主，现代化水平较高。另一方面，占农场总数 85% 的是自给性小农业主，以生产木薯、黑豆等为主，劳动生产率和经济收入都很低。此外，巴西还有无地的农民 1 200 万，他们生活在社会的底层，多半仍处于赤贫状态。(4) 地区发展不均衡。南部、东南部地区，采用现代科学技术和经营管理方法，生产水平较高。东北部和中西部地区是巴西的欠发达地区。特别是东北部，虽有不少河流湖泊，但是没有灌溉系统，农业基本上“靠天吃饭”，是全国最落后的地区。

根据全国农业生产条件，巴西分为五大农业区：东南部区，包括里约热内卢、圣保罗等四州，盛产咖啡、甘蔗、棉花、花生等，农业产值占全国农业总产值的 35. 7%；南部区，包括巴拉那、圣卡塔利那等三州，是大豆和谷物的主要产区，大豆占全国总产量的 90% 以上，谷物占全国总产量的 50% 以上，75% 的苹果、梨、葡萄和桃等产于该区；东北部区，包括乌拉尼昂，皮奥伊等 9 个州，盛产可可、橡胶等热带作物，产量占全国总量的 75% 以上；北部区，包括亚马逊和帕拉等 6 个州及地区，该地区绝大部分是亚马逊原始森林，主要农作物是黄麻、锦葵、腰果，产量均为全国产量的90%；中西部区，包括戈拉斯等3个州和首都联邦区，主要牲畜是牛、马、猪等，牧场面积占全国牧场总面积的40%强，这一区域的MaroGrosso州的肉牛产量居第一位，占全国总产量的12.67%。

（三）巴西旅游业

巴西旅游业从目前的角度来说，并不是世界旅游业发展最好的国家。巴西有着丰富的自然景观和独特的自然条件，有着发展这一产业的良好基础。1995开始，巴西政府把发展旅游列入巴西战略发展规划。2010年巴西的旅游经济居全球第13位。但是巴西的旅游业发展的速度很快，发展前景非常好。2003—2009年巴西旅游业增长114%，2010年一季度同比增长16.4%，2011年入境巴西的外国游客超过543万人次，比2010年增长5.3%。里约热内卢、伊瓜苏瀑布和亚马逊热带雨林是国外游客在巴西境内最青睐的旅游景点。

四、对外贸易

对外贸易在巴西经济中占有重要地位，约占国内生产总值的1/5。二战前，巴西是世界上重要的初级农产品出口国。上世纪60年代，巴西以“出口及出路”为战略，促进了对外贸易的发展。近年来，巴西政府对外贸易政策作了重大调整。取消以高额关税限制进口的保护主义，并对出口进行奖励和补贴，鼓励提高产品质量和加强出口竞争机制，同时宣布开放市场，5 000种商品免征进口税和关税。2001年巴西全年出口582.23亿美元，进口555.81亿美元，贸易盈余26.4亿美元，扭转了自1994—2000年间连续出现逆差的局面。2002年巴西进出口贸易总额为1 100亿美元，其中，进口额为496亿美元，出口额为604亿美元，贸易顺差进一步扩大。2013年巴西进出口贸易额达4 818亿美元，其中，出口2 422亿美元，进口2 396亿美元，累计实现顺差25.6亿美元。

20世纪80年代起，巴西外贸商品结构发生了重大变化。制造业产品在出口贸易中的比重不断上升，农、矿产品的比重显著下降。目前，巴西主要出口商品有原油、咖啡、大豆、禽肉、铁矿砂、钢材、运输器材、蔗糖、橙汁、可可、纸浆、机械设备、电器等。主要进口商品有石油、机器设备、光学仪器、化工原料、粮食、肥料等。巴西传统的贸易对象国是美国、西欧和日本，近20年来，对发展中国家的贸易往来有了很大增长，对亚洲、非洲的出口增长非常快。目前巴西同170多个国家和地区有贸易关系（见表14-3）。

表14-3　2011年巴西主要的贸易伙伴　单位：亿美元

出口			进口		
序号	国别	贸易额	序号	国别	贸易额
1	中国	443	1	美国	342
2	美国	259	2	中国	328
3	阿根廷	227	3	阿根廷	169
4	荷兰	136	4	德国	152
5	日本	95	5	韩国	101

资料来源：中华人民共和国外交部网。

1974 年 8 月中巴两国建立了正式外交关系，此后双边经贸关系取得了长足发展。1986 年 11 月 24 日，北京同里约热内卢结为姊妹城。2003 年双边贸易额为 79.89 亿美元，同比增长 78.7%。2004 年 1 至 10 月双边贸易额达 103.01 亿美元，同比增长 57.6%，占中国同拉美贸易总额的近 1/3。其中中方出口 30.13 亿美元，同比增长 75.8%，进口 72.88 亿美元，增长 51.2%。目前，巴西是中国在拉美最大的贸易伙伴，中国取代美国，成为巴西最大的贸易伙伴。2013 年中国和巴西双边贸易额达到 833 亿美元，同比增加 34.5%。中方主要出口机电产品、高新技术产品、服装、煤、焦炭、纺织品、自动数据处理设备及零部件等；进口巴西豆类产品、铁矿砂、机电产品、纸浆、汽车零件、皮革、钢材、木材等。

五、交通、港口和城市

（一）交通和港口

公路运输是巴西交通运输主力，分别占全国客货运量的 96.3% 和 63.1%。据巴西交通部 1999 年调查，全国公路总长 165.8 万公里，其中柏油路面长 16.42 万公里。巴西铁路总长 29 700 公里，电气化率 7.1%，全国 35% 的铁路使用已超过 60 年。近年来，铁路在全国运输中的比例稍有增加。

巴西全国主要港口 44 个，主要港口有：桑多斯、维多利亚、里约、帕拉那瓜和圣路易斯等。此外，为便利农产品运输，降低出口成本，并带动东北部经济发展，巴西正在东北部新建一批可停靠万吨以上船舶的深水港口。巴西年均内河货运总量 1 700 万吨左右，主要是将内地农产品输往沿海各港口。

巴西全国共有 9 家航空公司，登记各类飞行器 10 250 架，其中大、中型客机近 200 架。全国通航城市 150 个，公用民航机场 710 个，其中大型机场（可降波音 747 等大型客机）29 个，年客运量 2 000 多万人次。圣保罗和里约国际机场为巴主要航空出入境口岸，同世界主要国家和地区均有航班相连。里约格朗德航空公司（VARIG），同其下属的南大河（RIO SUL）、东北（NORDESTE）航空公司一起构成了巴最大的航空集团。

（二）主要城市

（1）巴西利亚（Brasilia）：巴西的首都。全国政治、经济、文化和交通中心。以建筑业、食品业、服务业、印刷业为主。

（2）圣保罗（San Paulo）：位于巴西东南部铁特河畔。市区面积 1 493 平方公里，人口约 1 100 万。是巴西最大的城市和工业中心，全国 1/2 以上的工业集中于该城市。主要工业有炼油、冶金、机械、汽车、军火、飞机、水泥、电气、电信、化学、纺织、食品等。炼油厂规模居全国之冠。汽车产量占全国 90%。圣保罗商业、金融业很发达，有国家、州、地方和国际银行。圣保罗为世界最大的咖啡交易中心。

（3）圣多斯（Santos）：圣多斯位于巴西东南岸，为圣保罗的外港，有铁路、公路通往圣保罗，距圣保罗 63 公里。有炼油、化学、水泥、食品、机械、冶金等工业。港口岸线长 8 公里多。可以同时停靠 50 多艘远洋货轮，为巴西第二大港口和世界最大咖啡出口港。全国出口总值 1/3 和进口总值 2/5 的货物经过该港。另外，玻利维亚和巴拉圭的部分货物也经过该港转口。

（4）里约热内卢（Rio de janeiro）：位于巴西东南大西洋纳巴拉湾西岸，是巴西最大港口和第二大城市，全国经济和文化中心，有纺织、印刷、汽车、冶金和食品等工业。该港输出咖啡、蔗糖、皮革和铁、锰等矿石，进口燃料、机器和金属制品等。

（5）玛瑙斯（Manaus）：位于亚马逊河与内格罗河交汇处，为亚马逊河中游最大河港，并为出口加工区和自由贸易港，输出天然橡胶。

项目二　印度经济贸易地理概况

印度是印度共和国（The Republic of India）的简称。

印度位于南亚次大陆，与巴基斯坦、中国、尼泊尔、不丹、缅甸和孟加拉国为邻，濒临孟加拉湾和阿拉伯海。全国国土面积约 298 万平方公里（不包括中印边境印占区和克什米尔印度实际控制区等），居世界第七位。人口约 12.1 亿（2013 年），世界第二大人口大国。印度的官方语言是印地语，英语也是全国性的通用语言。

一、印度的自然地理条件

按照地形特征，印度大致可以分为三个部分：北部喜马拉雅山区、中部平原区和南部高原区。中部平原是由印度河、恒河和布拉马普特河三大水系的盆地组成，是世界上最大的冲积平原之一，也是世界上人口最稠密的地区。这里地势平坦，气候温和，土地肥沃，雨量充足，是印度主要农作物区和经济最发达的地区。南部高原地区是德干高原，也称半岛高原，与中部平原区之间有一条高 460～1 200 米的文迪亚山脉相隔。该地区平均海拔为 300～800 米，属热带气候，适合农作物生长。总体来看，印度地势低平，土地资源丰富，平原占全国总面积的 43%，高原占 28%，山地约占 18%。

印度领土位于北纬 8°～34°之间，大部分地区属于典型的热带季风型气候，热量充足，降水丰沛，年平均温度在 24℃～27℃之间，年平均降水量为 1 170 毫米，但降水季节分配不均，主要集中在 6 至 9 月的雨季。不确定的季风给印度带来大暴雨，常常导致河流水位暴涨，引起洪水泛滥。印度年平均降雨量地区差异也很大，阿萨姆邦的乞拉朋齐年降雨量高达 1 万毫米以上，是世界降水量最多的地区，而西部的塔尔沙漠年降雨量不足 100 毫米。其他月份为干燥季节，降水较少，易于形成干旱的威胁。

印度主要的河流有恒河、布拉马普特拉河（上游为我国境内的雅鲁藏布江）、亚穆纳河、纳巴达河、哥达瓦里河、克里希纳河、默哈纳迪河等。其中恒河（Ganges River）全长 2 700 公里，是印度最长的河流，流域面积为 106 平方千米。

印度自然资源丰富，目前已开采的有 60 多种。截至 1996 年年底，印度主要资源可采储量估计为：煤 463.89 亿吨（不含焦煤），铁矿石 97.54 亿吨，铝土 22.53 亿吨，铬铁矿 1.24 亿吨，锰矿石 6 550 万吨。云母储量居世界首位，出口量占世界出口量的 60%，铝土储量和煤产量均占世界第五位。但印度矿产资源种类不齐全，缺乏一些重要的矿产资源，尤其是石油和有色金属。印度森林总面积 5 300 万公顷，覆盖率约为 22%，生产多种热带硬木、树脂（紫胶、古尔胶）。

二、印度的社会文化特征

印度是世界四大文明古国之一，历史悠久，社会文化环境复杂，对印度经济发展有着重要影响。

（一）人口众多，增长过快

截至 2013 年印度人口约 12.1 亿，是仅次于中国的第二人口大国。人口自然增长率为 15.5‰，人口密度为 352.7 人/平方公里。由于人口增长过快，给印度经济和社会发展带来极大压力，2002 年其人均国民生产总值仅 470 美元。

（二）民族关系复杂

印度是一个多民族的国家，有 10 个大民族和几十个较小的民族。主要有：印度斯坦族（占全部人口的 46.3%）、泰卢固族（占 8.6%）、孟加拉族（占 7.7%）、马拉地族（占 7.6%）、泰米尔族（占 7.4%）。各民族不但语言不同，风俗习惯有差异，各有相对集中居住地，而且经济发展水平也存在差异，因此民族纠纷、民族矛盾时有发生。

（三）语言复杂，影响交流和沟通

印度各民族都有不同的语言，全国共有 1 652 种语言，其中印度宪法承认的民族语言有 15 种，全国性的官方语言为印地语和英语 2 种。印度宪法曾规定允许保留英语为官方语言至 1965 年 1 月 26 日，其后取消英语的官方语言地位，仅保留印地语为官方语言，但印度南方及其他非印地语地区强烈抵制，印度议会下院不得不通过官方语言修正法案，允许英语继续作为官方语言之一。

（四）多种宗教并存

印度社会是个多宗教的社会，世界上各大宗教在印度都有其信徒。印度 99% 以上的人都是宗教信徒，无神论者极少。在纷繁复杂的印度文化中，始终占据主导地位的是印度教文化，它贯穿了印度文明史的始终。

三、印度经济发展特征及产业结构

（一）经济发展概况

印度在英国的殖民统治下近 200 年，直至 1947 年 8 月 15 日才获得独立，1950 年 1 月 25 日成立共和国。独立后，以尼赫鲁为首的国大党政府，采取了土地改革、废除长期束缚农业生产的地主制度，统一国内市场，实施“五年计划”，引进外国资本和技术，大力发展公营经济和实行公私营经济并举的资本主义“混合经济”等一系列重大措施，使国民经济很快恢复，并开始了工业化进程。经过6个“五年计划”的发展，农业由严重缺粮达到基本自给。工业已形成较为完整的体系，自给能力较强。印度政府于1991年7月开始进行全面经济改革，放松对工业、外贸和金融部门的管制，1992至1996年经济年均增长率为6.2%，到2000年10年间印度经济的增长率达到6.5%，这个数字无论在亚洲还是全球都可以说是佼佼者。最令人注目的是印度的信息产业，特别是软件业现在雄踞全球第二，把日本和欧洲远远甩在后面，近几年的增长率高达50%。专家估计，有“印度硅谷”之称的班加罗尔有可能取代美国硅谷，成为全球雇佣IT人员最多的地区。2002年印度全国GDP总量为5 102亿美元，进出口贸易总额达到1 058亿美元。2013年全国GDP总量为1 900亿美元，实际增长率为5.0%。另据统计，2001—2002财政年度印度粮食总产量达2.09亿吨，不仅自给有余，而且库存也在不断增加。经过几十年的发展，印度已从一个落后的农业国发展成为农业—工业国。

另外，印度经济具有明显的二元性特征。一方面，其原子能工业、航天工业、远洋运输、深井钻井、生物技术以及信息技术产业等尖端工业达到了世界先进水平，另一方面，也有大量的劳动密集型产业。一方面，国民经济总量超过英国、意大利等一些发达资本主义国家，另一方面，人均GDP（2002年）只有470美元，被列为世界低收入国家。一方面，印度拥有比较完善的工业体系，另一方面，农业在国民经济中占有极其重要的地位。以1999—2000财政年度为例，三大产业在国民经济中分别为：第一产业占29%，第二产业占24%，第三产业占47%。

尽管印度治安总体形势良好，但是一些恶性案件时有发生，这严重影响了印度在国际社会上的声誉和地位，波及了印度外国投资者的热情和旅游业的发展。

（二）农业

农业是印度国民经济最基本的部门。由于工业和服务业迅速崛起，农业在印度国内生产总值中的相对比例逐步下降。尽管如此，农业发展仍然是国民经济增长的前提，在国民经济发展过程中起着举足轻重的作用。至今，农业仍是印度最大的就业部门，2001—2002年度农业产值占国内生产总值的24.7%，劳动力约占全部劳动力的72%。农产品出口在全部出口中约占1/4。农业生产总规模仅次于中、美、俄三国，居世界第4位。印度农业生产水平仍然比较落后；土地利用不合理，经营粗放；生产技术落后，以手工劳动为主，以耕牛为主要动力；单产水平低等特征。印度耕地面积占世界耕地总面积的11.4%，但化肥消费量仅占8%，拖拉机数量仅为3.5%。

印度农业以种植业为主，占农业总产值的74.5%以上。种植业又以粮食作物为主，水稻和小麦是印度最主要的粮食作物，产量分别占粮食总产量的50%和30%。花生、棉花、甘蔗、芝麻、高粱、谷子等种植面积居世界首位。印度是世界上最大的牛奶、椰子、生姜、姜黄、茶叶、黄麻与黑胡椒的生产国。世界上第二大小麦、稻米、砂糖花生与淡水鱼产地。世界上第三大的烟草生产国。全世界有十分之一的水果是印度生产的。花生和棉花产量则世界第五。

畜牧业在农业总产值中约占25.5%，牲畜存栏数居世界第一。牲畜中有一半是牛，印度是世界上牛最多的国家，也是世界第一大产奶国。

印度农业生产分成四个区：东北部水稻、黄麻、茶叶区；西北部小麦、杂粮、油菜区；半岛杂粮、棉花、花生区；西南部水稻、热带作物区。

（三）工业

独立后，印度工业有了较快发展，目前已建立起较为完整的工业体系。工业约占国民收入的1/4。大部分工业品已能自给，许多工业品和技术已打入国际市场。现在印度不仅能制造一般的高技术产品，而且也开始涉足尖端科技领域，比如，建立了原子能发电站，发射了自己设计和制造的地球卫星和通讯卫星，具备了生产核武器的能力。

印度工业中的最大生产部门是机械工业，其产值占工业总产值占的30%左右。发电和化工设备，各种电器、机车、汽车、拖拉机、船舶、飞机和其他设备的制造方面，大多已能自给。某些产品还大量出口，机械工业已成为印度出口赚取外汇最多的部门，其出口值在出口总值中占到10%以上。化学工业中的大部分产品是在独立后才开始生产的，且发展速度非常迅速，如制药、制碱和化肥等。印度的能源工业（包括煤炭、石油和电力）发展也较迅速。煤炭是印度的第一能源，占全国商品能源消费的40%以上。印度已建成4座核电站，但目前电力供应十分紧张。轻工业在印度工业中占有重要地位，其产值占工业总产值的20%以上，主要为纺织工业和食品工业，其中食糖、茶叶和纺织产量在世界上占有重要地位。纺织业是印度历史最久、规模最大的行业，其产出占GDP的6%左右。90年代印度的生物技术、信息技术产业发展迅速，尤为突出的是软件业。1991/1992年度至2001/2002年度的关键十一年之间，印度软件业的年均增长率达45%，2004年这一数字达到了50%。目前软件业已占到印度GDP的7%（2008年），是仅次于美国的第二大软件生产国和出口国。软件出口额占全球市场份额的20%，美国客户购买的软件产品有60%是印度制造的。班加罗尔、海得拉巴和马得拉斯市形成了印度软件基地的“金三角”。

四、印度对外贸易

印度是一个对外依存度较低的国家，对外贸易额占国内生产总值不到15%，比世界上大多数国家都低，而且长期处于逆差状态。由于进口增加、出口不振，贸易赤字日益严重，成为国际收支失衡的主要原因。到2001年9月，外债为996.1亿美元，占国内生产总值的21%（见表14-4）。

表14-4　　1999—2002年印度进出口情况　　单位：百万美元

	1999—2000	2000—2001	2001—2002
进口额	55 383	59 264	57 618
出口额	37 542	44 894	44 915
差额	-17 841	-14 370	-12 703

资料来源：印度政府《2002—2003年印度经济概览》。

印度主要进口商品为：珍珠、宝石、电子产品、金银、化工产品、石油及其制品、燃料、资本货物、化肥、钢铁、造纸原料、纸张等。主要出口商品为：珠宝制品、棉纱及棉织品、化工制品、机械及五金制品、石油制品、皮革及其制品、农业及相关半成品、海产品、铁矿砂及矿产品等。计算机软件的出口逐渐增加。印度对外贸易中，主要出口国家和地区为美国、中国、中国香港、英国、新加坡、德国、比利时、意大利、法国，主要进口国家为中国、美国、比利时、瑞士、澳大利亚、英国、德国、日本等。2013 年前，美国是印度的第一大贸易伙伴，2013 年中国超过美国成为印度的第一大贸易国。

印度是中国在南亚地区最大的贸易伙伴。1951 年中印两国政府签订了贸易协定，但由于双方政治上的原因，一度中断了贸易往来。1976 年中印恢复外交关系后，两国经贸关系又得到了恢复和发展。特别是 20 世纪 90 年代以来，两国贸易不断增长。进入 21 世纪以后，中印双边贸易发展更快，贸易额以年均 43% 的速度增长。2002 年达到 50 亿美元，2003 年增长到 76 亿美元。据中国海关统计，2004 年中印双边贸易总额突破 100 亿大关，达到 136. 0 亿美元。2008 年印度已成为中国的第十大贸易伙伴和第八大出口市场；中国是印度第一大贸易伙伴国，和第一大进口来源国，同时也是印度第三大出口目的地。中国对印度出口产品主要为煤炭、机电产品（电器、电子产品和原电池）、焦炭、纺织纱线及制品等；中国自印度进口产品主要为铁矿砂及其精矿、钢材、钢铁板材、铬矿砂及精矿、氧化铅、初级形状的塑料（聚乙烯、聚丙烯）、锰矿砂及精矿、机电产品等。

五、交通运输及港口、城市

（一）运输部门

（1）铁路。铁路是印度主要运输手段，总长度居亚洲第二位，世界第四位。2001—2002 年度铁路线总长 6. 31 万公里，其中电气化铁路 1. 57 万公里，约占铁路总长的 25%；2001—2002 年度客运量 4 930 亿人公里，货运量为 3 332 亿吨公里。印度铁路 2006 年（统计期间为 2006 年 4 月 1 日—2007 年 3 月 31 日）的旅客发送量为 62 亿人（比上年增长 8. 6%），几乎是我国铁路的 5 倍。印度铁路日均旅客发送量达到 1 700 万人，几乎是我国铁路春运期间旅客发送量的 3 倍。但是印度的铁路安全始终没能彻底解决。

（2）公路。近年来，印度公路运输发展较快，2008 年度公路总长约 385 万公里，其中国家级路 6. 5 万公里，为世界最大的公路网之一。目前，公路承担着全国 85% 的客运量和 70% 的货运量，全国日平均客运量逾 6 000 万人次。

（3）水运。印度海运能力居世界第 18 位。港口约 200 个，其中 12 个大港口和 184 个中小港口。到 2002 年 3 月，印度全国水运总能力为 3. 44 亿吨，2001—2002 年度印水运货运总量为 2. 88 亿吨。孟买为全国最大港口，海运的 1/5 和集装箱运输的 1/2 经过这里；其他重要海港有加尔各答、马德拉斯、科钦、果阿等。

（4）空运。2001—2002 年，旅客数量为 3 998. 3 万，货运量为 85. 4 万吨。航线通达各大洲主要城市。全国有德里、孟买、加尔各答、马德拉斯和特里凡特琅五个国际机场，国内机场 92 个。

（二）主要城市

（1）加尔各答。面积 568. 8 平方公里，人口 1 086 万，位于恒河下游支流胡格利河畔，离孟加拉湾约 138. 4 公里。加尔各答是印度东部最大的港口和铁路、航空枢纽，在印度的工商业、金融、文化等方面占有重要地位。

（2）孟买。面积 603 平方公里，人口 1 256 万。它濒临阿拉伯海，是个天然良港，被称为印度西部的门户，也是印度海军的重要基地，在印度的政治、经济、金融、军事、文化各方面都占有重要地位。

（3）马德拉斯。面积 128 平方千米，人口 536 万。它东濒孟加拉湾，是印度最大的人工港，海、空、铁路和公路均很方便，被称为印度南部的门户。

（4）海德拉巴。面积 298. 5 平方公里，人口 427 万。该市实际上是由海德拉巴和塞康拉巴德两个城市组成。它位于德干高原，是印度南北交通要道和印度空军高级飞行训练基地。

（5）艾哈迈达巴德。面积 93 平方公里，人口 328 万。它是印度第二大纺织中心。

（6）班加罗尔。面积 93 平方公里，人口 410 万。它是南印度的工业城市和商业中心，很多军工厂都建在这里。

【案例分析】

独特的巴西狂欢节产业

巴西狂欢节被称为世界上最大的狂欢节，有“地球上最伟大的表演”之称。每年二月的中旬或下旬举行三天。在巴西的狂欢节中，里约热内卢狂欢节是世界上最著名、最令人神往的盛会。

相传里约热内卢狂欢节始于 19 世纪中叶。最初，狂欢节的规模不大，仅限于贵族举行的一些室内化装舞会，人们戴上从巴黎购买的面具，尽情地欢乐。1852 年，葡萄牙人阿泽维多指挥的乐队走上了街头。随着节奏明快的乐曲，不管是黑人还是白人，也不管是穷人还是富人，男女老少都跳起来了，整个城市欢腾起来了。阿泽维多的这一行动获得了巨大的成功，成为里约热内卢狂欢节发展史上的一个里程碑，标志着狂欢节成了大众的节日。

由于狂欢节时值盛夏，天气炎热，游行活动都在夜晚进行。从 20 世纪 70 年代起，各桑巴舞学校建议在市内修建一座桑巴舞赛场，用于狂欢节活动。1983 年，曾设计巴西新首都巴西利亚等工程的著名工程师奥斯卡·涅梅耶尔亲自设计，6 万名建设者齐心协力，仅用了 117 天，就建成了一座能容纳数万观众的桑巴舞赛场。从此，里约热内卢狂欢节就有了固定的场所。

桑巴舞是狂欢节上的主旋律，狂欢节上，你尽可放下矜持，随同狂欢队伍热舞。里约热内卢狂欢节每年都吸引全世界将近 10 万观众前往观看。带来超过 1 亿美元的收入。

请分析巴西的狂欢节对旅游业的带动关系。

（根据时事新闻等资料整理）

【思考练习】

1. 巴西经济发展特点。
2. 从自然地理条件，简述巴西农业生产结构和布局特征。
3. 简述印度社会文化特点对印度社会经济发展的影响。
4. 印度经济发展特征。

任务十五

非洲和非洲主要国家经贸地理

【目标要求】

通过对本部分内容的学习，学生将了解由于受到政治、种族骚乱以及自然因素的影响，非洲呈现出两极分化的局面。尤其是通过对非洲主要地理特征的学习，了解非洲经济发展现状和发展潜力，明确非洲在我国对外贸易中的地位。

【关键技术】

1. 非洲主要地理位置和面积、人口和资源特点；
2. 非洲主要国家（南非、埃及）；
3. 对外贸易的重要交通位置。

【学习内容】

项目一　非洲概况

一、非洲地理概况

非洲（Africa）全称阿非利加洲。非洲位于东半球西南部，东到东经 51 度 24 分，西到西经 17 度 33 分，北到北纬 37 度 21 分，南到南纬 34 度 51 分，赤道横贯中部。非洲东临印度洋，西临大西洋，北隔地中海、直布罗陀海峡与欧洲相望，东北以苏伊士运河、红海与亚洲相连；非洲重要的交通位置在国际海上、军事中都具有重要意义。非洲大陆面积 3 022 万平方公里，约占世界陆地面积的 20.4%，是仅次于亚洲的世界第二大洲。

（一）居民

非洲截至 2011 年为止共有人口 10.32 亿，约占世界人口的 13%，人口总数在各大洲中居第三位。非洲居民的主要人种是黑色人种和白色人种两大类。黑色人种占全洲人口的 70% 以上，主要分布在撒哈拉以南。其中黑色人种又可以分为苏丹族和班图族两大系统。白色人种，又称欧罗巴人种，通称阿拉伯人，分布在撒哈拉以北。居民多信奉原始宗教、伊斯兰教，少数一部分信奉天主教和基督教等。

（二）地形、地貌

非洲因为高原地形以高原为主，因而非洲被称为“高原大陆”。非洲大陆平均海拔 750 米，地形以起伏不大的高原为主，海拔 500~1 000 米的高原占全洲面积的 60% 以上。非洲大陆北宽南窄，洲内西北端有阿特拉斯山脉，东南端有德拉肯斯堡山脉，整个地形由东南向西北倾斜，大陆周围有狭窄的沿海平原。位于坦桑尼亚境内的乞力马扎罗山海拔 5 895 米，是非洲的最高山峰，为火山所造。大陆的中部和北部地势较低，中部有“非洲的心脏”刚果盆地，刚果盆地也是非洲最大的盆地。大陆的东部和南部，有埃塞俄比亚高原、东非高原和南非高原。南起赞比西河口，北达西亚约旦河口的东非大裂谷，全长 6 400 多公里，是世界上最大、最长的大裂谷带，裂谷中有一系列的盆地和湖泊，洲内主要湖泊维多利亚湖、尼亚萨湖、基奥加湖等都是位于大裂谷中。非洲北部的撒哈拉大沙漠西起大西洋海岸，东到红海之滨，面积 770 多万平方公里，是世界上最大的热带沙漠。世界第二大河流、非洲的最大的河流尼罗河长 6 671 公里。非洲大陆的其他主要河流有刚果河、扎伊尔河、尼日尔河、赞比亚河等。由于大多数河流发源于赤道附近的多雨地区，在流经高原、山地时，形成了较多的瀑布、峡谷和丰富的水力资源。刚果河是世界上水利资源最丰富的河流之一。

非洲海岸线较为平直，海岸线长约 26 000 公里。几内亚湾是非洲最大的海湾，马达加斯加岛是非洲第一大岛。

（三）气候

非洲年平均气温在摄氏 20 度以上，气候较为炎热，有热带大陆之称。由于赤道横贯非洲大陆中部，气候带呈现明显对称分布的特点。南北回归线穿过非洲大陆，因而洲内大部分地区的气候是热带气候和亚热带气候，气温普遍较高，由于普遍高温少雨，除赤道附近雨量较为丰富以外，年平均降水量在 500 毫米以下的地区占到 50%，其他地区每年平均降水量都在 250 毫米以下，干燥地区分布较广。

赤道两侧的刚果盆地、几内亚湾沿岸和马达加斯加岛东部地区，是热带雨林气候。热带雨林气候的南北两侧和地势较高的东北高原地区，属于热带草原气候，有明显干季和湿季，是许多大型食草动物如非洲象、长颈鹿、斑马、犀牛的理想家园。热带草原气候带往南、往北，在南北回归线附近，属于降水非常稀少、气候炎热的热带沙漠气候。北部有著名的撒哈拉大沙漠，南部有卡拉哈里沙漠。非洲大陆的南北两端，是夏季炎热干燥，冬季温和多雨的地中海式气候。

二、非洲物产——富饶的非洲大陆

非洲被称为“世界原材料仓库”。自然资源非常丰富，储量大，种类繁多，拥有多种重要的战略资源。矿产资源品种多，储量大，铂、锰、铬、钌、铱等矿产占世界总储量的 80% 以上；金刚石总储量约 9 亿多克拉，约占到世界总储量的 95%。磷酸盐、钯、黄金、钻石、锗、钴等矿产占到世界总储量的 50% 以上。铀、铜、铝等产量、储量均居世界前茅。

南非、加纳、津巴布韦、刚果（金）是主要产金国。其中南非一国的储量就占世界总储量的40%。几内亚、加纳和塞拉里昂是非洲三大铝土矿资源国。南非、津巴布韦的铝矿储量占到世界总储量的80%。铜矿主要分布在赞比亚、南非、刚果（金）和纳米比亚等国家和地区。刚果（金）和赞比亚有一条“铜矿带”，以储量大、品位高而闻名于世。刚果（金）、博茨瓦纳和南非是世界天然矿石的主要产区。摩洛哥是世界最大的磷酸盐生产国，其储量占到世界总储量的75%。非洲的铀矿储量占到世界已探明储量的28%，南非是世界第三大铀资源国。石油储量占到世界总储量的9.5%左右，仅次于中东，主要分布在大西洋沿岸和北部非洲一带，阿尔及利亚和利比亚是重要的石油生产国。

非洲生物资源也很丰富。森林以热带森林占绝对优势，林内有许多名贵树种，如红木、黑檀木、花梨木、柯巴树、乌木、樟树、栲树、胡桃木、黄漆木、栓皮栎等。非洲是咖啡、枣椰、油棕和香蕉的故乡，还是世界咖啡、可可、油棕、剑麻、丁香、花生、棉花、天然橡胶、阿拉伯树胶、栓皮栎的重要产地。其中可可、咖啡、花生、棉花、棕油、剑麻、丁香的产量也占到世界首位。可可、咖啡、棉花、食糖、烟草、茶叶、橡胶、花生是其主要出口商品。埃塞俄比亚是非洲最大的咖啡生产国，埃及、苏丹两国的长绒棉产量占到世界总产量的78%。一般说来东非热带国家盛产茶叶和剑麻，西非盛产花生，烟草生产主要集中在东南部地区，中西部盛产天然橡胶。非洲野生动物种类繁多，尤多珍奇、特有的动物。如：非洲象、斑马等；大型野生动物的种类和数量均居世界各洲首位。沿海各地盛产沙丁鱼、金枪鱼、鲐、鲸等。

三、非洲曲折、屈辱的发展经历，不平衡和普遍不发达的经济现状

非洲是历史悠久的古老大陆，历史上曾饱受殖民主义者的残酷掠夺，造成现在整体非洲经济发展的极不发达与不平衡。

非洲具有悠久的历史，古老的文化，古代非洲人民曾经创造了辉煌的人类文明，古埃及是历史上著名的四大文明古国之一。但是从15世纪开始，非洲遭受了来自葡萄牙、西班牙、荷兰、英国、法国等国殖民主义者的侵入和掠夺。他们不仅大肆掠夺黄金、象牙、香料，还把大量的非洲黑人像贩运商品一样从非洲贩卖到美洲，随后在非洲建立了大量殖民地。到第一次世界大战前，殖民地占到全洲总面积的96%。第一次世界大战前，非洲只有两个名义上的独立国家，即埃塞俄比亚和利比里亚。欧洲殖民主义者的持续掠夺和侵入，给非洲大陆的生产力造成极大的破坏，使非洲经济发展严重落后和畸形。

（一）经济发展起步迟，起点低，速度慢，仍然处于探索、发展和调整的过程中

非洲和其他发展中国家一样，由于长期成为殖民统治国家的原料掠夺基地和商品倾销市场，造成经济结构的单一和畸形发展，普遍缺乏资金和技术。同时非洲长期的内战和频繁的政变，也常常阻碍非洲各国经济的正常发展进程。

非洲是目前世界上经济增长率最低和人均收入最少的地区，国民生产总值仅占世界国民生产总值的约2.8%，许多内陆国家经济都非常落后，被联合国认定的全球经济最贫穷的49个国家中，非洲占到34个。

（二）农业是非洲最重要的经济部门，但是粮食生产总量严重不足，缺粮现象非常普遍

农业是非洲最重要的经济部门，是非洲经济的基础，除利比里亚等十几个国家，大部分非洲国家的经济均以农业为主，农业占到国民生产总值的1/3。

受非洲独特的地理位置和自然条件影响，非洲的农业生产具有明显的地域差异性：

（1）在农业生产中热带经济作物的生产占有重要的地位。非洲是世界上热带和亚热带经济作物主要产区之一。咖啡、可可、天然橡胶、棕仁、棕油、丁香、剑麻、花生、棉花、甘蔗、油橄榄、栓皮等热带经济作物的产量在世界上占有重要地位。

（2）农业生产水平低，粮食发展缓慢，自给能力差，依赖国外进口。非洲普遍的耕作方式和技术落后，现代化水平极低，再加上非洲自然灾害频繁，使粮食单产和增长率较低，生产水平低而不稳。粮食单产不足世界平均产量的一半。频繁的战乱和过快的人口增长，使粮食生产无法实现自给自足。非洲粮食作物种类繁多，粗粮比重大，主食粮种均自外洲引入。主要粮食作物有玉米、高粱、谷子、小麦、稻谷和薯类等。非洲除世界常见的一些粮食作物外，还有不少其他各洲很少种植的粮食作物，如苔麸、薯蓣、芋头、御谷、龙爪稷、饿稻、食用芭蕉等。但农民的主食却是从美洲引入的玉米（草原地带）和木薯（雨林地带）。玉米是非洲的主要粮食作物，年产2 400万吨，主要产粮国为南非。高粱主要分布在尼日尔河和尼罗河中游地带，尼日利亚、苏丹、埃塞俄比亚等国为主要生产国。谷子在非洲的分布较广，尼日利亚是洲内最大的生产国。小麦主要产地在地中海沿岸，但是产量最多的国家是南非。埃及和马达加斯加的稻谷产量占到全洲总产量的1/2以上。薯类在非洲的种植面积很广，大部分地区都可以生长，其中尼日利亚的产量最多。

（3）畜牧业是非洲重要的经济部门之一，但是生产力水平低下。非洲畜牧业主要以游牧和半游牧方式为主。生产率和商品率都很低，畜牧产品多为牧民自我消费。博茨瓦纳、索马里、埃塞俄比亚是主要的畜牧业生产国。

（4）林业资源丰富，砍伐过度，浪费严重，但林业发展潜力很大。非洲几内亚湾沿岸和刚果河流域是世界上第二大热带雨林区和热带林业生产基地。不仅树种繁多，而且大多数是热带优质名贵用材。刚果、加蓬、扎伊尔、喀麦隆、尼日利亚、科特迪瓦等国的木材采伐量占到全洲的1/2。可惜的是，非洲所伐木材的大部分都是用作薪材，浪费极为严重。近年来各个木材生产国注重提高木材加工生产能力，锯木、板材、胶合板、纤维板等制材工业有了较大发展。目前，亚洲吸收了近70%非洲出口的热带原木和初加工木材。刚果（金）/（布）、喀麦隆、加蓬、中非共和国、马达加斯加、赤道几内亚、和尼日利亚等国家，是非洲主要的木材生产国和出口国。

（三）工业十分落后，基本上以采矿业为主，采矿业在国际上具有重要地位和意义

非洲工业的发展很不平衡，工业受历史影响主要集中北部非洲、沿海狭长地带以及南非。矿产、炼油和石化工业是非洲的新兴工业，近年来得到迅猛发展。赞比亚、扎伊尔的炼铜，几内亚、加蓬、加纳、喀麦隆等国家的冶金业非常著名，发展较快。南非是非洲经济最发达的国家，其工业总产值占到全洲工业总产值的2/5以上，钢产量、发电量更是占到了

50%以上。

（四）非洲旅游业发展迅速，前景广阔，但是发展障碍不少

非洲旅游资源丰富，20世纪90年代中期以来，旅游业已逐渐发展成为非洲的一个新兴产业。特别是21世纪以来，旅游业已成为非洲众多国家国民经济的支柱产业，是非洲国家脱贫的重要途径之一。游客人数从2003年的3 700万增长至2011年的5 000万。旅游收入成为不少非洲国家和地区的支柱产业，塞舌尔的旅游业占GDP总值的50%，2005年，埃及旅游业收入已达68亿美元，居埃及四大外汇收入来源之首。在世界各地区的旅游人数增长中，非洲增速最快。

但是非洲旅游业的发展存在不少制约因素问题：旅游基础设施不完备、旅游项目单一、存在旅游安全隐患等诸多因素。

（五）交通运输能力低下，现代化运输和传统的运输方式并存

由于非洲的现代交通运输是为了满足当年殖民主义者从非洲掠夺资源的需要，因此布局分散、运输能力低下、运输设备落后。非洲交通运输方式中既有现代化运输方式，也有传统的、落后的运输手段。交通运输以公路为主，另有铁路、海运等方式。撒哈拉、卡拉哈迪等地区到目前为止仍是没有现代交通运输线路的空白区。

铁路作为非洲的主要运输方式之一，线路总长约为7.8万公里，占到世界铁路总里数的5%左右。但是非洲铁路存在布局分散、轨距杂乱、标准低劣、营运水平落后的问题。南北非洲的铁路较为发达。1976年7月14日，中国援建的坦赞铁路全线正式通车。坦赞铁路（卡皮里姆波希—达累斯萨拉姆）全长1 860公里，有力地促进了坦桑尼亚和赞比亚两国的经济发展与合作。2010年，非洲大陆目前唯一的一条“高速铁路”——豪登铁路，在南非世界杯足球赛开幕前的6月8日正式投入运营。但是，投入运营的仅仅是从奥利弗·雷金纳德·坦博国际机场至约翰内斯堡市杉藤区的一段。目前还没有铁路的国家主要有：冈比亚、几内亚比绍、西撒哈拉、乍得、中非、尼日尔、赤道几内亚、莱索托、布隆迪、卢旺达、索马里。

非洲海运在世界上占有一定地位，海运主要以输出大宗原油、矿产品和农林产品以及输入工业制成品和粮食为主。海运量大于1亿吨以上的是尼日利亚和利比亚这两大石油输出国，其次海运量较大的为阿尔及利亚、埃及、突尼斯、利比里亚、南非、摩洛哥、毛里塔尼亚等。非洲31个沿海国家，有28个国家至少有1个现代化港口，航线可连通世界各大洲的主要港口。港口主要有综合性海港口、专业矿砂输出港口、石油输出港口和国际航运停泊港四类。

非洲的公路发展较快，并且正在规划建设横贯和纵贯非洲大陆的公路网络。东起印度洋沿岸的肯尼亚的蒙巴萨、西讫大西洋沿岸尼日利亚的拉各斯的横贯非洲大陆的公路干线，跨越13个国家，全长5 000公里，这条公路对促进非洲经济发展和区域合作有着重要的作用。2013年通车的从亚的斯亚贝巴至阿达玛高速公路是埃塞俄比亚历史上第一条高速公路。

非洲的管道运输主要是产油国的石油输出和天然气的运输。从阿尔及利亚的哈西鲁迈勒，经过突尼斯，穿越突尼斯海峡，到达意大利西西里岛的马察腊德瓦洛，全长1 070公里。阿尔及利亚向意大利输出的天然气就是通过这条管线。

（六）对外贸易有着较快的增长，但是发展很不平衡，结构较为单一

非洲的对外贸易近30年有着较快的增长，但是非洲对外贸易的总额在世界贸易中所占的份额却没有大幅度提高。2000年以来，除2009年和2010年受金融危机影响较大之外，非洲对外贸易发展迅速，进出口总额屡创历史新高。2000—2011年，非洲对外贸易总额的年均增长率达到13.82%，出口额的年均增长率达到13.33%，进口总额的年均增长率达到14.36%。2011年，非洲的对外贸易总额再创历史新高，达到11 590.83亿美元，同比增长率达到18.52%。在所有的对外贸易出口国家中，经济发展水平较高和资源较为丰富的国家占到全洲外贸总额的绝大部分。2000—2011年，欧盟、美国、法国下降，中国和印度所占的比重则呈现出逐年上升的趋势。南非是非洲最大的进口市场。

（1）从进出口商品结构看，非洲主要进口的是工业制成品和生活消费品，进口产品中粮食的比重较大，其他为机器设备和运输工具等。南非、埃及、摩洛哥、尼日利亚、突尼斯等国家是进口机电产品较多的几个国家。出口的主要是单一性农矿产品和原油。

（2）从外贸进出口的贸易对象来看，主要是法国、美国、德国、英国、日本等发达国家。

（3）非洲的转口贸易非常活跃，西非、南非地区受地理环境和该地区宽松经济政策影响，是理想的转口贸易区。

（七）我国同非洲的贸易有着悠久的历史和巨大的发展潜力

我国同非洲的贸易历史悠久，尤其是最近二十多年来，我国同非洲的贸易有了长足的发展，1990年中非贸易额为16.65亿美元，2000年达到106.01亿美元，2008年突破千亿美元，2012年接近2 000亿美元，达到1 984.80亿美元。2012年，中国对非洲出口的前十大目的国依次是南非、尼日利亚、埃及、阿尔及利亚、加纳、安哥拉、利比里亚、多哥、摩洛哥和肯尼亚，十国占中国对非洲出口总额的70.21%。我国主要向非洲出口纺织品、粮食食品、土特产品、工业机械、工具、农机、机电设备、化工产品、家用电器等。其中机电产品已经成为我国对非洲的主要的出口商品。我国从非洲主要进口矿物燃料、矿砂、矿渣和矿灰、铜及其制品、贵金属、木及木制品。从2003年开始，我国逐步开放了到非洲旅游的限制，非洲旅游已经逐步成为我国大陆公民海外旅游的一部分。

项目二　南非经济贸易地理概况

一、南非地理概况

南非是南非共和国（The Republic of South Africa）的简称。南非位于非洲大陆最南端，东、南、西三面分别被印度洋、大西洋包围，海岸线长达2 954公里，交通位置十分重要。其西南端的好望角航线，历来是世界上最繁忙的海上通道之一，有“西方海上生命线”之称。北邻纳米比亚、博茨瓦纳、津巴布韦、莫桑比克和斯威士兰，全国领土面积122.1万平

方公里，人口约为 5 970 万（2013 年）。

【知识拓展】

南非的三个首都

南非是一个拥有三个首都的国家，行政首都是茨瓦内（旧称比勒陀利亚），这里也是南非中央政府所在地；司法首都在布隆方丹，这是最高法院所在地；立法首都是议会所在地，设在著名的开普敦，这是南非第二大城市和重要港口。

（根据百科全书等资料整理）

南非原住居民是班图语系的土著非洲人，自 1652 年荷兰殖民者和英国殖民者相继入侵后，逐渐对南非进行了殖民统治。1910 年，南非沦为英国的自治领土，称作“南非联邦”。1961 年，南非从英联邦中退出。南非少数白人政府在执政过程中推行种族歧视和隔离制度，造成了南非尖锐的社会矛盾和血腥的种族冲突。1994 年 5 月 10 日，南非第一任黑人国家元首就职，标志南非白人种族统治的结束和南非种族隔离制度的取消。

南非是一个多种族聚居社会，共有 4 个种族，其中非洲黑人占绝大多数，约为总人口的 79. 6%；白人占到 8. 9%，其中大多数是早期荷兰等国移民的后裔，少部分是英国血统的白人；亚洲人约占 2%，主要是 19 世纪后期被殖民者招募的劳工后裔。

南非的官方语言有 11 种，主要为英语和南非荷兰语（阿飞利卡）。大多数人信奉基督教或天主教，部分黑人信原始宗教，亚洲人多信奉印度教，少部分亚洲人信奉伊斯兰教。

南非地形以高原为主，海拔多在 600 米以上，地势由东向西、向北降低，沿海有狭长平原。南非大部分地区属热带草原气候，各地平均气温 12℃～22℃。年降水量大致自东南向西北由 1 500 毫米逐渐减少到 200 毫米以下。奥兰治河自东西穿过南非中西部，注入大西洋，长 2 100 公里，是非洲大陆南回归线以南最长河流。

南非矿产资源以种类多、储量大、产量高闻名世界。目前已探明的矿物储量和已开采的矿产品种类达 70 多种，几乎涵盖所有的工业用矿物。黄金、铂族金属、锰、钒、硅铝酸盐、铬、萤石、红柱石的储量占世界第一位，金刚石、钒、铀居世界第二位，石棉、锑、磷酸盐、铅、锌、煤、铁、钍、锆、镍和稀土等蕴藏量也极为丰富。黄金、铂族金属和金刚石是贵重的矿产。铬、钒、铀、钛、锆等具有重要的开采价值。

二、南非经济发展现状

南非是非洲经济实力最强的国家，但是 2013 年后受多种因素影响被尼日利亚赶超。作为第二次世界大战后新崛起的工业化国家，南非工业生产自成体系，工业现代化程度在新兴工业化国家中名列前茅，在非洲首屈一指。第二次世界大战以后，南非经济逐渐由农工矿业转为制造业为主导。如今制造业已经成为南非最大的经济部门和国民经济最重要的支柱产业，主要工业部门包括：钢铁、有色冶金、化工、机械制造、电子、军火、纺织、食品等。其中冶金和机械制造是南非制造业中最大的生产部门，产值占到整个制造业的 1/3。南非钢的年产量约为 900 万吨，产品主要销往欧、美、中东和亚洲等地的 50 多个国家和地区，在国际市场具有较强的竞争力。南非石油资源贫乏，20 世纪 70 年代，大力发展用煤炼油、电气工业，目前生产规模和技术水平居世界领先地位，南非也是世界上唯一运用液化煤炭提取石油的国家。机械工业部门主要生产矿山机械、农用机械、汽车、飞机、船舶等。电气电子工业是南非新兴的工业部门，生产能力正不断增强。军火工业发展迅速，产品涉及枪炮、导弹、军用飞机、舰艇等，南非是南半球最大的军火生产国，也是世界重要的武器出口国。南非工业高度集中在约翰内斯堡、比勒陀利亚、开普敦、德班等地。采矿业是南非的第二大经济部门。南非以丰富的矿产资源为基础，发展起规模巨大的采矿业，南非是世界上最重要的矿物生产国和出口国之一，被称为“非燃料矿物的波斯湾”其矿产品的 75% 以上供应出口，主要销往西欧、美国和日本等 90 个国家和地区。其中黄金一直处于采矿业主导地位，黄金产量一直高居世界第一，是世界上最大的产金国，南非黄金主产区位于以约翰内斯堡为中心的兰德盆地，并不断向东南、西南两翼伸展，形成一条总长约 500 公里的巨大“金弧”，这一地区也成为世界规模最大的金矿采炼区。铀作为金矿的副产品，其产量也位居世界前列。南非是世界尤其是西方国家核电工业原料的重要供应地。

南非的钻石由于质地优良，在国际市场上享有盛誉。南非是世界上天然钻石生产国和出口国之一。南非所产钻石多数用于加工首饰，按产值计算，位居世界首位；主要产地位于金伯利和比勒陀利亚等地。南非德比尔斯公司是世界上最大的钻石生产和销售公司。南非的铂族金属储量占世界的近 80%，年产量占世界总产量的近一半，主要分布在德兰士瓦省的布什维尔德及金山地带，大部分供出口。铬矿储量占全球的 35%，年产量占世界的 2/5，主要分布在布什维尔德和博普塔茨瓦纳地区。钒的储量约 780 万吨，钒矿主要集中于布什维尔德地区，年产量 3 万吨左右，约占世界的一半。

南非是非洲煤炭蕴藏量最多的国家和非洲最大的煤炭生产国，已探明可采储量 270 亿吨，占到全非 80%，年产量 2 亿吨左右，占全非洲煤炭总量的 95% 以上。主要产煤区分布在德兰士瓦省东南部和纳塔尔省北部。南非的煤炭除了用作电力燃料和煤化工原料，还成为仅次于黄金的第二大出口矿产品。

南非的农牧业也相当发达，在非洲占重要地位，是世界上重要农牧产品出口国之一，羊毛、玉米、水果是重要出口商品。目前农牧业以种植业为主，除粮食生产外，还生产棉花、烟草、甘蔗、茶叶、水果等经济作物，园艺业很发达。南非利用南北半球的季节差异供应西欧淡季市场大量鲜果、鲜菜。南非的畜牧业在非洲占重要地位，牛肉、羊毛产量居非洲第一位，鸵鸟饲养和鸵鸟产品加工业是南非新兴产业；南非也是当今世界最大鸵鸟肉、皮革、羽绒的供应地。

三、南非交通概况

南非交通运输与通讯网络非常发达，有非洲最完善的交通运输系统。南非交通运输以铁路、公路为主，航空运输业发展迅速。

（1）公路：公里数约为 2.5 万公里，居非洲首位；高速公路连接各主要大城市。

（2）航空：约翰内斯堡、德班和开普敦是南非主要的几个国际机场，可以直飞国内各大城市和世界各大洲近 50 个国家和地区。

（3）海运：南非海运非常发达，好望角航线是波斯湾通往西欧和美洲的巨型油轮通道，被西方国家视为“海上生命线”。主要港口为德班、开普敦、伊丽莎白、东伦敦等。

（4）铁路：总长约3.41万公里，其中1.82万公里为电气化铁路，年度货运量约1.75亿吨。由比勒陀利亚驶往开普敦的豪华蓝色客车享誉国际。

四、南非对外贸易发展现状

南非现代化的港口，四通八达的铁路和公路网，加之南非与南部非洲国家结成关税同盟，盟国之间的商品可以自由流通，免征关税，世界各国商人都把南非视为进入南部非洲市场的桥梁。他们在南非设立许多贸易公司，从事转口贸易。

南非是非洲第一大贸易国，其近年出口贸易总额占非洲各国之首，对外贸易在南非经济中占重要地位。2000年南非对外贸易总额为519.54亿美元，2008年达到1 712.67亿美元，2010年稍有回落。南非是农、矿原料和初级产品的出口国和制成品、资本和高技术的进口国。南非出口的主要矿产品有黄金、钻石、煤炭、铁矿、铂族矿、铜、锰等；主要出口的工业制成品包括钢材、非金属制品、化工产品、食品、纸制品等；出口的主要农产品有玉米、羊毛、水果、蔬菜、蔗糖等。南非进口的产品以机电产品和设备、汽车部件、化工产品、轻纺织品和橡胶品等为主。

南非原来最主要的贸易伙伴是美国、英国、德国、日本等西方发达国家，其中英国是南非传统的最大贸易伙伴。近年来，南非致力开发亚洲市场，南非已经成为中国在非洲最大的贸易伙伴，同时中国也是南非第一大贸易伙伴、第一大出口目的地和第一大进口来源地。中南经贸合作得到迅速发展。中国庞大的国内市场对南非有着强大的吸引力，两国贸易之间存在较强的互补性，和广阔的发展空间。2010年中南双边贸易额达到196.7亿美元，2012年两国间贸易额接近600亿美元。目前我国主要向南非出口粮油食品、轻纺产品、机电产品、家用电器、化工产品和土特产品。我国从南非进口矿砂（战略原料）、珠宝制品、纸浆、羊毛等。南非在采矿、冶金、工程设备制造、尖端滑雪工业等方面的技术水平居世界前列。我国的中医治疗和中药制造、远洋巨型货轮制造、农业技术和设备、工艺品制造等有优势，因此双方加强科技领域内的合作贸易有广阔的前景。

项目三　埃及经济贸易地理概况

一、埃及自然概况

埃及是阿拉伯埃及共和国（The Arab Republic of Egypt）的简称。埃及位于非洲东北部和亚洲西南角的西奈半岛，面积100.2万平方公里。人口约9 455万（2013年），其中阿拉伯人占87%。官方语言为阿拉伯语，国教为伊斯兰教。

埃及跨亚、非两洲，大部分位于非洲东北部，只有西奈半岛在亚洲。境内大部是海拔100-700米的低高原，红海沿岸和西奈半岛有丘陵山地。埃及西连利比亚，南接苏丹，东临红海并与巴勒斯坦、以色列接壤，北濒地中海，东南与约旦、沙特阿拉伯相望。海岸线长

2 700 多公里。埃及的 96% 面积为沙漠与半沙漠。西部利比亚沙漠，占全国面积三分之二，大部为流沙，间有哈里杰、锡瓦等绿洲；东部阿拉伯沙漠，多砾漠和裸露岩丘。

埃及气候炎热干燥。尼罗河从南到北流贯全境，在“没有灌溉就没有农业”的沙漠地区，尼罗河的流经给当地灌溉农业的发展提供了条件。古老的埃及人民就知道利用尼罗河定期泛滥的规律，进行灌溉和施肥，在荒芜的沙漠中建造了一条生机勃勃的绿色长廊，创造了古老的埃及文明。如今尼罗河谷地也成为重要的工农业生产区域。尼罗河谷地和尼罗河三角洲是埃及最富饶的地区。苏伊士运河不仅沟通了地中海与红海，连接了印度洋和大西洋，扼欧、亚、非三大洲的航运要冲；而且从亚洲各港口到欧洲，通过苏伊士运河比绕道非洲南端的好望角，可缩短航程 8 000 公里到 1 万公里以上。因而这条航线，不仅是世界上最繁忙的国际运河，也被马克思称为“东方伟大的航道”。

二、埃及经济现状

尽管埃及是历史上著名的文明古国，但是由于多次外族的入侵，使埃及的文明发展进程常常中断。现在埃及工业在非洲各国中位居第三位。埃及拥有相对完整的工业、农业和服务业体系。石油天然气、旅游、侨汇和苏伊士运河是四大外汇收入来源。埃及经济以农业为主，主要农产品有棉花、稻谷、小麦、玉米等。优质长绒棉产量居世界首位。

埃及工业以纺织和食品加工等轻工业为主，重工业以石油化工业、机械制造业及汽车工业为主。近年来，埃及的石油、钢铁、电力、化肥、水泥、机械等工业发展迅速，石油产品出口值占总出口值的约 70%，工业高度集中于尼罗河三角洲的中部和南部，开罗和亚历山大两大城市就集中了全国工厂总数的 75% 左右，是埃及经济的核心地区。

三、主要城市和港口

（1）开罗（Cairo）。开罗是世界著名的文化古都，也是埃及的首都，非洲第一大城市。它濒临尼罗河，是全国最大的水、陆、空交通枢纽和国际重要航空港。工业、文化、金融、贸易等方面在埃及有着重要地位，工业以冶金、建材、仪表、纺织为主。

（2）亚历山大城（Alexandria）。亚历山大城是埃及最大港口和地中海沿岸著名的旅游胜地。工商业都较为发达，纺织、机械、石油化工等部门尤为突出，全国进出货物和国内所产的棉花绝大部分由此出口。

项目四　非洲各主要区域简介

一、北非地区

北非地区，通常包括埃及、苏丹、利比亚、阿尔及利亚、突尼斯、摩洛哥六个国家以及附近的岛屿。北非面积 826.9 万平方公里，人口 1.6 亿左右，其中阿拉伯人占 80% 左右。区内普遍信奉伊斯兰教。

北非按自然条件可分为阿特拉斯和撒哈拉两大部分。西北部为阿特拉斯山地，东南部为苏丹草原的一部分，地中海和大西洋沿岸有狭窄的平原，其余地区大部分为撒哈拉沙漠。广大区域气候非常干燥，沙漠和戈壁广布。尼罗河谷地和散布各地的“绿洲”成为区内人口稠密区和工农业生产的重要区域。北非经济发展水平在非洲属于较发达的经济区。

本区矿产资源丰富，采矿业占很重要地位。石油、天然气、磷酸盐为主，钴、锰、铁矿等资源较为丰富。

（一）采矿业

北非撒哈拉地区以北以生产原油为主。利比亚的锡尔特盆地、阿尔及利亚东北部和东南部以及埃及的苏伊士湾是四大产油区。北非所产石油主要通过输油管道经地中海岸的祖埃提纳、卜雷加、锡德尔、阿尔泽、贝贾亚、斯基克达等油港输出到美国和西欧。

北非的阿特拉斯区，是世界上最大的磷酸盐蕴藏区，占世界总储量的3/4以上，其中摩洛哥探明储量为570.3亿吨，占世界总储量的3/4，目前年产量居世界第三位，出口量居世界第一位。突尼斯磷酸盐储量为20亿吨，居世界第四位。

（二）工业与农业

北非工业的规模仅次于南部非洲。

阿尔及利亚的工业以石化工业为主，车辆制造、冶金、电子、纺织、食品加工等也有一定的发展。为保护本国石油资源，阿尔及利亚为此减缩了原油出口量和生产能力，提高了原油冶炼能力，增加石油产品出口，并大力发展天然气生产，同时加速农业和其他工业发展。

北非主要农作物是玉米、小麦、高粱、谷子和稻谷等，其他还包括棉花、蔬菜和油橄榄、葡萄、柑橘、无花果、椰枣等。埃及、苏丹是非洲产棉大国。此外埃及甘蔗、洋葱的产量和出口量近年也有大幅度增加。苏丹则生产花生、芝麻树胶等。摩洛哥的栓皮产量居全洲第一位，每年大量出口。除埃及外，北非其他国家的粮食都不能自给。

北非各国畜牧业也较发达，主要饲养牛、绵羊和骆驼等大牲畜。苏丹拥有骆驼数居世界第二位。阿尔及利亚和苏丹羊毛产量在非洲分别居第二位、第三位。

（三）交通运输业

北非铁路公里数仅次于南部非洲，多分布在地中海沿岸和尼罗河各地，以埃及为多。但各国之间缺少联运干线。

二、西非地区

西非地区位于撒哈拉沙漠、乍得湖和几内亚湾之间，包括尼日利亚、贝宁、多哥、加纳、科特迪瓦、利比里亚、塞拉利昂、几内亚、几内亚比绍、冈比亚、塞内加尔、毛里塔尼亚、西撒哈拉和佛得角、马里、布基纳法索、尼日尔等17个国家和地区。面积640.9万多平方公里、人口达到3.4亿（2013年），是非洲人口最多、人口密度最大的地理区域。

区内大部分是起伏和缓的浅平盆地，沿海有狭窄平原。几内亚湾沿岸地区多属热带雨林气候，盛产热带经济作物；中部为热带草原气候，主要发展农牧业；北部为撒哈拉沙漠，全年干旱。尼日尔河呈弧形，流经干旱草原，对中部地区的农业灌溉具有重要意义。

西部非洲的大多数地区的自然条件对经济发展较为有利，全区农耕垦殖指数高于其他地区。区内经济分南北两部分，南部包括几内亚、尼日利亚等八个几内亚湾沿岸国家，经济发展较高，这一地区自然条件较好，对外交通方便，曾是殖民者重点经营的地区，采矿业和热带经济作物占突出地位。北部包括马里、布基纳法索、尼日尔等九个内陆国家和地区，自然条件较差，沙漠占到总面积的一半，农业以游牧为主，经济发展水平十分低下，人均国民生产总值不及南部国家的一半。

区内各国均以农业或矿业为主，石油、铝土、金刚石、铁、锰、铌、铀等储量丰富。可可、棕油、棕仁、天然橡胶和花生等都占非洲或世界的重要地位。

尼日利亚石油产量在非洲列第二位，也是世界第十大产油国（2013 年统计）之一，已探明石油储量约为 372 亿桶（约 53.1 亿吨）。由于油层压力稳定，油质好，开发条件较好，再加上油田紧邻油港，管道运输距离短，在欧美市场上具有较强的竞争力。同时尼日利亚在石油工业的带动下，逐渐改变了过去一直以农业为主的经济，带动了炼油、化工、纺织、车辆装配、电器装配、钢铁水泥等其他工业的发展，成为非洲居第一位的经济大国。全国有 13 个港口，拉各斯居全国之首，其中博尼是最大的原油输出港。另外，科特迪瓦、贝宁、几内亚比绍、几内亚等国沿海均有丰富石油资源。

西非铝土矿的产量占世界总产量的 15% 左右，占全洲总产量的 90% 以上，其中几内亚是世界上铝钒土资源最丰富的国家，已探明储量 56 亿吨，占世界总储量的 26%。几内亚的铝土矿埋藏浅，质量好，分布普遍，以三水铝为主。

几内亚铁矿估计储量 150~400 亿吨；利比里亚探明储量 18 亿吨，品位高达 70%，目前开采量居全洲第一位，所产铁矿绝大部分供应出口；毛里塔尼亚铁矿石储量为 28 万吨，也是西非主要的铁矿石生产、出口国。

西非的金刚石产量占世界总产量 12% 左右，其中加纳和塞拉里昂是重要的出产国。加纳已探明金刚石储量约 872.85 万克拉，产量世界第四位。塞拉里昂目前钻石产量为 2 万多克拉，金刚石也是该国重要的出口矿产品。同时，加纳的黄金储量达到 20 亿盎司，是世界上重要的黄金生产国。

西非盛产可可、咖啡、棕仁、棕油等热带经济作物，是重要的出口商品。可可的主要生产国是科特迪瓦、加纳和尼日利亚等，它们年产 100 万吨以上，占世界市场的 70% 左右，其中科特迪瓦的产量和出口量居世界第一位。咖啡的生产国主要是科特迪瓦、多哥、几内亚等。棕仁、棕油生产国主要集中在尼日利亚、科特迪瓦、贝宁 3 个国家，尼日利亚的棕仁和棕油的产量在非洲居第一位，科特迪瓦是非洲最大的棕油出口国。西非的花生出口量占到世界第一位，主要生产国是塞内加尔、尼日利亚、尼日尔和马里等。

天然橡胶生产国集中在利比里亚、尼日利亚、科特迪瓦等国。尤其是利比里亚、尼日利亚两国的橡胶产量占非洲总产量的 70%。利比里亚是非洲最大的橡胶生产国，其产量仅次于泰国、印度尼西亚和马来西亚，居世界第四位。

科特迪瓦还是非洲热带水果重要生产基地，盛产椰子、香蕉、菠萝、芒果等热带作物，主要销往法国等西欧国家。

尼日利亚的森林覆盖率为 17%，是非洲生产热带木材产量最多的国家，在世界上居第二位，主要有红木、红白坚木、柚木、胡桃木等。

西非绝大多数国家粮食生产都较落后，除科特迪瓦、利比里亚、加纳等国可基本自给或少量进口外，绝大部分国家都需要连年大量进口粮食。

三、中非地区

中非地区包括乍得、中非、喀麦隆、赤道几内亚、加蓬、刚果（布）、刚果（金）、安哥拉、圣多美和普林西比等。除乍得和中非是内陆国家，其他都濒临大西洋，但各国海岸线都较短，港口较少。中非地区面积 1.6 万平方公里，人口超过 1.3 亿（2013 年）。与非洲其他地区相比，人口密度只有全洲平均数的一半，明显具有地广人稀的特点；居民绝大部分是黑人，最北部还居住部分阿拉伯人。

本区界于南纬 18°和北纬 23°之间，南北延伸达 4 500 公里，地形上具有典型的非洲大陆特点。北部属撒哈拉沙漠，中部属苏丹草原，南部属刚果盆地以及几内亚和隆达—加丹加高原。从赤道向两侧，气候和自然带呈现出有规律的变化，跨越热带雨林、草原、沙漠三大地带，这造成本区农业生产地域差异很大。

区内经济发展在非洲属中下水平，人均国民生产总值仅相当于全洲平均数的 60%，各国经济发展水平及其结构类型差异很大。刚果（金）、加蓬、刚果（布）和安哥拉采矿业都比较发达，加蓬、刚果（布）的林业和刚果（金）、喀麦隆、安哥拉的热带经济作物在非洲处于前列。区内其他国家都是比较落后的农业国。

本区森林资源丰富，森林面积达 320 万平方公里，占全洲森林面积的 50%，主要集中于刚果（金）、刚果（布）、喀麦隆、赤道几内亚、加蓬。喀麦隆的森林覆盖率高达 50%，盛产热带名贵木材，原木是喀麦隆重要出口商品之一。

区内矿产资源丰富，主要集中在刚果盆地的外缘地带，在刚果（金）与赞比亚毗邻的加丹加高原，有一条长达 550 公里、宽 60~100 公里的巨型“铜带”，矿石中含有大量的锌、银、铀、锡、锗等矿物，特别是铜、钴的储量居世界前列。这条矿带东段盛产锡、钽、铌、钨等矿产，西段则为世界最大的金刚石产区。

金刚石产量占世界总产量的 40% 左右，刚果（金）和安哥拉金刚石产量分别居世界第一位、第五位。刚果（金）有“中非宝石”之称，储量居世界之首，其中东开赛区的姆布吉-马伊是世界上最大的金刚石矿区，约占世界总产量的 1/3 以上。

刚果（金）还是世界上著名的铜钴生产国和出口国，也是非洲资源最丰富的国家之一，素有“世界原料仓库”的美誉。刚果（金）的钴储量、产量和出口量都占世界第一位，主要出口美国、日本、德国、英国和法国。矿产品多从坦赞铁路东运到达累斯萨拉姆出口，或经本格拉铁路由洛比托港运出。

加蓬的锰和铀储量丰富，锰矿储量约 4 500 万吨，占世界储量的 6.6%，是世界重要的锰生产国和出口国，年产量稳定在 200 万吨左右，二氧化锰出口量占世界第一位。铀储量约 450 万吨，居世界第六位，所产几乎全部出口，主要向法国出口。中非的铀、金刚石，喀麦隆的铝土矿等都是重要的矿产资源。

几内亚湾和西部沿海国家石油资源丰富，加蓬和安哥拉的原油产量较大。刚果（布）

已探明石油储量约20亿吨，主要分布在黑角一带海域和陆地上，目前年原油产量为800万吨。喀麦隆石油产量目前年达700万吨，不仅能满足国内消费，还可有部分出口。

中非热带经济作物种类多，盛产棕油、棕仁、咖啡、可可、天然橡胶等。喀麦隆是中非地区粮食生产可以自给的国家。喀麦隆在独立后强调“农业是优先的优先”，开展“绿色革命”运动，因地制宜地大力发展粮食（薯类、小麦、水稻、玉米、高粱）和各种经济作物，取得了成效。现在粮食、食油、食糖、肉类基本满足需要或自给有余并有部分出口。可可、咖啡、棕油产量跃居非洲前列，棉花、橡胶、香蕉、茶叶等经济作物的产量也有稳步发展。

中非的加工工业，由于原料供应影响，发展缓慢。

刚果（金）工业分布高度集中，首都金沙萨和卢本巴希也是工业中心。

石油、木材、锰、铀四大产品是加蓬经济的四大支柱，人均国民生产总值在非洲仅次于利比亚、阿尔及利亚，居第三位。加蓬对外贸易额增长快，主要向法国、美国、西班牙、意大利、荷兰、巴西等国出口，进口商品主要以食品、机器、运输器材、五金和精密仪器为主。

四、东非地区

东非地区，包括埃塞俄比亚、索马里、吉布提、肯尼亚、乌干达、卢旺达、布隆迪、坦桑尼亚和印度洋上的岛国塞舌尔共九个国家。面积约370万平方公里，人口1.65亿左右，居民中黑种人占2/3，其余主要是属于黑种人和白种人混合类型的埃塞俄比亚人和索马里人。

东北部的索马里半岛被称为“非洲之角”，突出在印度洋与亚丁湾之间，扼红海苏伊士运河的出入，位置非常重要。

东非坐落在东非高原和埃塞俄比亚高原上，仅印度洋沿岸有狭窄的平原。东非大裂谷带纵贯东非高原中部和西部，乞力马扎罗山是最高峰。区内大部分属热带草原气候。受地势影响，气候和自然带呈明显的垂直变化。

在非洲五大区域中，本区经济发展水平是最低的，被列为世界上最不发达的地区之一。

东非地区最显著的特点是农业比重大，采矿业比重小。仅有坦桑尼亚的金、锰、铜、黄金的矿产资源较为丰富。

区内各国工业以食品和纺织等轻工业为主，而且主要分布在几个大城市，如达累斯萨拉姆、摩加迪沙、亚的斯亚贝巴等。

东非的丁香、剑麻、棉花、咖啡、除虫菊、茶叶等农产品在世界和非洲占重要地位。咖啡的主要出产国是埃塞俄比亚和乌干达。东非的剑麻产量约占世界总产量的三分之一，主要生产国是坦桑尼亚和肯尼亚，产量和出口量分居非洲第二位、第一位。东非的丁香、没药和乳香在世界上占重要地位，丁香主要供应地是坦桑尼亚的奔巴岛，这里被称为“香岛”，没药、乳香的主要生产国和出口国是索马里。非洲最大的茶叶出口国是肯尼亚，茶叶主要销往英国。肯尼亚也是世界上除虫菊产量最多的国家。

埃塞俄比亚、索马里是非洲畜牧业较为发达的国家。埃塞俄比亚牛的数目居非洲第一，索马里的骆驼数目居非洲第一。

五、南非地区

南非地区，现在一般包括赞比亚、津巴布韦、马拉维、莫桑比克、博茨瓦纳、纳米比亚、南非、斯威士兰、莱索托九个大陆独立国家和印度洋上的马达加斯加、毛里求斯、科摩罗三个岛国和留尼汪岛、圣赫勒拿岛、阿森松岛。这一地区面积为536.2万平方公里，人口约1.15亿，其中黑人占到75%以上，其他为马达加斯加人、白人移民。本地区位于非洲大陆南部，印度洋和大西洋环绕东、西、南三面。经南非海域的好望角航线，是沟通东西方交通的要道，战略地位十分重要。

本地区的经济发展水平在全非洲最高。工业和运输业占全洲的1/2以上，黄金产量占世界总产量的70%，金刚石占到全球的1/4以上，铬矿石约占30%，蔗糖、烟草、羊毛等产量也占非洲总产量的70%以上。但区内经济发展水平和生产力分布很不平衡，南非和津巴布韦占全区工矿业总产值的70%以上，其他国家都是单一的农矿经济，工业较为落后。本区北部是加丹加高原“铜带”的南延部分，蕴藏着以铜为主的多种有色金属资源。赞比亚是世界著名的“铜矿之国”，占世界铜总蕴藏量的15%左右，赞比亚铜的出口量居世界第二位，主要出口英国、德国、日本、美国等。

赞比西河以南的广大地区，是世界上十分稀少的矿产资源高度密集地区。津巴布韦也是南非地区重要矿产国，以石棉、黄金、铬、镍、铜、煤为主。纳米比亚以钻石、铀、铜、铅、锌和钨等为主，所产钻石由于品质较好，80%用于首饰制造。博茨瓦纳也同样以盛产钻石闻名。斯威士兰以优质石棉闻名于世。莫桑比克钽的储量居世界第一位。

南非是非洲唯一的一个经济较发达的资本主义国家，其工业产值占全非国民生产总值的24%左右。冶金、金属制品、运输设备、机械制造、化工、炼油、原子能工业、食品、纺织等工业发展很快，但车辆、飞机、石化产品等需要大量进口。

南非地区的农业生产较落后，除南非、马拉维外，其他国家每年都要进口粮食。南非农牧业较发达，是世界上六大农产品出口国之一，羊毛、玉米、水果是重要的出口商品。毛里求斯号称“甜岛”，盛产甘蔗，蔗糖是本国大宗出口产品。津巴布韦的棉籽年产量居于非洲第三位。莫桑比克是非洲第一大椰子生产国。马拉维和莫桑比克是南非地区茶叶的生产国。

【案例分析】

埃及标准

“经统计，重庆市有80余家企业与埃及有贸易往来。2014年1至11月，重庆检验检疫局检验输埃商品431批，价值4 041.9万美元。重庆检验检疫局近期随机抽取了30份装运前检验证书，没有1例采用埃及标准。”（摘自中国国家商务部网站，略有删改）

埃及是非洲最重要的国家之一，我国与埃及有着密切的经济贸易关系。但是我国输往埃及的贸易往来常常遭遇禁止入境或退货处理。从2015年1月1日开始，埃及颁布新措施，要求进口埃及产品必须符合埃及标准，不符合埃及标准的产品将禁止入境甚至被退运，没有注明埃及标准号的检验证书将不能通关。

根据《商检法》和《中埃质检谅解备忘录》的规定，出口埃及产品首选埃及标准作为检验依据。埃及进出口监管总局表示，埃及认可6种标准为国际标准，即国际标准化组织（ISO）、国际电工委员会（IEC）、欧洲标准（EN）、美国国家标准学会标准（ANSI）、美国材料实验协会标准（ASTM）和日本工业标准（JIS）。出口埃及产品如果没有可适用的埃及标准或埃及标准不能覆盖的产品，可以采用上述国际标准。

（根据百科全书、时事新闻整理）

【思考练习】

1. 非洲经济现状的成因和特点。
2. 为什么说非洲是一个富饶的大陆？它具有什么样的发展潜力？
3. 我国同非洲的经贸往来将在哪些方面具有较大的发展空间？

任务十六

世界原材料与贸易地理

【目标要求】

通过对本部分内容的学习，学生将认识和了解世界石油生产国的概况，重点掌握世界石油和农矿原材料生产国的储、产、销的地理分布特征。

【关键技术】

1. 石油输出国组织——OPEC 或“欧佩克”；
2. 世界主要产油国家；
3. 世界主要农矿原材料生产国。

【学习内容】

项目一　石油生产与贸易概况

一、石油在世界经济中的地位

世界经济发展离不开三大要素：资金、技术和资源。在资源要素中，能源是最重要的资源之一。地球上的能源可分为两大类：（1）可再生能源，包括太阳能、风能、水能、生物能等；（2）不可再生能源，包括煤炭、石油、天然气等。在人类社会发展过程中，人类消费的能源在不断地进步，至今经历了薪炭、水能和风能——煤炭——石油三个阶段。在资本主义生产方式形成以前，由于生产力水平低下，人们主要以风能、水能和薪炭为主要能源。18 世纪产业革命之后，促进了煤炭的开发和利用，到 20 世纪初煤炭已占整个能源消费的 60% 以上，使世界经济进入了以煤炭作为重要能源的时代。石油首先是 1857 年在罗马尼亚的普洛耶什蒂进行工业性开采的，19 世纪末至 20 世纪初由于内燃机的发明，汽车和飞机的制造成功和广泛使用，使工业生产和交通运输纷纷以石油作为燃料，石油在能源消费构成中所占的比重与日俱增，然而石油取代煤炭却是 20 世纪 60 年代以后的事。其原因为：（1）二十世纪五六十年代资本主义世界掀起了“动力革命”，内燃机被广泛应用于国民经济各个部门，很多锅炉弃煤用油；（2）以中东为代表的亚非拉许多大油田得到开发，促使世界石油的产量大幅度提高，为石油消费的迅速增加提供了可能性；（3）资本主义世界的这次“动力革命”是建立在掠夺、剥削广大发展中国家资源的基础上的，致使长期以来油价低于煤价。

二、石油消费概况

正是由于上述原因，石油以其可燃性好、发热量高、储运方便、价格低廉等特点，促使消费量急剧增长。到 1965 年，世界石油消费量达到 15.39 亿吨，比 1938 年增长 35 倍，每年平均增长 6.85%，石油在世界能源消费中的比重提高到 39.4%，超过了煤炭（38.9%），居于首位，人类对能源的消费由煤炭时代进入了石油时代。20 世纪 60 年代以后，世界石油消费的增长仍然十分迅速。1973 年石油消费量达到了 27.98 亿吨，比 1965 年增长了 0.83 倍，每年平均增长 7.83%，石油在能源消费中所占的比重上升到 47.3%，许多发达国家石油所占的比重更高。例如 1973 年德国石油消费占 56.5%，法国占 68.4%，意大利占 75%，日本高达 77%。战后发达国家经济迅速的增长，从某种意义上说是廉价能源促成的。世界经济发展对石油的高度依赖，石油产销不平衡和不合理的价格体系，造成了 20 世纪 70 年代两次“能源危机”。危机以后，石油消费量下降的同时也促进了替代能源的开发。1985 年石油在能源消费构成中下降到 37.9%，20 世纪 80 年代末到 90 年代中期，石油消费又略有上升（见表 16-1）。目前石油仍在能源消费中占主导地位。

表 16-1　　1973—2011 年世界能源消费构成变化　　单位:%

能源＼年份	1973	1980	1990	2005	2008	2011
煤	28.2	29	28.5	27.8	26.8	30
石油	47.3	43.5	40.0	36.1	33.5	34
天然气	18	19	22.5	23.4	20.9	24
水力	5.6	6.2	2.4	6.35	6.41	6
核能	0.8	2.5	6.6	5.95	5.8	5

资料来源：[英]《英国石油公司世界能源统计概论》，1984 年、1986 年、1995 年、2005 年。上述统计表明，未来相当长的时期内，在世界能源的消费中石油仍会占有较大的比重，因此石油数量的增减和价格变动会对世界经济的发展有重大影响。

项目二　世界石油储、产、销地理分布

一、世界石油储藏的地理分布

世界石油的储藏、生产和销售在地域分布上很不平衡。1950 年世界已探明的石油储量为104亿吨，主要集中在美国、委内瑞拉和俄罗斯。到1970年，探明石油储量增长到720亿吨，20年间储量猛增了近6倍，这是历史上空前的。从东西半球来看，约四分之三的石油资源集中于东半球，西半球占四分之一；从南北半球看，石油资源主要集中于北半球；从纬度分布看，主要集中在北纬20°~40°和50°~70°两个纬度带内。值得一提的是，海湾地区是世界石油蕴藏最丰富的地区。20世纪70年代以后石油勘探的范围更广，规模更大，尤其是海上开采已初具规模。到1995年底，世界已探明石油储量达1 383亿吨。截至2013年全球石油剩余探明储量为2 252.76亿吨，世界石油主要分布在七大储油区。

（一）中东地区

中东地区是世界最大的储油区，原油资源非常丰富，被誉为“世界油库”。据2006年统计，总储量达1 012.7亿吨，占世界石油储量的2/3，其中西亚五国（伊朗、伊拉克、科威特、沙特阿拉伯、阿联酋）储量就达871亿吨。沙特阿拉伯储量最多，为365亿吨，占世界总储量的15.9%，居世界第二位；其后为伊拉克（占9.0%）、阿联酋（占9.7%）、科威特（占9.5%）、伊朗（占8.7%）。

中东地区石油储藏和生产具有下列特点：

（1）油田规模大，单井产量高。西亚共有140多个油田，全世界储油量在6.8亿吨以上的巨型油田有21个，而西亚地区就占了14个。其中沙特阿拉伯的加瓦尔油田、科威特的布尔干油田都是世界著名的巨型油田。单井产量高，沙特阿拉伯1990年生产性油井858口，日产原油665.8万桶（1桶=136公斤），平均单井产量0.78万桶，是美国单井产量的621倍。

（2）地质条件好。一般钻井到1 500~1 800米就可出油，而美国需要钻到3 000米以上。西亚90%以上的油田可以自喷，而美国的自喷井只占6%。

（3）分布集中，离海近，运输方便。西亚的油田除伊拉克的基尔库克油田离海较远外，其他油田均在离波斯湾100公里范围内，因此油管铺设里程短，运输方便。

（4）开采条件好，成本低。西亚地区地处热带和亚热带，全年气候温暖，晴朗干燥，少风暴，因此气候条件比俄罗斯的秋明油田、英国的北海油田要优越得多。生产成本低，每桶石油的生产成本只有3~4美元，在国际市场上很有竞争力。

（5）质量好，含蜡少，多为中轻质原油。

（二）墨西哥沿岸和马拉开波湖地区

这一地区主要的产油国有墨西哥、委内瑞拉、厄瓜多尔、特立尼达和多巴哥等国。其中委内瑞拉储量丰富，开采历史悠久。1995年拉美地区探明储量为185亿吨，占世界总储量的12.7%。2013年底委内瑞拉的石油储量达425亿吨，储量居世界第一位；截至2005年底，墨西哥的石油剩余探明可采储量为17.65亿吨，占世界总储量的1.0%，居世界第13位。

（三）非洲

1995年非洲已探明储量为98亿吨，占世界总储量的7.2%。非洲的石油主要分布在撒哈拉地区和几内亚湾沿岸，主要产油国有尼日利亚、利比亚、阿尔及利亚、喀麦隆、加蓬、埃及等国。其中以利比亚储量最多，约39亿吨，占世界储量的2.9%。其次是尼日利亚，已探明储量约28亿吨，占世界的2.1%。

（四）独联体各国

1995年已探明储量约78亿吨，占世界储量的5.5%。独联体的石油资源主要分布在俄罗斯的西伯利亚地区以及哈萨克、阿塞拜疆、乌兹别克、土库曼等里海周围的中亚各国。其中俄罗斯储量最丰富，储量为67亿吨，占世界的4.8%。第二次世界大战前，苏联的石油开采主要集中在外高加索地区，其中巴库油田就占全苏石油储量和生产的60%。20世纪60年代伏尔加—乌拉尔油田（第二巴库）取代了巴库，70年代以后乌拉尔山脉以东的西伯利亚地区油田又取代了第二巴库上升为苏联最大的油田，其中秋明油田就占全苏产量的一半以上。位于鄂毕河中游的萨默特洛尔油田，储量达20亿吨，年产量超过1亿吨，是俄罗斯当今最大型的油田。

苏联解体后，随着海湾地区石油储量下降，位于中亚地区的里海石油资源引起了世界广泛的关注。其中哈萨克斯坦已探明石油储量达220亿桶，远景储量可达550亿桶，目前世界上10个最大的油田中有2个在其境内。土库曼斯坦已探明的天然气储量是北海的2倍和墨西哥湾的4倍，石油远景储量达370亿桶。美国有关部门统计，如将中亚地区（包括里海）的油气资源折合成货币，总价值达4万亿美元。

（五）美国和加拿大

总储量约46亿吨，占世界储量的比重为3.6%。其中美国的储量为37亿吨，占世界的2.9%。美国和加拿大的石油主要分布在墨西哥湾沿岸、加利福尼亚州、加拿大中部草原三省和北冰洋沿岸的阿拉斯加地区。近年来随着美国墨西哥湾沿岸石油储量的日渐减少，阿拉斯加的北坡油田已是北美地区最大的油田，可采储量可达13.5亿吨。2008年美国攻克油页岩提炼石油的新技术。按照美国能源部的报告，全世界油页岩资源折合成页岩油约2.6万亿桶，而美国拥有世界上最丰富的油页岩资源。若以目前的技术和探测水平计算，美国油页岩换算成页岩油约为2万亿桶（3 000亿吨），约占全球资源量的77%，远远超过中东石油的储量。目前美国的原油产量已经超过进口量，2013年占世界原油总产量的10%，有效保证了世界原油市场的供应。

（六）西欧北海地区

油田主要分布在北海大陆架上，大部分位于英国和挪威领海海域。1969年挪威首先发现了埃科菲斯克油田，1970年英国发现了福蒂斯、布伦特、派坡等油田。西欧的石油总储量为23亿吨，占世界总储量的1.7%，其中挪威储量为11亿吨，占世界的0.8%；英国储量为6亿吨，占世界的0.4%。英国和挪威均为海上油田，开采条件困难大，成本高，但石油质量好，多为轻质原油。

（七）亚洲和大洋洲

该储油区是指除了西亚、中亚和位于俄罗斯境内的西伯利亚之外的亚洲及大洋洲其他地区。石油总储量约61亿吨，占世界总储量的4.4%，主要分布在中国的东北、华北、西北地区和大陆周围的渤海、黄海、东海、南海、北部湾等沿海大陆架上；其次是马来西亚、印度尼西亚、文莱等国。其中中国石油已探明的储量为33亿吨，占世界总储量的2.4%。

上述七大石油储藏区中，陆地上的石油储量约占2/3，海洋石油的储量占1/3。战后石油产量的迅速增长与大规模的海上石油的开发密切相关。20世纪50年代在海上采油的国家只有苏联、美国、委内瑞拉等少数国家，产量也只有4 000万吨左右。二十世纪六七十年代，随着海洋勘探技术的进步，在海底找油的国家已经有100多个，采油国已增加到40多个，采油水深已达300米以上，离岸距离300公里以上。海洋石油的产量约占整个海洋经济产值的65%。最大的海上采油国是英国，海上采油占其石油产量的100%，其次是墨西哥，海上采油占60%，再次是沙特阿拉伯、美国、委内瑞拉、挪威、埃及、阿联酋等国。

二、世界石油的生产与消费

世界石油开采自19世纪50年代开始以来，至1921年已突破1亿吨，1950年达到5.2亿吨，石油产量的迅速增长是二十世纪六七十年代的事。据统计，从1857年至1984年的128年，累计生产原油达717亿吨。其中自1960年至20世纪80年代中期，开采的原油就为561亿吨，占128年总产量的78%。1970年以前石油开采主要集中在苏联、美国和委内瑞拉三国，三国的产量约占世界总产量的45%。由于中东地区石油大规模的开发，沙特阿拉伯开始超过委内瑞拉。从此苏联、美国和沙特成为世界最大的三个石油生产国。1991年苏联解体后，俄罗斯国内由于经济动荡，石油生产急剧下降，从1991年起，沙特成为世界最大的产油国，其次是美国、俄罗斯、伊朗、中国、英国、墨西哥、委内瑞拉等，上述各国年开采石油量均超过1亿吨。据1995年统计，世界石油开采量为32.41亿吨，沙特阿拉伯产量超过4亿吨，美国产量为3.8亿吨，俄罗斯产量为2亿吨。中国产量为1.5亿吨，居世界产油量第五位。其中最大的产油区仍是中东地区，占当年世界产油量的29.7%。按1995年已探明的储量和当年开采量计算，全世界石油可供开采的年限为42.8年，其中经合组织成员国可采年限为14.7年，OPEC成员国可采年限为79.5年。以国家来说，美国为9.7年，墨西哥为47.1年，英国为4.4年，俄罗斯为21.9年，伊朗为65.9年，沙特阿拉伯为83.8年，伊拉克、科威特和阿联酋均在100年以上，利比亚为57.5年，尼日利亚为30.2年，中国为22年。

2012年，世界原油生产41.19亿吨，比2011年增长2.2%，产量明显增长主要来自北美和非洲地区。北美地区原油产量增幅最大，同比增长8.9%，非洲地区产量增幅也达7.7%。欧佩克生产原油17.78亿吨，占世界的43.2%。2012年全球生产原油名列前茅的国家排名中，沙特阿拉伯仍位居世界第一大原油生产国，产量为5.47亿吨，其次为俄罗斯（5.26亿吨）、美国（3.95亿吨）。

但是随着勘探技术的进步和炼油技术的提高，世界范围内的石油可采年限也在不断延伸。不可否认的是，无论如何提高和改善，石油作为一种不可再生的资源，将日趋枯竭。

随着世界石油产量的增长，石油加工能力也在不断扩大。20世纪50年代，年加工能力1亿吨以上的国家只有美国，1980年已有美、苏、日、意、英、法、德7个国家。发展中国家炼油业发达的主要是墨西哥、委内瑞拉、新加坡和中国。炼油能力最大的是美国，其次是苏联、日本。美国的休斯敦、俄罗斯的乌法、委内瑞拉的阿木、美属维尔京群岛上的圣克鲁斯等地，年炼油能力均在3 000万吨以上，世界石油的生产和加工主要由发达国家的埃克森、莫比尔、海湾、德士古、加利福尼亚标准、英荷壳牌、英国国家石油公司等垄断公司控制。它们在世界100多个国家进行开采、加工和经营，控制了资本主义世界石油产量的50%和绝大多数炼油厂、油轮运输。

世界的消费与生产十分不平衡。世界各主要经济体的石油消费量不是由其石油产量或价格决定，而是取决于经济发达程度和发展速度。近二十年来，世界主要地区的消费量普遍增加，尤其是亚洲和太平洋地区，增幅较高。1995年经合组织成员所生产的石油只占世界产量的29.9%，而它的消费量却占了全世界的59.8%，石油的自给率只有50%。其中美国当年石油产量占世界的11.8%，而它的消费量就占世界的1/4。日本、德国、法国和意大利四国石油产量很少，而它们的石油消费却分别占了世界的8.3%、4.2%、2.8%和2.9%。中东地区当年石油产量占世界的29.7%，而它们的消费量只占5.8%。发达国家和一些新兴工业化国家由于经济发达，石油在一次性能源构成中所占的比重很大。意大利最高，约占62.4%，日本占54.5%，德国占40%，美国占39%，英国占37%，新加坡占95%，韩国占63.6%，而我国只占18.9%。中东地区和拉美地区由于石油开采量大，消费量小，因此是世界石油主要出口地区。据1995年统计，全世界出口石油中，中东占46.1%，其中输往日本的占总出口量的25.1%，输往美国的占9.7%，输往西欧的占21.6%，输往亚洲其他国家的占30.8%。拉美石油主要出口美国，1995年美国进口石油中38%来自拉美。其他的石油出口国是非洲的利比亚、阿尔及利亚、尼日利亚。非洲石油主要输往欧洲。俄罗斯所产石油除供应独联体各国外，主要是出口到东欧各国和日本、朝鲜等国家。

今后随着世界经济的增长，对石油需求量将不断增加。2012年美国、中国、日本、印度、俄罗斯依然占据前五位。美国原油消费仍居首位，为8.2亿吨，比2011年下降2.3%，占世界消费量的19.8%，消费量和占比均有下降；中国消费量为4.84亿吨，再次创纪录，同比增长5.0%；日本消费量2.18亿吨，同比增长6.3%，这是自1994年以来最强劲的增长。但石油在一次性能源中所占的比重将下降。这是因为一方面由于石油探明储量，尤其是发达国家探明储量在不断下降；另一方面由于自20世纪70年代石油提价之后，各国都开始节约能源，提高石油利用率和开发替代能源。因此1994年与1973年比较，新增加的能源中占第一位的是天然气，其次是核能和煤炭，石油只占第四位。与此同时，人类对风能、水能、太阳能、地热的开发和利用将越来越受到重视。

三、石油输出国组织和主要产油国

（一）石油输出国组织（OPEC，“欧佩克”）

1960年9月，伊朗、伊拉克、沙特阿拉伯、科威特和委内瑞拉等五国在伊拉克首都巴格达集会，决定成立“石油输出国组织”，以协调各国的石油政策，商定原油价格，采取共同行动反对国际石油财团的剥削和掠夺，保护本国石油资源，维护民族利益。以后相继发展到13个国家。现有12个成员国是：沙特阿拉伯、伊拉克、伊朗、科威特、阿拉伯联合酋长国、卡塔尔、利比亚、尼日利亚、阿尔及利亚、安哥拉、厄瓜多尔和委内瑞拉。总部设在维也纳。石油输出国组织2006年年底石油已探明储量6 547亿吨，占世界总储量的57.6%，可供开采年限为79.5年。在其成员国中以委内瑞拉储量最大，约465亿吨（截至2012年），依次是沙特阿拉伯（储量 365 亿吨，截至 2012 年）、伊朗（储量 216 亿吨，截至 2012 年）、伊拉克（储量 202 亿吨，截至 2012 年）。石油输出国组织中以沙特阿拉伯目前的年产量最多，居世界第一位，超过 5 亿吨。每年石油输出国组织石油出口量占世界石油出口量的 1/3 以上。

石油输出国组织成立后，为保护石油资源，维护民族利益，制定了一系列政策，进行了卓有成效的斗争。主要表现为：

（1）夺回了油价标定权，提高了石油出口税率，以增加产油国的收入。

（2）实行石油生产国有化或增加在西方石油公司中的股权，以控制石油生产和销售。目前伊朗、伊拉克、科威特、委内瑞拉、卡塔尔等国，已经全部实现了石油生产国有化。利比亚、阿尔及利亚、尼日利亚等国也控制了本国石油生产的绝大部分。

（3）通过 1973 年和 1979 年两次石油减产提价，增加了产油国的收入，打击了西方国家以低价对各产油国资源的掠夺，同时也对西方发达国家经济的发展造成了重大的冲击。

（4）各成员国共同筹借了数十亿美元，作为共同基金，支持发展中国家经济的发展。

（5）首次承认了页岩油气的影响力，确立了油页岩在石油生产中的地位。

正是由于 OPEC 采取了上述一系列措施，不但促进了各产油国经济的发展，提高了它们在世界经济贸易中的地位，同时也对各国调整产业结构，开发替代型新能源，勘探开采新的油田，起了极大的促进作用。

（二）主要产油国经济概况

1. 沙特阿拉伯（The Kingdom of Saudi Arabia）

位于亚洲西南部的阿拉伯半岛上，东临波斯湾，南与也门、阿曼接壤，西临红海，北面与科威特、伊拉克、约旦为邻。面积 225 万平方公里，约占阿拉伯半岛面积的一半。人口 2 937 万（2014 年），首都是利雅得。

沙特阿拉伯境内绝大部分为沙漠，降水稀少，淡水缺乏，对工农业生产不利。但石油资源丰富，已探明的石油储量为 365 亿吨，占世界总储量的 15. 9%，可供开采 83. 8 年。由于石油储量丰富，因此有“石油王国”之称。

沙特阿拉伯王国自 1932 年建立至今，已由以前农牧业为主的落后国家，变为现在拥有以石油工业为主、其他工业也得到了应有发展、农产品基本上达到了自给有余的比较富足的国家。

20 世纪 70 年代以后沙特开始实行五年经济发展计划。在出口石油获取巨额收入的条件下，大力发展石油化工、炼钢、炼铝、电力等基础工业，并相应带动食品、纺织、成衣、皮革、木材、造纸、印刷、建材等工业的发展。到 1995 年第六个五年计划开始时，全国工业企业的数量已由 1970 年的 199 家增长到 2 400 家，工人人数由 1. 4 万人增长到 21. 4 万人，资本由 2. 8 亿里亚尔（1 美元=3. 7 里亚尔）增长到 1 610 亿里亚尔。工业产值由 1980 年占国民生产总值的 6. 5%增长到 1995 年的 14%。1995 年的发电量比 1975 年增长了 16 倍。为满足人民群众对淡水的需求，全国已建立 28 座海水淡化工厂，沙特是世界上最大的淡化海水生产国，其海水淡化量占世界总量的 21%左右。

沙特在实施经济多样化的同时，加大了对农业投资的力度，采取了把荒地无偿地分给农民，对化肥、农机的购买给农民以补贴，大力兴修水坝蓄水等措施来支持农业的发展。全国拥有耕地 2 000 万公顷，为 1970 年的 8 倍。自 1987 年以来，沙特农业连年丰收。主要生产小麦、大麦、高粱、椰枣、蔬菜等。

随着石油、天然气资源的开发利用和工农业的迅速发展，沙特阿拉伯的对外贸易也有了长足发展。无论对外贸易的产品结构和地区结构都日益走向多样化。出口产品结构初步改变了单纯依赖石油的局面；进口商品主要是钢材、运输机械和机械设备以及生活消费品、建材等。其贸易伙伴过去主要是美国，现在转向了亚太地区，日本成为它第一大贸易伙伴国，且与中国贸易增长迅速。

沙特采取多种措施鼓励外商投资。如 10 年内免征外商的所得税和企业税；合资企业的设备、原材料可免税进口；享受长达 15 年的低息贷款和水电费补贴；外商家属和本人在沙特可以享受免费医疗和教育；外商投资比例最多可达 75% 等。

【知识拓展】

椰　枣

椰枣，英文名称 Date palm，又名波斯枣。由于椰枣树外观像椰子树，而果实像枣，因而得名。椰枣营养丰富，富含果糖、多种维生素、蛋白质、矿质元素及其他营养成分，自古以来被人们视为很好的滋补营养食品。椰枣里面浸出的糖汁经过凝结可作为调料，常用于煮肉，甜而不腻。椰枣树具有耐旱、耐碱、耐热而又喜欢潮湿的特点，因而在沙漠绿地广有分布和栽培。作为沙漠中的绿色植物，对居住在沙漠中的游牧民族来说具有极其重要的作用，是沙漠绿洲的标志。沙特阿拉伯国徽中心就是一棵椰枣树。沙漠占国土面积大半的沙特阿拉伯人，把高大挺拔的椰枣树看做国家的象征。

（根据百科全书等资料整理）

2. 伊朗（The Islamic Republic of Iran）

伊朗伊斯兰共和国位于亚洲西部，北邻阿塞拜疆、亚美尼亚、土库曼斯坦和里海；西与土耳其、伊拉克接壤；东邻阿富汗和巴基斯坦；南隔波斯湾、阿曼湾与阿拉伯半岛各国相望。面积 164. 8 万平方公里，海岸线长达 1 830 公里。

公元前 6 世纪伊朗称为“波斯”。1925 年建立王国，1979 年成立伊斯兰共和国。居民 7 500 万（2012 年），主要民族为波斯人，信奉伊斯兰教，主要为什叶派教徒。首都德黑兰，人口 647 万，是伊朗政治、经济、文化中心，也是西亚地区最大的城市和航空港。其他城市有大布里士、伊斯法罕、马什哈德、阿巴丹、阿瓦士等。

伊朗的地形以高原为主，高原面积约占全国的 1/2，其次为山地。西部靠近伊拉克地区为美索不达米亚平原的一部分，东部为干燥的盆地和沙漠。荒地和沙漠占全国面积的 1/3。气候大部分地区为亚热带草原和沙漠气候，但气候大陆性强，降水少。

伊朗石油、天然气资源丰富。已探明的储量为 216 亿吨（2012 年），少于沙特阿拉伯、伊拉克、科威特和阿联酋，居世界第五位。石油主要分布在西部的胡齐斯坦和波斯湾海域。年产石油约 1 亿吨，是世界主要产油国之一。1908 年 5 月，英国首先在伊朗的苏莱曼油田进行工业性开采，但战前一直产量很少。战后随着石油在能源构成中所占的比重上升，伊朗石油产量迅速增长。主要油田有阿加贾里、马隆、加什萨兰、阿瓦士等。阿巴丹原有伊朗最大炼油厂，两伊战争中遭到一定的破坏。位于波斯湾的哈尔克岛是伊朗原油输出中心和世界最大的石油出口港之一。伊朗天然气资源丰富，年产量约 500~600 亿立方米。

其他工业部门有纺织、钢铁、汽车装配、机械制造、制药、采矿等，其中纺织是其第二大工业部门，仅次于石油工业。

农业生产多年来增长缓慢，除因气候干燥等自然因素外，主要是政府政策不得力，因此粮食需要进口。主要农作物是小麦、大麦、棉花、甜菜等。畜牧业主要是养羊。

对外贸易中主要出口商品是石油，其次是地毯、棉花、皮革、干鲜果品、矿石、天然气等。主要贸易伙伴为德国、日本、法国、意大利、土耳其等。

3. 伊拉克（The Republic of Iraq）

伊拉克位于阿拉伯半岛、小亚细亚半岛和伊朗高原之间，面积 44.2 万平方公里，人口 3 443.25 万（2014 年），79% 的居民为阿拉伯人，其次为库尔德人。96% 的居民信奉伊斯兰教。首都巴格达，也是西亚重要的航空港。

伊拉克石油资源丰富，已探明储量为 202 亿吨（2012 年），居世界第五位，可采年限达 100 年以上。石油是伊拉克经济的命脉，产值约占国内生产总值的一半。1990 年海湾战争前，石油的日产量为 310.5 万桶，海湾战争后由于油田遭到破坏和联合国的制裁，石油产量急剧下降。主要油田有北部的基尔库克、南部的鲁迈拉等。所产石油除通过海运出口外，主要通过石油管道，经土耳其运到地中海出口。伊拉克其他工业起步晚，比较落后，主要工业有食品、卷烟、制药、塑料、钢铁等。

伊拉克由于气候干燥，农业发展需要灌溉。农业生产主要种植小麦、大麦、棉花、椰枣等。椰枣是继石油之后的第二大出口产品。由于食品不足，粮食需要进口。

4. 墨西哥（The United Mexican States）

墨西哥位于拉丁美洲的北部，北邻美国，南接危地马拉和伯利兹，东濒墨西哥湾，西临太平洋，面积 197.2 万平方公里，人口 11 822.6 万人。墨西哥是一个历史悠久的文明古国，为印第安人的发源地之一，以玛雅文化、托尔特克文化和阿兹台克文化享誉世界。1521 年沦为西班牙殖民地，1821 年独立，1917 年成立墨西哥合众国。首都是墨西哥城，人口 980 万，是世界人口最多的城市之一，是墨西哥政治、经济、文化中心。

墨西哥是一个以山地、高原为主的国家，东、西、南三面为马德雷山脉，中部为平坦的墨西哥高原，墨西哥湾沿岸有狭窄的平原。南部和西部是环太平洋火山地震带的一部分，所以多火山和地震。东南沿海地区为热带雨林气候，北部为热带沙漠气候，几乎占了领土面积的一半，尤卡坦半岛为热带草原气候。矿产资源除石油外，银、铅、锌、硫黄、铁矿也十分丰富。

二战前墨西哥基本上是一个农业国，经济以农业和采矿业为主。战后，由于墨西哥实行工业和农业均衡发展的方针，对于非基础产业实行私有化，放宽外贸管制和积极利用外资的政策，促进了经济迅速的增长，目前已同巴西一样，列为世界新兴工业化国家。

墨西哥是世界上重要的石油生产国，石油已探明储量 128 亿吨，次于沙特、伊拉克、科威特、阿联酋、伊朗和委内瑞拉等国，居世界第八位。石油可采年限达 47 年。年产石油 906 亿桶；石油主要分布在墨西哥湾沿岸的坦皮科、韦腊克鲁斯、坎佩切湾等地。石油开采始于 1901 年，但 1938 年以前石油开采全部为美、英等国的石油公司垄断，二战后实现了石油生产的国有化。20 世纪 70 年代后石油产量迅速增长，到 1988 年，年产量已达 9.17 亿桶。

随着石油产量的增长，炼油能力也不断扩大，全国有十大炼油厂，每天炼油能力约 200 万桶。主要炼油厂分布在坦皮科和墨西哥城。

墨西哥工业部门齐全，以制造业为主。除石油与石油化工业发达之外，采矿业也十分发达，主要以采银为主，银矿年产量达 2 000 吨，其次有汞、铁、锑、铜、金、萤石等。其他工业有钢铁、有色金属冶炼、电力、化工、纺织、汽车制造、食品等。各项工业品的产量均居拉美各国前列。

农业也是墨西哥主要经济部门。全国共有耕地 2 300 万公顷，主要农作物有玉米、小麦、棉花、咖啡、甘蔗、剑麻等。其中玉米是种植面积最广、产量最多的农作物，也是墨西哥的主要粮食作物。咖啡产量仅次于巴西、哥伦比亚，居世界第三位。由于海岸线长，捕鱼业发达。

墨西哥对外贸易中出口商品主要以石油为主，约占整个出口额的 1/3 以上，其次是咖啡、对虾、纺织品、棉花、玉米等。进口除工业原料外，主要是机械设备、运输设备、粮食和轻工业品。最大的贸易伙伴是美国，约占其对外贸易额的 2/3 以上，其次是日本、德国、西班牙等国。

墨西哥由于大量利用外资，20 世纪 90 年代初外债总额曾高达 1 015 亿美元，以致发生了严重的债务危机。后在西方发达国家实行债务资本化之后，债务得到一定缓解。1994 年正式加入北美自由贸易区，对墨西哥经济发展起了极大的促进作用。

5. 尼日利亚（The Federal Republic of Nigeria）

位于非洲几内亚湾沿岸，面积 92. 3 万平方公里，海岸线长 800 公里。尼日利亚是非洲古老国家之一，早在 1 000 多年前就有自己的文化，15 世纪中叶先遭葡萄牙殖民主义者入侵，1914 年又沦为英国殖民地，1960 年获得独立，1963 年成立联邦共和国。

全国共有人口 1. 80 亿（2014 年），是非洲人口最多的国家。全国共有 250 多个部族，大的部族是豪萨族、约鲁巴族、伊博族等。北部地区适用豪萨语，西部通用约鲁巴语，东部适用伊博语，英语为官方用语。

全国大部分地区地势低平，既无崎岖的山地，也无大面积的沙漠。气候从南部沿海地区的热带雨林气候，向北过渡到热带草原气候，因此全国大部分地区气候温暖湿润，降水量多，适宜橡胶、油棕、咖啡、可可等热带经济作物的生长。

尼日利亚独立前，经济具有殖民地单一经济的特点，严重依赖棕榈、可可等少数热带经济作物，经济十分落后。1960 年独立后，历届政府实行了一系列发展经济的政策，以促进经济的增长。尤其是 20 世纪 70 年代以后，由于大力发展石油工业，从而带动了经济的增长。当前石油工业是尼日利亚经济的最主要部门，1987 年石油收入占当年出口收入的 95%，占联邦收入的 76%。其石油已探明储量约 28 亿吨（1995 年），可供开采年限约 30 年。1979 年石油最高产量曾达 1. 14 亿吨，居非洲第一位。20 世纪 80 年代以后，随着油价的上涨，世界石油需求量下降，尼日利亚石油产量也相应下降，1987 年产量仅及 1979 年的 1/2。90 年代石油产量又有所回升，目前产量约 1 亿吨，仍居非洲首位。60 年代，尼日利亚的石油开采、运输、销售全部为英美等外国石油公司所控制。1971 年尼日利亚加入“欧佩克”后，成立了国家石油公司，目前尼日利亚政府已控制了外国石油公司 60% 以上的股权。

尼日利亚的油田主要分布在尼日尔河三角洲和沿海大陆架上。其油田的特点有：（1）油田数量多，但规模小；（2）油田分布在赤道附近，风浪小，开采条件好；（3）油田离港口近，运输方便；（4）绝大部分油田回采率高，单井产量高；（5）离欧美等发达国家近，能及时投放市场。

农业仍是尼日利亚主要经济部门，农业人口占全国人口的70%。北部地区主要种植花生、棉花、大豆；南部地区种植油棕、可可、香蕉。其中最重要的农产品是棕榈仁、可可和花生。天然橡胶产量居世界前列。主要粮食作物南部是木薯，北部是玉米和高粱。

其他工业部门有水泥、橡胶、玻璃、纺织、塑料、制药等。尼日利亚是西非地区唯一产煤国，热带木材产量居世界第二位，仅次于印度尼西亚。

对外贸易中的出口商品除石油外，主要是棕榈仁、花生、棉花、橡胶、锡矿砂、木材等；进口商品为机械设备、运输机械、食品机械和轻工业品等。美国是其出口的重要对象，英国是其重要的进口伙伴。

项目三　农矿原料生产和贸易概况

随着科学技术的进步，人类社会的发展，人们利用自然的能力也在不断增强，一些过去只供人们直接消费的农矿产品，现在已经成为加工再生产的工业原料。虽然这些原料本身在社会生产总值中所占的比重不大，但却是现代工业生产不能短缺的物质基础，其产量的增减，空间分布的变化，均直接影响着生产、流通和消费，即影响人类的经济活动。因此认真研究当前农矿原料的生产、分布及今后的发展，对我们认识、分析当前和今后国际贸易中商品的构成、流向和流量，无疑是十分重要的。

一、农矿原料生产分布特征

（1）各种农业原料的生产往往高度集中在少数地区，其中大多数又集中在发展中国家。而发达国家仅仅在某些温带农业原料（如甜菜、大豆、葵花籽等）和少数亚热带作物（如棉花、葡萄等）生产方面占的比重较大；热带产品则几乎完全集中在发展中国家。

主要农业原料在地区分布上高度集中的原因是：① 这些农业原料作物的生长多数要求特殊的自然条件，如气候、土壤等；② 在价值规律和竞争的作用下为了提高产量，降低成本，促使这些作物的种植往往集中到少数条件最适宜的地区；③ 许多农业原料的生产不适宜机械化，而需要大量的劳动力，因此往往趋向于人口密集、劳动力价格低廉的发展中国家；④ 许多发展中国家原是殖民地或半殖民地，其经济的发展受宗主国的掠夺和剥削，早已形成了生产某一种或几种农业原料的基地。

（2）矿物原料的开采高度集中在少数国家和地区，尤其集中在少数发达国家。如美国和苏联其矿业产值分别占世界15%和18%左右，加拿大和澳大利亚规模也很大。发展中国家里，采矿业规模大的只有智利、赞比亚、扎伊尔、墨西哥、摩洛哥、巴西等国。但随着发达国家矿产原料消费的不断增加，其资源日益枯竭；发展中国家勘探范围的不断扩大，大型矿区的开发，使许多重要矿产原料已经占有很大的优势，如铝土矿、磷酸盐、锡、铜、锰、金刚石等，从而发达国家对发展中国家矿物原料的依赖日益加深。

（3）农矿原料的生产、销售多为发达国家的跨国公司所控制。农矿原料的生产和销售，在历史上就是为了适应资本主义工业生产而发展起来的，至今发达国家为了保证原料的稳定供应，降低成本，攫取高额利润，仍然通过跨国投资的方式控制着许多农矿产品的生产和销售。据统计，亚非拉发展中国家和北美、西欧等工业发达国家中，年采矿量在 15 万吨以上的大矿约有 1 000 多个（不包括开采矿物燃料的企业），它们的采矿量占世界总采矿量的 96%。而控制这 1 000 多个大矿的，主要是 10 家大的垄断公司，其中主要是美、英、法、德、日等国的跨国公司。例如美国的电话电报公司对智利、秘鲁的铜矿开采，就有极大的控制权；英国在赞比亚、扎伊尔、南非的铜、黄金、金刚石的开采中也占有很大的控制权。

（4）农矿原料的生产、加工和消费在空间分布上相互脱节，生产在发展中国家，而加工和消费却在发达国家。发展中国家就地加工自己的产品，有利于增加收入，促进国民经济的发展。但是发达国家的跨国公司却通过各种方式限制发展中国家加工它们的农产品，如不传授加工技术，不提供加工设备，以便掠夺廉价原料，高价销售制成品。例如发展中国家每年出口可可豆 100 多万吨，而可可粉的出口却只有几万吨。西欧、美国、日本矿物原料的产量还不到全世界的 1/4，而消费量却占世界的 3/5 以上。原料生产、加工和消费在空间分布上的脱节，对发展中国家十分不利。在资本主义经济处于繁荣时期，原料常常成为他们投机的对象；而一旦不景气或原料生产供过于求时，发达国家就通过减少购买数量、压低价格来转嫁经济危机。这样不平等的经济秩序，给发展中国家经济发展造成极大的困难。

二、世界主要农矿原料生产分布

农业原料主要包括天然纤维、天然橡胶、饮料作物、糖料作物、油料作物、烟草和林业原料等。矿物原料是指除燃料矿物以外的金属和非金属矿物。目前广泛应用在工业上的矿物有 80 多种，其中产值大，在国际市场上有重要意义的主要是铁、铜、铝土、铅、锌、镍、锡、锰和磷酸盐等。各种农矿原料的生产分布各有特点。

（一）天然纤维

主要包括棉花、麻类、羊毛、蚕茧等，其中以棉花为主，约占天然纤维的一半。棉花是亚热带作物，主要产于北纬 20°~40°之间的地区。由于灌溉技术的进步和对棉花质量要求的提高，二战后棉花种植日渐向具有灌溉条件的干旱地区集中。世界棉花种植业主要集中在四个大的地区：最大的是亚洲南半部，包括中亚、印度、巴基斯坦、中国的西北、华北地区、土耳其、伊朗、叙利亚等。这个地区棉花产量占世界的一半以上。第二大产棉区是美国的南部，产量占世界的 1/6 以上。第三大产棉区是拉美的阿根廷、巴西、墨西哥等国。第四大产棉区是非洲的埃及、苏丹等国。从国家看，1988 年中国产量最大（419 万吨），其次是美国（336 万吨），苏联占第三位（270 万吨），再后为印度、巴基斯坦、巴西等国。美国、印度、巴基斯坦是重要的棉花出口国，日本、法国、德国是主要进口国。2012 年全球棉花产量最大的是中国，其次是印度、美国、巴基斯坦、巴西、乌兹别克斯坦、澳大利、土耳其和土库曼斯坦。

麻类主要包括亚麻、黄麻、剑麻、马尼拉麻等，亚麻纤维细长，光泽好，纺织品适宜做衣料。苏联是世界上种植面积最大、产量最多的国家，各占世界的 3/4 和 3/5；其次为法国、中国、罗马尼亚等。黄麻主要用于织造麻袋、帆布等，亚洲黄麻产量占世界的 95% 以上，其中印度种植面积占世界的 2/5，其次为中国、孟加拉等。剑麻纤维坚韧，适宜做船只的缆绳，主要产在非洲的坦桑尼亚、肯尼亚和拉丁美洲的巴西和墨西哥等国，种植和产量均占世界的98%以上。马尼拉麻90%产在菲律宾。麻类纤维主要以发达国家消费为主。

羊毛产量与养羊业的发展密切相关。以国家论，澳大利亚养羊业最发达，因此羊毛产量和出口量始终占世界第一位，1969年创历史最高纪录，达92.3万吨，以后产量趋于下降，1988年产量为90万吨。其次为俄罗斯、新西兰、中国、阿根廷、南非等。以上各国羊毛产量占世界1/2以上。羊毛出口国主要是澳大利亚、新西兰、阿根廷、南非等，主要进口国是俄、中、法、英、日、伊、比等。

（二）油料作物

主要包括大豆、花生、油菜籽、向日葵。木本油料主要是油棕、椰子、油橄榄、油桐等。前者产油量约占世界的4/5，后者占1/5。大豆主要产在美国、巴西和中国，其中以美国产量最多，1988年产量约4 188万吨，占世界的1/2左右。花生以亚洲种植面积和产量为最大，约占世界的2/3，其中印度种植最多，中国产量居世界第一。其次为美国、尼日利亚、塞内加尔等国。发展中国家占世界花生产量的90%以上，中国出口最多，其次为美国。油菜籽适应性强，种植广泛，以亚洲、欧洲为主。中国油菜籽产量占世界第一位，多年产量均在590万吨以上，其次为印度、加拿大、法国等，主要出口国是法国、加拿大；进口国为日本、德国等。向日葵主要种植在欧洲、拉丁美洲和亚洲，占世界的80%以上，其中俄罗斯无论是种植面积还是产量均占世界的1/4；其次为阿根廷、中国、美国等。油棕、椰子、油橄榄主要产在马来西亚、尼日利亚、菲律宾等国。

（三）烟草

烟草是有重要经济价值的作物，它喜温、喜光、喜肥、怕旱涝，同时要求较高的种植技术。各洲均有种植，以亚洲、欧洲种植最多，无论产量、种植面积均占世界的70%以上。主要出口国是美国、印度、巴西、土耳其；主要进口国是德国、英国、俄罗斯、日本等。

（四）天然橡胶

橡胶是生长在热带高温多雨区的经济作物，是重要的交通、电讯、国防工业的原料。一般种植在南、北纬10度之间，如果自然条件适宜也可在北回归线附近种植。战后由于合成橡胶的生产，天然橡胶产量受到影响，但1985年仍达430万吨，比战前增加了32.1倍，橡胶主要种植在亚洲的南部，约占世界的4/5，其中马来西亚是生产大然橡胶最多的国家，产量占世界的35.8%；其次是印度尼西亚、泰国、斯里兰卡、印度、中国、利比里亚等国。橡胶的消费2/3在发达国家。

（五）饮料作物

茶叶、咖啡、可可三大饮料作物几乎全部在发展中国家生产。咖啡主要产在拉丁美洲和非洲，巴西产量居世界第一位，哥伦比亚居世界第二位。可可主要产区在巴西和非洲西部的加纳等国。茶叶以亚洲的印度、中国、斯里兰卡、日本等国为主。但是80%以上的咖啡、70%的可可和2/5的茶叶都出口到占世界人口1/4的发达国家。占世界人口1/2的发展中国家，咖啡、可可的消费量不到世界的1/5。

（六）糖类作物

糖类作物主要以甘蔗、甜菜等为主。甜菜为温带作物，欧洲是最大产区，占世界产量的80%以上，从英国向东经法、德、捷、波到俄罗斯为甜菜重要产区，乌克兰是最大的产区。北美是第二大产区，产量约占世界的1/10。甜菜主要供各国国内消费，出口量很少，仅限于欧洲境内。甘蔗生长在热带，主要分布在发展中国家，其中拉美的巴西、古巴、墨西哥、多米尼加等国，产量约占世界的1/2。亚洲主要是中国、泰国、菲律宾、印度等国，产量占世界1/4，其余主要在澳大利亚、毛里求斯等地。全球每年出口蔗糖1 000多万吨，几乎全部出口到发达国家。发达国家人均糖消费量几乎等于发展中国家的三倍。

（七）林业原料

世界现有森林总面积26.4亿公顷，其中1/2在发展中国家，木材蓄积量约3 100亿立方米。森林广阔的国家主要是俄罗斯、巴西、加拿大、美国、扎伊尔、马来西亚、印度尼西亚等国。木材采伐和加工过去以苏、美、加、芬等国家为主，二战后发展中国家增长较快，目前发展中国家占木材产量的60%。木材的出口国主要是俄罗斯、美国和马来西亚，约占世界出口量的53%，其次是加拿大、瑞典、芬兰等国。主要进口国是日本和中南欧的国家。

（八）金属矿物原料

金属原料中主要以铁、铜、铝土、锰、铅锌、镍、锡等为主。

世界铁矿的储量约930亿吨，主要分布在独联体国家、加拿大、巴西、澳大利亚、美国、瑞典、法国等国，前三个国家储量约占世界的60%。但出口最多的国家是澳大利亚，约占世界的1/4，其次是巴西和加拿大。主要进口国是日本、美国和西欧。已探明铜储量达6.4亿吨，主要分布在智利、赞比亚、刚果（金）、独联体国家、美国等国家。智利、美国和独联体国家是世界上主要的铜矿砂生产国，其年产量均在100万吨以上。

铝土矿总储量约287亿吨，主要分布在几内亚、澳大利亚、巴西和牙买加等国。产量以澳大利亚最多，占世界产量的1/3以上，其次为几内亚、牙买加和巴西。美、俄、日和西欧是铝土矿的进口国。

（九）非金属矿物原料

主要以磷酸盐、金刚石、钾盐等为主。磷酸盐以非洲摩洛哥储量最为丰富，达635亿吨，占世界总储量的3/4；其次如太平洋中的汤加等国。但产量以独联体国家、美国为最多，摩洛哥居第三位。摩洛哥磷酸盐出口量达1 480万吨，占世界的1/3，居第一位。工业用钻石主要产在刚果（金）、南非等国。

三、世界主要农矿原料生产国：智利、摩洛哥、古巴、赞比亚

（一）智利（The Republic of Chile）

智利共和国位于南美洲的西南部，领土74.2万平方公里，从南到北延伸达4 270公里，

东西平均宽度只有 180 公里，因此是世界上领土最狭长的国家，人口 1 781.55 万（2014 年 12 月）。境内多山。由于领土狭长，气候多样。北部为热带沙漠气候，干燥多雨，绝大部分矿山位于这里。中部为冬雨夏干的气候，人口稠密，占全国人口的 89%，农业发达，工业产值也占全国一半以上。南部为温带海洋性气候，森林茂密，但人口更为稀少。

智利是世界著名的“铜矿之国”。已探明的铜的储量为 1.84 亿吨，约占世界储量的1/4。自 1975 年以来，铜的产量均在 100 万吨以上。1988 年铜的产量约 144.7 万吨，占世界总产量的 13%，占铜矿出口国组织的 35%，同年产量和出口量均居世界第一位。铜矿砂和制品远销美洲、欧洲、亚洲的 30 多个国家。智利全国有四大铜矿，楚基卡马塔位于智利北部，是世界最大的露天铜矿，产量约占全国的 45%；其次是特尼恩特、安第纳、萨尔尼多，四大矿产量占全国的 83%。铜矿出口额占全国出口额的 47.8%，是国家外汇收入的重要来源。

智利也是世界上唯一产天然硝石的国家。主要产地也在北部的安托法加斯塔省和塔拉帕卡省。第一次大战前硝石是智利经济的支柱，但第二次大战后已被铜取代了，年产量约 50 万吨，主要供出口。其他矿产尚有铁、钼、煤、石油等。

主要港口有瓦尔帕莱索、安托法加斯塔、蒙特港和彭塔阿雷纳斯等。

（二）摩洛哥（The Kingdom of Morocco）

摩洛哥位于非洲的西北部，扼大西洋与地中海的门户，面积 49.5 万平方公里，人口 3 376万（2014 年 9 月）。首都拉巴特。境内 3/4 属于阿特拉斯山脉，气候类型主要是地中海式气候。

摩洛哥是一个以农业为主的国家，农业人口占总人口的 54%，从事农业的劳动力占全国劳动力的 40%，农产品的出口占全国出口总值的 23%，主要出口的农产品是柑橘、葡萄、蔬菜等。

摩洛哥磷矿资源丰富，磷酸盐的储量达 635 亿吨，约占世界总储量的 3/4。1988 年产量达 2 500 万吨，仅次于美国和苏联，居世界第三位。但出口量却占世界第一位，1985 年出口最高峰为 1 480 万吨，约占世界贸易量的 1/3，外汇收入达 10 亿美元，占全国外汇收入的 42%。摩洛哥政府充分利用这种有利条件发展化肥、制酸等工业。1989 年出口化肥 200 万吨，1988 年出口磷酸 172 万吨。

摩洛哥海岸线长，渔业资源丰富，年捕鱼量达 60 万吨，沙丁鱼出口居世界之首。

但是，摩洛哥工业落后，能源短缺，农业经营方式分散而落后，粮食需要进口，对外贸易长期逆差，人口增长过快，均给经济发展造成极大困难。

（三）古巴（The Republic of Cuba）

古巴位于加勒比海西北部，全境由古巴岛及 1 600 多个小岛组成，面积约 11 万平方公里。人口 1 280 万（2013 年），其中 2/3 是白人，混血人种占 22%，再次是黑人，首都哈瓦那。

古巴地处北纬 20 度与北回归线之间，大部分属热带雨林气候，全年高温多雨。土壤富含有机质。地形以平原为主，山地很少，十分适宜甘蔗生长，因此古巴以生产蔗糖闻名于世。近年来蔗糖产量约 750~800 万吨，仅次于巴西，居世界第二位，但蔗糖年出口量约 700 万吨，占世界第一位。

古巴甘蔗生产是16世纪由西班牙引进的，1889年美西战争后，由美国大量投资发展起来。第二次世界大战后，古巴为改变单一的经济状况，二十世纪五六十年代曾一度减少蔗田面积，发展水稻、玉米等作物，致使甘蔗大量减产，蔗糖出口锐减，给经济造成极大困难。20世纪60年代中期，古巴参加“经互会”后，遵照“国际劳动分工”与“生产专业化”的原则和古巴政府提出的“相对优势”理论，古巴又大力扩大甘蔗种植面积，1981年已达185万公顷，占全国耕地1/2以上。蔗糖产量随之增长，1982年已达820万吨，每年销往苏联、东欧等国家约400万吨。由于双方是协定贸易方式成交，价格稳定，从而进一步促进了古巴蔗糖业的发展，也带动了其他经济部门的增长，但也对苏联造成了新的依赖。对外贸易中蔗糖所占比重1986年占出口总值的77.2%。甘蔗以东部平原区种植为主，产量约占全国的一半，西部平原是老蔗田，产量占全国的3/10。古巴港口众多，除哈瓦那和圣地亚哥为综合性港口外，其他港口均以输出蔗糖为主，其中西恩富戈斯是古巴糖的重要输出港。

（四）赞比亚（The Republic of Zambia）

赞比亚位于非洲南部，是一个内陆国家。面积75万平方公里，人口1 383万（2012年），绝大部分是黑人，首都卢萨卡。

赞比亚铜矿资源丰富，按金属含量计算约2 700万吨，居世界第五位。铜矿绝大部分分布在北部边境以基特韦为中心，长22公里，宽65公里的“铜带”内，共分为钦戈拉、木富利腊、卢安席亚等六大矿区，其中以恩昌加露天矿开采量最大，是世界第三大铜矿区。赞比亚铜矿埋藏浅，大部分可以露天开采。其品位高，均在3%以上（美国不足1%），而且和钴、铀、银等伴生。钴的产量仅次于刚果（金），居世界第二位。铜砂的产量从20世纪30年代就居世界第四位。1974年产量最高，达88.4万吨，以后产量趋于下降，1985年仅产57万吨。采铜业在国民经济中始终占据着支配地位，铜的出口额占总出口额的90%左右。

赞比亚经济对外贸依赖性强，进出口额占国民生产总值的70%。但由于是内陆国，出口的物资均需经津巴布韦和莫桑比克的港口输出。由于运距远，又常受邻国政治波动的影响，因此极不稳定。我国帮助兴建的坦赞铁路，虽缓解了运输的困难，但由于管理不善和达累斯萨拉姆港口吞吐能力不足，因此运量下降。

【案例分析】

国际油价飙升态势、成因及对世界经济影响

2004年以来，国际石油价格经过了持续攀升、暴涨和疯涨的历程。1月份，受美国低温和原油库存减少等因素的影响，纽约原油期货价格由5日的每桶33.78美元上涨到20日的36.20美元，拉开了今年油价上涨的序幕；到7月底，国际市场原油价格基本在每桶42美元以下呈小幅上涨趋势。8月初至9月下旬，国际油价暴涨，直逼50美元大关。9月27日以来，国际油价涨破每桶50美元、冲破55美元，创21年来最高纪录，进入疯涨阶段。目前，继续高企在每桶50美元之上，比上年同期上涨达八成。

综合来看，国际油价飙升是经济政治和投机“讹诈”等因素共同推动的结果。

第一，世界经济增长加快，引起原油供求关系趋紧，驱动油价持续上涨。近一年来，世

界经济复苏形势越来越稳定。美国经济扩张明显，欧元区经济复苏更为稳定，日本经济强劲回升，新兴市场以及中国、印度等国经济快速增长。另一方面，现时欧佩克的原油供给能力提高有限，目前生产能力已经接近上限，致使供求关系紧张，驱使油价持续上涨。

第二，地缘政治和产油区局势动荡等因素推波助澜。从世界范围看，伊拉克局势不稳定，石油设施不断遭到破坏；沙特阿拉伯近几个月来发生的恐怖袭击，使人担心其石油出口供应会受到干扰；石油产量占全球2%的俄罗斯“尤科斯”事件；西非地区最大的石油生产国尼日利亚罢工频现，发生暴力冲突等，对世界石油价格上涨都起到了推波助澜的作用。

第三，投机资本在原油期货市场兴风作浪。在国际石油市场上买原油，一般都是买期货。据世界许多知名人士和研究经济的权威机构分析，今年原油价格持续剧烈上涨，特别是近期国际油价每桶涨破50美元后节节高升，仅用市场供求失衡无法解释，很大程度上是受期货市场的投机炒作影响。2004年9月，国际清算银行报告称，对冲基金、投资银行和其他交易商今年都增加了他们在石油交易商的赌注。欧佩克最近也估算，投机交易已经导致油价上涨约15美元。在10月初七大工业国财长和央行行长会议上，美国财政部长斯诺称：“全球需要增加原油供应以对付市场上的某些不安定因素，尤其是投机交易。投机使得价格已经超越了市场基本面所能容忍的范围。”世界原油日供应量为8 400万桶，全球日消费量为8 112.8万桶，每天有近300万桶剩余原油，但是期货市场上的交易量却达到1.2亿到1.6亿桶，“正是这种纸上交易造成了油价的暴涨”。

第四，西方发达国家战略遏制中国等发展中大国；心理因素和天气因素等，亦是推高油价不可忽视的原因。随着全球制造业规模不断扩大，特别是中国等亚洲发展中国家制造业的快速发展，能源消耗有增无减，原油价格的波动仍将对各国经济发展产生重要影响，各种政治集团不可避免地通过多种政治经济和军事手段对油价产生影响。不少分析人士认为，西方发达国家近年来借石油“讹诈”中国的同时，也意欲延缓、打乱以中国为主的亚洲国家经济发展，达到其遏制中国发展强大的目的。

20世纪70年代两次石油危机（1973年至1974年，1979年至1980年）演变成经济危机，导致西方发达国家出现“滞胀”，曾对世界经济造成巨大破坏。但是经过这两次石油危机的洗礼和世界主要发达国家经济结构发生的重大变化，我们认为，尽管这次席卷全球的油价飙升在人们心理上造成了一定恐慌，然而不会像前两次危机那样最终演变成经济危机，目前对世界经济整体的负面影响程度有限。IMF 2004年10月7日预测，基于原油在全球经济所占的比重已经降低不少，油价对全球经济的冲击不会像20世纪70年代那么严重。“迄今为止，整个影响还不是太大。”

值得注意的是，高油价对不同国家的影响相当不平衡。美国、日本和欧盟等主要西方国家由于从前两次石油危机后进行了长期的产业结构和能源结构调整，原油在这些国家经济中所占比重已大幅下降；并且建立了巨大的战略石油储备，截至2005年3月美国储备量已经猛升到6.59亿桶，居世界各国之首，目前日本储备量足够该国使用半年以上；加上近一年来欧元对美元基本上持续升值，因此发达国家所受的影响较小。据国际能源机构近期估计，如果油价每桶上涨10美元并保持下去，一年内，美国和欧元区经济增长率将分别下降0.3和0.5个百分点，明显低于亚洲经济增长率将下降0.8个百分点的幅度。我们判断，就中国来说，1993年起成为石油净进口国，2003年对国际石油的依存度达33%，已突破20%的警戒线，今年前8个月进一步上升为40%，而且目前正处于重工业化转型期，对石油需求不断增大，又尚未建立起完善的石油战略储备制度，因而遭受高油价的冲击将比亚洲更大些，并将增加这轮宏观调控的难度和持续的时间。

（摘自《对外经贸》2006 年第 2 期，作者为侯锐、董相勇等）

根据上述资料分析，面对石油危机，我们应采取什么对策？

【思考练习】

1. 石油对世界各国的经济发展影响如何？
2. 石油输出国组织为保护石油资源制定了哪些措施？
3. 世界石油主要分布地有哪些？
4. 各种农矿原料的生产分布各有什么特点？

任务十七

技能训练

一、写出下列国际经济组织的中文名称

1. 世界性国际经济组织

WTO　IMF　UNCTAD　IBRD　OECD

2. 区域性经济组织

EU　NAFTA　APEC　OPEC　ASEAN

二、名词解释

1. 国际关联
2. UNCTAD
3. 集装箱运输
4. 区域经济集团
5. 经济性特区
6. 自由贸易区
7. 国际多式联运
8. 公路运输
9. 大陆桥运输
10. 美国经济特征
11. 日本对外贸易
12. 欧洲联盟
13. 俄罗斯地理
14. 亚洲“四小龙”
15. 东盟
16. 巴西自然地理
17. 印度产业结构

18. 灌溉农业

三、填充题

1.《国际贸易地理》研究的目的是为发展我国的________服务。

2. 国际贸易最早开始于________社会，当时的主要商品是________和 ________。

3. 古代最早国际贸易中心地区位于________沿岸。世界上被第一个命名的自由港是________国的________自由港。

4. 世界上第一个科学工业园区是创立在美国的________。1959 年爱尔兰设立了世界上第一个出口加工区是________。目前拥有世界上出口加工区最多的一个洲是________。

5. ________是世界上设立经济特区最多的国家。玛瑙斯自由贸易区与外界的联系主要是通过________和________。欧洲最大的高科技园区是法国的________。

6. 世界上最大的出口加工区是________国的________出口加工区。我国第一批经济特区是________、________、________和________。

7. 地理环境除自然地理环境外，还包括________________环境。

8. 欧洲联盟现有________成员国，总部在________，它是当今世界上最大的________集团，是我国第________大贸易伙伴。

9. 对国际贸易运输关系影响最大的两大国际运河是__________ 和__________。

10. 海运中最大宗的货物是________，其次为________、________和________。

11. 新亚欧大陆桥东起中国________，经________、________、北疆铁路，出________，接哈萨克的________，最终抵达荷兰。

12. 我国对俄罗斯远东地区的国际铁路货物联运多利用________口岸；东北三省运往俄罗斯中西部以及运往欧洲的货物多走________口岸；由我国内陆各省市、自治区运往俄罗斯中西部以及运往欧洲的货物则多走________口岸。

13. 我国内地各省运往香港的货物，经铁路应走深圳________口岸；经公路则可以通过________、________或________口岸。

14. 中朝间的铁路口岸有________/满浦、丹东________、________/南阳。

15. 世界著名的货运机场有________、________、________、________、________、________、________机场等。

16. 世界上第一条输油管道是在________（国家）。汽车拥有量仅次于美国的国家是________。人均铁路、公路长度均居世界第一的国家是________。

17. 俄罗斯最大的航空枢纽是________。加拿大最大的城市和工业中心是________。巴西最大的造船中心是________。

18. 被誉为“坐在矿车上的国家”是________。目前世界上仅次于美国的第二大软件生产国和出口国是________。被称为“世界原材料仓库”的大洲是________。坦桑尼亚的奔巴岛之所以被称为“香岛”，是因为这里盛产________（香料）。

19. 棉花产量最大的国家是________，羊毛产量和出口量最大的国家是________，种植花生面积最大的国家是________，生产天然橡胶最多的国家是________。

20. 目前我国最大的综合性港口是________，最大的煤炭出口港是________，航空港是

________，铁路口岸是________和公路口岸是________。

21. 由广州港运往赞比亚的海上货物，应选择________港作为目的港。

22. 龙目海峡位于________岛和________岛之间，沟通了________海和________洋。

四、填图题

1. 在世界交通图上填注：

（1）世界四大洋、七大洲的名称。

（2）苏伊士运河、巴拿马运河、基尔运河。

（3）马六甲海峡、直布罗陀海峡、霍尔木兹海峡、曼德海峡、土耳其海峡、麦哲伦海峡。

（4）世界主要海港：

天津、上海、广州、横滨、新加坡、科伦坡、孟买、亚丁、阿巴丹、马赛、伦敦、鹿特丹、符拉迪沃斯托克（海参崴）、火奴鲁鲁（檀香山）、圣弗朗西斯科（旧金山）、科隆、纽约、布宜诺斯艾利斯、悉尼、开普敦、达累斯萨拉姆、亚历山大、达喀尔。

2. 在航海线图上用蓝色笔绘出纽约——伦敦、天津——温哥华、上海——鹿特丹、上海——纽约、伦敦——悉尼（经过好望角）、广州——墨尔本、布宜诺斯艾利斯——鹿特丹等七条航线。

3. 在世界交通地图上用红色笔绘出主要航空线。

（1）巴黎——纽约（2）北京——伦敦

（3）旧金山——北京（4）洛杉矶——悉尼

（5）纽约——瓦尔帕莱索（6）伦敦——约翰内斯堡

4. 在亚洲版图上标出泛亚高铁的起止点，和沿线经过的国家和地区。

中国昆明—越南—柬埔寨—泰国—马来西亚—新加坡

五、选择题

1. 现有一批货物要从我国上海港用集装箱发往加拿大的哈利法克斯，你将选择下列哪一条航线为佳（假设货物均可以通过两条运河）。

A. 横渡太平洋，经巴拿马运河，海运到加拿大东海岸哈利法克斯

B. 海运经苏伊士运河，出直布罗陀海峡，横渡大西洋

C. 横渡太平洋，到达加拿大的西海岸，转陆运到哈利法克斯

2. 北美西海岸与我国贸易往来较为频繁的贸易港口是：

A. 波士顿、诺福克、圣约翰

B. 温哥华、旧金山、洛杉矶

C. 休斯敦、旧金山、新奥尔良

3. 由长沙北站进行国际铁路货物联运，发往俄罗斯太平洋沿岸地区的货物，经过哪些口岸为最省时。

A. 图们/南阳　　B. 满洲里/后贝加尔

C. 绥芬河/格罗迭科沃

4. 我国某外贸公司向尼泊尔、马里等内陆国家报 CIF 价时其目的港通常选择的是：
A. 加尔各答、达喀尔　　B. 吉大港、努瓦克肖特
5. 我国某外贸公司向瑞士出口报价时，其目的港应选择的是：
A. 威尼斯　　B. 热那亚　　C. 马赛　　D. 勒阿弗尔
6. 人种、语言、文化、宗教相似的地区是：
A. 南亚、西亚　　B. 中非、南非
C. 北非、西非　　D. 东南亚、南亚
7. 从发达的资本主义国家的经济特征来看，一般规律是：
A. 以发达的工业为主，农业次之　　B. 以发达的农业为主，工业次之
C. 原料和产品依赖于国内市场　　D. 对外贸易在国民经济中占重要地位
8. 通过下列哪一种分析，可以了解一国技术水平，生产能力和在国际贸易中的实力地位和贸易效益。
A. 进口商品结构　　B. 进出口商品结构
C. 出口商品结构
9. 近年来，世界最大的资源和农产品进口国是：
A. 日本　　B. 法国　　C. 美国　　D. 意大利
10. 欧洲经济性特区的设立目的是：
A. 加强与邻国的睦邻有好关系　　B. 扩大本国在本地区的影响力
C. 扩大国际贸易　　D. 就近获得他国农业资源
11. 哪个国家是以优越的地理位置发展成为出口型经济的国家：
A. 日本　　B. 韩国　　C. 美国　　D. 新加坡
12. 门到门运输方式是指：
A. 公路运输　　B. 航空运输　　C. 海洋运输　　D. 管道运输
13. 居美国机电产品进口国首位的国家是：
A. 英国　　B. 中国　　C. 日本　　D. 墨西哥
14. 以下港口中属于德国的是：
A. 西雅图　　B. 鹿特丹　　C. 柏林　　D. 汉堡
15. 下列国家中，均属商品率很高的农畜产品出口国是：
A. 加拿大、新西兰、英国、德国　　B. 丹麦、美国、蒙古、俄罗斯
C. 澳大利亚、美国、丹麦、新西兰　　D. 法国、意大利、阿根廷、加拿大
16. 世界主要的石油出口国有：
A. 英国、墨西哥、委内瑞拉　　B. 巴西、加拿大、沙特阿拉伯
C. 伊拉克、利比亚、阿联酋　　D. 伊朗、科威特、美国
17. 世界上天然气管道最长、出口量最多的国家，有“天然气王国”之誉的国家是：
A. 俄罗斯　　B. 乌克兰　　C. 波黑　　D 伊拉克
18. 印度最大的港口是：
A. 加尔各答　　B. 孟买　　C. 德里　　D. 马德拉斯
19. 被称为“高原大陆”的洲是：
A. 北美洲　　B. 大洋洲　　C. 亚洲　　D. 非洲

20. 种植甜菜的最大产区在：

A. 欧洲　　B. 亚洲　　C. 南美洲　　D. 非洲

六、连线题

1. 用直线把下列国家与其主要城市和主要资源连接起来（此题结束课再做）。

华盛顿	加拿大	水力、森林、铁矿、铀、镍、铝等
悉尼	美国	煤、石油、铁矿、森林、水力等
渥太华	俄罗斯	森林、石油、天然气、煤炭等
莫斯科	澳大利亚	铝土矿、煤、铁、铀、黄金等

2. 用直线把下列国家和出口农作物连线。

玉米	巴西
咖啡	古巴
天然橡胶	美国
蔗糖	马来西亚

3. 把下列国家和其所属港口用线连接起来。

(1)

澳大利亚	伊斯坦布尔
土耳其	珀斯
沙特阿拉伯	奥克兰
新西兰	拉斯坦努拉

(2)

丹麦	德班
南非	哥本哈根
利比利亚	拉各斯
尼日利亚	蒙罗维亚

(3)

埃及	蒙巴萨
肯尼亚	亚历山大
利比亚	阿比让
科特迪瓦	的黎波里

(4)

乌克兰	釜山
韩国	敖德萨
巴基斯坦	吉隆坡
马来西亚	卡拉奇

(5)

德国	鹿特丹
荷兰	马赛

法国	利物浦
英国	汉堡

七、问答题

1.《国际贸易地理》的研究对象和主要内容是什么?

2. 影响国际贸易发展的地理因素是什么?

3. 地理大发现对国际贸易中心地区的转移有哪些影响?

4. 结合实际情况，说说石油贸易的地理分布。

5. 简述当代世界旅游市场的分布。

6. 简述自由港和自由贸易区的区别和联系。

7. 经济性特区的区位特点是什么?一般来说经济特区布局在什么地区?

8. 简述香农出口加工区的主要特点。

9. 国际多式联运应具备哪几个条件?

10. 简述国际海洋运输的主要特点及主要海运航线。

11. 简述美国的自然地理条件对其经济发展的影响和作用。

12. 由日本、中国香港等地运往西欧各国的货物，一般采用什么线路?并写出经过的主要港口和边境站名称。

13. 区域经济集团化的特点是什么?

14. 制约我国对外经济贸易发展的因素是什么?

15. 我国加快同世界经济一体化融合步伐的举措是什么?

16. 世界面临的主要环境问题有哪些?

17. 由连云港驶往多伦多、芝加哥的一艘 2 万吨杂货船，在穿过巴拿马运河后还应经过哪个海峡、海湾和运河（水道）?

18. 我国邻国俄罗斯、蒙古、朝鲜的铁路轨距是否相同?我国在同三国进行国际铁路货物联运时，按规定出口到哪些国家的货物需要换装?

19. 简述美国经济发展的自然基础和发展现状。

20. 简述日本对外贸易的特点和形成目前日本对外贸易格局的主要原因。

21. 简述欧洲市场的主要特点，以及欧盟形成以后，对整个欧洲市场的主要影响，并思考发展我国与欧盟对外经济贸易对我国外贸格局有何重要意义。

22. 俄罗斯经济贸易地理有什么特点?俄罗斯农业发展存在的主要问题有哪些?

23. 什么是亚洲“四小龙”，它的发展对我国经济发展有何启示和借鉴的作用。

24. 巴西和印度在发展中有什么相似性和不同性?

25. 为什么苏伊士运河被马克思称为“东方伟大的航道”?

26. 南非在资源上有什么特点?为什么说我国同非洲国家的经济交往具有很大的潜力?

27. 简述世界石油的分布区域和世界主要产油国家，并分析为什么世界石油市场容易出现价格波动现象。

28. 各种农矿原料的生产分布各有什么特点?它对我国外贸进出口有什么重要意义?

参考书目

[1] 巴西汽车产业发展情况、热点问题分析及进入战略 [C]. 2012 重点汽车出口市场政策法规宣讲会，2012-10-24.

[2] 陈建龙．经济高速增长时期日本汽车产业政策与汽车工业发展 [J]. 苏州科技学院，2008-06-01.

[3] 陈健．2012 年中日贸易总体下降．国务院新闻办公室举行新闻发布会，2013-04-02.

[4] 陈晓芸．中国汽车缘何兵败俄罗斯 [J]. 中亚信息，2010-2-15.

[5] 2010 年世界主要汽车制造商产量排名 [J]. 中国汽车工业协会，2012-09-04.

[6] 范卉，邹辉．中国已成为世界最大锰生产国出口占产量近半 [OL]. 北京：中国新闻网，2003-10-10.

[7] 海忻．墨西哥湾漏油事故的启示 [J]. 中国石油企业，2010-07-15.

[8] 郝丽莎，赵媛．非洲在世界石油供给格局中的地位演变 [J]. 地理研究，2011-10-25.

[9] 壶公评论．对日本文化三个层次的思考．观察者 [OL]. 观察者网，2010-12-21.

[10] 加蓬矿业投资指南 [OL]. 中国选矿技术网，2009-10-12.

[11] 李莹莹．世界石油天然气领域现状及前景分析 [J]. 中国能源，2011-07-25.

[12] 联合国亚洲及太平洋经济社会委员会发布的第 60 期年度报告《2008 年亚太经济和社会状况调查》[R].

[13] 梁刚，裴国平，王宇．2013 年全球油气储量、石油产量增长平缓 [J]. 国际石油经济，2014 (Z1).

[14] 刘昌黎．中日贸易的新发展、新变化及问题 [J]. 日本问题研究，2011-12-26.

[15] 刘国光、王洛林、李京文．2005 年：中国经济形势分析与预测 [M]. 北京：社会科学文献出版社，2004.

[16] 刘增洁．2010 年世界石油市场回顾 [J]. 国土资源情况，2011-1-20.

[17] 刘增洁．2012 年世界石油市场回顾 [J]. 国土资源情况，2011-1-20.

[18] 吕向生．国际贸易地理 [M]. 北京：中国审计出版社，1996.

[19] 美国《统计摘要》1975 年，1982/1983 年，2000 年 [J].

[20] 彭先伟．海洋石油开发与污染：兼评美国墨西哥湾溢油事故的海事赔偿责任限制问题 [J]. 中国海商法年刊，2010-12-15.

[21] 全球石油储量最新报告发布 [J]. 石油和化工设备，2013-2-15.

[22] 日本汽车工业会．日本汽车 2006 年 12 月及全年生产业绩年产量连续 5 年实现增长 [J]. 2007-02-01.

[23] 世界锰协会：2010 年世界锰矿石产量达 4700 万吨 [OL]. 我的钢铁网，2011-06-21.

[24] 宋国明．加蓬矿业开发与投资环境 [J]. 国土资源，2004-10-30.

[25] 苏国辉，李彬．中日贸易关系 20 年回顾与展望 [J]. 日本研究，2010-09-20.

[26] 孙玉琴、袁绍荣、袁雄．世界旅游经济地理 [M]. 广州：华南理工大学出版社，2004.

[27] 王新奎等．中国：发展中国家与 WTO [M]. 上海：上海远东出版社，2000.

[28] 薛荣久．国际贸易 [M]. 北京：对外经济贸易大学出版社，2003.

[29] 杨磊，刘池洋．世界油气储量和产量的历史、现状与未来 [J]. 新疆石油地质，2003-06-25.

[30] 杨晓勇．加拿大的水土保持生态环境建设 [J]. 海河水利，2000 (5)：41 - 43.

[31] 杨宇，刘毅，金凤君．世界石油探明储量分布特征与空间格局演化 [J]. 世界地理研

究，2014-03-115.
［32］英国石油公司 . BP 世界能源统计报告［R］. 英国，2008，2009，2011，2012，2013.
［33］于志达 . 国际贸易地理概论［M］. 天津：南开大学出版社，2002.
［34］于志达、李光正 . 国际贸易地理概论［M］. 天津：天津社会科学院出版社，1995.
［35］张抗，张艳秋 . 沙特阿拉伯石油出口变化及影响分析［J］. 中外能源，2011-07-15.
［36］赵召 . 墨西哥湾漏油事件：前所未有的生态灾难［J］. 生命世界，2010-07-15.
［37］中华人民共和国统计局 . 1980—2013 中国统计年鉴［M］. 北京：中国统计出版社 . 1981：201.
［38］竺仙如 . 国际贸易地理［M］. 北京：中国对外经济贸易出版社，2003.
［39］驻尼日利亚经商参处 . 尼日利亚探明 400 亿桶石油储量的目标或可实现［OL］. 北京：中华人民共和国商务部，2013-10-29.
［40］祝景成 . 中国汽车出口俄罗斯为什么遭遇“滑铁卢”［J］. 汽车观察，2008-06-01.

21世纪高职高专新概念（财经类）系列教材

（一）基础科目

1. 管理学概论（第二版）
2. 经济法基础
3. 计算机文化基础
4. 政治经济学原理（第二版）
5. 会计学原理
6. 财经应用文
7. 宏微观经济学（西方经济学）
8. 公共关系实用教程
9. 财经数学
10. 大学语文（第二版）
11. 普通话水平训练与测试（第三版）
12. 书法教程
13. 计算机应用基础教程
14. 市场营销
15. 法律基础
16. 计算机应用基础实践教程

（二）国际贸易专业

1. 国际贸易概论
2. 国际贸易实务（第二版）
3. 国际商法
4. 国际金融
5. 国际经济合作
6. 对外贸易综合技能
7. 外贸运输与保险
8. 国际结算与外贸单证
9. 国际贸易地理（第三版）
10. 进出口商品检验与通关
11. 国际货运代理实务（第二版）
12. 国际贸易理论与实务（第二版）

（三）会计专业

1. 基础会计
2. 财务会计（第二版）
3. 成本会计
4. 财务管理（第二版）
5. 审计原理与实务
6. 会计电算化
7. 统计学基础（第三版）
8. 会计综合技能训练
9. 税务法律与纳税处理

（四）商务英语专业

1. 国际商务函电（第二版）
2. 外贸英语口语
3. 国际商务英语写作（第二版）
4. 商务英语阅读
5. 国际商务谈判
6. 英美概况
7. 实用外贸英语谈判与函电

（五）企业管理专业

1. 工商企业经营与管理概论（第二版）
2. 工商企业管理实务
3. 现代企业管理案例精析
4. 人力资源管理学教程
5. 现代企业文化学
6. 市场营销学

（六）市场营销专业

1. 市场营销学概论（第二版）
2. 国际市场营销（第二版）
3. 网络营销
4. 商务谈判
5. 广告理论与实务
6. 消费心理学（第三版）
7. 现代物流与配送
8. 商品学
9. 市场营销实训教程
10. 市场营销综合技能训练

（七）金融与保险专业

1. 货币银行学（第二版）
2. 财政与金融（第三版）
3. 国际结算
4. 证券与投资
5. 保险原理与实务
6. 商业银行经营与管理
7. 金融企业经营与管理
8. 金融保险操作综合技能

（八）电子商务专业

1. 电子商务（第二版）
2. 电子商务实用教程
3. EDI 实务与操作
4. 电子商务安全与支付
5. 电子商务法律法规
6. 电子商务综合技能

（九）旅游与酒店管理专业

1. 旅游学概论
2. 中国旅游地理
3. 导游业务与技巧
4. 旅行社经营与管理（第二版）
5. 旅游市场营销
6. 酒店经营与管理
7. 酒店管理综合技能训练
8. 旅游心理学
9. 现代旅游管理法规概论
10. 旅游文化学概论

（十）物流管理专业

1. 物流管理概论（第二版）
2. 物流企业管理
3. 供应链管理
4. 物流技术与设施
5. 物流管理信息系统
6. 仓储与配送